OEUVRES

COMPLÈTES

DE PIGAULT-LEBRUN.

TOME VI.

LA FOLIE ESPAGNOLE.

OEUVRES

COMPLÈTES

DE PIGAULT-LEBRUN.

TOME SIXIÈME.

A BRUXELLES.

1824.

LA FOLIE
ESPAGNOLE.

PREMIÈRE PARTIE.

Le Cid, si fameux encore en Espagne, et que nous ne connaissons guère que par l'un des chefs-d'œuvre de notre grand Corneille, le Cid avait chassé les Musulmans de Valence et de Tolède. Quelques efforts de plus, et le mahométisme disparaissait de ce continent ; mais il fallait de l'union, et l'Espagne était divisée en plusieurs royaumes dont les rois ne s'accordaient point entr'eux, ce qui souvent est arrivé depuis et arrivera encore.

Don Ramire, roi d'Aragon, avait pris les armes contre celui de Castille. Il avait appelé, sous ses drapeaux, ses grands et sa noblesse. Les comtes d'Aran et de Cerdagne, jeunes seigneurs catalans, tous deux beaux, fiers, pleins d'ardeur, et brûlant de se signaler, étaient cependant retenus dans leurs domaines, par des motifs bien excusables. Le comte d'Aran était marié, depuis un an, à une jeune dame qu'il aimait passionnément. Elle venait de le rendre père d'un fils, qui annonçait, dès le berceau, les traits touchans et chéris de sa mère. Cerdagne adorait Léonore de Lampurdan, jeune veuve riche, aimable, et qui unissait la sensibilité, naturelle à son sexe, aux singularités qui distinguent les siècles de la chevalerie.

D'Aran était heureux, Cerdagne allait le devenir, et souvent les plaisirs du cœur l'emportent sur les jouissances de la gloire. L'appel de leur roi avait réveillé en eux l'antique valeur espagnole ; mais ils mettaient, dans leurs apprêts, cette lenteur, qui annonçait le regret de s'éloigner des vallées de la Catalogne.

Madame de Lampurdan mit un terme à tant d'incertitudes : « Partez, dit-elle à Cerdagne, » ou je romps avec un amant, qui semble me » préférer à l'honneur, et ne me revoyez que » quand vous aurez mérité ma main, que je jure » de vous conserver. » Son caractère était un mélange de tendresse et d'héroïsme ; elle était ferme dans ses résolutions ; elle se renferma dans son château, en interdit l'entrée à Cerdagne, et, pour dernière expression de sa volonté, elle lui envoya une écharpe, décorée de ses couleurs.

Les châteaux de Cerdagne et d'Aran n'étaient

guère qu'à quinze lieues l'un de l'autre. L'amant de la fière Espagnole vole chez son ami ; il en attendait des consolations ; il le trouve occupé à vaincre la résistance d'une épouse qui, pour le retenir, usait des moyens les plus forts : elle pleurait, et lui présentait son fils. Qui pourrait la condamner ? elle était mère. D'Aran la chérissait tendrement, je l'ai dit ; mais aime-t-on son épouse de la même manière que sa maîtresse ? Il s'arrache des bras de la comtesse, il revient à elle, il la comble des plus tendres caresses ; il s'éloigne de nouveau, un cri de l'enfant le ramène ; il s'échappe enfin, en essuyant une larme, et il entraîne Cerdagne sur ses pas.

Leurs écuyers, leurs bannières, leurs armures, leurs palefrois se rencontrent au village de Cénet. D'Aran y avait envoyé les siens, et ceux de Cerdagne les suivaient de loin, par ordre de madame de Lampurdan. Ils traversent la Catalogne, et arrivent à Sarragosse, où don Ramire assemblait son armée.

Cette ville, qui est encore une des plus belles cités de l'Espagne, offrait un spectacle aussi nouveau qu'intéressant à deux jeunes gens, qui ne connaissaient, à peu près encore, que leurs donjons, leurs créneaux, leurs ponts-levis, leurs meutes et leurs maîtresses. Le bon roi Ramire aimait le luxe et le plaisir, dont il avait été privé pendant quarante ans, qu'il fut moine et évêque. On assure même qu'il ne haïssait pas les femmes, et qu'il se maria très-volontiers, lorsque le pape Innocent II voulut bien le lui permettre. Et le moyen de s'y opposer? ne fallait-il pas des successeurs au trône?

Le bon Ramire, qui n'avait pas appris à faire la guerre dans un cloître, et qui ne se souciait pas trop d'en braver les dangers, voulut au moins en avoir une idée, et ce fut au milieu des tournois et des fêtes, qu'il préparait une invasion en Castille.

Cerdagne et d'Aran étaient partout, et partout on ne voyait qu'eux. Personne ne brisait une lance avec autant d'adresse; personne ne dansait une sarabande avec autant de grâce; personne ne donnait autant d'inquiétude aux pères et aux maris. Cerdagne surtout, plus vif, plus sémillant, d'un esprit plus cultivé, n'avait qu'à se montrer pour plaire, et plus d'une matrone lui fit même des avances, de la part de très-belles dames, qu'il n'avait pas distinguées, car enfin un joli homme n'est pas de fer.

Ce n'est pas qu'il oubliât sa charmante veuve, ni d'Aran sa respectable épouse; mais il est des privations que la jeunesse ne sup-

porte pas, et le moyen de refuser quelques complaisances à des princesses, qui veulent bien les solliciter? Madame de Lampurdan avait donné à Cerdagne un écuyer, qui lui était tout-à-fait dévoué, et qui lui rendait un compte exact des infidélités de son maître. Toujours singulière, elle s'en applaudissait. « Il est bon, disait-elle, qu'il connaisse plu-
» sieurs femmes; je gagnerai à la comparai-
» son, et s'il en est qui m'égalent en beauté,
» je les surpasserai toutes en tendresse, en
» égards, en prévenances, et surtout dans l'art
» heureux de chasser l'uniformité, qui tue le
» sentiment, en me montrant toujours nou-
» velle. »

Quand Cerdagne était dans l'ivresse d'une nouvelle passion, elle ne lui écrivait pas; quand il commençait à bâiller auprès de sa belle, la correspondance s'engageait de nouveau. Le jeune comte, rendu à lui-même, écrivait des lettres de feu, et madame de Lampurdan disait en souriant : « Ces femmes-là ne
» flattent que les sens; moi seule ai su tou-
» cher son cœur. »

Après avoir bien fait la petite guerre, il fallut entrer en campagne. A peine Cerdagne et d'Aran furent-ils sortis des murs de Sarragosse, qu'ils oublièrent les plaisirs frivoles, qui volaient pour ainsi dire au-devant d'eux. Cerdagne regardait son écharpe blanche et rose, qui lui rappelait sa chère Léonore ; il répétait les derniers mots qu'elle lui avait adsessés ; il soupirait après les combats, pour se montrer digne d'elle ; il faisait des vœux pour la fin de la guerre, d'où dépendait l'instant de son bonheur.

Il est plus aisé de conduire un diocèse qu'une armée. Après trois ans de combats, dont je ne vous ferai pas le détail, dans lesquels d'Aran et Cerdagne se signalèrent constamment, mais dans lesquels aussi le prêtre-roi eut presque toujours le désavantage, la Navarre fut enlevée à la couronne d'Aragon, passa depuis, par des mariages, aux comtes de Champagne, ensuite à Philippe-le-Bel, fut annexée à la couronne de France, et se fondit enfin dans la monarchie espagnole.

Pendant ces trois années, le galant Cerdagne avait séjourné dans plusieurs citadelles, où l'amour s'introduisait avec lui. Son armure bronzée et damasquinée en or, son panache blanc, sa contenance fière, frappaient d'abord les yeux. Levait-il la visière de son casque, il fixait tous les cœurs. Le raisonnement de la belle Léonore fut justifié à la fin. « Ma foi, » dit-il un jour à son ami d'Aran, les femmes

« qui me recherchent n'aiment en moi que le
» plaisir ; celle-là seule sait aimer, qui sacrifie
» ses désirs à sa vertu, à l'estime publique,
» et surtout à celle de l'homme qu'elle a l'in-
» tention de fixer, et cette femme est Léonore
» de Lampurdan. Elle est la plus respectable,
» comme la plus belle de toutes celles que le
» hasard a présentées à mes yeux. La paix est
» faite, je me fixe à jamais, et je l'épouse. »

Bien que le prêtre-roi eût perdu dans cette guerre une assez belle partie de ses états, il n'en prétendit pas moins récompenser dignement les guerriers qui l'avaient suivi. Au défaut de terres, de pensions, que l'état de ses affaires ne lui permettait pas de donner, il se rejeta sur les décorations, qui ne coûtent rien, et qui flattent bien plus les grands qu'une augmentation de fortune, dont ils n'ont que faire.

Pendant qu'on se battait en Aragon et en Castille, les Maures, habiles à profiter des divisions des Chrétiens, avaient repris Valence. Des moines de l'ordre de Cîteaux, assez nombreux et assez puissans pour fournir aux frais de la défense de la ville de Calatrava, armèrent leurs frères lais, leurs domestiques, leurs paysans, qui combattirent sous le scapulaire. Telle fut l'origine de cet ordre militaire-religieux de Calatrava, qui eut tant de lustre pendant plusieurs siècles, dont les statuts permettaient de se marier une fois, et dont il ne reste plus que quelques Commanderies, que le roi d'Espagne confère à qui bon lui semble.

L'ordre de Calatrava avait besoin, à son origine, d'un grand-maître qui lui donnât autant de consistance que d'éclat ; qui en ennoblît la marque distinctive, en la portant lui-même, et qui la fît ainsi désirer aux seigneurs de sa cour. Les moines de Cîteaux devaient la préférence au roi d'Aragon, qui avait été leur camarade, et le bon Ramire, flatté de leur déférence, accepta un titre qui l'allait mettre à même de récompenser ses chevaliers sans frais. D'Aran et Cerdagne retournèrent dans leurs châteaux avec la croix de l'ordre au cou, distinction d'autant plus précieuse, qu'elle était rare encore ; qu'elle serait, aux yeux de madame de Lampurdan, un signe non équivoque de la valeur de son amant ; mais qui ne valait pas une portion de ses domaines, qu'il avait engagée, par parties, pour faire face aux dépenses de ses campagnes, car les seigneurs, alors, se faisaient tuer à leurs frais : usage très-commode pour les rois, et qui, malheureusement pour eux, est tout-à-fait perdu.

Nos deux chevaliers traversaient la ville de Benavarri, sur les frontières de la Catalogne, où le bruit de la paix les avait devancés. Cette paix n'était pas honorable; mais elle ne nuisait directement qu'aux intérêts du prêtre-roi, et une paix, quelle qu'elle soit, est toujours très-bonne pour le peuple. L'Aragon, la Catalogne se livraient à la joie : chacun rentrait dans son manoir. Les uns trouvaient leur famille augmentée; les autres travaillaient à l'augmenter eux-mêmes; tous étaient bien reçus, et, dans le fond, que pouvaient-ils désirer davantage? on connaissait déjà le proverbe, *les absens ont toujours tort*, proverbe tombé en désuétude, aujourd'hui que l'inconstance, le libertinage, et le divorce donnent si souvent tort aux *présens*.

Revenons. Madame d'Aran et la belle Léonore, tendres, sages, et par conséquent fidèles, ne purent résister au désir de se réunir plus tôt, l'une à son époux, et l'autre à son amant. Elles se voyaient fréquemment, pendant l'absence de leurs messieurs : confidences d'amour sont un besoin pour deux cœurs sensibles; soirées d'hiver sont moins longues, quand la conversation est attachante.

Nos deux belles travaillaient dans une des salles du château d'Aran. Les petites-maîtresses de ces temps reculés ne connaissaient pas la bougie, et la chandelle ne s'allumait que les grands jours. Une lampe à trois becs, d'un cuivre très-clair, était suspendue, par une chaîne de laiton, à une voûte rembrunie, que décoraient des étendards et des timbales, pris, sur les Maures, par les premiers comtes d'Aran ; des chaises d'érable à grands dossiers, une grande table de noyer, formaient l'ameublement ; le fauteuil du seigneur était là, et personne ne s'y était assis pendant son absence : c'eût été une espèce de profanation, dans un siècle où les femmes ne rougissaient pas encore de reconnaître leur maître dans leur époux.

Je ne m'étendrai pas davantage là-dessus, car je veux être lu de nos beautés modernes, qui trouvent tout simple de mener leurs maris par le nez ; de dissiper leur fortune ; de faire assez souvent pis ; qui crient au ridicule, au scandale, si le cher homme pense seulement à rétablir chez lui l'ordre et la décence, et qui ont incontestablement raison, car enfin, d'autres temps, d'autres mœurs.

Les deux dames étaient donc assises sur de simples chaises, brodant près de la table ; leurs demoiselles, placées à une distance convenable, cousaient en silence (les suivantes de ce temps-là savaient se taire), lorsqu'un homme, armé de pied en cap, se présenta dans la salle : c'était l'écuyer que madame de Lampurdan avait donné à son cher Cerdagne. Il s'était détaché, à l'instant où la paix venait d'être conclue, et avait marché aussi vite qu'on le peut faire sans relais et sans chevaux de poste: nos aïeux n'avaient pas toutes leurs aises.

Pendant que l'écuyer festoyait, sur le bout de la table, un reste de pâté de sanglier, que lui avait présenté, avec une jolie révérence, une des demoiselles de madame d'Aran, il contait, dans certains intervalles, les faits et gestes des deux amis, et les dames laissaient tomber leur ouvrage, se penchaient vers lui, l'œil fixe et leurs lèvres purpurines entr'ouvertes; leur sein palpitait, à la peinture vive et animée des dangers; le sourire reparaissait au détail d'une victoire. Une noble fierté parut sur leur visage, quand elles se représentèrent un époux et un amant recevant, de leur roi, et l'accolade et la croix de l'ordre de Calatrava ; mais au mot *paix*, que personne n'avait entendu encore dans ce canton, à la nouvelle du licenciement de l'armée, madame d'Aran tombe à genoux pour remercier le Ciel, et la belle Léonore ordonne qu'on apprête à l'instant sa plus vigoureuse haquenée : « Où voulez-vous aller ? lui dit son amie. —

» Au-devant de Cerdagne. — Il fait nuit. — Que
» m'importe ? — Et les brigands ? — Craint-on
» quelque chose quand on aime ? »

Madame d'Aran eût rougi de ne pas faire pour son époux, ce que Léonore faisait pour son amant. Suivantes, pages, valets, tout est en l'air dans le château ; les armoires sont renversées pour chercher des équipages de voyage ; le pavé des écuries résonne sous les grosses bottes des piqueurs ; les cuisiniers chargent le fourgon de viandes froides et de bon vin ; les valets s'arment à la hâte ; le cornet à bouquin se fait entendre, le pont-levis se baisse, nos amazones sont en route.

La nuit est froide, l'amour l'échauffe de son flambeau ; le chemin est difficile, l'amour l'aplanit ; on mesure l'intervalle qui sépare encore du bonheur, l'amour le remplit, en y plaçant l'espérance.

En parlant, chantant, mangeant le jour, en reposant la nuit, dans le fourgon, on avançait, sur les renseignemens, que donnaient des pelotons de soldats, qui s'en retournaient gaîment chez eux, et qu'on rencontrait de distance en distance. Quelquefois, il fallait payer leurs avis par l'abandon d'une hure, ou d'un filet de chevreuil ; quelquefois, il fallait entendre des propos grivois, qui déplai-

sent toujours aux dames, à ce qu'elles disent;
mais Léonore avait du caractère, et se mettait
au-dessus de ces détails ; elle inspirait son courage à madame d'Aran.

Cependant elles avisèrent de se voiler, et
firent bien, car la soldatesque, qui peut tout,
respecte moins une femme de qualité qu'une
grisette. Un certain capitaine, Diégo, surnommé *le Dévirgineur*, accompagné d'une
trentaine de drôles de sa trempe, se trouva,
au point du jour, en face du fourgon, et
lorgna les demoiselles suivantes. Tout était bon
au capitaine en temps de paix ; mais après
trois ans de guerre et de privations, à une
grande distance de toute habitation, dans un
temps où il n'y avait ni grands chemins fréquentés, ni maréchaussée, où les différens
se terminaient à la pointe de l'épée, quelle
trouvaille, pour le capitaine et sa bande, que
sept à huit filles, toutes jolies, bien qu'elles
ne valussent pas leurs maîtresses !

Il les invite à descendre sur l'herbe verdoyante. Des cris d'abord, comme cela se
pratique, et ensuite la résignation, car enfin
toutes les femmes ne sont pas obligées d'être
des Lucrèce. Il est des cas, d'ailleurs, où ce
joli péché cesse d'en être un, selon l'avis des
plus savans casuistes ; témoin Judith, qui for-

niqua en sûreté de conscience avec Holopherne, parce qu'il fallait sauver Béthulie ; sainte Marie Égyptienne, qui, faute d'argent, paya de sa personne le batelier qui la passait, car toute peine mérite salaire, et notre grand'maman Eve elle-même, n'a-t-elle pas commencé à mettre la fornication en honneur, car enfin, lorsqu'elle était seule avec le grand-papa, qui diable avait pu les marier ?

Les pages et les valets des deux dames s'étaient présentés dabord, pour s'opposer aux desseins du capitaine, et sa redoutable épée les avait dispersés, comme le vent chasse et roule les feuilles mortes. Quelle extrémité pour des filles d'honneur ! Elles faisaient de leur mieux pour ne pas pécher, en ne s'unissant point d'intention, et n'y réussissaient pas toujours. Les dames, qui occupaient le fond du fourgon, s'étaient hâtées, avant que les demoiselles en descendissent, de se tapir sous une couverture de soie verte, brochée d'or ; les demoiselles, jalouses de prouver leur dévouement à leurs maîtresses, en supportant seules ces outrages multipliés, ne disaient pas un mot qui pût déceler les dames ; les dames, fatiguées d'une position très-gênante (l'une avait le manche d'un gigot qui lui rentrait dans les reins ; l'autre s'était assise sur une paire d'éperons qui se trouva là par malheur), les dames faisaient des mouvemens qui ne furent aperçus que lorsque le capitaine et ses gens furent susceptibles de quelqu'attention. Heureusement pour elles, les combattans étaient absolument hors de combat, car elles eussent obtenu la préférence qu'elles méritaient à tant d'égards. Le capitaine Diégo passa son chemin, en jurant de dépit de n'avoir pas fait perquisition dans ce chariot; en se plaignant de la nature, qui mettait des bornes à ses exploits. Les dames le virent s'éloigner avec un sensible plaisir, bien qu'un homme aussi valeureux ait toujours quelqu'attrait pour le sexe; mais nos dames n'avaient de leur sexe que les vertus.

Elles consolèrent leurs demoiselles, qui prétendaient être au désespoir de cette aventure, et qui ne se cachaient pas quand on rencontrait un nouveau peloton, parce qu'il était de leur devoir de s'immoler pour leurs maîtresses. *A quelque chose malheur est bon.* Des œuvres du capitaine Diégo naquirent, au bout de neuf mois, deux chenapans qui ne valurent pas mieux que leur père, qui eurent des enfans qui ne valurent pas mieux qu'eux, et, à la sixième génération, sortirent de cette illustre souche Cortez et Pizarre, qui allèrent, en Amérique, égorger, à la plus grande gloire de Dieu et de l'Espagne, douze millions d'hommes, qui n'avaient qu'un tort, celui de n'être pas les plus forts.

Deux femmes, échappées à un semblable péril, le plus terrible qui puisse menacer des femmes d'une certaine façon, doivent nécessairement de la reconnaissance au Ciel, qui les a visiblement protégées. Nos dames promirent une neuvaine à saint Jacques de Compostelle, le plus grand saint du paradis, à ce qu'on assure en Espagne, et, en entrant dans cette ville de Benavarri, dont je vous parlais tout à l'heure, elles mirent pied à terre, pour se rendre à l'église principale, et commencer l'exécution de leur vœu. Une pluie épouvantable survint, les incommoda beaucoup; mais ne leur parut qu'un moyen dont le patron se servait pour éprouver leur ferveur. Deux chevaliers bien montés, accompagnés d'une suite nombreuse, se montrent dans l'éloignement; nos belles comtesses distinguent leurs couleurs, les armures, et enfin Cerdagne et d'Aran. Elles oublient le capitaine Diégo, saint Jacques de Compostelle, et la pluie; elles courent, elles prononcent les noms chéris; d'Aran et Cerdagne les entendent, les reconnaissent, sautent de leurs palefrois; ils sont dans les bras les uns des autres, ils se pressent, ils s'enlacent; un doux frémissement agite tout leur corps; soupirs brûlans sont le seul langage qu'ils emploient : quel autre vaudrait celui-là?

Cependant d'Aran, qui n'était plus que le mari de sa femme, la conduisait insensiblement dans un lieu où ils pussent au moins causer à couvert. Cerdagne, malgré ses infidélités, n'avait pas cessé d'aimer sa belle Léonore, et le premier coup d'œil de la charmante veuve avait ajouté à la vivacité de ses feux. Cependant, l'eau, qui tombait à flots, s'amassait entre sa cuirasse et sa cotte de mailles; bientôt elle perça le pourpoint, et emplit le haut-de-chausses. Il n'est pas d'amour qui tienne contre cette froide et subite immersion. L'ivresse de Cerdagne se dissipa aussitôt; il présenta la main à sa belle pour la conduire dans un endroit plus convenable. « Il y a trois
» ans que vous ne m'avez vue, lui dit madame
» de Lampurdan, et vous vous apercevez qu'il
» pleut!..... vous ne m'aimez pas. — Je ne vous
» aime pas! ô ciel!—Point de mots, des choses.
» —Quelle preuve exigez-vous de mon amour?
» Faut-il armer mes vassaux et mes domes-
» tiques ; aller, seul avec eux, attaquer et
» reprendre Valence; défier le roi maure en
» combat singulier; le pourfendre, ou l'amener
» à vos pieds reconnaître que vous êtes la plus

» belle, et qu'il s'estime heureux d'être vaincu
» pour vous ? faut-il.... — Il faut vous taire
» pendant un an. — Comment, madame......
» — Je vous aime trop pour exposer votre
» vie ; et je me soucie fort peu que votre roi
» maure me trouve belle ou non ; mais je
» veux qu'un effort pénible me prouve que
» vous ne me confondez pas avec ces belles
» dames, qui ont cru avoir votre cœur, que
» peut-être je ne possède pas plus qu'elles. —
» Vous me feriez l'injustice.......... — Si vous
» proférez un mot de plus avant le délai
» prescrit, Léonore de Lampurdan est perdue
» pour vous. »

Quelqu'amoureux qu'on soit, il est dur de se soumettre à une épreuve aussi bizarre, surtout quand on joint aux formes aimables qui nous font rechercher, cette gaîté naturelle qui a sans cesse besoin de s'épancher. Cependant, si les maris du douzième siècle trompaient, tourmentaient, désolaient leurs femmes, comme ceux du dix-huitième, les amans tremblans devant leurs belles, aveuglément soumis à leurs moindres volontés, ne savaient qu'obéir, quand elles avaient prononcé. Ce respect extraordinaire était un reste du culte que les Gaulois et les Germains rendaient à un sexe en qui ils reconnaissaient quelque chose de divin. Un amant rebelle ou parjure était, dans les fastes de la chevalerie, une chose inouie, qui entraînait nécessairement la dégradation. Aussi, voyait-on alors autant d'amans parfaits, qu'on voit maintenant d'usuriers en France, de penseurs en Angleterre, de paresseux en Espagne, de banqueroutiers en Hollande, de buveurs en Allemagne, de fourrures en Russie, etc., etc.

Bien que Cerdagne fût un parleur, et un parleur aimable, il tenait à ses éperons, à sa croix de Calatrava, et surtout à sa charmante veuve. Un mot l'aurait fait traduire devant une cour d'amour, qui lui eût tout ôté à la fois. Il se décida donc à se taire ; mais il tenta un dernier effort qui ne pouvait pas le compromettre. Il tire ses tablettes, car il était savant pour le temps où il vivait : il lisait fort bien, et écrivait assez lisiblement. « Je vous permets
» de m'écrire, lui dit madame de Lampurdan ;
» je vous promets de vous répondre, et même
» de vous parler ; mais je vous défends de
» faire connaître, à qui que ce soit, que
» c'est par mon ordre que vous êtes muet,
» ni de penser à l'hymen avant l'expiration de
» l'année. » Sans s'occuper davantage du mauvais temps, Cerdagne, désespéré de la double peine, improvisa quatre ou cinq vers, aussi mauvais que tous ceux qu'on faisait alors. Il

les présenta à madame de Lampurdan, qui, charmée de se voir célébrée en vers pour la première fois, lui présenta sa main à baiser: elle lui devait quelque adoucissement. Elle s'appuya sur son poignet, couvert de son gantelet, et le conduisit dans le palais, où s'étaient retirés monsieur et madame d'Aran. L'eau coulait de toutes les parties de leur corps. On rit beaucoup de cette ardeur, qui les avait rendus insensibles à un orage tel qu'on n'en voit pas un semblable en dix ans. Pour toute réponse, madame de Lampurdan fit avancer le fourgon et ses femmes, et fut se sécher dans une salle voisine. Cerdagne, qui voulait paraître aimer la pluie, depuis un moment, n'entendait pas se changer; il regardait d'Aran et sa femme d'un air bête; il se pinçait les lèvres, pour ne pas rire, et répondait par signes à tout ce qu'on lui disait. D'Aran l'aimait véritablement; il s'alarma tout à coup, s'écria que l'amour avait rendu Cerdagne fou. Cerdagne répondit à cela par un grand éclat de rire, qui confirma son ami dans son opinion. L'alarme se répandit dans le château; on courut chercher le médecin le plus renommé de Benavarri, qui accourut, suivi d'un frater et de deux apothicaires: ces gens-là courent toujours où il y a beaucoup à gagner. Le médecin prit la main de Cerdagne, qui le laissa faire. Inspection faite du pouls, le docteur décida qu'il y avait dérangement à la glande pinéale, et Cerdagne lui rit au nez ; le docteur, plus convaincu que jamais par cette irrévérence, ordonna au frater d'ouvrir la veine, et aux apothicaires de préparer et de mettre en place des laxatifs. Cerdagne n'entend pas pousser la plaisanterie aussi loin ; il jette la trousse du frater au feu, la perruque du docteur par la fenêtre, et les deux apothicaires à la porte.

Le docteur prononce que ce genre de démence vise à l'hydrophobie, et qu'il faut lier le malade. A ce mot, Cerdagne entre vraiment en fureur, et saute sur son épée. Ses gens désolés s'arrêtaient devant lui, sans savoir quel parti prendre ; d'Aran pleurait, et avait pourtant aussi tiré son coutelas, à tout événement ; le docteur, le frater, les apothicaires, des harts à la main, sautillaient autour de Cerdagne, qui les écartait à grands coups de plat d'épée ; madame d'Aran, inutile jusqu'alors au tableau, avait pris le parti de s'évanouir, pour le compléter. Le désordre était au comble, lorsque madame de Lampurdan rentra, brillante de son propre éclat, et de celui de l'habit qu'elle avait été prendre. « Comte, dit-elle à Cerdagne, je » n'ai pas plus envie de vous voir enrhumé » que de vous envoyer reprendre Valence; » allez changer de vêtement. » Cerdagne sortit avec une profonde révérence, et personne ne concevait comment ce fou, qui était menacé de la rage, obéissait au moindre mot de la beauté.

Cependant le membre de la faculté et ses suppôts n'entendaient pas désemparer. Ils redemandaient à grands cris leur malade; il fallait qu'il fût saigné et clystérisé, parce que les arrêts d'un médecin sont sans appel. « Je » paie la cure, et je vous dispense de la » faire, dit madame de Lampurdan, en ti- » rant sa bourse : qu'avez-vous à ajouter? » — Rien, sans doute, que des révérences. » Et ces messieurs se retirèrent à reculons, la tête penchée sur leurs genoux.

Madame d'Aran était revenue à elle, et parlait à son mari de l'inconcevable état du pauvre Cerdagne; d'Aran avouait tout bonnement qu'il n'y comprenait rien, mais que leur ami ne pouvait être dangereux, puisque madame de Lampurdan avait sur lui un empire aussi absolu. Ils arrêtèrent, tous à la fois, qu'on prendrait certaines précautions contre un nouvel accès, qui pouvait n'être pas éloigné. Madame de Lampurdan écoutait avec une feinte indifférence, et s'enorgueillissait intérieurement de la soumission d'un homme, dont le bras avait souvent fait trembler la Castille. Cerdagne, en changeant d'habit, pensait à la singulière punition que sa maîtresse lui avait infligée, il en murmurait mentalement; il en riait l'instant d'après, et il reparut dans la salle commune, le front serein, et beau comme l'Apollon du Belvéder.

Il fut s'asseoir près de sa belle Léonore; il lui peignait son amour et la joie qu'il avait de la revoir, par les gestes les plus expressifs. Sa Léonore lui répondait, de vive voix, les choses les plus tendres, et les plus pathétiques, l'étonnement des spectateurs allait toujours croissant : « S'il n'est pas fou, qu'est-il donc ?
» s'écria enfin d'Aran. — Je suis muet, écrivit
» Cerdagne. — Muet ! reprend son ami. —
» Muet ! continue son épouse. — Et com-
» ment ?........ — Et par quelle aventure ?.....
» — Ah ! dites-moi ?....... — Expliquez-vous,
» de grâce !...... — Je suis muet, je ne puis
» vous en écrire davantage. — C'est une para-
» lysie sur la langue. — Il faut faire revenir le
» médecin. — Sans doute. »

A cette menace, Cerdagne reprend ses ta-

blettes : « S'il reparaît devant moi, je le tue ;
» je ne veux pas guérir. Voyez les regards
» d'amour que m'adresse ma Léonore : il
» semble que je lui devienne plus cher par
» mon accident. — N'en doute pas, mon ami,
» répond la belle veuve, et elle offre sa joue à
» son amant. — Oh ! à pareil prix, écrit de
» nouveau Cerdagne, je serais muet toute
» ma vie. »

On soupa très-gaîment. L'aventure des filles
d'honneur empêcha de se remettre en route la
nuit. Madame d'Aran, d'ailleurs, était bien
aise, après trois ans d'absence, de causer de
près avec son mari. L'agrément particulier et
l'intérêt général exigeant donc qu'on passât la
nuit à Benavarri, chacun se retira de bonne
heure. Monsieur et madame d'Aran firent ce
qu'ils voulurent ; madame de Lampurdan se
rappela ses nuits passées, et celles que l'amour
lui réservait ; Cerdagne, causa tout seul : c'est
une jouissance quand on s'est tu forcément
pendant la journée.

On arriva, sans mésaventure, au château
d'Aran. Les amans y laissèrent les époux, et
se retirèrent dans leurs donjons. Pas un voisin
qu'on pût voir décemment ; c'étaient de pauvres gentillâtres, des bûcherons, des labou-
reurs, quelques chapelains. Il y avait, par-ci,

par-là, des jouvencelles, qui méritaient l'attention du comte de Cerdagne, mais il lui était défendu de parler, et elles ne savaient pas lire : il fallait donc être fidèle malgré soi. Le pays était abondant en gibier ; mais on ne chasse pas, sans parler à ses chiens et à ses piqueurs : il fallut donc encore renoncer à ce plaisir-là. On pouvait aller voir madame de Lampurdan ; mais la décence ne permettait pas qu'on couchât chez elle. On n'avait alors pour ressource qu'un mauvais lit, offert de bon cœur par un pauvre curé, et on se lasse d'être mal couché : les séjours n'étaient donc pas très-prolongés. Le château de Lampurdan était à douze lieues de celui de Cerdagne : les voyages ne pouvaient donc pas être très-fréquens. La seule jouissance qui restât à Cerdagne, était d'écrire, tant que bon lui semblait, à sa fière veuve ; mais cette jouissance même lui rappelait ses privations, et puis, quand on a écrit tout ce qu'on pense, tout ce qu'on sent, qu'on a dit tout ce qu'on peut dire, il paraît assez insipide de recommencer. Cerdagne s'ennuyait, oh! il s'ennuyait............ comme un écolier en classe, comme un juré à l'audience, comme un rentier qui attend son quartier, comme un mari près de sa femme. Quand il était bien sûr d'être seul, et de n'être pas entendu, il parlait, il parlait tout haut contre la fantaisie de sa Léonore, et, sans son attachement à ses éperons, et à sa croix de Calatrava, je ne sais pas trop ce qui en serait arrivé.

Madame de Lampurdan n'était pas plus heureuse. Quand elle ne voyait pas Cerdagne, elle brodait et se dépitait ; l'ouvrage va mal quand on n'est pas à ce qu'on fait. Elle quittait le métier, et relisait sans intérêt des lettres qu'elle savait par cœur. Lorsqu'elle en eut écrit elle-même une trentaine, elle se répétait à chaque mot, et déchirait le poulet, de peur de donner à Cerdagne une mauvaise opinion de son esprit : femme, belle et riche, elle devait avoir tous les genres d'amour-propre.

Si Cerdagne paraissait, elle volait au-devant de lui, lui disait des choses charmantes, et s'ennuyait bientôt de l'uniformité de ses signes. Elle regrettait intérieurement de ne plus entendre cette voix si touchante, qui arrivait si sûrement à son cœur. Elle se rappelait certain moment assez doux de son premier hymen, et convenait, à part elle, qu'il y aurait de la duperie à reculer le second d'un an : la nature ne perd jamais ses droits. Que faire cependant ? Revenir sur ses pas ? Rendre la parole à Cerdagne ? ne serait-ce pas marquer un empressement qu'il pourrait interpréter à son désavantage ? Son orgueil permettait-il d'ailleurs qu'elle transigeât avec son amour, et l'orgueil n'est-il pas, soit dit sans méchanceté, le sentiment dominant chez les femmes ? Tout cela était embarrassant, cruel, diabolique. « Je languis, je sèche, se disait-» elle quelquefois; mais je mourrais plutôt » que de céder. » Et, pour se dissiper, elle faisait enrager ses femmes.

Cet état de choses ne pouvait durer long-temps. L'amour, la jalousie, des craintes, assez fondées peut-être, rapprochèrent, raccommodèrent tout. C'était la fête de madame de Lampurdan, et ces jours-là se célébraient alors avec une pompe qui devait flatter singulièrement l'habitant de la voûte azurée. Cela se réduit à présent à un bouquet, à une mesquine sérénade; la belle fait servir en reconnaissance, la tourte de frangipane ; on lui chante, en buvant son vin, quelques couplets assez plats, et on s'en retourne bâiller au coin de son feu : aussi nos patrons célestes, justement choqués de cette parcimonie, nous abandonnent tout-à-fait, et il y paraît bien.

Madame de Lampurdan avait rassemblé chez elle la haute noblesse de vingt lieues à la ronde. Un prodigieux abatis de gibier avait été fait la veille dans ses parcs et dans ses forêts ; ses gens étaient habillés de neuf, et elle venait de finir de sa main blanchette la broderie d'une robe qui devait habiller le lendemain l'image de sa patronne, qui figurait en pied sur le maître-autel, et qui foulait d'un air de dignité les Dieux du Paganisme.

L'aurore de ce grand jour ne fut pas annoncée au bruit du canon, parce qu'on ne connaissait pas la poudre en Europe ; mais les timbales, les cymbales, les clairons et tous les instrumens qu'on avait imités des Maures, et qui ont au moins l'avantage de ne pas ébranler les maisons de ceux qui ne veulent pas prendre part à la fête, ces instrumens, bien ou mal embouchés, résonnèrent à la fois. Les comtes, les barons, les chevaliers, les dames, les jouvencelles, sortent de leurs couchettes, revêtent leurs habits somptueux, leurs armes, leurs joyaux. La nombreuse assemblée se réunit, gaîment, dans une salle, où était servie une table de cent couverts, chargée de toutes sortes de mets, au milieu desquels figurait l'*olla podrida*, qu'entouraient vingt flacons d'un excellent vin de la Manche.

Il n'était encore que huit heures ; mais alors on se levait matin, et on déjeunait fort.

La comtesse de Berga, la plus jolie de toutes les dames, après celle du château, était, par hasard, ou autrement, auprès de Cerdagne, qu'aucun cavalier n'égalait en bonne mine. Le dangereux fripon se livrait à son goût pour la variété, et parlait, de ses yeux, à madame de Berga ; mais d'une manière si positive qu'elle ne pouvait s'y méprendre. Madame de Berga avait un mari vieux et infirme ; Cerdagne était charmant, et un muet ne laisse pas d'indiscrétion à craindre, car un galant homme n'écrit jamais ce qui peut lui échapper dans la vivacité de la conversation. Madame de Berga faisait toutes ces réflexions, et regardait aussi Cerdagne d'une manière très-significative. Madame de Lampurdan, à qui rien n'échappait, avait de l'humeur, et faisait fort mal les honneurs de chez elle.

On savait, par toute la Catalogne, les engagemens qui existaient entre Cerdagne et sa belle. Madame de Berga ne voulait pas être l'objet d'une fantaisie, et, pour former avec le paladin une liaison durable, il fallait le détacher de ses premiers nœuds. Elle crut avoir trouvé un moyen innocent de jeter de la défaveur sur madame de Lampurdan. Elle plaignit en général les jeunes seigneurs, qui s'attachent à des dames, qui répondent plutôt à leur amour par vanité que par véritable tendresse.

Un coup d'œil très-vif de madame de Lampurdan la convainquit que le paquet était arrivé à son adresse. La réponse ne se fit pas long-temps attendre : « Je ne conçois pas, moi, re-
» prit la belle veuve, qu'on se permette des
» observations aussi directes, sans un motif qu'il
» est facile de pénétrer. » La glace était rompue, et madame de Berga s'était trop avancée pour reculer : « Il est permis, poursuivit-elle, de
» plaindre un chevalier qu'une infirmité subite...
» — Privé du cœur de sa maîtresse, n'est-ce pas
» là ce que vous voulez dire, madame ? — Il me
» semble, au moins, que son accident m'eût fait
» hâter un hymen, nécessaire à sa consolation.
» — Je ne suis pas faite, moi, madame, pour
» consoler un mari infirme. — Quoi ! madame,
» des applications ! — La patience est une vertu
» que je vous souhaite et que le Ciel m'a re-
» fusée. Eh bien ! madame, vous vous taisez !
» je vous mets cependant à votre aise. Allons,
» déclarez franchement à Cerdagne que ma
» conduite doit lui inspirer de l'indifférence ;
» qu'il peut chercher ailleurs des dédomma-
» gemens, et que peut-être il n'ira pas loin
» pour en trouver. »

Les convives stupéfaits laissaient tomber leurs fourchettes à manche de bois de cerf; madame de Berga était atterrée; Cerdagne croyait presser de son genou celui de sa jolie voisine, et l'engager à continuer un combat qui lui assurait une épouse adorée, ou une maîtresse piquante ; madame de Lampurdan se pinçait les lèvres, et réfléchissait profondément. Le tréteau que Cerdagne avait pris pour le genou de madame de Berga, et dont la pression soutenue lui paraissait si flatteuse, le tréteau céda à la fin, il tomba, et entraîna la table ; madame de Lampurdan tirée de sa rêverie par l'éclat de la chute, éclairée sur le manége de Cerdagne, par la rougeur et l'embarras extrême de sa rivale, poussée par sa sensibilité alarmée, et peut-être par un mouvement de justice, madame de Lampurdan se leva, et prenant cet air de dignité qui en imposait même à l'amour:
« Je ne donnerai pas lieu davantage, dit-elle,
» aux plaintes qu'une compassion bien innocente
» m'adresse en faveur de mon amant ; je n'au-
» toriserai plus, par mes délais, des galanteries
» dont je ne pourrais raisonnablement m'of-
» fenser. Cerdagne, je vous épouse aujour-
» d'hui, et madame, qui s'intéresse si vivement
» à vous, me saura gré sans doute de ma
» condescendance. Elle me plaindrait proba-

» blement, si j'avais des infirmités à vous faire
» oublier, et, pour la mettre absolument à
» son aise, je vais lui faire juger la différence
» qui existe entre l'attrait du plaisir et l'a-
» mour, fondé sur l'estime; pour cela je n'ai
» besoin que d'un mot, et je le prononce :
» Parlez, Cerdagne. »

Cerdagne, hors de lui, tombe aux pieds de sa Léonore, et ne voit plus qu'elle. Des exclamations sans suite, mais très-distinctement prononcées, prouvent qu'il n'est pas muet; madame de Berga, poussée à bout par son heureuse rivale, se croit jouée par le trop aimable chevalier : elle monte sa haquenée, et pousse à grands coups de fouet une pauvre bête bien étrangère à tous ces démêlés. Très-heureusement le comte de Berga était retenu chez lui par la goutte, et elle n'avait à Lampurdan aucun chevalier qui s'intéressât assez à elle pour jeter à Cerdagne le gage du combat.

Le tragique de la scène avait fait perdre de vue les détails comiques; les plats et les bouteilles cassées; les limiers se jetant sur les débris du festin, les pages, s'empressant de réparer le désordre, culbutés par les chiens, et les culbutant à leur tour; la selle de la haquenée de madame de Berga, placée à la hâte, tournant au bout de cinq pas; l'amante malheureuse renversée, les jambes en l'air, et son écuyer lui tournant respectueusement le dos, tirant sa flamberge, pour écarter les indiscrets, et laissant sa maîtresse se dépêtrer de son mieux, ou subir le sort de la reine Brunehaut, plutôt que de souiller ses charmes d'un regard téméraire. On ne voyait que la belle, que la fortunée Léonore; on ne pensait qu'à féliciter Cerdagne. L'effort qu'avait fait sur lui-même un jeune homme aussi léger, était la preuve la plus incontestable de l'amour le plus vrai, et le garant le plus sûr du bonheur futur de madame de Lampurdan. Elle oublia la robe brodée de sa patrone, la patrone elle-même, et conduisit son cavalier à l'autel.

D'Aran et son épouse, enchantés d'un dénouement qu'ils étaient loin de prévoir, présentèrent le plus beau couple de toutes les Espagnes au chapelain, qui s'attendait à chanter l'office du jour, et qui ne s'était pas préparé à célébrer des épousailles; mais comme il était le seul qui sût le latin, il récita les *Oremus* en l'honneur de sainte Léonore, et prononça à haute et intelligible voix, l'*Ego vos conjungo*, qu'on entend à merveille dans tous les pays, et qu'on se repent par fois de s'être fait prononcer.

Vous présumez bien que la fête changea

absolument d'objet. Cerdagne fut le patron du jour ; il en fit le charme par un mélange de sentiment et de gaîté, qui s'échappèrent comme un torrent qui a brisé les digues qui l'arrêtaient. De ce jour aussi, madame de Cerdagne abjura l'autorité qu'elle avait prise sur son amant. Elle ne prétendit d'autre empire, sur son époux, que celui de la beauté et des grâces, des attentions et de la douceur. Cerdagne avait souvent murmuré contre son despotisme : sa délicatesse le charma, et il s'empressa de la justifier par tout ce que devait attendre de lui une épouse accomplie. On assure même qu'il lui fut fidèle....... autant qu'un mari peut l'être.

Neuf mois s'écoulèrent dans des plaisirs toujours vifs, parce qu'ils paraissaient toujours nouveaux. Madame de Cerdagne allait resserrer les liens qui l'unissaient à son époux ; un gage de l'union la plus douce était attendu avec impatience, et on attendait le moment heureux, en faisant de ces rêves de bonheur, si naturels à de jeunes époux. Ce serait un garçon ; il aurait la beauté, la sensibilité de sa mère ; l'esprit et la valeur de Cerdagne. On le voyait s'échapper des bras de la comtesse pour hasarder quelques pas sur le gazon ; on l'entendait balbutier ces noms chéris de père et de mère ;

on souriait à ses saillies enfantines. A ces illusions succédaient des plans d'éducation, qui ne ressemblaeint en rien à celle qu'on donnait alors aux enfans. Puis on l'envoyait faire ses premières armes contre les Maures, et l'établissement le plus beau d'Arragon était le prix de ses exploits.

Hélas ! il vint trop tôt ce jour si ardemment désiré. Après des douleurs horribles, madame de Cerdagne donna une fille à son époux, et mourut dans ses bras.

Les caractères vifs sont plus fortement frappés que d'autres, et, par une juste répartition de la nature, les chagrins les plus violens sont aussi les moins durables. Cerdagne désespéré, ne voulait pas survivre à son épouse ; il l'appelait à grands cris ; il couvrait de baisers ses restes insensibles ; il fallut employer la force pour l'en séparer. Il la suivit, baigné de larmes, dans la sépulture de ses pères, et l'instant où on finit de murer le caveau, amena une crise terrible : il tomba, sans connaissance, aux pieds de son cher d'Aran, qui était accouru pour partager ses peines. Une salle tendue en noir, éclairée par une lampe funéraire, fut la retraite où Cerdagne s'ensevelit ; d'Aran eut le courage de s'y renfermer avec lui ; d'entendre, pendant plusieurs jours, et de répondre à des soupirs, et à des plaintes, continuellement répétés. C'étaient ses soins et ses prières qui déterminaient Cerdagne à prendre quelque nourriture ; c'était sa conversation simple et attachante qui forçait l'attention de son ami, et qui faisait diversion à sa douleur.

D'Aran n'avait pas cette finesse, ce tact exquis qui distinguaient Cerdagne ; mais il avait un sens droit, et son caractère réfléchi lui avait donné le loisir d'étudier les hommes. Il sentit d'abord qu'entreprendre de fermer une plaie aussi fraîche, c'était vouloir la déchirer ; il savait qu'une perte, aussi cruelle, suspendait toutes les fonctions de l'âme ; mais aussi, lorsque les larmes se tarirent, que les soupirs devinrent moins fréquens, que le nom de Léonore était prononcé avec une sensibilité profonde, mais sans aucune marque de désespoir, d'Aran jugea qu'un attachement d'un autre genre, mais aussi fort sans doute, balancerait d'abord le premier, l'emporterait bientôt sur de simples souvenirs, et il prononça le nom de sa fille.

Au nom de cet enfant, dont Cerdagne ne s'était pas occupé encore, il parut sortir d'une longue léthargie. Il demanda instamment à voir sa Séraphine, et d'Aran, habile à profiter du moment, lui représenta que l'aspect de ce lieu lugubre pourrait agir trop fortement sur des organes si faibles encore. Il prit la main de son ami, et l'amour paternel l'arracha de l'espèce de tombeau, où l'avait renfermé l'amour conjugal.

La vue de Séraphine rappela vivement l'idée de sa malheureuse mère ; mais insensiblement cet enfant réunit tous les sentimens dont son père était occupé. Il n'oublia jamais sa tendre, son incomparable Léonore ; mais il l'aima dans sa fille, et sacrifiant à la mémoire de la première, à l'intérêt de la seconde, le reste d'une jeunesse très-brillante encore, il jura de ne jamais former d'autres nœuds, et fut fidèle à son serment.

Un an ou deux s'écoulèrent, et Cerdagne les avait passés, tantôt chez lui, tantôt au château d'Aran. Les plaisirs, nécessaires à un homme de vingt-cinq ans, avaient repris leur cours ordinaire. Cependant leur uniformité fatiguait un jeune seigneur, qui avait vu la brillante Sarragosse; sa jeunesse lui imposait la loi d'ajouter de nouveaux lauriers à ses premiers exploits ; certain besoin de gloire, que l'amour ne contenait plus, se développait dans toute sa force ; sa fille, très-riche héritière, pouvait, à la rigueur, se passer de son père, et son intérêt semblait exiger qu'il illustrât encore son nom déjà fameux. Sa vivacité naturelle lui faisait saisir, avec avidité, des idées qui l'avaient flatté dans tous les temps ; mais de quel côté tourner ses pas? L'Aragon était en paix avec la Castille ; les souverains espagnols avaient conclu une trêve de trois ans avec les Maures : un fou lui procura les occasions de se signaler.

Il était difficile, alors comme aujourd'hui, d'obtenir de la considération sans fortune, sans esprit et sans naissance ; on y arrivait par la dévotion, et il n'est pas de faquin qui ne soit flatté de sortir de la classe commune. Un malheureux d'Amiens, nommé *Coucoupêtre* ou *Cucupiètre*, et que nous connaissons sous le nom de *Pierre-l'Ermite*, fit long-temps, à la porte de la cathédrale, les jongleries que fit depuis, à Rome, Jean Labre, autre gueux de Boulogne-sur-Mer, qui ne fit et ne devait faire aucune sensation au dix-huitième siècle, lorsqu'au douzième, maître Coucoupêtre réussit à bouleverser l'Europe et l'Asie.

Parvenu à une certaine réputation à Amiens, Coucoupêtre crut y ajouter en allant visiter à Jérusalem le saint tombeau, qui est un peu plus apocryphe que celui de Mahomet. Quoi qu'il en soit, on montre à Jérusalem une pierre qu'on dit être le saint sépulcre.

Notre gueux, revêtu par l'évêque de la robe crasseuse et du cordon de Saint-François, part la besace sur le dos ; s'arrête de porte en porte; reçoit partout d'abondantes aumônes, et arrive, gros et gras, à Jérusalem, qui a été une ville superbe, à ce que disent les auteurs juifs, qui ont pu mentir sur cet article, comme sur mille autres, mais qui certainement n'est aujourd'hui qu'une bourgade.

Monsieur Coucoupêtre recommença, à Jérusalem, les farces qu'il avait jouées, avec tant de succès, à Amiens; mais d'autres lieux, d'autres usages. Les Mahométans le prirent pour un fou, et les fous sont partout bafoués, et honnis par la canaille. Les Chrétiens de la Palestine aiment beaucoup qu'on leur porte des aumônes, et ne se soucient pas d'en faire. Coucoupêtre fut donc vilipendé par les infidèles, et abandonné par les disciples de Christ. Notre Picard, opiniâtre comme tous les gens de son pays, jura qu'il se vengerait des uns et des autres, ce qui n'est pas très-chrétien; mais tout le monde sait que la religion doit ployer sous les petites passions de ceux qui la professent.

Coucoupêtre conçut un projet dicté par la démence; mais il n'est pas d'absurdité qu'on ne fasse adopter à des cerveaux exaspérés, et toute l'Europe avait alors la fièvre de la superstition. Si Coucoupêtre se fonda sur cette observation, pour espérer quelque succès, il n'était pas aussi bête qu'on pourrait bien le croire.

Il se rendit à Rome, fut admis à baiser l'orteil du Saint-Père, et lui fit une peinture si touchante des avanies que l'on faisait essuyer aux Chrétiens en Palestine, c'est-à-dire, de celles qu'ils s'étaient attirées, qu'Urbain II, assez bonhomme, mais Chrétien aussi vain et aussi entêteté que Coucoupêtre, ne dédaigna pas de faire cause commune avec lui.

Il l'envoya gueuser de province en province, et communiquer partout son enthousiasme et son ressentiment. Le Picard était vif; mais sans éloquence. Le Ciel est avare de ce don, et aurait pu en faire part à un homme, qui embrassait aussi chaudement ses intérêts. Coucoupêtre passa encore pour un fou, quand il proposa, sérieusement, aux heureux habitans de l'Italie, d'aller conquérir l'Arabie-Pétrée, qu'il était impossible de garder. D'ailleurs, une figure assez commune, des sandales, des pieds crasseux, des reins ceints d'une corde, pouvaient donner une haute idée de la piété du personnage, mais n'annonçaient pas de moyens fort étendus. Coucoupêtre, à peu près aussi furieux contre les Italiens que contre les Mahométans, revint épancher sa bile dans le sein du Saint-Père.

Le Saint-Père trouva très-mauvais que tous les fidèles ne se fussent pas levés en masse à la voix de son envoyé. Plein de confiance dans ses talens oratoires, et dans la grâce de Dieu, il convoqua un concile à Plaisance. Le coup électrique n'est pas d'un effet plus prompt aujourd'hui, que l'était alors un mot, un seul mot du Saint-Père. Tout le clergé italien, jusqu'aux enfans de chœur, et environ trente mille laïques, se rendirent à Plaisance. Comme il n'y a pas eu, qu'il n'y a pas, et qu'il n'y aura jamais de bergerie assez vaste pour contenir un pareil troupeau, sa Sainteté fut obligée de haranguer en plein champ, ce qui n'est pas du tout avantageux à la poitrine d'un pape, ordinairement très-usée. Il perdit ses beaux mouvemens oratoires; mais en se passant le mot de proche en proche, tout le monde sut qu'il s'agissait d'aller guerroyer contre les Palestins, qui avaient maltraité monsieur Coucoupêtre. On trouva le projet superbe; on s'écria de tous les côtés qu'il fallait partir, et personne ne bougea.

Le Turc Soliman, maître déjà de la plus belle partie de l'Asie mineure, avait établi le siège de sa domination à Nicée, et semblait de là menacer Constantinople. L'empereur grec, Alexis Comnène, sentait sa couronne chanceler sur sa tête débile. Il ne douta point que les Chrétiens d'Europe, consultant leurs vrais intérêts, ne s'unissent à lui pour faire rentrer les Ottomans dans leurs premières limites : ce plan avait le sens commun, et voilà pourquoi il ne fut pas adopté. Les ambassadeurs, qu'Alexis avait envoyés à Plaisance, furent à peine écoutés.

Eh! le moyen que le pape soutînt des Grecs, qui ne voulaient pas adopter cinq à six mots, qu'il avait plu aux Romains d'ajouter au symbole; des Grecs, qui communiaient avec du pain levé, et qui prétendaient que manger, en carême, des œufs et du fromage, c'était faire gras! Il était bien plus simple de traverser leur pays, à main armée, de les piller, si on pouvait, de s'exposer à être défait par eux, avant d'arriver à la sainte pierre, objet de tant de bruit : au moins on ne reprocherait pas au Saint-Siége d'avoir traité avec des schismatiques.

Urbain, que Coucoupêtre avait tout-à-fait enfiévré, ne fut pas rebuté par le mauvais succès de sa première tentative. Il compta sur l'esprit inquiet des Français ; sur leur enthousiasme pour tout ce qui est nouveau et extraordinaire; sur une foule de seigneurs perdus de dettes, de débauche, aimant le plaisir, la guerre, le pillage surtout, et devant seconder ses vues, par l'ignorance la plus crasse. Urbain partit pour Clermont en Auvergne. Il pérora sur la grande place; les têtes s'échauffèrent. Les Syriens vaincus, conquis, dévalisés; leur pays partagé entre vingt ou trente seigneurs, qui ne possédaient qu'un donjon, entouré d'un fossé bourbeux, flattèrent plus les imaginations que la remise des péchés commis et à commettre, que promettait le Saint-Père à ceux qui s'armeraient. On prit la croix à l'envi. Moines, femmes, marchands, vivandiers, ouvriers, tout voulut partir. On enrôla une infanterie innombrable. Tous ceux qui pouvaient disposer d'un cheval, se réunirent en corps de cavalerie. Les moindres châtelains partirent à leurs frais; les pauvres gentilshommes leur servaient d'écuyers. Godefroy de Bouillon, Baudouin son frère, et plusieurs seigneurs se croisèrent. Tous vendirent leurs biens au clergé, et ne les regrettèrent pas : ils allaient conquérir des royaumes. L'exemple d'une poignée de Normands qui venaient de soumettre Naples et la Sicile, semblait justifier ces chimères; mais ces Normands étaient commandés par Guillaume Fier-à-Bras, Drogon et Humfroi, et les Croisés l'étaient par Coucoupêtre. La reconnaissance, la piété et la bêtise lui avaient déféré cet honneur.

Voilà où en étaient les choses, quand le bruit de cet armement extraordinaire pénétra dans la Catalogne. Cerdagne, riche, désintéressé, ne pouvait être conduit par l'intérêt; ceux qui aiment le plaisir ne sont pas dévots; Cerdagne devait donc se soucier fort peu d'indulgences; mais il était inquiet, inconstant, entreprenant; il voyait de la gloire à battre les Ottomans, qui étaient redoutables alors; sa fille était trop jeune pour l'intéresser beaucoup encore; d'Aran trop raisonnable, pour que sa conversation fût variée; sa femme trop sage, pour faire attention aux grâces de Cerdagne, et consentir à lui rendre le séjour de la Catalogne supportable. Il trouvait superbe d'être cité comme le plus brave, le plus beau, le plus désintéressé de l'armée des Croisés; de chercher Soliman dans la mêlée, de le pourfendre; d'entrer à Nicée avec les fuyards; de s'établir dans le sérail du maître, et de prouver, à ces dames, qu'un seigneur catalan vaut tous les soudans du monde.

Pendant plusieurs jours il entretint d'Aran et sa femme de ces folies. A force d'en parler, il se persuada, à lui-même, que son projet était le plus beau qu'on eût jamais imaginé; il proposa sérieusement à son ami de l'accompagner.

A cette proposition, madame d'Aran jeta les hauts cris. Il n'était pas nécessaire qu'elle fît tant de bruit : d'Aran était sage, et il avait les inclinations casanières. Il fit ce qu'il put pour détourner Cerdagne d'aller pourfendre des Turcs, qui ne lui avaient rien fait : Cerdagne était têtu. Il fit ses préparatifs en secret ; il chargea du soin de sa fille et de sa maison, Théodora, la plus âgée, la moins jolie, et la plus acariâtre, mais la plus affectionnée et la plus intelligente des femmes qui avaient servi sa Léonore. Il laissa, pour d'Aran, un écrit, par lequel il le chargeait du gouvernement en chef de ses propriétés. Il sortit, à la tête d'un train magnifique, et d'une suite nombreuse. Il traversa les Pyrénées, le Roussillon, et joignit ces héros chrétiens, dont il s'était fait une si haute idée.

Il fut un peu étonné de voir, à la tête de cette armée, Coucoupêtre en uniforme d'ermite, un chapelet dans une main, et une rouillarde dans l'autre. Ce qui convenait à Bouillon, duc de Brabant, pouvait très-bien déplaire à un seigneur de Catalogne ; mais il eût été dangereux de marquer du mécontentement, et Cerdagne se résigna.

Le général Coucoupêtre se mit en marche à la tête de quatre-vingt mille vagabonds. Il n'avait pas de magasins, ne doutant pas que les Chrétiens ne s'empressassent de gagner des indulgences, en apportant, sur la route, des vivres à son armée. Il se trompa. Ceux qui avaient des provisions, les gardèrent, suivant un adage très-vieux, et toujours très-neuf : *Primò mihi*.

Cependant il faut avoir l'estomac garni pour se battre en faveur de Dieu, comme en faveur du Diable. On avait faim, et le miracle des cinq pains ne se renouvelait pas. On était près d'une petite ville chrétienne de la Hongrie, nommée *Malavilla*. Le général ermite somma ses frères, en Jésus-Christ, de nourrir ceux qui allaient délivrer le saint tombeau : *Primò nobis*, répondirent ceux de Malavilla. Aussitôt la ville est attaquée, prise d'assaut, livrée au pillage, et les habitans égorgés. Un des lieutenans de l'ermite, *Gautier-Sans-Argent*, traitait aussi brutalement les Chrétiens de Bulgarie. Une autre horde de ces aventuriers s'imagina qu'il fallait exterminer tous les Juifs, parce qu'ils avaient pendu Jésus-Christ. Il y en avait un nombre considérable sur les frontières de France ; ils tenaient l'entrepôt du commerce entre la Germanie et la Gaule. On les massacra au nom de Dieu. Verdun, Spire, Worms, Cologne et Mayence furent inondés du sang de ces malheureux. Jamais, depuis Adrien, on n'en avait fait un aussi horrible massacre. Les peuples voisins, irrités de cette conduite, qui n'était pas chrétienne du tout, se réunirent contre ces brigands. Les *Pater* et les *Ave* de Coucoupêtre étaient sans vertu, contre la tactique des chefs qu'on lui opposa. Il fut battu dans toutes les rencontres, et arriva enfin devant Constantinople avec vingt mille malheureux mourant de faim.

D'autres vagabonds, Italiens et Allemands, s'étaient rassemblés près du Bosphore, et se réunirent au général ermite. Tous avaient besoin de la protection de l'empereur grec, et ils commencèrent par piller les environs de sa capitale. L'empereur grec pouvait aisément exterminer cette foule sans ordre, sans discipline: il aima mieux traiter avec eux. Il leur fournit des bâtimens, pour les porter à l'autre rive du Bosphore.

Le général Pierre eut enfin le plaisir de se trouver aux prises avec les Mahométans. Soliman sortit brusquement de Nicée, à la tête de ses meilleures troupes; il fondit sur les disciples de Christ, et les tailla en pièces. Monsieur Coucoupêtre se sauva du massacre avec beaucoup de peine, et retourna à Constantinople. Il était seul, on ne le craignait plus; on le reçut avec le mépris qu'on aurait dû lui marquer partout.

Vous prévoyez aisément que les premières sottises de Coucoupêtre avaient fait abandonner ses drapeaux, par tout ce qu'il y avait d'illustre et de raisonnable parmi les Croisés. Il ne lui resta que la canaille, à qui il procura l'inestimable avantage de mourir de la mort des martyrs.

Godefroi de Bouillon était à la tête de soixante et dix mille fantassins et de dix mille cavaliers, couverts de fer. Hugues, frère du roi de France, Philippe Ier, s'avançait par l'Italie, suivi d'une foule de seigneurs. Robert, duc de Normandie, engagea cette province au roi d'Angleterre, pour avoir de quoi payer les frais de son armement : superstitieux et pillard, il devait entreprendre le saint voyage. Le vieux Raymond, comte de Toulouse, souverain du Languedoc et d'une partie de la Provence, passa les Alpes à la tête de près de cent mille hommes. Bohémond, fils de Robert, conquérant de la Sicile, rassembla dix mille cavaliers, bien équipés, et quelques fantassins. Cet enthousiasme épidémique avait gagné partout, et les Asiatiques pouvaient croire qu'il n'y avait que des fous en Europe; mais des fous de la plus dangereuse espèce. La princesse Anne Comnène, fille de l'empereur grec, a décrit ces événemens, dont elle était témoin oculaire : « On eût cru, dit-elle, que

» l'Europe, arrachée de ses fondemens, allait
» tomber sur l'Asie. »

L'empereur était fort incertain du parti qu'il prendrait avec des gens, beaucoup plus redoutables que Coucoupêtre et ses goujats. Les Croisés voulaient des vivres ; l'empereur, en affamant sa capitale, n'en eût pas fourni une demi-ration à chaque homme. Il négocia, il fit des présens. Godefroi, qui avait faim, n'entendait pas raison ; il attaqua les faubourgs de Constantinople. L'empereur les défendit assez bien, pour un prince amolli. Un évêque auvergnat, nommé *Monteil*, voulait absolument qu'on commençât la guerre contre les infidèles, en assiégeant la capitale du premier prince chrétien. Bohémond appuyait l'enragé Auvergnat. Alexis calma Bohémond en lui abandonnant des ouvrages d'or et d'argent, des bijoux de toute espèce, qui emplissaient un cabinet du palais impérial. Il fit distribuer des vivres ; il fit passer, successivement, tous ces corps d'armée dans l'Asie mineure, et, trop heureux d'en être débarrassé, il ordonna des prières publiques pour le succès de leurs armes, en souhaitant intérieurement que les Mahométans les enterrassent, jusqu'au dernier, à côté de leur divin maître.

Cette multitude fut passée en revue près de Nicée. Il est exactement vrai qu'on compta cent mille cavaliers, et six cent mille fantassins. Les Génois, les Pisans, les Grecs eux-mêmes longeaient les côtes de l'Asie mineure, avec des vaisseaux chargés de vivres, qu'ils vendaient chèrement aux Croisés.

Coucoupêtre venait de reparaître sur la scène. Il criait à tous les chefs qu'un homme comme lui devait être employé. Godefroi en fit son premier aumônier, et Coucoupêtre, après avoir fait cahoter le coche, se contenta d'en être la mouche.

Le malheureux Soliman ne concevait pas l'acharnement qu'on mettait à sa perte. Il se défendit en brave homme ; mais il céda à ce débordement européen. Ses armées furent battues deux fois ; sa ville de Nicée fut prise, pillée, brûlée, en l'honneur de Jésus-Christ.

Chacun commença à penser à soi. Bohémond se fit abandonner Antioche, et le pays qui en dépend. Baudouin s'empara d'Edesse, et se fit souverain d'un pays, qui ne valait pas six bourgades de son duché de Brabant. Chacun voulait dominer, et chacun établit sa domination sur un petit coin de la Palestine. Il y eut des comtes de Joppé, des marquis de Galilée, de Sidon, d'Acre, de Césarée. On s'occupa enfin de l'affaire principale, en apparence ; mais qui n'était qu'accessoire par le fait : on mit le siége devant Jérusalem, et la ville fut emportée d'assaut le trente-cinquième jour. Il est clair que les Mahométans, qui avaient respiré l'air de la sainte Sion, méritaient tous la mort; aussi ne fit-on grâce à aucun. Les Chrétiens pacifiques de Jérusalem conduisirent les vainqueurs dans des souterrains, où s'étaient réfugiés les femmes et les enfans; tout fut égorgé sans pitié, et les fidèles, dégouttans de sang, allèrent, en procession, chanter un *Te Deum*, autour du saint tombeau. Telles sont les plates horreurs, qui ont produit le plus beau des poëmes dont s'honore l'Italie.

Il y eut encore d'autres croisades, jusqu'à celle qui se termina par la mort de saint Louis. Il est assez inutile de vous raconter ces pieuses extravagances, qui, pour l'esprit et la conduite, se ressemblent généralement. D'ailleurs l'intervalle, de la première à la dernière croisade, étant d'environ trois cents ans, vous sentez que Cerdagne n'a pu les faire toutes, et je reviens à mon galant Espagnol.

Il s'était battu en brave paladin. Il était lié avec Renaud et Tancrède, redouté d'Argant; aimé clandestinement d'Herminie, de Clorinde, d'Armide, et de toutes les belles de la famille du Tasse; mais il plaignait intérieurement ce pauvre Soliman, dont on dévastait les états, uniquement parce qu'il portait un turban. Le libertinage, la crapule de la plupart des Croisés le révoltaient, il était excédé des bénédictions et des *Oremus* de Coucoupêtre; choqué de la morgue d'Amberto, légat du pape près des Croisés. Il avait cru faire la guerre en chevalier, et les Chrétiens se conduisaient en bouchers. Il prit congé de Godefroi de Bouillon, après la prise de Jérusalem, c'est-à-dire six ans après avoir quitté son château. Il reprit la route de Constantinople, avec ce qui lui restait de cette suite brillante, qui l'avait accompagné. Alexis Comnène était un prince doux; Anne, sa fille, était sensible : Cerdagne fut reçu comme un homme qui réunissait l'amabilité grecque à la valeur, qui séduit partout. Il acheva de se former à la cour d'Alexis, et perdit jusqu'à la trace de cette rudesse, qui distinguait encore les seigneurs d'Europe.

Après deux années de séjour à Constantinople, Cerdagne partit chargé des bienfaits de l'empereur. Plus riche, plus aimable que jamais, il prit la route de la Catalogne. Il approchait de l'âge où on préfère une vie tranquille aux plaisirs bruyans, et aux rêves de l'ambition. Sa fille, qu'il connaissait à peine, et qui entrait dans sa douzième année, lui promettait les jouissances du cœur, dont il se faisait d'avance une idée délicieuse. Son éducation devait être son ouvrage. Quelques années encore, et il s'occuperait de son établissement : tout concourait à le fixer en Catalogne.

D'Aran avait quarante-cinq ans, et quelques infirmités. Depuis long-temps, son épée et sa cuirasse étaient rouillées ; ses lièvres et ses chevreuils rongeaient, en paix, les récoltes que ses paysans n'osaient défendre ; madame d'Aran n'était plus que son amie ; il passait le temps à écrire à son fils, espiègle déterminé, qui faisait ses exercices à Sarragosse, à se faire lire la Bible par Trufaldin, que je vous ferai bientôt connaître, et à boire de très-bon vin, en assez grande quantité pour avoir de fréquens accès de goutte.

Louis XI, qui ne naquit guère que trois cents ans après, n'avait pas encore pensé à rétablir les postes, si régulièrement servies sous l'ancien empire romain. D'Aran n'avait donc reçu aucune nouvelle de Cerdagne. Il le croyait encore avec ces enragés, qui avaient couru en Judée, sans savoir pourquoi. Il s'était mis à la tête de ses affaires ; les régissait en ami fidèle ; montait à cheval, quand sa santé le permettait, parcourait ses domaines, faisait réparer son château, et allait, une fois l'an, à Barcelone, visiter la petite Séraphine, qu'il avait mise dans un couvent, fameux pour l'éducation des jeunes demoiselles. Là, elle apprenait à lire, à coudre, à prier Dieu, à rougir, et à faire des confitures pour les malades. Depuis, tout a changé. Il faut aujourd'hui que les jeunes personnes sachent chanter, toucher du piano, peindre, danser, tout faire avec grâce, même un faux pas ; aller au spectacle, lors même qu'on donne le Mariage de Figaro ; y paraître la gorge et les bras nus ; y recevoir, y glisser un billet doux ; c'est charmant ; mais au bon vieux temps on ne connaissait pas tout cela.

D'Aran était au coin de son feu, la jambe étendue sur un coussin, couvert en cuir ; il sommeillait, pendant que Trufaldin, assis sur un tabouret, un pupitre devant lui et la Bible ouverte, lisait avec onction le saint inceste du saint homme Loth avec ses saintes filles ; madame d'Aran travaillait, de l'autre côté de la cheminée, à un morceau de tapisserie qui représentait le roi Agag, haché en morceaux, par ordre du saint prophète Samuël ; une demoiselle suivante raccommodait, derrière sa maîtresse, une paire de haut-de-chausses ; une autre jouait avec le faucon favori ; tout le monde était occupé, lorsque cinq à six cornets sonnèrent à la fois en dedans et en dehors du château. On a eu à peine le temps de lever les yeux, et une troupe de cavaliers est entrée, au galop, dans les cours. D'Aran, réveillé en sursaut, s'écrie : Ce sont les Maures ! Il se lève, pour sauter sur son épée de bataille ; la goutte le cloue sur le pavé. Trufaldin renverse son pupitre, et se sauve à la cave; madame d'Aran se jette sur une estrade, et les demoiselles suivantes, qui n'ont pas oublié le capitaine Diégo, vont bravement ouvrir la porte.

Cerdagne entre, en riant, aux éclats, du désordre qu'il a causé. On le reconnaît, on se précipite dans ses bras, on le reçoit comme un ami, qu'on ne comptait plus revoir. Après les embrassades, vinrent les épanchemens ; ensuite on parla d'affaires, car enfin on ne peut pas toujours s'embrasser, et se dire des douceurs.

En écoutant ce que d'Aran lui racontait de ses soins pour sa fille, et de l'entretien de ses châteaux, Cerdagne lorgnait la suivante, qui avait repris le faucon au poing. Elle avait vingt-quatre ans ; elle était fort jolie, avait beaucoup d'esprit naturel, copiait, à merveille, les grands airs de sa maîtresse, et se livrait indistinctement à la volupté ou à la morale, selon que ses petits intérêts, ou les circonstances l'exigeaient. En répondant tant bien que mal à d'Aran, Cerdagne s'approchait de la belle, caressait l'oiseau, d'une main qui en masquait une autre, qui cherchait à s'occuper plus agréablement. Rotrulde repoussait doucement la main audacieuse, et regardait le paladin avec étonnement. Elle ne concevait pas qu'un seigneur qui avait vécu dans la plus grande intimité avec de grandes dames, voire même des princesses, pût s'amuser à cajoler une suivante, et pourtant cela était tout simple : les empressemens qu'on marque à une femme ne se mesurent guère que sur ses agrémens. Cependant Rotrulde n'avait pas entendu l'ordre, deux fois répété par la comtesse, d'aller dire au majordome de traiter plus splendidement encore que de coutume : elle était occupée à se défendre, ou l'attaque lui plaisait trop pour qu'elle fût à autre chose. La troisième invitation fut prononcée si haut, et avec tant d'humeur, que Rotrulde fit un mouvement aussi rapide que la pensée, pour obéir à sa maîtresse ; mais Cerdagne lui pressait fortement le genou. Elle perdit l'équilibre, fit une volte pour se remettre, et ne pensa plus à l'oiseau. Elle lâcha la chaîne, et le faucon, effrayé de ces tournoiemens, s'enfuit à tire-d'ailes, traînant sa chaînette après lui. Il sortit par une croisée, qu'on avait laissée ouverte pour donner issue à la fumée : on ne savait faire encore, au-dessus des foyers, que de larges conduits, par lesquels l'air ne tirait point, et on ne connaissait pas les fumistes.

Je voudrais bien voir nos belles d'aujourd'hui dans une halle de vingt pieds carrés, surmontée d'une voûte gothique, pavée de larges pierres; je voudrais les voir les mains, la figure enfumées, les yeux rouges, et rire et chanter malgré cela. C'est pourtant ainsi que vivaient nos pères, et ils étaient fiers comme on l'est aujourd'hui.

Madame d'Aran appelait l'oiseau chéri, et l'oiseau n'entendait rien : une terreur panique nous prive de tous nos sens. Il volait d'un donjon sur une tourelle; de là sur les créneaux de l'enceinte. Il se percha ensuite sur l'écusson de la maison d'Aran, qui décorait l'extérieur de la principale entrée. Un hibou s'était retiré sous l'aile d'un aigle de pierre, qui formait le support, et s'envole à l'approche de l'oiseau royal. Il se jette dans la campagne. Le faucon retrouve son instinct, il vole après le hibou; madame d'Aran le perd de vue, et s'évanouit. Cerdagne, toujours galant, même avec les femmes dont il ne se souciait pas, Cerdagne, appelle ses piqueurs, demande son palefroi, et veut se mettre à la quête du diable de faucon. Ses piqueurs, fêtés par la valetaille du château, n'entendent pas la voix du maître. Cerdagne se décide au parti qu'on devrait toujours prendre, pour être bien servi, celui de se servir soi-même. Il prend le chemin des écuries, et entend un carillon infernal dans la cave, devant laquelle il passait. Il prête l'oreille ; il croit distinguer une voix de femme ; et comme une femme, quelle qu'elle soit, l'intéresse plus que tous les oiseaux du monde, il oublie le faucon, et descend, au risque de se casser le cou sur les degrés.

Vous vous rappelez qu'au cri terrible du comte d'Aram, *ce sont les Maures !* Trufaldin s'était réfugié à la cave. Il s'était blotti, comme un lièvre, derrière un tonneau de vin, tremblant de tous ses membres, et priant Dieu, comme on le prie quand on a peur. Rotrulde avait exécuté les ordres de madame. Le majordome avait envoyé le sommelier à la cave, et Rotrulde y était descendue avec lui, parce qu'elle avait les clefs des petits caveaux de madame, et qu'elle n'était pas fâchée d'avoir un prétexte pour se trouver en tête-à-tête avec le sommelier.

Je ne finirais pas, si je détaillais les commodités et les douceurs de la vie qu'on ne soupçonnait pas au douzième siècle. Il faut pourtant que je vous dise qu'on était bien éloigné de mettre le vin dans des bouteilles de verre, car si on en avait eu, le sommelier n'aurait pas été remplir ses dame-jeannes de grès au tonneau, derrière lequel s'était tapi Trufaldin.

Trufaldin, en entendant jouer le robinet, ne doute pas que les Maures ne viennent boire le vin de son suzerain. Sa peur augmente un moment; mais le calme qui règne autour de lui, lui rend l'usage de la réflexion. Il pense que le Maure est seul; qu'il vient à la provision pour ses camarades; que s'il l'aperçoit, il lui fera sauter la tête d'un revers de son cimeterre, et qu'il est facile de le prévenir, sauf à devenir ensuite ce qu'il plaira à Dieu.

Trufaldin n'était pas homme à assommer un Maure d'un coup de poing : il lui fallait une arme, et il n'en avait pas. Il invoqua Samson, qui, avec certaine mâchoire, se tira d'un pas bien plus épineux, et comme il est dit dans l'Écriture : *Aide-toi, et je t'aiderai*, Trufaldin cherche doucement autour de lui. Une masse de bois, qui servait à bondonner et à débondonner les pièces, lui tombe sous la main ; il se glisse le long de la pièce. Le bon sommelier, le dos baissé, son bout de résine allumé d'une main, sa dame-jeanne de l'autre, pensait à sa petite Rotrulde, qui ne devait pas tarder à sortir du caveau de madame. Le mal-

adroit Trufaldin fait quelque bruit : « Ah ! te
» voilà, ma belle, dit le pauvre sommelier. »
Un coup terrible lui tombe d'à-plomb sur les
reins, et lui arrache un cri, qui fait retentir
les voûtes souterraines ; sa résine s'échappe, et
s'éteint dans le vin qui continue de couler.
Trufaldin ne veut pas laisser sa victoire imparfaite ; il allonge autour de lui de nouveaux
coups, qui d'abord ne frappent que l'air ; mais
bientôt l'instrument à bondons lui meurtrit la
rotule du genou, avec une telle violence, que
le cœur lui manque, et qu'il tombe à vingt
pas du vaincu.

Mademoiselle Rotrulde, effrayée du cri du
sommelier, accourait à la hâte ; elle dirigeait
son flambeau vers l'endroit où devait être son
bien-aimé ; son œil cherchait à percer les ténèbres dans l'éloignement ; elle ne prenait pas
garde à ce qui se passait à ses pieds. Elle accroche Trufaldin, elle chancelle, elle tombe,
elle roule, en criant à son tour. Son flambeau,
son panier, deux jolies dame-jeannes, tout
s'échappe, se heurte, se brise ; le vin de Pobla
coule sous sa cotte ; une obsurcité profonde
ramène la terreur dans tous les esprits.

Cerdagne était descendu, aussi vite que le
permettaient les ténèbres, et un escalier tournant, qu'il ne connaissait pas. Il appelle, il

écoute; personne ne répond. Il avance, il met le pied dans la boue, formée de la terre glaise qui garnissait la cave, et du précieux vin de Pobla. Il glisse, il tombe à son tour; mais il tombe assez heureusement. Des cheveux tressés et rattachés sur le haut d'une tête mignonne, se rencontrent d'abord sous sa main. Il est assez naturel de connaître à quel ennemi on a affaire, et Cerdagne continue la plus exacte inspection. Une fraise, plissée et droite, garnissait le derrière de la tête, et descendait sur quelque chose d'intéressant, qui cependant n'arrêta pas le paladin : les grands hommes ne s'amusent pas aux détails. Celui-ci donna toute son attention à une cotte d'un tissu d'écarlate, bordée par le bas d'un réseau d'or. Sous cette cotte était le plus joli petit pied, la jambe la mieux tournée, et probablement quelque chose de plus séduisant. Je ne sais pas ce que le paladin fit de tout cela; mais je puis assurer que l'examen fut long, que Rotrulde était très-rouge et Cerdagne très-gai, quand ils rentrèrent dans la salle.

Madame d'Aran avait son oiseau au poing, et le couvrait de baisers. Son retour était une espèce de miracle. Une demoiselle suivante, qui ne pouvait pas voler après lui, était montée sur la plus haute des tourelles, pour suivre au moins son vol des yeux. Elle l'avait vu saisir et mettre en pièces le malheureux hibou, lorsqu'un vautour vint à tire-d'ailes fondre sur le faucon. Un danger imminent fait bientôt oublier un danger chimérique. Le faucon jugea, comme bien d'autres, qu'il valait mieux fuir que soutenir un combat inégal. Il avait repris son vol vers le château; il était rentré par la fenêtre, par laquelle il était sorti, et la joie de madame d'Aran ne lui permettait pas d'observer ce qui se passait autour d'elle.

Cerdagne faisait l'aimable, en se chauffant les gras des jambes devant le foyer, et il ne s'apercevait pas que le devant de son pourpoint, de son haut-de-chausses, et le cuir rouge de ses bottines, à entonnoirs, étaient couverts de terre glaise et de vin de Pobla. Rotrulde, toujours rouge et toujours les yeux baissés, avait pris de l'ouvrage pour lui servir de contenance, et elle ne se doutait pas que le vin de Pobla et la terre glaise couvraient le derrière de ses tresses, de sa fraise, de son juste et de sa cotte. Madame d'Aran, lasse de caresser son oiseau, jeta les yeux sur Cerdagne, et partit d'un éclat de rire. D'Aran fit un effort; se tourna péniblement de côté, pour savoir de qui on riait. Il vit, malgré les oreillettes de son grand fauteuil, le devant glaisé de son ami, et rit à son tour. Cerdagne interdit d'abord, s'examina enfin, et rit avec les autres. Il raconta l'aventure de la cave, avec beaucoup de grâce et de facilité; mais il la raconta comme il voulait qu'on la crût. Les femmes sont pénétrantes. Madame d'Aran regardait Rotrulde, pendant que Cerdagne contait. La petite, qui craignait que le paladin ne la sacrifiât au plaisir de dire un bon mot, était plus embarrassée que jamais, et cet embarras ne parut pas naturel à sa maîtresse. Elle jugea que Rotrulde devait avoir enlevé aussi une certaine portion de terre glaise et du vin de Pobla. Pour savoir précisément à quoi s'en tenir, elle envoya Rotrulde chercher, dans sa chambre à coucher, son fuseau d'or, et sa laine de Ségovie. Elle se pinça les lèvres, en voyant le derrière de sa fille d'honneur, jaspé d'une étrange manière; elle se recueillit pour décider ce qu'il y avait à faire, dans une circonstance aussi importante, et jugea que, sans faire des reproches à Cerdagne, sans même entrer en explication avec lui, il fallait congédier Rotrulde, qui bien certainement n'avait pas provoqué le chevalier, et voilà comme les grands font justice.

Dans sa narration, Cerdagne n'avait pu parler ni de Trufaldin, ni du sommelier, parce qu'il n'avait pas laissé à Rotrulde le temps de lui en rien dire. Cependant d'Aran avait conclu, avec beaucoup de sagacité, que le bruit, que son ami avait entendu à la cave, devait nécessairement avoir une cause. Il fit venir quelques écuyers, ordonna à ses valets de porter des flambeaux devant eux, et envoya voir, dans le souterrain, ce qui avait pu donner lieu à ce vacarme.

On descend : on trouve le sommelier étendu sur le ventre, l'épine du dos fracassée. On l'entoure, on le relève, et Trufaldin, plein de l'idée que les Maures sont maîtres du château, et qu'ils vont venger sur lui la mort de leur camarade, Trufaldin se relève à genoux, commence à haute voix son *Confiteor*, et se psalmodie un *De profundis*. On avance à sa voix, il reconnaît les commensaux de la maison, il juge que les Maures sont en fuite ; il retrouve ses sens et ses forces, et il raconte gravement qu'il a tué un ennemi de six pieds de haut, qui buvait le vin du patron. Un écuyer, plus vif que les autres, lui répond qu'il a cassé les reins au sommelier, et qu'il n'est qu'un imbécile. Trufaldin, très-bonhomme, fond aussitôt en larmes, et se jette sur le corps de son ami le sommelier, à qui il fait un mal épouvantable. On veut l'écarter ; il serre le blessé dans ses bras, en lui demandant pardon, et le serre si bien qu'il lui fait passer une vertèbre à travers la peau. Le pauvre sommelier, excédé de douleur, croit se défaire de Trufaldin en lui mordant vigoureusement l'oreille. Trufaldin croit mettre fin à son supplice, en appliquant un vigoureux coup de poing sur la face du sommelier. Celui-ci serre plus fort ; Trufaldin crie plus haut ; l'écuyer, dont j'ai déjà fait mention, s'impatiente, prend Trufaldin par l'autre oreille, et l'envoie rouler dans la terre glaise et le vin de Pobla.

On remonte le sommelier, sur une espèce de brancard, qu'on a fait, en croisant quelques piques. Trufaldin suit en silence, son mouchoir sur les yeux. Il paraît au grand jour, et fixe tous les regards. Sa jaquette noire est garnie, de haut en bas, comme le devant de Cerdagne, et le derrière de Rotrulde, et il a une épaule couverte de sang, parce que l'écuyer l'a tiré, avec tant de violence, par une oreille, que l'autre est restée dans la bouche du sommelier.

On s'occupe aussitôt des blessés. Un frater, qui ne savait d'anatomie que ce qu'on en connaissait dans un temps où c'était un sacrilége d'exhumer des morts, décida, et devina juste, que le sommelier en serait quitte pour être bossu; et Trufaldin pour la perte de son oreille.

Trufaldin était un pauvre diable, fils d'un cordelier d'Urgel, et de la cuisinière d'un prébendier du chapitre de Sainte-Thérèse de la même ville. Il ne fut, en conséquence, reconnu par personne; mais le révérend père veillait sur le fruit de ses amours, et payait les mois de nourrice, avec l'argent que les fidèles destinaient à l'entretien des autels. A l'âge de quatre ans, il le mit chez une dévote, à qui il persuada de se charger du pauvre orphelin, pour l'amour de saint François. A sept ans, Trufaldin servait joliment une messe; à huit ans, il savait lire; à dix, il savait autant de latin que son papa avait pu lui en apprendre.

Les révérends pères cordeliers, étonnés de la prodigieuse facilité de cet enfant, délibérèrent, en chapitre, sur son sort, et l'admirent dans le couvent en qualité de marmiton. C'est là qu'il se perfectionna dans la belle latinité, au point d'entendre parfaitement les psaumes, et de soutenir, facilement, une conversation dans ce latin, vulgairement appelé *latin de cuisine*.

C'était plus qu'il n'en fallait pour être cordelier; mais Trufaldin voulait devenir un des aigles de l'ordre. Dispensé, à quatorze ans, du service de la cuisine, à cause de son grand savoir, il se livra uniquement à l'étude ; il lut les Pères de l'Église, et les plus fameux théologiens ; il commenta l'Apocalypse ; il fournit des articles à la Fleur des Saints et à la Légende dorée ; dans ses momens perdus, il apprenait le plain-chant, et comme il avait la voix très-forte, il économisa bientôt un serpent à la communauté.

Tant de gloire ne pouvait être contenue par les murailles de la petite ville d'Urgel ; elle s'étendit jusqu'en Aragon. Le révérendissime évêque de Sarragosse, car les évêques n'avaient pas encore l'orgueil anti-évangélique de se donner du monseigneur, le révérendissime voulut voir ce miracle nouveau de saint François. Il avait convoqué ce qu'il y avait de plus ergoté en théologie, pour décider d'un cas important, sur la conception de la vierge Marie. Ces assemblées se nommaient *conciles provinciaux*, et le prieur des cordeliers d'Urgel, qui se croyait très-savant, ne manqua pas de partir pour Sarragosse. L'évêque l'avait invité à amener Trufaldin avec lui ; mais les laïcs ne pouvaient être admis aux conférences. Trufaldin, après un court examen et des réponses qui charmèrent le prélat, reçut de sa main les quatre mineurs, ou, pour parler plus clairement, il fut tonsuré.

5.

Le grand jour arriva enfin, et l'évêque proposa la fameuse question, *an virgo Maria semen emiserit, in copulatione cum Spiritu sancto?* La discussion s'engagea gravement d'abord, vivement ensuite; enfin tout le monde parla à la fois, et on eût parlé pendant des siècles sans s'entendre, si Trufaldin n'eût demandé humblement la parole, et, sans se jeter dans des discussions scientifiques, il trancha la question avec deux mots : *Mulier erat; ergo semen emisit.*

L'évêque, étonné qu'un enfant de quinze ans décidât, avec autant de précision, un cas qu'il ne devait pas même entendre, le fit mettre à genoux devant son fauteuil, lui donna sa bénédiction, et y ajouta un *pax tecum*, un baiser au front, et prononça qu'un jour cet enfant s'asseoirait sur la chaire de saint Pierre.

Pour aider lui-même à l'accomplissement de sa prophétie, le prélat notifia au prieur qu'il entendait garder le jeune néophyte au palais épiscopal, où il serait à la source des lumières. Cette notification déplut beaucoup au cordelier; mais comme un moine n'a rien à refuser à un évêque, il fit de nécessité vertu, et s'en retourna seul à Urgel.

Voilà donc Trufaldin, bien vêtu, bien logé, bien nourri, admis à la familiarité du révérendissime, occupé à faire ses mandemens, à lui trouver des citations pour ses prônes, et ayant la perspective du premier bénéfice vacant, et du saint ordre de prêtrise, quand il aura l'âge requis : le diable en ordonna autrement.

Parmi ses familiers, l'évêque avait un jeune clerc, de ceux qu'on a depuis nommés *enfans de chœur*, et qui n'étaient pas tondus encore. Celui-ci avait des cheveux blonds, qui tombaient, par boucles, sur ses épaules ; un sourcil noir, bien marqué, couronnait un œil bleu, plein de douceur et d'expression ; des lèvres rosées s'entr'ouvraient, pour laisser voir les plus belles dents du monde ; sur ses joues le duvet de la pêche ; de l'embonpoint, la main charmante, et beaucoup de piété ; tel était le petit Pedro.

C'est lui qui habillait et déshabillait le révérendissime, qui, par humilité, ne voulait point de valet de chambre ; c'est Pedro qui lui apportait son déjeuner ; qui le revêtait des habits sacerdotaux ; qui servait sa messe, quand il lui plaisait de la dire ; qui dînait à côté de lui, pour lui couper ses morceaux et lui verser à boire ; mais, aux heures de travail, il laissait la place d'honneur à Trufaldin ; allait assister aux offices ; revenait souper, et se coucher, dans une chambrette, que l'évêque avait fait arranger, auprès de sa chambre à coucher, pour le trouver s'il avait quelque besoin la nuit, et pour établir le jour plus de facilité dans le service.

Pedro et Trufaldin étaient à peu près du même âge. Ils se lièrent insensiblement, bien que le révérendissime fît ce qu'il pût pour empêcher toute relation directe entr'eux. Un jour, que le prélat officiait pontificalement, Pedro quitta sa stalle, et vint en occuper une vide à côté de Trufaldin. Deux jeunes gens, qui ne peuvent se parler qu'à la dérobée, ont nécessairement beaucoup de choses à se dire, quand ils peuvent causer en liberté. Ceux-ci allaient en venir aux confidences, et Pedro en pouvait faire d'assez extraordinaires, lorsque le prélat se retourna pour pousser un *Dominus vobiscum.*

Il chercha son Pedro des yeux, et le trouva, en prolongeant un peu plus que de coutume l'extention de ses bras. Il fronça le sourcil, en le voyant dans la stalle voisine de celle de Trufaldin, et lui fit signe de retourner à la sienne. Pedro, en quittant son camarade, lui dit que sa chambrette avait un escalier dérobé qui descendait à l'oratoire de l'évêque ; où on entrait par la salle des conférences, qui communiquait à la salle des retraites, laquelle ouvrait sur la salle à manger, qui était ouverte à toute heure. Il glisse, à Trufaldin, une clef qui ouvrait toutes les salles, et il ajoute qu'il l'attendait à minuit, si toutefois le révérendissime n'avait pas besoin alors de ses services; mais, dans tous les cas, il ne se ferait pas long-temps attendre.

Trufaldin n'entendait rien à cette manie de vouloir passer les nuits à jaser. Jusqu'alors elles lui semblaient faites pour dormir, et la conversation du petit Pedro, bien qu'elle lui plût beaucoup, ne lui paraissait pas un dédommagement de son sommeil. Il ne s'occupa plus de cela, et se remit à chanter machinalement ses *antiennes*, d'une viox qui faisait résonner, comme un tambour, les voûtes de la cathédrale.

Après l'évangile, le révérendissime était monté en chaire pour faire le prône. Il allait prêcher contre l'intempérance; il avait arrangé une description, très-agréable et très-poétique, de la goutte, qui en est la suite. Trufaldin avait trouvé dans le Psalmiste un texte qui renfermait tout le prône en quatre mots : *Pedes habent, et non ambulabunt*, et le prélat avait daigné sourire à l'à-propos de la citation.

Mais ce prélat était un pauvre latiniste. Il débita avec emphase : *Pedes habent, et non ambularunt*. « *Ambulabunt!* s'écria tout haut

» Trufaldin. Que diable, révérendissime, quand
» je vous donne un texte, je n'y fais pas de
» solécismes. » Tout l'auditoire se mit à rire ;
le révérendissime se déconcerta ; la mémoire
lui manqua net ; il fut obligé de descendre, et
de retourner continuer sa grand'messe. En passant devant Trufaldin, il lui lança un regard
foudroyant. Trufaldin sentit bien qu'il venait de
faire une sottise ; mais ce n'est pas à quinze ou
seize ans qu'on est maître de contenir sa fatuité,
ce n'est pas même l'âge des longs repentirs. Il
ne pensait plus au solécisme, ni même au
prône, quand vint l'heure de se mettre à table ;
mais la conduite du prélat lui fit sentir qu'il
conservait de la rancune. Ce fut Pedro qui reçut l'ordre de dire le *Benedicite*, que récitait
ordinairement Trufaldin ; ce fut Pedro qui resta
enfermé, avec l'évêque, à l'heure où Trufaldin
avait coutume de travailler avec lui ; ce fut
Pedro qui fit la prière du soir, de toute la
journée ; enfin Trufaldin ne put approcher
son révérendissime. Il jugea qu'on ne l'avait
pas encore renvoyé, de peur de paraître céder à un désir de vengeance ; mais qu'on
ne manquerait pas de saisir le plus léger prétexte. Il se rappela la vieille histoire de Gros-Jean, qui veut en remontrer à son curé ; il
déplora sa funeste imprudence ; il maudit sa

vanité ; mais il se consola en pensant que Pedro pouvait tout sur l'esprit du patron ; il se rappela la clef qui lui avait été donnée à l'église, et il partit à minuit précis, pour aller trouver celui à qui il destinait l'emploi de médiateur.

Il n'a pas pris de lumière, de peur d'être remarqué ; il ouvre et referme les portes, avec l'adresse naturelle à son âge ; il arrive à la chambrette de Pedro ; il appelle à voix basse, Pedro ne répond pas ; il cherche, il tâtonne, il trouve un lit ; le lit est chaud, mais il est vide. Il était clair que le révérendissime avait eu besoin du service du petit clerc, et il était plus simple de se réchauffer dans son lit, que de grelotter en l'attendant. En deux tours de main Trufaldin est déshabillé, et étendu sur une couchette, beaucoup plus douillette que la sienne.

Il n'attendit pas long-temps. Pedro rentra, une lumière à la main, et parut fort aise de trouver son camarade ; le camarade parut fort étonné de voir à Pedro un bonnet de nuit de femme. Pedro rit de l'étonnement du camarade, souffla son flambeau, et se coucha, sans autre formalité. La main du camarade, guidée par un soupçon, qui n'était pas sans fondement, éclaircit le plus piquant des mystères. Le petit Pedro était une très-jolie fille qui ranimait quelquefois la vieillesse de monseigneur ; qui était toujours vierge ; qui se lassait de l'être, et qui avait conjecturé que Trufaldin ferait mieux qu'inspirer le désir. Trufaldin était sage ; mais qui pourrait résister à une semblable occasion ? Il eût fallu être un Joseph : Trufaldin était un homme, et il paya les dettes du prélat.

Ce jeu, tout neuf pour tous deux, leur parut si joli, qu'ils résolurent de faire, chaque nuit, leur petite partie, si l'évêque n'y mettait obstacle. Il s'agissait de le ramener sur le compte de Trufaldin, et ce n'était pas chose aisée. Il avait déjà senti quelques mouvemens de jalousie, et le reproche public de se faire fournir des textes, avait excité une colère, d'autant plus forte, qu'il s'efforçait de la concentrer, et qu'il en cachait même le véritable motif. Lui proposer de faire grâce, c'était montrer du goût pour le coupable; c'était au moins annoncer une sorte d'intérêt, qui pouvait donner plus de force encore à sa jalousie. La petite Batilde était femme, et par conséquent adroite : elle s'y prit à merveille.

Cette petite Batilde était la fille d'une sœur du pot, qui avait été élevée à l'hôpital, à peu près comme Trufaldin l'avait été aux Cordeliers. Le prélat faisait un jour sa visite dans l'intérieur de la maison, et la beauté de Batilde le frappa. Il lui releva le menton; lui fit quelques questions de catéchisme, et la sœur maman, flattée des marques de bienveillance du révérendissime, s'était approchée de la petite, et lui soufflait les réponses, avec un air d'intérêt, qui éclaira le prélat, grand connaisseur en peccadilles. Il tira la sœur Thérèse à part; lui parla de sa chute, comme s'il en connaissait les détails; la troubla, la terrifia, lui arracha son secret, et lui souriant ensuite, d'un air benin, il rendit le calme à son âme, en l'assurant qu'il était toujours des moyens de trouver grâce aux yeux du Dieu des miséricordes. Vous vous doutez bien de celui qu'il proposa. Thérèse tenait à l'honneur de sa fille. Le prélat jura de la ménager, et il était incapable de manquer à son serment. Il ajouta qu'à dix-huit ans elle serait mariée convenablement, et comme il est dans la règle qu'une mère, qui traite de la pudicité de sa fille, y trouve son compte, le prélat examina la communauté, dans les plus petits détails, jugea la supérieure coupable de petites négligences tellement multipliées, qu'elles équivalaient à une faute grave, la destitua, et nomma sœur Thérèse à sa place.

Il vaut mieux, disait César, être le premier dans une bicoque, que le second dans Rome. Sœur Thérèse, flattée d'être promue à la première dignité de son hôpital, ne trouva plus de scrupules à opposer au saint évêque. Elle s'occupa, pendant quelques jours, à styler la petite, à qui la figure du prélat ne revenait point, et qui rétorquait les raisonnemens immoraux de sa mère, avec des syllogismes théologiques; mais quand on l'eut convaincue, la Bible à la main, que David, le plus saint des rois, avait fait assassiner le bonhomme Urie, pour s'approprier sa femme Bethsabée; quand on lui prouva que ce saint roi David faisait réchauffer ses vieux pieds par une très-jeune et très-jolie fille; quand surtout on lui montra, dans la perspective, un mari beau, galant et vigoureux, et une dote rondelette, qui seraient le prix de quelques complaisances, Batilde se rendit en soupirant.

Il était incontestable que l'évêque de Sarragosse avait, de droit divin, la faculté de se permettre, dans sa vieillesse, ce que s'était permis le prophète-roi dans la sienne; mais comme les usages étaient un peu changés, depuis David, il parut convenable de dérober au public ce petit commerce charnel. La maman supérieure, qui disposait de tout, avait escamoté, de la sacristie, un habit de clerc complet, qui alla tant bien que mal à Batilde, et qui ne la rendit que plus jolie. Pendant les

vêpres, où elle s'était dispensée d'assister, sous
prétexte d'une migraine, elle avait métamor-
phosé sa fille en garçon, et l'avait présentée
à l'évêché, comme un jeune clerc, son neveu,
pour qui elle venait implorer les bontés du
du révérendissime. Vous savez le reste.

A la fin de cette nuit délicieuse, dont j'ai
supprimé les détails, par égard pour votre
pudeur, Batilde, embellie des roses du plaisir,
s'était levée pour aller faire son service ordinaire
auprès du prélat. Elle ne savait trop comment
faire tomber naturellement la conversation sur
Trufaldin. Un de ses manuscrits se trouva sous
sa main ; elle le jeta au feu, en prononçant
son nom avec colère, et le prélat rougit de
fureur, en l'entendant nommer. Batilde s'écria
qu'elle ne concevait point comment le révérendissime laissait son offense impunie, et le
révérendissime déclara tout bonnement qu'il le
chasserait, s'il ne craignait pas que le public ne
crût que c'était une victime, qu'il immolait à
son amour-propre blessé, ce qui nuirait essentiellement à la réputation de sainteté, dont il
jouissait dans la ville ; mais que, dans quelques
mois, il lui apprendrait ce qu'on gagne à se
jouer à son maître. Batilde répliqua que le
crime de Trufaldin était le péché d'orgueil,
que l'apostolat devait punir publiquement, et

que la punition ne pouvait être regardée comme une vengeance du prélat, qui d'ailleurs gardait le coupable chez lui ; mais comme une expiation nécessaire envers le Ciel. Le prélat, qui trouvait fort bon d'humilier Trufaldin, en l'éloignant de Batilde, prononça que le délinquant se rétracterait au premier prône ; que, pendant trois mois, il assisterait aux offices, à genoux, au milieu du chœur ; que, pendant ce temps, il serait privé de sa table et d'approcher de sa personne, et qu'à l'expiration du trimestre, il entrerait au séminaire.

Le corps de la sentence convenait beaucoup à Batilde, parce que Trufaldin avait conservé la clef des salles ; la dernière partie la contrecarrait, parce qu'elle ne pouvait lui donner celle de la porte du palais ; mais dans trois mois, on a le temps d'arranger bien des affaires. D'ailleurs Batilde savait compter, et quatre-vingt-dix nuits, bien employées lui paraissaient un très-passable pis-aller.

Elles furent si bien employées, en effet, que le prélat, qui avait la peau très-douce, et par conséquent le tact très-fin, crut remarquer de certains changemens, qui ne déposaient pas en faveur de la sagesse de Batilde. Des yeux cernés, une sorte de pâleur, un dégoût marqué, confirmèrent ses soupçons. Il était bien sûr

de n'être pas l'auteur du cas; mais qui diable
pouvait-ce être? Depuis que Trufaldin était
relégué dans les cuisines, Batilde ne parlait à
aucun homme, qu'à l'église, et ce n'est point à une
grand'messe qu'une fille coiffe un révérendissime. Il se douta de quelqu'aventure de nuit,
et, blessé à l'endroit sensible, il eut la force
de dissimuler, et se décida à observer de quel
côté ce coup pouvait venir.

Trufaldin n'avait pas manqué une nuit
d'aller visiter sa petite Bathilde, et son embonpoint naissant était le sujet de leurs inquiétudes, et de leurs conversations, quand ils ne
s'occupaient pas plus agréablement. Il n'y avait
pas d'apparence à se flatter que le saint évêque
pardonnât la plus cruelle des offenses; il ne leur
était plus possible de vivre l'un sans l'autre, et
il n'y avait qu'un moyen de tout concilier,
c'était de s'enfuir ensemble, par la salle des
conférences, qui donnait sur le potager; de
monter sur un cerisier, qui paraissait planté exprès contre le mur; de sauter dans la rue; de
sortir de la ville, et du royaume d'Aragon;
de se réfugier en Castille, et, comme on ne
voyage pas sans monnaie, et que l'état de Batilde exigeait des soins, il fut convenu qu'elle
ferait, le lendemain, une visite au coffre-fort
du prélat, selon le précepte de l'évangile,

prenez ce que vous trouverez, passage qui n'a rapport qu'à la nourriture des apôtres ; mais que Trufaldin interpréta à son avantage, ainsi qu'on a toujours interprété les saintes écritures.

On ne discute pas sur une affaire majeure, sans s'échauffer un peu. On avait parlé plus haut que de coutume ; et le révérendissime, qui ne dormait plus, avait entendu quelque chose. Il avait pris ses pantoufles de buffle fourrées, sa simarre de molleton de laine, car on ne se servait pas alors de douillettes, faute de coton, parce que l'Amérique n'était pas découverte, et que la soie, très-rare encore, se vendait au poids de l'or en Europe ; il avait à la main son bâton pastoral, avec lequel il se proposait de châtier son fortuné rival. Il s'était approché doucement de la chambrette de Batilde ; mais quand il entendit tourner son amour débile en ridicule ; quand il entendit Batilde partager des transports réels, au lieu des chimères, avec lesquelles il avait cru assoupir les premiers feux de la jeunesse ; quand il entendit concevoir, mûrir, régler le plan d'évasion, il ne fut plus maître de lui. Il sauta lourdement, appuyé sur sa crosse, et renversa un prie-dieu. Les amans, avertis par le bruit, sautèrent lestement de leur couchette, et les ennemis furent en présence.

Le révérendissime avait l'air d'un satyre en fureur. Ses jambes et ses cuisses ramassées étaient couvertes d'un poil épais ; la moitié de ses cheveux, gris et crépus, s'échappaient de dessous l'énorme calotte de drap, qui lui emboîtait la tête ; ses lèvres pendantes étaient chargées d'une écume, qui coulait, et tombait aux deux extrémités ; ses petits yeux ardens ressemblaient à des escarboucles ; son bâton pastoral, dont il menaçait l'Amour, complétait le tableau.

Trufaldin, bon garçon, qui allait toujours droit devant lui, et qui n'entendait finesse à rien, Trufaldin se crut perdu sans ressource, et tomba à genoux devant le révérendissime. Batilde eut de la présence d'esprit pour deux : « Je ne peux nier, dit-elle, que j'aie un amant, » puisque vous l'avez surpris ; et j'ai eu raison » d'en prendre un, puisque vous êtes nul. Vous » allez faire un éclat ? qu'y gagnerez-vous ? Les » grands-vicaires, les diacres, les sous-diacres, » les clercs, les valets accourront au bruit, et » que verront-ils ? Une fille au lieu de Pedro ; » une fille grosse, et qui, depuis six mois, est » constamment renfermée jour et nuit avec vous. » Ils trouveront Trufaldin, à qui vous ferez les » honneurs de la paternité ; mais je sais seule » que vous n'y êtes pour rien. Que deviendra » alors le manteau de l'hypocrisie ? Il sera sou-

VI.

» levé en entier. Allons, révérendissime, exé-
» cutez-vous de bonne grâce ; payez-moi la
» dot que vous m'avez promise, nous partons
» à l'instant, et vous ferez demain, sur l'éva-
» sion de vos clercs, une histoire telle que vous
» pourrez l'imaginer. »

Le révérendissime avait toujours sa crosse levée, et il brûlait de bâtonner les amans. Cependant, les raisonnemens de Batilde, bien qu'outrageans pour lui, revenaient à sa pensée. Il sentait, intérieurement, qu'un évêque ne peut rien gagner à être pris *flagranti delicto* : « Al-
» lez, dit-il, canaille maudite, allez fouiller
» dans mon coffre-fort, emportez mon argent,
» mon bonheur, et partez chargés de mon ex-
» communication. » Batilde se moquait complètement des foudres de l'église; Trufaldin ne les redoutait guère ; sa maîtresse était sa divinité; son cœur était son temple ; ses faveurs la suprême béatitude. Ils remplirent leurs poches des doublons du prélat ; Batilde lui souhaita plus de continence ou plus de moyens ; elle s'appuya sur le bras de Trufaldin, et sortit avec lui de Sarragosse, sans regretter ni sa mère, ni son hôpital, ni le sort heureux dont elle jouissait à l'évêché : Trufaldin était tout pour elle, et la somme qu'ils emportaient lui paraissait inépuisable.

Le pauvre évêque passa le reste de la nuit

dans d'assez tristes réflexions. Il s'occupa même de projets de vengeance, qu'il eût sans doute exécutés, si, en faisant arrêter monsieur Pedro, il eût pu cacher son sexe, dont la publicité lui ferait un tort irréparable. Il eut enfin le bon esprit de se prêter à la nécessité; il eut même quelques idées philosophiques, chose assez rare dans un prélat du douzième siècle, et il convint, avec lui-même, qu'une fille de seize ans ne peut pas plus s'attacher à un podagre de soixante, qu'un corps vivant ne s'attache volontairement à un corps mort.

L'évasion de Trufaldin devint publique le matin à l'évêché, et l'évêque ne manqua pas de dire que le petit vaurien avait voulu se soustraire à la pénitence, qui lui était infligée. Il joua assez bien l'étonnement, en ne trouvant plus Pedro, et il ne manqua pas d'ajouter que le malheureux Trufaldin avait abusé de la facilité de ce petit garçon, pour l'engager à le suivre. Il ne dit mot d'une trentaine de marcs d'argent, qui manquaient dans sa cassette, et après s'être entretenu deux heures de cet événement, on l'oublia pour aller chanter la messe. Le révérendissime renonça aux petites filles, et fit bien ; mais il devint plus gourmand que de coutume, et il eut tort, car il mourut d'une indigestion.

Laissons décrire de magnifiques obsèques à ceux qui aiment les tableaux rembrunis, et suivons nos jeunes gens, gais, heureux, se croyant riches, et persuadés qu'ils s'aimeront éternellement. Ils sortent de Sarragosse, et se jettent dans la campagne, sans savoir encore de quel côté ils tourneront. Trufaldin, qui n'était pas fat du tout, consulta Batilde, dont l'imagination vive lui avait déjà été utile, et Batilde décida qu'il fallait mettre les frontières d'Aragon entre eux et les suppôts du révérendissime. En conséquence, il fut arrêté qu'on se rendrait à Burgos, capitale de la Castille-Vieille, et qu'on y passerait le reste de ses jours, dans l'abondance et les plaisirs, à l'aide de l'argent du révérendissime.

Il n'y avait qu'une difficulté, c'est qu'ils ne connaissaient pas les sentiers qui conduisaient en Castille. Des chemins, il n'en était pas question; les sentiers même variaient selon le temps des moissons, du labourage ou des semailles. Trufaldin était très-embarrassé; Batilde, toujours inventive, conduisit le petit ami sous un taillis que la lune éclairait à peu de distance; elle se coucha gaîment sur la mousse, Trufaldin se coucha près d'elle, et comme il n'était pas brave, et que le lieu n'avait rien de rassurant, il ne pensa pas à

dormir, et parla très-haut à Batilde, pour faire peur à de plus poltrons, si par hasard il pouvait s'en trouver là. « Pourquoi nous arrêter
» ici ? — Pour attendre le jour. — Alors que
» ferons-nous, ma chère petite ? — Nous irons
» à la première hutte. — Et alors que ferons-
» nous, cher amour ? — Nous demanderons
» notre route, mon cher cœur. — Et si on a
» couru après nous ?.... — C'est le pis-aller. —
» Si on nous trouve ?.... — C'est le pis-aller. — Si
» on nous arrête ?... — C'est le pis-aller. — C'est
» le pis-aller, c'est le pis-aller ; et notre évê-
» que ? — S'il a été assez maladroit pour faire
» courir après nous, je parlerai, moi. Le haut
» clergé s'empressera d'étouffer mes plaintes,
» et tout s'arrangera pour l'honneur du corps.
» D'ailleurs, mon ami, quand on craint tout,
» on n'entreprend rien. Laisse-moi dormir, je
» suis fatiguée, et décidée à ne plus te ré-
» pondre. »

Vous voyez que la petite avait d'heureuses dispositions. Elle s'endormit tranquillement, et Trufaldin se mit à chanter les litanies des Saints, d'une voix si forte, qu'un lièvre et quelques coqs de bruyères, qui reposaient aux environs, en furent effrayés et commencèrent un carillon qui fit taire le chanteur. Le lièvre, aussi troublé que Trufaldin, vint lui passer sur le ventre;

les coqs, en cherchant à éviter les branches, volaient au niveau du sol, et l'un d'eux lui rasa le nez du bout de son aile. Trufaldin ne doute plus que le bois ne soit enchanté ; il se lève vivement, il oublie Batilde, et fuit sans savoir où il va.

Les premiers rayons du soleil dorent l'horizon, et il court encore. Il s'arrête, il regarde derrière lui : il ne voit qu'une nature riante ; il se rassure, il retourne sur ses pas, et il se met à la recherche de Bathilde, qu'il est désespéré d'avoir perdue, pour deux raisons : la première c'est qu'il l'aimait de tout son cœur ; la seconde, qui avait bien aussi son importance, c'est qu'elle portait le petit trésor.

Il appelait, et les angles des rochers répondaient seuls à sa voix ; il montait sur les arbres les plus élevés ; il regardait et ne voyait rien, il courait au hasard ; changeait de route, sans motif ; s'arrêtait, trépignait, s'arrachait les cheveux, pleurait..... Une bonne vieille, qui filait au fuseau, et qui arrachait alternativement, une poignée de poils à cinq ou six chèvres qu'elle faisait paître, moyen économique de filer, la bonne vieille sortit de dessous un couvert de coudriers, attirée par les plaintes du jeune Trufaldin. Elle fit trois ou quatre révérences, en voyant sa calotte et son aube, blanche comme la neige ; elle s'agenouilla en approchant le ministre subalterne des autels, et lui demanda respectueusement si elle pouvait lui être utile.

Trufaldin était sans finesse ; mais Batilde ne disait pas un mot, qui ne s'imprimât dans son esprit. Il jugea que si elle ne le prenait pas pour un sot, elle gagnerait, ainsi qu'ils en étaient convenus, la première cabane ; à moins toutefois que le diable, qui l'avait houspillé, n'eût fait pis à la petite amie. Il pria la vieille de le conduire à son humble domicile, et comme il était indifférent à la pastourelle de faire paître ses chèvres à droite ou à gauche, elle marche devant, en répondant pieusement à un *Miserere* que chantait Trufaldin, pour intéresser le Ciel à ses amours illicites.

Cependant Batilde, qui ne craignait ni les revenans, ni les lièvres, s'était profondément endormie au chant du petit ami. La fraîcheur du matin l'avait réveillée. Étonnée de se trouver seule, elle avait appelé, ainsi que Trufaldin, et aussi inutilement. Elle eut la plus grande envie de monter, comme lui, sur un chêne, qui semblait défier les siècles ; mais l'écorce, dure et inégale, lui déchirait les mains, dont une femme fait tant de cas, et pour cause, quand elle les a jolies ; ses cuisses rondelettes, mais courtes, n'embrassaient pas l'arbre à moitié ; et puis elle éprouvait certaine pression, dont la continuité pouvait priver l'Espagne d'un petit Trufaldin. Elle renonça à l'entreprise en soupirant ; mais revenant bientôt à son caractère, elle sortit du bois en chantant la petite chanson.

Un père dominicain cheminait, sur sa mule, et s'était détourné, en entendant les cris de Batilde. Chargé d'amulettes et d'*Agnus Dei*, il ne craignait pas les voleurs, et ne risquait, au plus, que de partager, avec eux, un civet de lapin qui pendait, dans une boîte de fer-blanc, au bât de sa mule. Il fut assez étonné de trouver, en ce lieu solitaire, un jeune clerc beau comme l'amour, et dont les vêtemens religieux étaient d'une élégance peu commune. Il interrogea le pauvre petit, qui avait une présence d'esprit admirable; et qui aussitôt composa un roman.

Il était parti de Sarragosse, avec un diacre que le révérendissime envoyait en mission à Épila ; c'était une des villes par lesquelles il fallait passer pour gagner la vieille Castille. La nuit les avait surpris ; ils avaient gagné le taillis, avaient soupé sur l'herbe fine, et se disposaient à s'endormir, après s'être recommandés à la Providence, lorsqu'une louve vint se jeter

sur la mule qui les portait tous deux, pendant que trois louveteaux s'acharnaient après le diacre. Tout cela fut déchiré à belles dents : « Et
» moi, ajouta Batilde, moi dont les faibles
» mains ne pouvaient défendre l'oint du Sei-
» gneur, par la vertu de saint Jacques de Com-
» postelle et de mes jambes, je me suis trouvée
» à une grande distance de cette horrible scène,
» et j'appelais à mon secours les fidèles qu'il
» plairait à Dieu d'y envoyer, quand vous m'a-
» vez entendue.

—Par saint Dominique, reprit le religieux,
» si je n'étais attendu à Épila, pour y prêcher
» après-demain, contre le roi d'Aragon, qui
» veut être le maître chez lui, je me ferais un
» vrai plaisir de vous reconduire à Sarragosse.
» —Non pas, s'il vous plaît, révérend père,
» je serais au désespoir de vous retarder : prê-
» cher contre un roi !.... — Et confesser. — La
» confession et la prédication ! Ce prince est
» détrôné.—Sans doute : j'allume le fanatisme,
» la guerre civile, j'aiguise les poignards. — C'est
» charmant, c'est charmant, révérend père :
» eh ! qu'a-t-il donc fait ce roi d'Aragon ? — Ce
» qu'il a fait, mon fils, ce qu'il a fait ! Il pré-
» tend tenir ses états de Dieu seul, et ne veut pas
» être tributaire du pape. Il se joue au clergé !
» têteubleu ! Quand nous étions à Rome, obscurs,

» pauvres, simplement tolérés par les em-
» pereurs, nous étions humbles, soumis ; main-
» tenant que nous avons, dans nos richesses,
» des moyens de séduction, que nous trou-
» vons, dans la crédulité, un glaive à deux
» tranchans, avec lequel le vulgaire frappe à
» notre gré, il faut que tout ploie devant nous,
» et tout ploiera jusqu'à ce que les hommes
» voient clair, ce qui n'est pas l'affaire d'un
» jour, d'un an, d'un siècle. Mon fils, vous
» êtes sans doute appelé à l'ordre de prêtrise.
» Vous êtes jeune, et vous verrez bien des
» choses dont mes yeux ne seront pas témoins.
» Si vous voyez du relâchement dans la ferveur
» et dans la foi, servez-vous de vos avantages
» extérieurs pour approcher les grands ; de votre
» esprit pour les aveugler ; excitez une persécu-
» tion ; elle enfantera le fanatisme, et consolidera
» votre empire: J'ai peut-être tort de vous ré-
» véler les secrets de l'église ; mais vous n'êtes
» point un homme ordinaire ; d'ailleurs, vous
» m'intéressez, et je vous le prouve en vous
» offrant la croupe de ma mule, pour vous
» conduire à Épila, puisque vous n'êtes pas
» pressé de retourner à Sarragosse. »

Une pareille proposition n'était pas à rejeter dans la position où se trouvait Batilde : Si Trufaldin n'est pas un sot, se disait-elle, en appuyant son pied mignon sur celui du révérend, pour enfourcher la mule, si Trufaldin n'est pas un sot, il se rendra comme il pourra à Épila, où il sait que nous devons passer, et le premier arrivé attendra l'autre. A la vérité, il n'a pas un grain d'argent; mais avec une aube, et une calotte rouge on ne manque de rien. Les paysans lui offriront leurs poules, leurs lapins, leur vin, et le fripon aurait leurs femmes et leurs filles, qui se dévoueraient pieusement, si mon petit homme pouvait m'être infidèle.

Pendant ce monologue, la mule trottillait, et Batilde, qui n'avait pas de principes d'équitation, se collait au dos du révérend. Celui-ci remarqua d'abord un ventre rondelet, que n'ont pas ordinairement les jeunes garçons; deux boules, blanches comme l'albâtre, dures comme elle, appuyaient sur ses omoplates, et fixèrent son attention. Il fit aussi son monologue. Par saint Dominique, se disait-il, il y a du micmac dans le fait de ce petit clerc. Dieu sait si j'ai jamais cherché des aventures; mais puisque celle-ci se présente tout naturellement, je serais bien dupe…. et puis rien n'arrive ici-bas que par ordre de la Providence. La Providence a voulu que cette jolie petite fille prît un habit de clerc; la Providence a voulu que le fripon de diacre, qui sans doute abusait de son innocence, fût mangé par les loups; la Providence a voulu que je me trouvasse, à point nommé, pour tirer la petite de ce bois malencontreux; la Providence veut que j'aie des désirs; la Providence veut donc que je les satisfasse : obéissons à la Providence.

Le révérend passa sa jambe droite par-dessus le col de sa mule, et le voilà assis sur son bât. Il regarde, il fixe Batilde, il détaille les jolis traits de son visage, et, sous prétexte de remettre en ordre les plis du devant de son aube, il s'assure de la vérité de ses conjectures. Il pousse sa mule à travers le taillis; il s'enfonce dans un fourré : « Mais, mon révérend, dit Batilde, » je ne crois pas que ce soit là le chemin » d'Épila? — Non, mon cher petit; mais vous » avez passé une mauvaise nuit; vous avez » besoin de vous remettre, et j'ai un civet » admirable, plus deux petits gâteaux, et une » excellente bouteille de vin d'Estramadure. » Batilde avait, en effet, besoin de restaurans, et elle sauta gaîment de sa croupe à terre. Le révérend exhiba ses provisions, avec une sorte de galanterie, et ce premier besoin satisfait, il entra en matière : « Ah ça, friponne, conte- » moi ton histoire. — A qui croyez-vous parler, » révérend? — A une petite espiègle, qui n'est

» pas novice du tout, et avec qui je ne per-
» drai pas le temps dans un vain cérémonial. »
Et en effet, il se mit à jouer des mains d'une
terrible manière. Batilde faisait, sans effort,
une superbe défense. Le moine n'avait rien de
séduisant, et elle tenait à son Trufaldin. Le frocard se démenait comme un diable au fond
d'un bénitier, et n'avançait pas. On ne viole
pas aisément une fille décidée à se défendre, et
qui porte un haut-de-chausses sous sa jaquette
et son aube. Le dominicain écumait, Batilde
lui mordait les doigts et lui égratignait le visage;
le dominicain et elle avaient également besoin
de reprendre haleine, et les hostilités cessèrent
un moment.

Batilde, plus jeune, plus agile, et qui,
d'ailleurs, n'avait employé que ses dents et ses
ongles, était la moins fatiguée. Le moine essuyait, avec un morceau de serge blanche,
la sueur qui filtrait, à travers sa barbe, le long
d'un double menton, et il jurait très-énergiquement qu'après s'être refait un peu, il allait
mettre en pièces aube, jaquette, et haut-de-
chausses. Batilde, que la présence d'esprit n'a-
bandonnait jamais, commença, sur la continence, un discours pathétique, dont le but
était d'endormir la vigilance du frocard, et
elle portait, à la ronde, un œil observateur,
disposé à saisir la moindre circonstance.

La mule, étrangère à ces débats, paissait en liberté la tendre feuillée, et s'était éloignée de quelques pas. Batilde s'interrompt au milieu d'une superbe période, elle se lève, et le moine aussi; elle court, il la suit; elle gagne du terrain, il enrage; elle saute sur la mule, il blasphème; elle presse la monture, elle sort du fourré, et le moine la regarde aller, les bras pendans, la bouche ouverte, et n'ayant plus la force de renier Dieu.

Trufaldin suivait la vieille, et continuait de chanter. Il aperçoit, de loin, un objet..... Il s'arrête, se tait et regarde. « Ah! mon Dieu, » c'est un paladin armé de toutes pièces, dit- » il à la bonne femme. — Eh! non, eh! » non, c'est un homme d'église. — Monté sur » un palefroi bardé de fer. — Monté sur une » bonne mule. — Vous ne voyez pas sa cotte » de mailles blanche? — C'est une aube. — » Son casque teint de sang? — C'est une ca- » lotte rouge. — Son bouclier pendu à l'arçon » de sa selle? — C'est une boîte de fer-blanc. » — Vous croyez? — Si je le crois! mais, » saint homme de Dieu, la peur vous a » brouillé la vue. » Trufaldin regarde de nouveau, il croit distinguer des traits, des formes... Il se remet, il se rassure, il court, il vole, il tient une jambe de Batilde, il y colle sa

bouche, il la presse contre son cœur. « Ce
» n'est pas le moment, dit la petite. Saute
» lestement derrière moi : nous n'avons pas
» de temps à perdre. » Et voilà Trufaldin
en croupe, s'abandonnant à la conduite de
Batilde, et dévorant ce que le bon père dominicain avait bien voulu laisser dans la boîte
de fer-blanc.

Après avoir emporté l'argent d'un évêque,
et volé la mule d'un dominicain, il n'y avait
plus de quartier à attendre des gens d'église.
Il fallait devancer sa révérence à Epila; il
fallait surtout un guide, et la Providence,
qui avait sauvé Batilde des griffes du dominicain, permit que la vieille eût un petit-fils, de
dix-huit à vingt ans, qui connaissait parfaitement les sentiers. On jucha la vieille derrière
Trufaldin, pour faire plus de diligence, et la
Providence permit que la mule ne ralentît pas
sa marche, parce que le bâton noueux de la
vieille lui frappait vigoureusement les côtes et
le gras des fesses, ce qui n'était pas absolument juste; mais comme il est prouvé que
Dieu a tout fait pour le service de l'homme,
et qu'il a voulu que l'homme abusât de tout,
on ne pensa seulement pas à plaindre le pauvre animal.

On arrive à la hutte, et le jeune pâtre ne

sut pas plutôt ce qu'on attendait de lui, qu'il passe, en faisant le signe de la croix, son pourpoint des dimanches ; il coiffe sa capeline, ornée de plumes de coq, et le voilà en route. Il trotte, il court, pour seconder l'impatience des voyageurs, et ne pas céder à la prestesse d'une mule. En vain Trufaldin lui propose de descendre, de courir à son tour, et de le faire monter pour prendre un peu de repos ; le pâtre répond, la main à la capeline, qu'il ne sera pas dit qu'un paysan d'Aliva sera à cheval, pendant qu'un très-digne clerc ira à pied, et il recommence à courir.

On arrête deux fois dans la journée, pour faire boire et manger la mule, et le coureur. Les villages, auxquels on accorde la préférence de l'hospitalité, l'exercent dans toute sa latitude, et attendent, en échange, les grâces du Ciel, qui viennent ou ne viennent pas. On entra, sur le soir, à Épila, et comme toute peine vaut salaire, Batilde donna sa bénédiction au jeune guide, qui s'en retourna, au pas, enchanté de sa journée.

Nos jeunes gens, plus enchantés encore, soupèrent et se couchèrent gaîment, sans craindre la crosse bénite de leur évêque. Ils se levèrent, de grand matin, et se joignirent à un muletier, qui conduisait des voyageurs à

Aranda. Il n'était pas probable que le dominicain vînt prêcher contre le roi d'Aragon, avec un visage sillonné par les ongles de Batilde; mais on aime à respirer en paix, et pour cela, il faut s'éloigner du péril.

Les voyageurs que conduisait le muletier, étaient trois marchands très-âgés, très-intéressés, très-occupés de leurs affaires, et qui ne firent aucune observation sur les formes arrondies de Batilde, ni sur l'amitié, un peu trop prononcée, qui paraissait unir les deux petits clercs. Il n'en fut pas ainsi du muletier, égrillard exercé, qui ne tarda pas à démêler la partie intéressante de la vérité, et qui se garda bien de hasarder, pendant la journée, le moindre mot, le moindre geste, qui annonçassent des projets; mais la nuit !.... Nuit désastreuse, nuit terrible, que je voudrais passer sous silence, si la véracité d'un historien s'arrangeait de ces restrictions.

Nos petits amans soupaient à table d'hôte, l'un à côté de l'autre; une jambe de Batilde était passée entre celles de Trufaldin, en attendant mieux : le doux sourire de la sécurité était sur leurs lèvres; l'impatience de l'amour se réveillait au fond de leurs cœurs. Étrangers aux objets de commerce, que traitaient leurs compagnons de voyage, ils oubliaient et le

VI.

danger que la petite avait couru la veille, et le jeûne, et la fatigue ; ils jouissaient du bonheur présent, et de celui dont ils se faisaient, pour l'avenir, une si délicieuse idée. O vicissitudes des choses humaines, qui peut vous prévoir et vous éviter !

Dans le cabaret où ils soupaient, servait une grosse tetonnière d'Andalousie, rousse et puante, sale et d'un tempérament fougueux. Elle avait prodigué long-temps ses faveurs au muletier, qui avait justifié ses bontés par des exploits, qui auraient honoré une princesse ; mais, comme on se lasse de tout, et même du bonheur, la servante andalouse avait formé d'autres engagemens, à la grande satisfaction du muletier, qui commençait à s'en lasser. Mais aussi comme l'amour, chez les honnêtes gens, est toujours remplacé par une amitié solide, le muletier et la servante se rendaient mutuellement de bons offices de tous les genres.

L'Andalouse avait fait les lits des petits clercs dans une chambre à l'extrémité de la maison, et, pendant qu'ils soupaient, le muletier avait fait sauter le seul verrou, à l'aide duquel ils pussent se fermer en dedans, et il avait mis, dans sa poche, une double clef de la serrure. Nos deux pauvres enfans avaient fermé les deux tours, et déposé la clef qu'on leur avait donnée, sur une escabelle vermoulue. Batilde avait déposé ses habits de clerc, et n'offrait plus qu'une fille charmante, aux yeux émerveillés de son amant; l'empressé Trufaldin se hâtait de suivre un si doux exemple; Batilde est dans un des lits, Trufaldin croit le partager; et pourquoi en douterait-il?.... Il entend mettre une clef dans la serrure; il s'étonne, il attend......... La porte s'ouvre, le muletier paraît.

C'était un grand drôle, de vingt-cinq à trente ans, au sourcil noir et épais, au teint brun, aux cheveux crépus, aux épaules larges, et au jarret tendu. « Or çà, dit-il en prenant » un air menaçant, vous êtes de petits libertins, qui avez fui de chez vos parens, qui » ne vouliez pas vous marier; vous avez » pris de saints habits, que vous profanez, et » je ne peux me dispenser, en arrivant à » Aranda, de vous mettre entre les mains de » l'inquisition. » Batilde, très-pénétrante, vit d'abord où cet exorde la conduirait, et le muletier n'était pas un homme dont on pût se défaire avec les ongles et les dents. Trufaldin ne voyait pas si loin, et, toujours poltron, il crut désarmer le terrible muletier en lui racontant naïvement et avec vérité les cir-

constances essentielles de leur histoire. « C'est
» bien pis que ce que je soupçonnais, s'écria
» le rusé coquin. Enlever la concubine d'un
» saint évêque, et lui escroquer de l'argent ;
» voler la mule d'un dominicain qui lui avait
» honnêtement offert sa croupe ! Brûlés, brûlés
» vifs, et sans miséricorde ! — Ah ! seigneur
» muletier, n'y aurait-il pas quelque moyen
» de vous engager au silence ? — Je n'en con-
» nais qu'un. » Ici Batilde s'enveloppe, se
roule dans la couverture. « Et quel est ce
» moyen, seigneur muletier ? J'embrasse vos
» genoux. — Et que m'importe tes prières ? —
» Ah ! ce n'est pas cela ! Voulez-vous que nous
» partagions l'argent du révérendissime ? vou-
» lez-vous le tout ? voulez-vous la mule du
» dominicain ? — C'est bien de tout cela qu'il
» s'agit. — Hé, que voulez-vous donc ? — C'est
» moi qu'il veut, dit Batilde en pleurant. —
» Ou brûlés au premier *auto-da-fé*. — Et j'y
» consentirais ! reprend Trufaldin. — Ou brûlés,
» vous dis-je. — Je ne te laisserai pas brûler,
» mon cher petit ; l'effort est cruel, mais il
» s'agit de ta vie. » Et la couverture se dé-
roulait, et le muletier avait refermé la porte,
et Trufaldin, qui perdait de vue les bûchers
de l'inquisition, à mesure que son rival devenait plus entreprenant, Trufaldin, dont le sang

s'échauffa un moment, Trufaldin saisit d'un bras ferme le muletier, qui, d'un coup de poing sur l'oreille, l'envoya rouler sous l'autre lit, où il se tint coi jusqu'au jour.

Batilde se prête, avec répugnance d'abord, et par pur attachement pour Trufaldin, aux emportemens du muletier. Mais quand elle eut reconnu, admiré ses qualités secrètes; quand cet athlète terrible, infatigable, l'eut en vain réduite à demander quartier, elle compara ses deux amans, et se promit bien de remarquer, à l'avenir, les hommes aux épaules larges, et aux sourcils épais. Rien ne forme la jeunesse comme l'expérience.

Le muletier, rassasié de plaisir, se leva enfin, prit Trufaldin par une jambe, le tira de dessous le lit, l'enleva comme une plume, et le jeta à côté de Batilde. « Ah çà, leur dit-
» il, je suis honnête homme à ma manière,
» et je veux vous donner des avis dont je vois
» que vous avez besoin. Le premier, c'est que
» la petite quitte ses habits d'homme, qui ne
» sont bons qu'à donner des soupçons, et toi,
» que tu prennes un habit de cavalier, puis-
» que tu veux l'accompagner. Tu auras une
» épée au côté: tu n'oseras pas t'en servir;
» mais cela en impose toujours. Je vais courir
» le village pendant que mes mules déjeune-

» ront. J'ai un ami, à qui j'emprunterai ce
» qu'il aura de mieux. Vous me rendrez cela
» à Aranda, où je dirai que vous êtes deux
» enfans que je conduis chez une vieille tante
» à Burgos, et que leur mère m'a confiés à
» Épila. Pour que nos trois marchands ne se
» doutent de rien, je leur dirai que vous m'a-
» vez quitté ce matin, et vous nous suivrez,
» à deux cents pas, sur votre mule, et dans
» votre nouveau costume, qui vous rendra
» méconnaissables à ces yeux à lunettes. Si
» quelqu'un vous attaque, je suis à vous, et,
» pour tout cela, je me contente des nuits
» que nous avons encore à passer, dans trois
» ou quatre mauvais gîtes. Voilà de la pro-
» bité, voilà de la raison. Au reste, il faut
» que cela soit, car je le veux ainsi. » Batilde s'était trop bien trouvée de la première
épreuve, pour en refuser une seconde; la joue
enflée de Trufaldin ne lui donnait pas envie
d'oser dire non. Tous deux gardèrent le silence, et le muletier en conclut que le traité
était accepté, selon le vieux proverbe : *Qui
ne dit mot consent.*

Fidèle à l'exécution de ses promesses, il
rapporte des vêtemens assez propres, et qui
n'allaient pas trop mal. Il enjoint aux jeunes
gens de se vêtir à la hâte, de le laisser partir

avec ses trois marchands, et de suivre sur leur mule, à la distance convenue. Il était bien sûr que l'envie de lui échapper ne les porterait pas à rétrograder vers Épila, où ils pouvaient rencontrer le dominicain. Batilde, d'ailleurs, s'était comportée de manière à ce qu'il dût à peu près compter sur elle, et il s'était aperçu qu'elle menait Trufaldin par le nez.

Les voilà donc en route, Batilde, jolie comme un ange, sous ses nouveaux habits, très-résignée aux événemens, mais n'osant pas en rire par égard pour Trufaldin, et Trufaldin, triste, pensif, la regardant la larme à l'œil, et la trouvant plus séduisante, depuis qu'il avait un coadjuteur.

La petite crut lui devoir quelque consolation, et les fatigues de la nuit n'empêchaient pas qu'elle ne pût faire une libation à l'amour : le Ciel, qui a voulu gâter les femmes, a permis que certaine source soit intarissable chez elles. Elle tire une des rênes de la mule, et la dirige vers un ombrage épais. Bien que Trufaldin fût un peu nigaud, et qu'il ne pénétrât pas l'intention de la belle, il lui vint pourtant à l'esprit qu'il devait profiter des journées, puisque le droit de la force lui enlevait les nuits. Il saute lestement à terre, présente la main à sa belle, et s'assied avec

elle sur le gazon....... O malheureux, ô incroyable voyage ! à peine Trufaldin s'est-il érigé en sacrificateur, à peine des doigts de rose ont-ils entr'ouvert l'entrée du sanctuaire, qu'une vigoureuse taloche tombe d'à-plomb sur la joue que le muletier a épargnée. Trufaldin jette un cri, se relève, et reste ébahi, son haut-de-chausses sur ses talons, et la main sur sa joue, devant un chevalier beau comme Batilde, vigoureux comme le muletier, et qui était descendu du ciel à l'aspect du couple amoureux. « Ote-toi de là, ma-
» raud, dit-il à Trufaldin. Il te convient bien
» de t'amuser dans mes forêts; ôte-toi de là,
» te dis-je, ou je te perfore de ma lance. —
» Mais c'est ma femme, monseigneur. — Ah !
» c'est ta femme, petit coquin. Hé ! m'as-tu
» payé les droits de jambage, de cuissage,
» de marquette et de prélibation ? Ces droits
» charmans s'acquittent sous la feuillée, comme
» dans un palais; éloigne-toi, il y va de ta
» vie. »

Trufaldin avait renoué ses aiguillettes, pendant cette harangue désespérante. Il avait une rouillarde au côté, mais il n'avait ni le courage, ni l'adresse de s'en servir. Il remonta sur la mule, pour se soustraire aux déportemens du chevalier, s'il lui prenait envie de le maltraiter, autrement que par des paroles, et il le regardait faire en soupirant. Pour Batilde, elle avait été si violemment frappée des prétentions insolentes du nouvel assaillant, qu'elle n'avait pas eu la force de changer de position, ni même de faire un mouvement. Malheureux Trufaldin ! il faut que tu sois témoin de tes infortunes, et que tu n'y puisses mettre un terme !

Le pauvre diable attendait, les yeux levés au ciel, pour ne rien voir des choses terrestres ; il espérait au moins que lorsque Batilde aurait acquitté le droit, il lui serait permis de rentrer dans les siens. Vaine espérance ! le chevalier ne se lassait pas dans ses prétentions, et Batilde, toujours plus étonnée, disait à mots entrecoupés : « Ah ! Trufaldin, » reçois encore ce sacrifice, c'est à toi seul que » je l'offre ; mais, en vérité, tu n'es ni un » muletier, ni un prélibateur. »

Le muletier cependant s'était impatienté de ne pas voir arriver sa belle. Il crut que les jeunes gens cherchaient à lui échapper à travers les bois. Il se sentait encore très en fonds, et il avait la meilleure envie de les faire valoir. Il prétendit avoir perdu une valise, pria ses marchands de l'attendre un quart d'heure, et poussa vigoureusement sa mule, en rétro-

gradant et en regardant de tous côtés. Il n'a pas fait un quart de lieue, qu'il aperçoit, à la lisière du bois, Trufaldin sur sa monture, les yeux toujours en l'air, et les bras croisés sur sa poitrine. Il pousse à lui : « Eh! que fais-tu
» là, imbécile? — Hélas! je ne fais rien. —
» Que fait Batilde? — Elle ne fait rien non
» plus, elle laisse faire. — Et où est-elle? —
» Sous ces arbres, à vingt pas. — Donne-moi
» ton épée. — Oh! de grand cœur. Échinez-
» moi cet homme-là; et puisqu'il faut être
» cocu, j'aime mieux l'être de la façon d'un
» seul que de deux. »

Le muletier saute à terre, et court en jurant, en espadonnant de l'épée qu'il ne sait pas manier, mais dont le coup sera terrible, s'il porte juste. Le bruit de sa course et de ses jurons avertit le chevalier, qui se relève aussi tôt que Trufaldin, mais sans le moindre mouvement de frayeur. Sa lance n'est qu'à quelques pas; mais un homme ne marche pas facilement dans l'état où il était. Il avait l'épée au côté, il la tira, et regretta sa dague, restée à l'arçon de sa selle; mais il s'aperçut que le muletier n'en avait pas, qu'ainsi la partie était égale : il se disposa bravement au combat, et pria seulement Batilde de lui rattacher quelques aiguillettes pendant qu'il parerait quelques coups.

Batilde était assez satisfaite de lui pour lui rendre ce petit service; il était d'ailleurs trop beau, pour que ses vœux secrets ne fussent pas en sa faveur; mais le muletier lui lança un coup d'œil si furieux, qu'elle jugea bien qu'il la rendrait responsable de l'aventure, s'il était victorieux, et le sort des armes est si incertain ! Elle jugea qu'il était plus sage de s'enfuir, et, pour aller plus vite, elle détacha le cheval du paladin, et sauta dessus. En passant près de la monture du muletier, elle coupa les sangles avec la dague du cher prélibateur, pour ralentir au moins les poursuites; c'était une fille qui pensait à tout. Enfin elle rejoignit Trufaldin : « Au galop, marche ! lui cria-t-
» elle. » Et Trufaldin de galoper à ses côtés. « Je t'ai trompé, mon ami, lui disait-elle; je
» t'ai trompé dix à douze fois, bien involon-
» tairement; mais à quelque chose malheur
» est bon. Nous avons gagné à cela une belle
» mule, des habits laïques assez passables, et
» un superbe cheval, sans compter ce qu'il y
» a dans la valise du chevalier. » Dans tous les temps et dans tous les pays du monde, le cocuage rapporte quelque chose.

Ce raisonnement ne paraissait pas péremptoire à Trufaldin; mais que diable faire ? Il n'y avait pas de remède au passé; il fallait se prémunir contre les événemens futurs, et, tout en galopant, il priait, il suppliait Batilde de tâcher de ne le plus faire cocu. Batilde le promettait, de la meilleure foi du monde, et se promettait de tenir parole, bien que convaincue, par son second essai, que Trufaldin était un homme fort ordinaire; mais que peuvent les résolutions d'une jolie fille contre la méchanceté des hommes ! Toujours galopant, la fringante Batilde et son triste compagnon avaient dépassé les trois marchands, dont les mules, chargées de ballots, n'étaient pas propres à courir après des fuyards. Ces marchands, d'ailleurs, avaient autre chose à penser que des amourettes, et ne les avaient pas seulement remarqués. Nos jeunes gens allaient, au hasard de s'égarer, suivre le premier sentier qui se présentait, lorsqu'ils aperçurent un homme qui trottillait sur sa monture; ils le joignirent bientôt, et lui demandèrent le chemin d'Aranda. Trufaldin voulait passer, après sa réponse; mais son extérieur le rassura. C'était un bon papa, de soixante ans, qui cheminait, son rosaire d'une main, et l'autre appuyée sur des sacoches, bien attachées sur le devant de son bât, et dont la vieillesse et les yeux calmes n'annonçaient aucune mésaventure. Trufaldin, tourmenté de la crainte d'avoir à ses trousses le muletier, ou le paladin, hasarda de lui faire quelques questions. Il lui demanda, entr'autres choses, si, pour aller à Burgos, il était nécessaire de passer par Aranda. Le vieillard répondit que la route la plus courte et la plus sûre était par Moncayo ; que c'était celle qu'il allait prendre à une demi-lieue de là, que, s'ils voulaient, ils feraient route ensemble.

Jamais proposition ne vint plus à propos, et ne fut acceptée avec plus de plaisir. Insensiblement, la confiance s'établit, et la conversation s'engagea. La vieillesse est curieuse, et la jeunesse inconsidérée. Nos amans apprirent que le bon Perez était un riche marchand de bœufs, qui en avait été vendre cent cinquante à la foire d'Épila ; qu'il en rapportait le prix dans ses sacoches ; que ses valets revenaient à pied, à petites journées ; qu'il disait son rosaire en route, pour que Notre-Dame du Mont-Carmel le garantît des voleurs, et qu'il allait à Burgos joindre le magot qu'il rapportait, à d'autres fonds déjà considérables, avec lesquels il se proposait de finir tranquillement ses jours. En échange de sa courte histoire, Trufaldin, qui avait besoin de se décharger le cœur, lui conta longuement ce que vous avez lu, malgré les signes de Batilde, qui jugeait cette confidence au moins inutile.

« Mes chers enfans, leur dit le vieillard,
» vous n'avez éprouvé tant de disgrâces que
» parce que vous n'avez pas fait consacrer vos
» nœuds par un saint prêtre aussitôt que vous
» l'avez pu ; mais enfin, à tout péché misé-
» ricorde. Promettez au bon Dieu de vous
» marier en arrivant à Burgos, et sûrement il
» vous garantira d'ici là de tout accident ; mais,
» comme il est dit dans l'Écriture, que je n'ai
» pas lue, parce que je ne sais pas lire, *aidez-*
» *vous, et je vous aiderai*, il est à propos
» que le long de la route, vous passiez pour le
» frère et la sœur, à cause de votre jeunesse,
» qui donnerait des soupçons, et pour rendre
» le tout plus vraisemblable, je dirai que la
» signora est ma femme. C'est un mensonge ;
» mais le Ciel me le pardonnera en faveur du
» motif. — Ah çà, dit Trufaldin, vous ne
» me donnerez pas de taloches sur les mâ-
» choires? — J'en suis incapable, mon petit
» ami. — Vous ne coucherez pas avec Batilde?
» — Non! ni vous non plus, jusqu'à ce que
» vous en ayez reçu la permission de notre
» mère la sainte Église. »

Ce nouveau traité, qui arrangeait parfaitement Trufaldin, et qui ne déplaisait pas à Batilde, qui sentait bien qu'une épouse n'est pas
plus responsable des accidens qu'une maîtresse;

ce nouveau traité fut solennellement accepté, et l'observation en fut jurée. Il paraissait tout simple au bon jeune homme, qu'on respectât une femme en pouvoir de mari, et d'un mari aussi riche que vénérable par son âge. Les galans avaient bien la ressource de la séduction; mais Batilde avait promis de ne pas se laisser séduire.

On avait quitté la route d'Aranda ; on marchait dans celle de Moncayo ; on était gai, on riait, on chantait un psaume, on accolait la gourde, que le bon Perez portait toujours avec lui, lorsqu'on aperçut sur une hauteur, un gros de cavaliers. A cet aspect, Perez descendit de sa mule, la donna à conduire en main à Trufaldin ; monta le cheval de Batilde, la mit derrière lui, l'enveloppa dans son manteau, et baisa, en se recommandant au Ciel, un morceau de la culotte de saint Pancrace, qu'il portait dévotement sur lui. Il craignait les voleurs, Trufaldin le cocuage : nous allons voir ce qui en était.

Les deux troupes s'approchent. Trufaldin se met provisoirement à trembler, et la richesse des habits rassure le bonhomme Perez : « Ne » craignez rien, dit-il aux jeunes gens, c'est le » comte de Ciria: Celui-ci n'en veut qu'aux » vierges, et il s'en faut bien que vous le soyez,

» signora. » Et il leur conta, en quatre mots, l'histoire du comte.

Ce seigneur, gros, court, mal bâti, laid, velu et fort comme un ours, avait, je ne sais par quel hasard, fait à la comtesse sa femme une fille, qui passait, à seize ans, pour la merveille du canton. Le comte de Moncayo l'avait demandée en mariage ; mais il avait eu le malheur de solliciter et d'obtenir, dans une cérémonie de cour, le pas sur le comte de Ciria : un tel affront ne se pardonne jamais, et la proposition de Moncayo fut rejetée d'une manière offensante. Outré du procédé de Ciria, Moncayo vint attaquer ses donjons, les enleva d'assaut, et viola la belle Léonore. Ciria jugea qu'une fille de qualité, qui a été violée, ne mérite plus de vivre, et il passa paternellement son épée à travers du corps de la sienne. Le lendemain il fut assiéger le château du comte, le prit, et le tua de sa main. On croirait que tout finit là : pas du tout. Ciria jura de faire de fréquentes courses dans le comté de Moncayo ; de violer toutes les vierges qu'il rencontrerait, et de les éventrer ensuite, en expiation du crime de leur seigneur, qui ne les regardait pas du tout. Quand Ciria en avait violé et tué une trentaine, il retournait dans ses terres, réparait ses forces, et recommençait. Les gens de Moncayo se plai-

gnaient au roi d'Aragon, et ce roi, qui avait
bien de la peine à se soutenir contre celui de
Castille, et qui avait intérêt à ménager ses grands
vassaux, n'écoutait pas les paysans. Ceux-ci ne
trouvèrent pas d'autre moyen, pour soustraire
leurs filles à la fureur de cet enragé, que de les
dévirginer eux-mêmes, avant qu'elles pussent tenter personne. Cet usage s'étendit aux pays voisins;
Il s'est conservé, à peu de chose près, et c'est ce
qui fait que partout les pucelles sont si rares.

O combien, en écoutant cette admirable histoire, Trufaldin s'applaudit que Batilde ne fût pas
neuve! Il s'applaudit presque d'être cocu, et improvisa, sur l'air du *Pange lingua*, dix ou douze
vers latins sur les dangers de la sagesse. Ces vers
sont perdus, depuis que les petites filles n'ont plus
besoin de les dire pour savoir prendre leur parti.

Cependant nos voyageurs et la cavalerie du
comte sont en présence. Le comte courait depuis quatre jours ; il n'avait rencontré que des
femmes, ou l'équivalent, et il avait de l'humeur : « Quel est, dit-il, d'une voix terrible à
» Perez, ce paquet que tu portes derrière toi?
» — Monseigneur, c'est ma femme. — Lève-
» moi ce manteau....... Comment, cette jolie
» personne est la femme d'un vieux rêtre
» comme toi! — Hélas! monseigneur, on fait
» des folies à tout âge. — Prends garde de me

» mentir, car je te pourfends des épaules à la
» ceinture. — C'est ma femme, monseigneur,
» c'est ma femme, à qui même j'ai eu le
» bonheur de faire un petit enfant. — Je ne
» m'aperçois pas de cela. — C'est qu'elle n'est
» pas très-avancée, et puis, monseigneur,
» l'étoffe de sa cotte est grossière... — Tais-toi;
» tes détails m'ennuient. Tu m'assures qu'elle
» est ta femme, il faut me le prouver : use à
» l'instant de tes droits de mari. »

Perez alléguait un vœu de continence, fait à saint François pour en obtenir un heureux voyage, et le comte avait tiré son épée, qui tournoyait déjà sur la tête du vieillard. Il descend de cheval, et représente humblement au comte qu'à son âge on n'épouse pas sa femme à commandement : « Épouse, te dis-je, et si
» tu ajoutes un mot, tu es mort. » Dans un semblable embarras, quelle ressource restait-il au bonhomme Perez ? Faire semblant d'obéir, s'il ne pouvait davantage.

Il donne la main à Batilde, qui se laisse conduire, et qui dit en passant, à l'oreille de Trufaldin : « Ne te fais pas de peine, mon
» petit; cette fois, ce ne sera que pour rire. »

A soixante ans, on n'est pas homme tous les jours; mais on l'est encore quelquefois. Les attraits de Batilde, que Perez fourrageait par obéissance, commencèrent une espèce de résurrection; la chaleur d'un corps céleste auquel il accolait ses ruines, le ranima tout-à-fait. Il demanda pardon à Dieu, et se tira assez gaillardement d'affaire. Batilde fut très-étonnée d'être épousée tout-à-fait; Trufaldin ne concevait rien à cette force de courage, et le comte, outré de ne faire que de vaines recherches, s'avisa de chercher une querelle d'allemand au bonhomme. Il prétendit que Perez ne s'était marié avec une jouvencelle, qui était à peine nubile, que pour la sauver de ses mains. La contestation s'échauffait d'un côté; l'embarras de Perez, qui ne mentait pas avec facilité, augmentait de minute en minute : la scène allait devenir tragique. Trufaldin, toujours prudent, prend le galop avec sa mule et celle du marchand de bœufs; Batilde remonte à cheval, pour courir après Trufaldin, et laisse Perez s'arranger comme il pourra avec l'excellence.

« Allons, disait-elle, mon cher petit, ce
» qui est fait est fait. Quand tu pleureras,
» quand tu te désespéreras, qu'y gagneras-tu ?
» Il faut savoir prendre le temps comme il
» vient. Je vois dans tout ceci deux motifs de
» consolation. Fort heureusement j'étais grosse;
» tous les seigneurs ou goujats, que nous rencontrerons, ne sauraient empêcher que tu

» ne sois véritablement le père de ton enfant, et
» nous tenons les sacoches du marchand, que
» nous pouvons emporter sans scrupule, puis-
» qu'enfin il a eu du plaisir pour son argent. »

Ils apercevaient les clochers de Moncayo ; ils pouvaient y arriver sans guide, et ils avaient lieu de se flatter que la police s'y faisait plus exactement que dans les bois, ce qui n'était que trop vrai.

Le factionnaire, qui gardait la porte de la ville, trouva extraordinaire que deux jeunes enfans voyageassent seuls, avec deux mules, et un cheval, dont la beauté et l'embonpoint ne s'accordaient pas avec des habits de villageois. Les sacoches, dont il fit résonner le contenu, et l'énorme valise du chevalier lui donnèrent des soupçons : il fit entrer Trufaldin et Batilde au corps-de-garde. L'officier les interrogea séparément, et ils se coupèrent ; il les envoya chez le corrégidor, qui, en voyant une si jolie fille, eut envie de la trouver innocente, et fit sortir tout le monde. Interrogés de nouveau, sur ce qu'il y avait dans la valise et les sacoches, les jeunes gens ne surent que répondre. Atteints et convaincus au moins d'escroquerie, Trufaldin se mit à pleurer, et Batilde, qui ne perdait jamais la tête, fit les yeux doux au magistrat.

Il était difficile à celui-ci de faire fouetter et

marquer le jeune homme, sans que la jeune fille subît la même punition ; il lui paraissait cruel de laisser macérer un aussi beau corps, et, pour s'assurer à quel point il méritait ses égards, le seigneur corrégidor en fit une inspection exacte, qui se termina comme l'aventure du muletier, du chevalier et du bonhomme Perez : « Si du moins je ne le voyais pas ! » disait Trufaldin au désespoir. Et il lui fut impossible de rien ajouter ; la crainte des verroux, des cachots, du fouet et de la marque lui glaçait la langue.

Le seigneur corrégidor, enchanté des appas, de la courtoisie, de la résignation de Batilde, notifia qu'il faisait grâce à l'amant en faveur de la maîtresse ; qu'il gardait celle-ci, et que l'autre pouvait se retirer où il voudrait avec ses mules, son cheval, sa valise et ses sacoches; mais que, de peur de quelque nouvel accident, il ferait bien de sortir de suite, et à petit bruit, de Moncayo : « Allons, mon cher petit, lui
» dit tendrement Batilde, soumets-toi à la né-
» cessité. Si le chevalier, le muletier, ou le
» bonhomme Perez te trouvent ici et t'accu-
» sent, le seigneur corrégidor, malgré ses bon-
» tés pour toi, ne pourrait te sauver ; tu m'en-
» traînerais dans ta chute ; et tu m'aimes trop
» pour vouloir que je sois fouettée et marquée.
» Va, mon cher ami, vends tes mules et ton

» cheval au premier maquignon; fais-toi promp-
» tement conduire à Burgos, et sois sûr que je
» ne t'oublierai jamais. »

Trufaldin n'avait rien de mieux à faire que de suivre ce conseil, et cependant le démon de la concupiscence le retenait près de Batilde. Le corrégidor le poussa hors de son cabinet ; il sortit de la maison, la tête basse, vendit ses trois bêtes, à peu près pour rien, selon l'usage des jeunes gens, et se mit en route pour la capitale de la Castille-Vieille.

Batilde resta avec son corrégidor, qui l'aima à la fureur pendant quinze jours; qui la passa ensuite à un inquisiteur; qui la repassa au gouverneur de la ville; qui la céda à un président du conseil d'Aragon ; des bras duquel elle tomba dans ceux d'un gros cantayor, puis d'un médecin, d'un usurier dévot, d'un notaire, d'un vieux licencié, d'un petit marchand, d'un vieux sergent, de tous les laquais de Moncayo, et enfin du public, où nous la laisserons, si vous le voulez bien.

Trufaldin se consola bientôt de la perte d'une fille qui l'avait si facilement abandonné, et que tout le monde caressait, hors lui. Une somme, très-forte pour ce temps-là, et pour un jeune homme, qui n'avait jamais eu rien en propre; la dissipation à laquelle il se livra à

Burgos, lui firent totalement oublier l'objet de ses premières amours. Il goûta, avec avidité, tous les plaisirs qu'on pouvait se procurer, au douzième siècle, avec de l'argent, les femmes exceptées, qu'il n'aimait pas essentiellement, et auxquelles peut-être il n'eût jamais pensé, sans les avances, très-prononcées, de la signora Batilde.

Tous sentez bien qu'un homme de seize à dix-sept ans, qui veut jouir de tout, qui ne connaît la valeur de rien, et dont s'emparent les escrocs de tous les genres, et de tous les sexes, voit bientôt la fin de sa fortune. Celui-ci, simple et bonace, était plus facile à attraper qu'un autre, et on lui joua des tours très-plaisans, dont je vous fais grâce, parce que l'ingénieux auteur de Gil-Blas ne nous a rien laissé à désirer à cet égard.

Il restait quelques ressources encore à Trufaldin, lorsqu'il eut le bon esprit de se jeter dans la réforme. Il acheta une guitare, meuble utile en Espagne, de temps immémorial; il apprit à en jouer sans maître, et se proposa de tirer parti de ce talent, quand les circonstances l'exigeraient, ce qui ne tarda pas à arriver.

Il balança s'il ne se raccrocherait pas à notre mère la sainte Église; mais les petits démêlés qu'il avait eus avec plusieurs membres du clergé, lui firent redouter la férule un peu dure de ces messieurs. Il jugea plus convenable de garder son indépendance et son épée, et il sortit, en faisant l'énumération des moyens multipliés, qu'il avait de gagner sa vie. La lecture, l'écriture, le latin, le plain-chant, une belle voix et sa guitare, ressources prodigieuses pour le temps, le rassurèrent sur son avenir.

Il commença par montrer la guitare à la jeune femme d'un très-vieil officier, qui le chassa, parce qu'il avait interposé ses bons offices pour le faire cocu, la centième, ou la millième fois.

Il entra dans un couvent de nonnes, pour copier des missels et enseigner le plain-chant. Il était fort bien là; mais il eut le malheur de trouver l'abbesse dans une posture équivoque, avec le directeur, et l'abbesse le chassa, de peur qu'il ne fût indiscret.

Un célèbre médecin qui ne savait pas le latin, le prit pour lui enseigner cette langue, et le chassa, parce qu'il n'était qu'un beau garçon sans complaisance.

Une vieille dévote s'en accommoda pour se faire expliquer les saints pères, et le chassa, parce que ses mains décharnées n'opéraient aucun effet sur lui.

Un vieux seigneur le mit auprès de ses enfans, pour leur apprendre à lire et à écrire, et le chassa, parce qu'il eut la bêtise de remarquer, en présence d'une courtisane, qui le ruinait, qu'il avait des poils gris dans sa moustache.

La courtisane le prit, et le chassa bientôt, parce qu'elle s'aperçut, ainsi que Batilde, qu'il ne valait pas un muletier.

Un gros négociant, qui voulait sacrifier sa fille, très-jolie et très-éveillée, à un grand benêt de fils, et qui la destinait au cloître, le mit près d'elle, pour lui apprendre le plain-chant, et le chassa encore, parce que la petite égrillarde l'avait conduit derrière un paravent, pour savoir un peu ce qu'était le monde, qu'elle allait quitter tout-à-fait.

Fatigué d'être toujours chassé, il se mit à composer des sermons pour les prédicateurs qui n'avaient que de l'organe, et il gagna très-gros, parce que le nombre de ces prédicateurs était très-grand, et que les dévotes qu'ils dirigeaient payaient très-bien. Cette ressource lui manqua, parce qu'il eut le malheur de donner le même sermon à deux orateurs de la même ville, qui le débitèrent le même jour, dans deux églises, à heures différentes, et qui se firent moquer d'eux, par les coureurs de prônes, aussi communs en Espagne que les coureurs de spectacles à Paris.

Il ouvrit une école qui fut toujours déserte, parce qu'on ne soupçonnait pas alors les avantages de la science, qu'on commence à ne plus connaître aujourd'hui.

Enfin, il vendit, le jour, sa voix aux chœurs de différentes églises, et sa guitare, la nuit, aux donneurs de sérénades. Il vieillit, en faisant ce triste métier, et l'aurait fait toute sa vie, si le comte d'Aran ne se fût servi de lui, lorsqu'il n'était que l'amant de sa femme, à Burgos. En réglant la sérénade, Trufaldin fit parade de son érudition. Il ne parut alors qu'un original au comte ; mais quand il fut père, il crut qu'un original pouvait donner d'excellentes leçons, et comme les maîtres étaient rares, il s'attacha celui-ci, au moyen d'un traitement honnête, et tira de lui le parti le plus avantageux. Trufaldin était revenu de toutes les erreurs de sa jeunesse, et, à sa niaiserie, sa poltronnerie et son pédantisme près, c'était un homme comme un autre.

Revenons au comte de Cerdagne. Fêté long-temps, et las de l'être, il prit enfin congé du comte d'Aran et de sa famille, et, poussé par le désir si naturel de revoir sa fille, il prit, avec sa suite, la route de Barcelone. Le premier objet qui se présenta à lui, en sortant du château d'Aran, fut cette même Rotrulde, qui avait été si faible sans le prévoir, sans le vouloir, et que madame d'Aran n'avait pas manqué de congédier, ainsi qu'elle se l'était promis, parce qu'une femme sage ne se contente pas du témoignage de sa conscience : il faut qu'elle joigne la pruderie à la sagesse, et qu'elle ne pardonne rien aux autres.

Depuis que la gentille Rotrulde était sans condition, et par conséquent sans ressource, elle attendait, dans un hameau voisin, le jour du départ de Cerdagne, que les apprêts, nécessités par une suite nombreuse, ne pouvaient lui laisser ignorer. Elle se para le mieux qu'il lui fut possible, se mit sur son passage, et lui peignit son triste état, dans une harangue qui passa pour un *impromptu*, mais qui était préparée à loisir. Cerdagne était peu constant dans ses goûts, et ne pensait plus à Rotrulde; mais il était galant, aimable, généreux : une femme qui perdait tout pour lui, et par lui, devait l'intéresser. D'ailleurs, elle était jolie, et pouvait être l'objet d'une seconde, et même d'une troisième fantaisie, quand il ne trouverait pas mieux. Il l'envoya au château de Cerdagne, sous la garde d'un écuyer et de quelques valets, et comme une femme, qu'il avait honorée de ses bontés, devait y être sur un certain pied, il envoya à l'acariâtre Théodora l'ordre de la commettre à l'entretien des tapisseries, des crépines, des estrades et des lits, et à la garde et distribution des vins fins.

Rotrulde partit, bien persuadée que ses charmes la mèneraient plus loin que l'entretien du lit du maître, et Cerdague continua sa route pour Barcelone, où il arriva heureusement, parce qu'il avait trop de forces pour que les bandits osassent l'attaquer, et il étonna toute la ville à son entrée, par un luxe délicat et recherché, qu'il avait emprunté de la cour de Constantinople, et dont on n'avait pas encore l'idée dans le reste de l'Europe.

Il se présenta au couvent qui renfermait Séraphine, plutôt comme un souverain qui vient répandre des grâces, que comme un père qui redemande sa fille. Enchanté de la beauté, des grâces modestes, du jugement de la jeune personne, il combla les religieuses de présens ; il fit renouveler tous les ornemens de l'église ; doubla le nombre des vases sacrés ; donna un missel en vélin, écrit et décoré de vignettes, par la main du premier artiste de l'empire grec ; il fit célébrer une grand'messe chantée par toutes les basses-contre de Barcelone, et, au lieu de s'y occuper de Dieu, il lorgnait les dames, qu'avait attirées la pompe de cette cérémonie. En échange de tant de belles choses, l'abbesse fit suspendre l'écusson de ses armes en dedans, et en dehors de l'église du couvent, et de ses dépendances : c'était la magnificence du temps.

Son retour de Barcelone à Cerdague ressembla plutôt à une marche triomphale qu'à un voyage. Ses gens étaient couverts de fer et d'or ; ses chevaux, les plus beaux de l'Andalousie, semblaient partager la fierté de ses écuyers ; on allait à très-petites journées, pour ne pas fatiguer Séraphine, l'objet de tous les soins, de toutes les prévenances, et de tous les respects. On arrêtait aux heures des repas ; des tentes magnifiques étaient tendues ; des bannières de cent couleurs, et d'une recherche, inconnue jusqu'alors, étaient plantées devant le pavillon, sous lequel se retirait Séraphine ; son père seul y entrait, y mangeait avec elle ; c'était à qui les servirait, à qui préviendrait leurs goûts. Le site était-il romantique, paraissait-il fixer l'attention de la jeune personne, était-il abondant en gibier ? on y passait des heures, des jours. Remarquait-on la satiété dans les yeux de Séraphine ? les tentes étaient ployées à l'instant, les palefrois caparaçonnés, et les instrumens de guerre donnaient le signal du départ.

C'est ainsi qu'on arriva au château d'Aran. Cerdagne, fier de sa fille, avait voulu la présenter à son ami, qui ne l'avait pas vue depuis deux ans. L'enthousiasme qu'elle excita fut tel que d'Aran, dans un moment d'effusion, proposa à Cerdagne d'arrêter l'union des deux familles, et de resserrer, de la manière la plus agréable, les nœuds d'une antique amitié. Cerdagne accepta, avec joie, une proposition, dont l'effet remplirait tous ses vœux. Les domaines de d'Aran étaient immenses; il jouissait de la plus haute considération; sa noblesse remontait à l'établissement même de cette distinction, et son fils joignait, disait-on, à la plus aimable figure, un esprit vif, enjoué, et une amabilité peu commune. Les deux pères fixèrent à trois ans l'exécution de leurs projets, et convinrent de les cacher à leurs enfans, qui ne répondraient peut-être aux vues de leurs parens que par des contradictions, et qui ne pouvaient manquer de s'aimer, quand le hasard paraîtrait seul les réunir. Cerdagne conduisit dans son château sa Séraphine, qui fixa, près de lui, les jouissances douces, et ce calme du cœur si préférables aux plaisirs tumultueux des passions. De temps en temps, il s'égarait encore avec Rotrulde, dans ses longues galeries, dans ses bosquets solitaires; mais ce n'était qu'un reste d'habitude qu'on ne surmonte pas facilement. Il mettait, d'ailleurs, dans sa conduite, cette décence que commandait la présence de sa fille, et qui n'accommodait pas trop Rotrulde. Elle ambitionnait le titre avoué alors de concubine; mais Cerdagne notifia sa volonté, et il fallut qu'elle ployât de toutes les manières.

Don Mendoce d'Aran continuait ses exercices à Sarragosse, et on n'y parlait que de lui. Personne ne rompait une lance avec autant de grâce; n'attaquait l'épée à la main avec autant de vigueur; ne parait avec autant d'adresse le coup d'estoc et de taille. Personne n'ajustait une flèche avec autant de justesse, et ne lançait aussi sûrement la javeline dans un combat de taureaux. Entrait-il dans une assemblée, il fixait tous les regards. Dansait-il une sarabande, accompagnait-il sa guitare de sa voix, il attirait tous les cœurs. Cerdagne ne pouvait choisir un gendre qui lui rappelât plus sûrement les agrémens de sa brillante jeunesse, et dont le caractère eût plus de rapport avec le sien.

Cependant le charmant Mendoce entrait dans l'âge des passions. Persuadé de ce qu'il valait, et des facilités qu'il rencontrerait de toutes parts, il était difficile qu'il ne s'égarât point : il lui eût fallu, à cette époque dangereuse, un guide sage et prudent, et malheureusement il n'avait près de lui que des valets destinés à obéir, et un écuyer qui aimait trop le plaisir lui-même, pour contrarier ses goûts. Mendoce se livra bientôt à tous les travers. Il commença par donner des fêtes aux dames, et finit par les déshonorer. Il se battit avec des époux et des frères qu'il tuait ou estropiait; ce qui donnait encore plus d'éclat aux fredaines de leurs sœurs ou de leurs femmes. Il jouait aux dés, jeu respectable par son antiquité, et qui remonte au moins à Jésus-Christ, car l'Évangile nous apprend que les soldats de Caïphe ou de Pilate jouèrent, aux dés, la tunique sans couture du Sauveur. Or, comme on ne donne pas de fêtes, et qu'on ne joue pas aux dés sans dépenser beaucoup, Mendoce, dont la pension était forte, mais bornée, fut bientôt réduit aux expédiens. Ses grâces lui avait donné des facilités auprès des dames ; son nom lui valut des avances de la part des usuriers. Il empruntait d'une main pour répandre de l'autre, et il eût fini par dépenser au-delà du capital de son père, si les premiers prêteurs, alarmés de ses prodigalités, et tremblans pour leurs créances, n'eussent député un des leurs au château d'Aran, pour instruire le papa-comte de la conduite de son cher fils.

D'Aran était plein d'honneur, et dans ces temps, à demi-barbares, l'honneur consistait autant à payer ses dettes, qu'à se battre courageusement. Il fut effrayé de l'énormité des sommes qu'avait dépensées son fils. Il ne se décida pas moins à payer ; mais il voulut, comme de raison, mettre un terme à cette inconduite. Il rappela Mendoce, par une lettre foudroyante, qui chassait l'écuyer qui avait favorisé ses désordres, et, pour s'assurer que les dettes seraient exactement payées, il remit ses fonds à Trufaldin, le fit partir pour Sarragosse, lui ordonna de satisfaire les créanciers, et de ramener son fils.

Trufaldin ne pouvait pas prendre un grand ascendant sur l'esprit d'un jeune homme, qui avait contracté l'habitude de l'indépendance ; mais les infirmités du comte ne lui permettaient pas d'entreprendre le voyage de Sarragosse, et Trufaldin était celui de ses gens en qui il avait le plus de confiance. D'ailleurs, il avait élevé la première enfance de Mendoce ; il avait été, à la fois, son maître et le compagnon de ses jeux. Mendoce pouvait négliger ses avis ; mais il ne pouvait le confondre avec un domestique ordinaire, que probablement il n'écouterait pas du tout. Trufaldin partit donc, accompagné de manière à ne pas craindre les voleurs.

Le bonhomme aimait beaucoup Mendoce, qu'il regardait comme son ouvrage ; mais il sentit que c'était, ou jamais, le cas de réveiller son éloquence, assoupie dans un long repos. Les bonnes gens ont leur petite vanité, comme les autres. Fier de porter les ordres et l'argent du papa ; flatté de la commission de chapitrer le fils, il jugea qu'il convenait de l'aborder, avec une harangue, d'un style relevé, où la sévérité fût tempérée par l'indulgence. Il employa, à écrire ce discours, le temps que son escorte passait à manger et à dormir; il le lisait, le relisait en marchant, pour trouver des inflexions de voix, propres à donner plus de force, de grâce ou de noblesse à ses phrases, et les paysans, devant qui il passait, se mettaient à genoux, persuadés que Trufaldin était un prédicateur ambulant. Un licencié, maître d'école à Venasque, le supplia de lui donner au moins son brouillon, pour servir de catéchisme, en attendant que son évêque fût assez savant pour en faire un. Vous allez juger si le discours de Trufaldin méritait cet honneur. Vous y trouverez des choses qui vous paraîtront au-dessus de sa portée; mais daignez vous rappeler que, depuis trente ans, il était compilateur, et je vous ai dit qu'il avait de la mémoire. Figurez-vous le bonhomme, monté sur sa mule, les jambes pendantes, criant, gesticulant, suant, et perdant, de temps en temps, la parole, parce qu'il n'avait pas fait une étude de l'art de respirer à propos.

FIN DE LA PREMIÈRE PARTIE.

SECONDE PARTIE.

Semblable à l'enfant prodigue, vous avez fait, mon très-cher frère, toutes les folies qui peuvent désoler un papa, faire mourir une maman, et vous n'annoncez encore ni le repentir, ni même du penchant à la repentance. Il faut donc éclairer votre esprit, purifier votre cœur par la vertu de la parole, et vous ramener aux vrais principes dont vous vous êtes écarté. Établissons ces principes, discutons-les, l'un après l'autre, et soyons court et clair si nous pouvons.

L'art d'être aussi heureux que notre nature en est susceptible, se réduit à quatre choses :

1° Discerner prudemment ce que notre intérêt et celui de la société nous ordonnent, ou nous défendent;

2° Être assez courageux pour lui obéir, quelques obstacles qu'on ait à surmonter;

3° Préférer l'honnête à l'utile;

4° Mettre un frein à ses désirs.

Divisons donc notre sujet, ainsi que le bon sens l'indique, et traitons en quatre points de la *prudence*, de la *force*, de la *justice* et de la *tempérance*, quatre vertus, que vous n'avez pas pratiquées du tout, quoiqu'elles vaillent bien les vertus théologales, qui sont, ainsi que vous le savez, ou comme vous ne le savez pas, la foi, l'espérance et la charité, vertus qui ont pu faire des saints, et qui n'ont formé que de petits hommes.

PREMIER POINT.

La *prudence* est l'art de choisir. On est prudent, lorsque, de plusieurs objets, on sait discerner celui qui mérite la préférence. La prudence a deux emplois ; elle éclaire l'intelligence, et règle la volonté. Elle tient l'esprit en garde contre les préjugés et la précipitation. Fort de cet appui, il ne donne aux objets, qu'on lui propose, que le degré d'adhésion, proportionné à leur degré de certitude. Il croit fermement ceux qui sont évidens ; il range ceux qui ne le sont pas, dans la classe des probabilités ; mais si le merveilleux s'y joint, il devient moins crédule ; il commence à douter ; il se défie des charmes de l'illusion.

Les lois de la prudence sont un peu moins sévères à l'égard de certaines actions. Le cœur n'attend pas, pour se résoudre, une évidence complète, mais il lui faut, du moins, des motifs probables pour se déterminer raisonnablement. Désirer des choses vraisemblablement contraires au bonheur, serait une imprudence préjudiciable ; en désirer qui fussent contraires aux bonnes mœurs, en serait une criminelle ; et ce qui est criminel ne peut manquer de devenir funeste.

C'est ainsi, mon cher frère, que je définis la prudence et ses effets. Vous ne connaissez pas l'une, et vous n'avez pu éprouver les autres.

La prudence vous eût rendu *circonspect*, et vous eût appris à vous défendre des sentimens dangereux, ou nuisibles, d'autant plus difficiles à combattre, qu'ils tiennent de plus près à notre nature. Vous eussiez d'abord résisté à l'*orgueil*, qui naît de l'idée trop avantageuse que nous nous faisons de nous-mêmes. Il ne faut donc, pour surmonter le penchant à l'orgueil, que s'apprécier soi-même, avec justesse et précision, ce qui, je l'avoue, est assez difficile, quand on tient soi-même la balance.

La prudence eût réglé *vos appétits corporels*, qu'il faut satisfaire, loin de les combattre, parce que nous les tenons de la nature, mais auxquels il faut donner des bornes. S'il est de la prudence de s'abstenir de ce que nous défend la droite raison, il est raisonnable aussi de satisfaire, avec modération, les besoins de tous nos organes, sans exception; mais tout ce qu'on donne au corps, au-delà du besoin, est un excès qui le détruit. Les plaisirs même les plus doux, les plus vifs, deviennent, par leur continuité, un vrai supplice, auquel se joint le regret de se les être procurés.

L'avarice n'est pas votre défaut; vous n'êtes pas dans l'âge de *l'ambition;* mais la prudence vous garantira plus tard de deux vices, qui, corrigés par une sage modération, redeviennent des affections innocentes. L'or ou l'argent étant une conséquence d'une convention générale, est devenu le signe représentatif de tous les objets de besoin, ou de plaisir. Il n'est pas plus criminel de désirer de l'or, que les choses même qu'il nous procure. L'homme de bien n'accumule jamais, il sait jouir; mais il s'applaudit en ajoutant, par son industrie, quelque chose de plus au bien-être d'une épouse douce et sensible, à celui d'enfans dociles et reconnaissans.

Il y a deux sortes *d'ambition.* La première inspire à l'homme, qu'elle tourmente, l'envie de parvenir à un rang élevé; ne lui permet de voir, dans ce désir, que la passion des grands cœurs, et lève tous les scrupules qui pourraient l'arrêter dans sa carrière. Tous les moyens lui conviennent, s'ils peuvent le conduire au but. La cause du crime même lui paraît si belle, qu'il est persuadé qu'elle en doit être l'excuse. Sa conscience parle-t-elle ? Il sait lui imposer silence. Quiconque se laisse ébranler par l'horreur du crime, ou n'était pas né ambitieux, ou ne l'est qu'à demi : ce n'est pas sur lui que tomberont les grâces et les dignités.

L'homme de bien, qui sent ce qu'il vaut, peut avoir la louable ambition d'être utile à l'état; mais il est rare que l'état s'occupe de sa fortune. Il a les qualités nécessaires pour bien servir son gouvernement, mais il n'a pas la souplesse, qui rampe sous les gens en place, et c'est là le talent essentiel, sans lequel on reste en chemin.

C'est cette première sorte d'ambition qui fait les conquérans inhumains, violateurs du droit des nations, et de la sainteté des traités, fléaux des étrangers, et tyrans de leurs sujets.

C'est elle qui fait de lâches magistrats, vendus aux passions des grands; trop faibles pour leur donner des avis salutaires, assez injustes pour prononcer, sans discernement, des arrêts dictés par le despotisme, oppresseurs des peuples, dont ils devraient être le refuge.

Chose étonnante, mais vraie, on n'a point une ambition démesurée sans y joindre une extrême bassesse. Avide de grandeurs, sans savoir ce qui est véritablement grand, l'ambitieux rampe pour s'élever, à la manière des serpens, qui ne s'élancent qu'en foulant la terre de leur ventre.

La seconde espèce d'ambition, moins criminelle sans doute, est puérile et ridicule. Elle ne s'élève pas jusqu'à la brigue des rangs, et des distinctions ; elle se borne à en affecter les manières, et à les copier comme elle peut.

Le vulgaire est si persuadé qu'il est de la dignité d'un grand d'être vain et arrogant, que lorsqu'un homme, sorti du néant, cherche à faire oublier son origine, il croit ne pouvoir mieux faire que de s'annoncer dans le monde par des fatuités. Il parvient à se donner un regard méprisant, un abord glacé, un ton tranchant, un sourire dédaigneux. Il veut avoir à sa table des troubadours, et des moines ; il les met aux prises, il les raille, il les déconcerte, il ricane. Ce dernier genre d'ambition, mon cher frère, est au-dessous de vous, et que le grand saint Dominique vous préserve du premier.

La *circonspection dans les paroles* est encore fille de la prudence. Savoir maîtriser sa langue est une chose rare, mais nécessaire et par conséquent bonne. On est déjà avancé dans cet art, lorsqu'on a commencé par régler ses pensées, ses désirs et ses sentimens, car la langue n'est que l'interprète de tout cela ; mais tout n'est pas fait encore. Il est telles pensées, tels désirs, tels sentimens, qui sont innocens, tant qu'on les renferme en soi, et qui sont indécens et blâmables si on les publie.

Vous pouvez, sans que votre conscience en souffre, apprendre les dérèglemens d'une femme dont on croit la conduite pure ; vous êtes coupable si vous les divulguez.

Vous avez désiré savoir le secret de votre ami, et votre curiosité ne blesse pas votre honneur : il le serait si vous le révéliez.

La circonspection dans les paroles prévient la *médisance*, qu'il est nécessaire de bien définir.

Donner atteinte à la réputation de quelqu'un, en découvrant ses fautes ou ses vices secrets, est une action indifférente en elle-même. Elle est permise, quelquefois même nécessaire, s'il en résulte un bien pour la personne qu'on accuse, ou pour celles qu'on veut garantir. Sans doute on a raison d'informer un père de l'inconduite de son fils ; un abbé, des dérèglemens d'un moine vagabond ; le gouvernement, des projets téméraires d'un factieux ;

le public, des noirceurs que médite un hypocrite respecté. Mais un trait malin décoché sans motif, contre un absent, un libelle diffamatoire, sont des fautes graves qu'on a sévèrement condamnées dans tous les États policés.

La médisance, à l'aide de laquelle on provoque l'attention dans les petites coteries, est moins dangereuse sans doute ; mais elle annonce la nullité de celui qui désespère de se faire autrement écouter ; elle décèle la rivalité d'homme à homme, la jalousie de femme à femme, l'orgueil insupportable de prétendre humilier des gens, ou médiocres, ou faibles à la repartie. En ce cas, la médisance rentre dans la *raillerie piquante*, autre défaut que ne connaît pas l'homme circonspect dans ses paroles.

La raillerie blesse moins l'équité naturelle et le droit des gens, que la médisance, et la raison en est simple. Celui qu'elle attaque est présent, et à portée de se défendre ; mais si elle est moins criminelle que la médisance, elle est peut-être plus offensante : elle attaque l'amour-propre, elle flétrit, elle déconcerte. Elle ajoute au chagrin qu'on éprouve d'être accusé d'un défaut, d'un travers ou d'une faiblesse, le dépit humiliant de n'avoir pas repoussé le trait piquant par un trait plus vif encore.

Cependant la raillerie n'est pas toujours un

outrage, et si l'esprit et la prudence étaient toujours d'accord, la raillerie deviendrait aimable, car jamais un railleur n'est un sot. Mais loin que cette sorte d'esprit soit prudente et réservée, elle est ordinairement plus ou moins inconsidérée, en raison de sa promptitude et de sa fécondité. Sacrifier un bon mot, renoncer au plaisir de briller un moment, est souvent impossible, dût-on payer cet éclair de plaisir de la perte d'un ami, d'un bienfaiteur, d'un patron.

Interdire absolument la raillerie, ce serait, mon cher frère, mettre trop à l'aise les vices et les ridicules. La raillerie modérée est le sel de la conversation ; ce sel est âcre si on le prodigue. Raillez, si votre humeur vous y porte, mais raillez avec prudence.

Respectez ceux que l'âge et le caractère mettent au-dessus de vous. C'est une imprudence odieuse que de railler un vieillard, un supérieur, un père.

Ménagez ceux qui sont au-dessous de vous. Votre supériorité leur imprime un respect timide, qui vous les livre sans défense. C'est attaquer avec trop d'avantage, c'est battre un homme nu et sans armes, c'est terrasser un enfant.

C'est peut-être entre égaux que la raillerie

est permise. Elle peut devenir alors un jeu d'esprit innocent, dont les chances variant sans cesse, amusent agréablement, si les forces sont à peu près égales, car il y a de la lâcheté à railler quelqu'un qui n'a pas reçu de la nature le don de la répartie.

L'indiscrétion dans les paroles est plus dangereuse encore que la médisance et la raillerie, et l'homme prudent et circonspect ne la connaît pas. Révéler le secret de quelqu'un, c'est disposer d'un bien dont on n'était pas le maître, c'est spolier un dépôt, et ce crime doit être irrémissible, parce qu'il est irrémédiable. Dissipez les fonds qu'on vous a donnés en garde; vous pouvez les rendre un jour; mais ferez-vous rentrer dans l'ombre du mystère un secret que vous aurez divulgué?

Recommander la discrétion à son confident est inutile, s'il est prudent et circonspect; la recommander à un sot est aussi inutile. Quel fardeau qu'un secret pour un homme sans jugement! Croyez-moi, mon cher frère, gardez le vôtre vous-même; mais s'il vous importune et vous pèse, si vous le confiez à quelqu'un, ne soyez pas blessé que cet autre ne soit pas plus discret que vous.

Une rupture avec le dernier des hommes, avec le meilleur de vos amis, n'éteint pas l'obligation du secret : on n'a pas payé sa dette, parce qu'on s'est brouillé avec son créancier, et quelle horrible perfidie que de tirer, de la confiance ou de l'amitié, des armes qui favorisent un ressentiment, souvent injuste et toujours vil ! Un insensé peut rompre les nœuds les plus doux de la vie ; rien ne le dispense de la droiture et de la bonne foi.

L'*homme licencieux*, mon cher frère, et qui a l'habitude de la licence, contracte celle de s'exprimer comme il pense, et ce défaut capital n'est devenu que trop commun. Ne croyez pas que je prétende exclure la galanterie de la conversation. Elle a ses expressions mystérieuses, qui embellissent jusqu'à l'idée du plaisir ; elles le couvrent d'une gaze légère, qui n'en dérobe pas les charmes, et qui en rend l'aspect supportable : cette langue est celle des hommes élevés ; elle est la seule qu'on puisse se permettre devant des femmes, et elle serait déplacée ou inutile devant des vierges : il n'est pas dans les convenances de leur parler de ce qu'elles doivent ignorer.

Ce langage, piquant ou dangereux, selon le moment, ce langage circonspect, qui n'admet ni une expression sale, ni même indécente, a des bornes que lui ont fixé la bonne compagnie. Ce n'est qu'elle qui sait le parler ; ce n'est que d'elle qu'on peut l'apprendre. Essayons de donner une idée de cette bonne compagnie, si utile à connaître.

Écartons d'abord les gens grossiers, sans politesse, sans mœurs, sans délicatesse et sans goût; écartons encore les dévotes et les précieuses, les pédans et les fats, ce qui restera pourra former une société estimable. Ce sera une réunion de gens de bien, d'une humeur facile et liante, où la vertu, l'ordre et les bienséances seront toujours respectées. On y fera un fonds commun d'esprit, de gaîté, d'enjouement; la liberté y sera admise, la licence en sera exclue. On y trouvera quelquefois le plaisir, auquel commandera la sagesse.

Nous venons de traiter assez longuement, mon cher frère, de la circonspection dans les paroles. Peut-être avez-vous oublié ce que je vous ai dit, et ce serait un malheur pour vous, qui avez besoin de vous corriger. C'en serait un autre pour moi, qui me suis donné la peine d'écrire, ce qui pourtant ne m'empêcherait pas de terminer ce premier point sur la prudence, par quelques réflexions sur la *circonspection dans les actions*.

Il ne suffit pas que la vertu soit dans le cœur; il faut la rendre visible. Il faut qu'elle répande, sur toutes nos actions, un coloris si lumineux, qu'elles ne soient point équivoques, car les hommes ne voient que notre extérieur, et c'est par nos actions qu'ils jugent de nos sentimens; c'est sur le rapport de leurs sens qu'ils nous pèsent et nous apprécient. Vous devez donc, par intérêt et par devoir, ne donner lieu à aucune idée qui nuise à votre réputation; par intérêt, parce qu'ayant besoin sans cesse du secours de vos semblables, il vous importe de vous en faire estimer; par devoir, parce qu'en effet tout être raisonnable doit contribuer à la perfection générale, par une conduite qui fasse naître l'amour du bien.

Or, l'*exemple* est le moyen le plus sûr de produire cet effet, et c'est souvent le seul qu'ait l'homme privé à sa disposition. Tous n'ont pas le talent, ou le loisir de faire des livres, des sermons ou des lois. Ce ne sont là, d'ailleurs, que des tableaux sans vie, qui remuent rarement le cœur.

L'exemple, au contraire, est un tableau vivant. Il peint la vertu en action ; il communique l'impression qui l'anime, à tous les cœurs qui en sont les témoins, et chacun peut donner des exemples de vertu, s'il veut sincèrement être vertueux. Chacun peut, dans le cercle qu'il occupe, éclairer, vivifier ce qui l'approche. Un homme, monté au faîte des grandeurs, répand au loin ses influences salutaires, non parce qu'il est plus lumineux que l'homme de bien qui vit isolément; mais parce que le rayon part d'un lieu plus élevé.

La circonspection dans les actions consiste surtout à respecter l'*honnêteté publique* : c'est un devoir de rigueur que la société impose à tous ses membres.

Vous serez époux un jour, et, en cette qualité, vous aurez, sur votre épouse, des droits qu'elle ne vous contestera point; mais le temple où on vous les aura donnés, n'est pas le lieu où il vous est permis d'en jouir, et les témoins de votre engagement ne doivent pas l'être de vos caresses.

Respectez, recherchez la pudeur dans le sexe, et le sexe s'écartera rarement d'une vertu, qui répand, sur la volupté même, le charme le plus attrayant.

Ne confondez pas cependant la pudeur avec la chasteté. La pudeur n'est qu'une vertu de bienséance, uniquement fondée sur l'honnêteté publique, et qui peut quelquefois être moins rigoureuse. La chasteté ne souffre aucune atteinte, et c'est là le caractère de la véritable vertu. La sincérité, par exemple, en est une; elle est toujours indispensable.

L'obscurité, la solitude dispensent de la pudeur, et ne dispensent pas de la chasteté. Mettez, en général, au nombre des actions, sur lesquelles il convient d'étendre un voile épais, toutes celles que l'instinct naturel nous fait dérober au grand jour.

Voilà, mon cher frère, ce que j'avais à vous dire de la prudence. Passons maintenant au second point, où je traiterai de la force. Invoquez, pour moi, les lumières du Saint-Esprit, par un *Veni Creator*, ou, si vous avez plus de confiance dans madame sa belle-mère, dites un *Ave Maria*.

SECOND POINT.

Vous concevez bien, mon cher frère, que je n'entends pas traiter ici de la force du corps. Il n'y a pas plus de vertu à être aussi fort que Samson, qu'à être aussi grand que Goliath. La *force*, dont j'entends parler, est cette noblesse de sentimens, qui élève l'âme, et lui fait braver, quand il le faut, le danger, la douleur et l'adversité.

Or, quand faut-il se résoudre à souffrir ? c'est lorsque le mal est inévitable, ou qu'il peut en résulter un bien réel. Supporter un mal, qu'on ne saurait empêcher, c'est *patience*; s'exposer, volontairement, à souffrir dans l'espoir d'un bien, c'est *courage*.

On peut réduire à quatre classes les peines dont la vie est surchargée, et qu'on ne supporte que par la patience.

1° Les *maux naturels*, auxquels nous assujétit notre organisation physique.

2° Les maux, dont une conduite prudente et sage nous aurait garantis, et que j'appellerai *châtimens*.

3° Les maux, qui exercent la constance de l'homme de bien, et que j'appellerai *persécutions*.

4° Enfin les *contradictions*, que nous font sans cesse éprouver l'opposition de sentimens, de mœurs et de caractères de ceux avec qui nous vivons.

Les incommodités de l'enfance, les douleurs de l'enfantement, la perte de ceux qui nous sont chers, les infirmités et la mort, voilà, je crois, tous les maux naturels. Les autres sont ou chimériques, ou les fruits de l'imprudence, du désordre, de la mollesse ou de l'intempérance.

De tous les maux naturels, il n'en est que deux qui exigent quelque fermeté d'âme, la mort des personnes qui nous sont chères, et la nôtre. Il ne faut, pour combattre les autres, qu'une vertu commune; peut-être n'en faut-il pas du tout.

Les maux de l'enfance s'oublient promptement, et vouloir persuader la patience à un petit être, encore dépourvu de raison, serait la chose la plus absurde. D'ailleurs, qu'un enfant soit patient ou non, c'est, je crois, une chose fort indifférente pour l'homme fait.

Les douleurs de l'enfantement sont, dit-on, très-aiguës. Je me persuade qu'elles sont supportables, par l'exemple de tant de veuves, qui se remarient, et par celui des bêtes, qui les souffrent patiemment.

Je ne trouve pas non plus les vieillards fort à plaindre, parce que leurs sensations s'affaiblissent à mesure que leurs infirmités s'accroissent, et que le plaisir de vivre encore les dédommage des peines de la vie.

Mais perdre un ami, un fils, un père, une épouse chérie, sont des coups violens, qui attaquent, qui froissent, qui brisent le cœur, ce foyer de notre sensibilité. C'est contre ces coups qu'il faut rassembler toutes les forces de son âme. Les plaintes, l'impatience seraient une faiblesse, qui ne remédierait point à ce que vous souffrez déjà. Savoir souffrir, est un pas de plus vers la vertu ; se résigner, en est un vers la raison. Songez, d'ailleurs, que les regrets, quelque violens qu'ils soient, vont toujours en faiblissant.

Les maux de la seconde classe, et que j'appelle *châtimens*, sont peut-être aussi des maux naturels, parce que la nature a voulu qu'ils devinssent la peine du dérèglement des mœurs. Tels sont la perte des forces et de la santé, que produit l'intempérance; l'indigence, qui suit la prodigalité; l'ignominie, qui frappe une bassesse.

Tous les vices traînent, après eux, leur genre de punition. Le tyran qui se fait craindre, tremble à chaque instant pour lui-même; le père qui ne réprime pas le désordre de sa maison, est puni par l'inconduite de ses enfans; la coquetterie d'une mère passe dans le sang de sa fille, et sa honte future rejaillira sur elle; celui qui trompe les hommes, n'échappe point à sa conscience, et ses remords sont ses bourreaux.

Les amis de la vertu sont exposés aux *persécutions* : elles sont inévitables; ils doivent les attendre. Les richesses, les honneurs, les grands emplois, ne sont pas la dot de la vertu; c'est une vierge orpheline, abandonnée, méconnue, et sans dot.

Cependant les gens vicieux, dont le monde fourmille, n'osent pas ouvertement proscrire la vertu; ils ne la combattent que par l'abus des mots; ils la persécutent, en décorant les vices de ses livrées. Ainsi ils nomment imbécillité, la droiture et la bonne foi; lâcheté, le pardon des injures; pédantisme, la sage circonspection; le mépris de l'or, folie; la générosité, faiblesse. L'ambition, au contraire, est une noble émulation; la ruse et la perfidie sont de l'industrie et de l'adresse; la duplicité est de la politique; la dissimulation, de la prudence; l'emportement, de la vivacité, et la férocité, bravoure. Leurs éloges sont des outrages; gardez-vous de les mériter : on ne les obtient qu'aux dépens de la probité.

Ils terniront votre gloire, par d'indignes calomnies. Applaudissez-vous qu'on ne puisse vous attaquer que par de fausses imputations. Ils vous traduisent devant les tribunaux; la passion guide vos accusateurs et vos juges, on vous condamne injustement. Vaudrait-il mieux que vous fussiez coupable, et votre peine s'adoucirait-elle par le remords?

La véritable force consiste à suivre la vertu, sans envisager le péril. Quel qu'il soit, si c'est un mal, il devient nécessaire, puisque vous ne pouvez l'éviter sans vous dégrader. Se lasser de souffrir pour la vertu, c'est approcher bien près du crime.

Ployez votre humeur aux *contradictions*. Autant la nature a répandu de variété sur les visages, autant elle en a mis dans les goûts et les caractères. Il est aussi fou d'exiger que toutes les humeurs se conforment à la vôtre, qu'il le serait de prétendre que tous les hommes prissent vos traits.

On n'imagine pas combien est borné le nombre de ceux qui s'étudient eux-mêmes, et travaillent à devenir meilleurs. On se pardonne tout, on ne passe rien aux autres ; on voudrait réformer le genre humain, et on s'excepte de la réforme.

Quand tous les hommes aimeraient également la vertu, ils ne laisseraient pas de différer sur bien des points. Ils ne se copieraient pas dans les choses indifférentes, et en effet rien ne les y oblige. Supposons donc une société de gens de bien ; ils exerceront mutuellement leur patience. L'esprit fin et pénétrant supportera difficilement l'homme lourd et pesant ; la gaîté ne sympathisera pas avec la mélancolie, ni la vivacité avec la lenteur.

Vous êtes loin d'être parfait ; supportez donc les imperfections des autres, ou renoncez à leur indulgence. Fussiez-vous sans défauts, vous n'auriez pas le droit d'insulter à ceux qui en ont : ce serait simplement une raison de les plaindre davantage.

Vous avez vu, mon cher frère, la nécessité

de la patience ; passons maintenant à l'utilité du *courage*.

J'appelle *courage* cette vigueur de l'âme, qui fait exécuter des choses qui paraissent impossibles à des cœurs pusillanimes. Les obstacles sont en nous, ou nous sont étrangers : de là deux espèces de courage. L'un nous rend forts contre nous-mêmes, nous apprend à nous vaincre, et se nomme *grandeur d'âme* ; l'autre agit au dehors, renverse les obstacles, les barrières, et se nomme *héroïsme*.

La *grandeur d'âme* ne consiste pas à négliger ses propres intérêts ; mais à ne désirer que des biens solides e. vrais. L'honnête homme a, pour la félicité, la même ardeur que le méchant ; mais il connaît mieux les routes qui y conduisent. Si, sans blesser la pureté de ses mœurs, et la paix de sa conscience, qu'il met au-dessus de tout, il peut se procurer une vie aisée et tranquille, il la préférera, sans doute, à une existence accompagnée de revers, de vexations, d'opprobres et de souffrances ; mais donnez-lui le choix d'une action vertueuse, qui ruine sa fortune, et d'une action lucrative qui ruine sa vertu, son choix est fait, il n'hésitera point : il a de la grandeur d'âme.

La conformité de goût, d'esprit et de caractère, eût établi une union inaltérable entre lui et une femme qui a disposé de sa main. Il l'aime cependant, et s'il continue de la voir, il l'aimera davantage, et deviendra faible. Il n'a qu'un moyen de prévenir sa chute, moyen violent, pénible, c'est la fuite, et il s'y décide, parce qu'il a de la grandeur d'âme.

Il est dépositaire d'une riche succession, qu'un oncle, dont il se croyait l'héritier, le charge, en mourant, de remettre à un fils, que la loi ne reconnaît point. S'il remet le dépôt, il est réduit à l'indigence ; s'il le garde, on l'ignorera ; mais il le saura, lui, et il fait son devoir, parce qu'il a de la grandeur d'âme.

Attaché sur un bûcher, par des gens qui tuent des hommes, sous prétexte de religion, on va le détacher, s'il veut trahir ses sentimens, et mentir à sa conscience. Ce qu'on exige de lui est pis encore que le mal qu'il va souffrir s'il refuse ; il meurt avec sa grandeur d'âme.

L'*héroïsme* tient de très-près à cette derrière vertu. On n'est pas héros avec un cœur bas et rampant ; mais l'héroïsme diffère de la simple grandeur d'âme, en ce qu'il est accompagné de ces vertus d'éclat, qui excitent l'étonnement et l'admiration. Le héros, dans le sens déterminé par l'usage, est un homme *ferme* dans les difficultés, *intrépide* dans les périls, et *vaillant* dans les combats.

La fermeté et l'opiniâtreté ont quelques traits de ressemblance. L'opiniâtreté est un entêtement aveugle, et soutenu, pour un objet frivole ou injuste. Elle est le partage d'un esprit sot ou méchant, ou méchant et sot à la fois, qui croirait sa gloire blessée s'il cédait, lorsqu'on lui prouve qu'il s'égare.

La fermeté, au contraire, est la résolution constante d'un homme sensé, qui persiste dans un dessein juste et utile, en dépit des obstacles qu'il rencontre. L'honneur, la vertu, l'amour du bien public inspirent la fermeté.

L'intrépidité est une suite de la fermeté; mais elle en est indépendante. Éprouvée par les dangers et les privations, elle caractérise plus particulièrement le héros. Distinguons-la de la brutalité, qui peut produire les mêmes effets; mais qui ne part pas du même principe. Souvent l'intrépide et le furieux ne diffèrent que par la cause qui les anime. L'un sacrifie sa vie à des richesses idéales, à des honneurs chimériques, à des riens, qui méritent à peine d'être l'objet d'un désir; l'autre, au contraire, connaît le prix de son existence, les charmes du plaisir, et les douceurs du repos. Il y renoncera pour affronter la mort, si la justice et son devoir l'ordonnent; mais il n'y renoncera qu'à ce prix.

La *vaillance*, qui proprement caractérise le héros, s'assoupit dans la société. Elle s'éveille sur les théâtres sanglans, où le vulgaire a placé l'héroisme. Il faut la chercher dans les camps, sous des murailles, dans les combats. Voyons si ces triomphateurs, décorés du nom de héros, sont dignes des éloges qu'on leur prodigue.

La valeur est sans doute une vertu d'un grand prix, puisque c'est elle qui exige les plus grands sacrifices.

Un jeune officier, du sein de l'abondance, des ris, des jeux, entend le son de la trompette guerrière; il se lève, il part, il vole aux combats. Amour, plaisirs, vous n'étiez pour lui que des délassemens frivoles; vous amusiez ses loisirs, vous ne remplissiez pas son cœur. C'est depuis qu'il vous a quittés, qu'il vit dans son élément..... Mais est-ce lui que je vois ? La poussière, la sueur, le sang, la faim, la soif, les fatigues ont dénaturé ses traits; je ne le reconnais qu'à la vigueur de son bras, au brillant de ses exploits. Tout plie, tout cède à ses coups; la mort a remis dans ses mains ses droits et son arme homicide. Les bataillons ennemis sont d'impuissantes barrières; il les moissonne, il les renverse, ainsi que de faibles épis.

J'en conviendrai ; c'est un héros, si l'honneur, le devoir, la justice l'ont armé ; mais c'est un monstre odieux, si ces flots de sang ne sont versés que pour assouvir son avarice ou son ambition.

Puisque l'homme est méchant, la guerre est nécessaire ; mais c'est un mal qu'aucun résultat heureux ne saurait compenser. Fille de la férocité, la guerre n'enfante que forfaits, meurtres, cruautés. Elle déchire le cœur des mères, des épouses, des amantes ; elle dépeuple les provinces ; ravage les campagnes ; réduit les villes en poudre ; elle déprave les mœurs, éteint le goût des beaux-arts, et, sur les ruines des vertus sociales, des sciences et des lettres, elle établit la grossièreté, l'ignorance et la barbarie. C'est alors que l'inhumanité brille sous le nom de *bravoure* : on ne connaît plus de vertu, que la soif du sang humain.

Le mépris de la vie n'est un mérite en soi, qu'autant que le danger qu'on brave mène à une fin bonne et utile. Il est beau de mourir pour défendre sa patrie, son honneur, sa conscience ; mais il est honteux de mourir victime de ses passions, de ses desseins ambitieux, de son avidité sordide, de sa fureur vindicative.

Tâchez donc, mon cher frère, de n'être jamais un héros ; mais ayez cette force d'esprit qui constitue l'homme ferme, qui donne la vraie grandeur d'âme; qui fait supporter les maux et les persécutions, et passons au troisième point, pendant que je suis dans la chaleur de la composition.

TROISIÈME POINT.

J'ai divisé ce discours en quatre parties.
De la *prudence*.
De la *force*.
De la *justice*.
De la *tempérance*.

Nous en sommes à la *justice*, qui n'est pas l'objet le moins important de ce discours.

La justice, en général, est la vertu par laquelle nous rendons à nous et aux autres ce qui est dû à chacun : être juste de cette manière, ou vertueux, c'est la même chose.

Les qualités sociales sont fondées sur les liens qui unissent les hommes, l'amour, la subordination, la reconnaissance. La justice se défait de ces liens, qui, loin de la rendre plus active, gênent ou empêchent son action. Ce n'est point par amitié, par bonté, par compassion que nous devons être justes ; nous devons l'être, dussions-nous blesser nos plus douces affections, parce que la justice est un droit imprescriptible, sacré, que le dernier des étrangers a le droit de réclamer de nous.

On a distingué jusqu'ici deux sortes de justice, et nous suivrons cette distinction. L'une s'appelle *commutative* : elle est l'arbitre des différens qui s'élèvent de particulier à particulier. L'autre se nomme *distributive* : cette dernière est celle des souverains et des magistrats.

La droiture est la base de la justice commutative. Elle réside dans la *sincérité* en paroles, et la *bonne foi* en traités. La sincérité inspire la confiance ; la bonne foi la confirme et la maintient.

Si nous avions des âmes dégagées et indépendantes de la matière, l'une lirait au fond de l'autre ; la pensée serait visible, la parole inutile, et la sincérité de nécessité absolue ; mais lorsque la matière seule peut correspondre à la matière, il faut un organe qui en frappe un autre. La langue est le seul qui puisse remplir cet office ; elle est coupable, dès qu'elle est infidèle. L'homme faux ne s'excusera point par ces raffinemens, ces équivoques, ces subterfuges par lesquels il cherche à composer avec sa conscience. Il mentira, lorsqu'il donnera volontairement lieu à autrui de croire vrai ce qu'il sait être faux, ou de croire faux ce qu'il sait être vrai.

La sincérité est d'une obligation si étroite, que nos anciens magistrats paraissaient ne pas douter qu'un accusé ne fût sincère, même contre lui. C'était un usage général de faire affirmer à un accusé, avant de l'interroger, qu'il répondrait selon la vérité. On lui faisait donc l'honneur de supposer qu'il pouvait bien, quoique coupable du crime à lui imputé, être encore assez homme de bien pour déposer contre lui-même, au hasard de perdre ignominieusement la vie, et eût-on fait cette supposition avant que nous fussions redevenus barbares, si on n'eût pas jugé que la sincérité est de droit naturel ?

Cependant ce serment exigé était une suite d'un principe reconnu, mais dont l'application était fausse. Interroger quelqu'un, qui a un intérêt majeur à mentir, c'est lui en fournir l'occasion, et le parjure n'est plus criminel que le mensonge, qu'en ce qu'il est plus solennel.

La morale de la plupart des hommes est facile en sincérité. On se permet des mensonges officieux; on ment, pour ne pas blesser quelqu'un, pour obliger quelqu'un, pour disculper quelqu'un. On rit des mensonges badins, des historiettes controuvées. Un homme de bien s'amuse comme un autre; mais un homme de bien n'a jamais menti.

La calomnie n'est qu'un mensonge, et chacun poursuit un calomniateur. Ce n'est pas qu'on aime la vérité, la sincérité, la probité; c'est qu'on craint d'être, à son tour, la victime de la calomnie.

Un moyen sûr, et le seul qui soit de ne point calomnier, c'est de ne jamais médire.

Voulez-vous exiger, avec raison, de la sincérité dans les autres ? soyez, vous-même, sincère et véridique; vous aurez au moins le droit de vous plaindre.

La *bonne foi* n'a pas besoin d'être définie. Elle est sentie par ceux qui en manquent ouvertement : ils voudraient que tous les hommes en eussent, pour les tromper plus aisément.

La bonne foi est tellement respectable, que le fripon le plus avéré n'ose la décrier. Il ne s'écarterait pas d'elle, si son misérable intérêt ne l'en détachait.

Ainsi des ministres imposteurs d'idoles muettes et sans vie, ont forgé des mystères, des prodiges, ont imaginé des indulgences, des dispenses, des expiations achetées à prix d'argent.

Ainsi l'amant adultère proteste à la femme qu'il convoite, que la sainteté du mariage est chimérique, et persuade à la sienne que ce nœud est sacré.

Ainsi le voleur public rejette, devant ses

juges, ses attentats sur l'excès de sa misère, et il sait que le travail l'en eût garanti.

Ainsi le marchand, qui laisse un faux jour, pratiqué à son magasin, pour me cacher les défauts de sa marchandise, ne croit point blesser la bonne foi ; il ne m'oblige point à acheter.

Ainsi mon procureur, désintéressé, n'exige que le paiement de ses écritures. Il ne passe en compte ni ses démarches, ni ses soins. A-t-il de la bonne foi, s'il a écrit trois fois plus qu'il ne fallait écrire ?

La manière de violer la bonne foi, dont on rougit le moins, c'est d'emprunter, et de ne pas rendre. Aujourd'hui, on entend dire, de tous côtés, qu'on n'est pas fripon pour devoir. On ne vole pas seulement en prenant le bien d'autrui ; on vole en le retenant.

Un débiteur ne possède, en propre, que l'excédant de ses dettes : ce qu'il consomme au-delà, il le vole à ses créanciers. L'humanité lui permet de vivre ; mais rien de plus, encore est-ce à condition qu'il travaillera sincèrement à se libérer.

La *justice distributive* est de première nécessité, parce que les quatre cinquièmes des hommes sont des fripons. C'est une digue, qu'il a fallu opposer à leur rapacité, et qui serait inutile, s'ils étaient équitables ; mais la préférence qu'ils donnent à l'utile sur l'honnête, est la source de tant de procès injustes, et de tant de forfaits !

Il a donc fallu, pour prévenir l'horrible confusion qui aurait agité et dissous la société, remonter aux lois éternelles de la justice, peser les contestations, et punir les attentats.

Ce droit magnifique de distribuer la justice à tous, a été déféré à ceux d'entre les hommes, qui avaient, sur les autres, une prééminence acquise et reconnue. La justice distributive a dû, dans les premiers temps, être l'apanage des souverains.

Plus chargés d'affaires à mesure que leur domination s'est plus étendue, ces souverains ont été forcés de remettre une partie de leurs droits entre les mains de magistrats subalternes, qu'ils ont investis d'une portion de leur autorité. Où les charges sont vénales, l'incapacité ralentit l'action de la justice, ou commet des erreurs ; où les juges sont salariés, on ne peut exiger que leur présence. Ils écoutent ou non, comprennent ou non, leur vacation est gagnée.

Ceux-là jugeraient bien, qui, ne désirant rien du côté de la fortune, accepteraient des fonctions pénibles, par le seul désir d'être utiles aux hommes. Si on ouvrait cette carrière à la plus noble émulation, se présenterait-il des candidats ? J'en doute.

Quels que soient vos juges, respectez-les : ils sont vos arbitres. Sans eux, les crimes, qui affligent la société, se multiplieraient d'une manière effrayante. Ils ne font pas tout le bien qu'ils peuvent. Tenez-leur compte de celui qu'ils opèrent, car peut-être en feriez-vous moins qu'eux.

Quelque vicieux que soient les liens qui unissent les membres d'une même société, gardez-vous de rien faire, de rien dire qui tende à les rompre. Le temps peut amener des changemens heureux, parce qu'ils seront imperceptibles. La précipitation, en ce cas, ne produit que le chaos.

Supportez l'injustice, qui vous frappera, et n'oubliez jamais qu'elle ne vous dispense pas d'être juste envers les autres.

Vous trouvez mon discours un peu long, mon cher frère; ne vous impatientez pas. J'en viens à mon quatrième point; mais redoublez d'attention, je vais vous parler des vertus que sans doute vous pratiquez le moins.

QUATRIÈME POINT.

La *tempérance*, dans son acception vague et générale, est la sage modération qui fixe dans de justes bornes nos désirs, nos sentimens, nos passions. Pour ne pas trop m'étendre, je lui donnerai, ici, une signification plus bornée ; je la considérerai comme un frein, qui contient nos penchans corporels, et qui, nous faisant éviter les excès opposés, rend ces penchans non-seulement innocens, mais utiles.

Les principaux vices que réprime la tempérance, sont l'incontinence et la gourmandise. Les autres dérivent tous de l'une ou l'autre de ces deux sources, et, par conséquent, les deux bases de la tempérance sont la *chasteté* et la *sobriété*.

La chasteté ne doit pas être confondue avec la continence. On peut être chaste sans être continent, comme on peut être continent sans être chaste. La pensée seule fait perdre la chasteté, et ne suffit pas pour enfreindre la continence. Tous les hommes, sans exception, doivent être chastes ; nul n'est obligé d'être continent.

La continence consiste à s'abstenir des plaisirs de l'amour ; la chasteté, à ne jouir de ces plaisirs qu'autant que la loi naturelle le permet, et de la manière qu'elle le permet. La continence, bien que volontaire, n'a rien d'estimable en elle-même ; qualité inutile ou nuisible à la société, elle mérite plutôt le blâme que l'éloge.

Quiconque est conformé de manière à pouvoir procréer son semblable, a droit de le faire, et le doit. Voilà la voix de la nature, et la nature est au-dessus des institutions, ou des motifs particuliers, qui semblent devoir lui imposer silence.

Il n'est donc pas de raisons qui obligent à une continence perpétuelle. Il en est qui la rendent utile; mais pour un temps. Je m'explique. Il est de droit naturel que chacun puisse disposer du bien qui lui appartient en propre ; cependant la prudence veut qu'un mineur, un furieux soient privés de l'exercice de ce droit, dont ils abuseraient infailliblement. Ainsi, quoique le commerce, entre les deux sexes, soit naturel, il est des circonstances où il peut être légitimement suspendu.

Il est bien, par exemple, qu'un enfant, qui n'a pas encore le jugement formé, ne puisse, sans l'aveu de ses parens, contracter un engagement sérieux; il y aurait, au contraire, de l'inhumanité à l'abandonner à la témérité et à l'inconsidération naturelles à son âge; mais la continence est toujours un devoir pour lui.

Une jeune personne, sous la tutelle d'un père avare, attend, patiemment, que son tuteur veuille bien lui remettre le bien de sa mère. Un jeune homme aimable se présente ; sa tendresse et ses soins lui méritent le cœur de l'objet qu'il aime. Sa fortune et son rang ne permettent pas de douter que ses vues honorables ne soient encouragées par le tuteur. Il parle, il est refusé. Le père ne déclare pas le motif de son refus : on devine aisément qu'il est dicté par l'avarice. Il prie le jeune homme de cesser ses assiduités, et la difficulté de se voir ajoute, selon l'usage, à l'ardeur des jeunes amans. Ils prennent un parti, qu'ils croient immanquable, pour arracher le consentement du père. Ce moyen ne réussit pas auprès de lui. Dût l'ignominie de sa fille rejaillir sur lui-même, ce père s'emporte, éclate, et la condamne au repentir et aux pleurs.

Auquel imputerons-nous le tort de cette scène scandaleuse ? A tous trois, sans doute. Un père dur et injuste, un amant qui séduit sa maîtresse, une fille qui méprise l'autorité paternelle, sont également coupables.

L'union de deux amans n'exige pas, me dira-t-on, ce vain cérémonial auquel on les assujétit. La loi naturelle ne veut que le consentement libre des parties, et je conviens de la vérité du principe ; mais la simplicité même de cette loi a autorisé les législateurs à régler, par des lois positives, la solennité des mariages. Elles n'obligent, à la vérité, que comme lois de police ; mais les lois de police obligent tous les membres d'un état.

Vous sentirez la nécessité de celles-ci, si vous réfléchissez combien il importe à la société que le mariage soit un lien durable. C'est dans l'amour conjugal que la tendresse paternelle et maternelle prend sa source ; c'est cette tendresse, qui assure l'existence, l'éducation, le bien-être futur des enfans. Que deviendraient-ils, privés de ces secours, et qui les leur offrirait, si le mariage n'était qu'un engagement passager ? Les lois positives, en déterminant la solennité des mariages, secondent la loi naturelle, en assurant sa durée. Le rendre plus authentique, c'est le rendre plus difficile à dissoudre. On rompt aisément un engagement secret et furtif ; mais quelle force n'acquiert pas un nœud, contracté devant des témoins respectables, cimenté par la puissance paternelle, et consacré par les lois de l'état ?

Cependant deux jeunes gens, maîtres de leurs actions, vivent ensemble, sans tenir l'un à l'autre par d'autres liens que ceux d'un amour constant. La possibilité d'une rupture les alarme sans cesse, et de cette crainte, que tempère la certitude d'être aimé, naissent ces égards mutuels, ces soins, ces complaisances qui alimentent leur amour. Libres de se séparer, ils n'en sont que plus unis. Ce qui est volontaire ne coûte rien ; mais le plaisir même fatigue lorsqu'il est un devoir.

Je conviens, sans difficulté, que l'union de ces amans n'a rien qui blesse la nature. C'est ainsi, sans doute, que se formaient les engagemens des premiers âges. Les amans consentaient à se prendre pour époux; ils agissaient en conséquence, et ils l'étaient en effet; mais aujourd'hui que toutes les nations attachent, par considération d'état, une infamie à ces sortes d'unions, comment, si vous joignez l'estime à l'amour, proposerez-vous à l'objet qui vous les inspire, une association qui le déshonore? De quel front profiterez-vous de la loi qui vous autorise à reconnaître vos enfans naturels, lorsqu'il faudra déclarer, devant une assemblée de magistrats, que leur mère et vous, vivez dans le libertinage?

Mais combien sont plus coupables encore ces voluptueux inconstans, qui n'aiment que pour jouir, et qui cessent d'aimer quand ils ont joui; qui, semblables aux animaux, méconnaissent l'objet qui concourait à leurs plaisirs, et les fruits qui en résultent! La nature, quelqu'indulgente qu'elle soit, proscrit de semblables feux. Les unions qu'elle forme ont une postérité pour objet, et c'est ce que ces libertins décidés craignent et évitent.

Quelqu'inexcusable que soit ce honteux libertinage, ce n'est encore qu'un léger égarement;

comparé à l'adultère. A l'excès d'incontinence et de lubricité, qu'il a de commun avec les autres vices, qui blessent la chasteté, l'adultère ajoute l'injustice, le parjure et la perfidie.

L'épouse adultère est parjure, en ce qu'elle viole la foi jurée; injuste, en ce qu'elle donne ou s'expose à donner à son époux des enfans étrangers, qui dépouilleront les enfans légimes; perfide, en ce qu'elle masque son impudicité; qu'elle entretient la confiance par des caresses feintes, dont l'air de vérité prouve une longue étude de la dissimulation, et la corruption la plus profonde.

Et son complice, croyez-vous que je l'excuse? Non. Cette femme fût peut-être restée vertueuse, si elle n'eût pas trouvé un suborneur; mais eût-elle été elle-même la corruptrice, le compagnon de ses désordres est criminel, comme elle, car c'est commettre un crime que d'y concourir.

Cependant, par une inconcevable perversité, l'adultère passe communément pour une galanterie excusable. Un tas de gens, sans mœurs, en font gloire, loin d'en rougir, et les gens sans mœurs pullulant, dominant dans la société, on les écoute, on leur applaudit. Mais les brigands se glorifient aussi de leurs forfaits, et lorsqu'il est question de prononcer sur l'énormité d'un crime, est-ce donc le criminel même qu'il convient de consulter?

La *sobriété* consiste dans l'usage modéré des alimens, et dans le bon usage des richesses; celui-ci est, au moral, ce que le premier est au physique : de l'un dépend la conservation de la santé, de l'autre la conservation de la vertu.

Pour inspirer aux jeunes Lacédémoniens le goût de la sobriété, on amenait devant eux des esclaves qu'on avait exprès enivrés, et ce honteux abrutissement, dont l'ivresse est accompagnée, faisait, sur des organes neufs, une impression profonde. On n'est plus réduit à se servir de ce moyen bizarre. Beaucoup de nos concitoyens, de toute espèce, et de tout état, prennent, très-volontiers, le rôle des esclaves de Sparte. Vous les voyez, énervés, débiles, perclus, passer leur vie à boire et à dormir. Vous les rencontrez sans connaissance, sans pouls, meurtris, livides et sanglans, les jambes fléchissantes, les bras sans action, et ces leçons vivantes sont sans effet, parce qu'elles sont trop fréquentes.

La nature a déterminé la quantité d'alimens que nous devons prendre. Aller au-delà, c'est altérer sa santé, c'est abréger sa vie, et se détruire volontairement; c'est enfreindre la loi naturelle, qui veut que nous nous conservions.

La sobriété, ainsi que toute autre vertu,

tient un milieu entre les deux extrémités opposées. Détruire son tempérament, par des abstinences outrées, est aussi condamnable, qu'abréger ses jours, par l'excès de la bonne chère. Celui qui prend un poison lent est-il moins homicide que le frénétique qui se poignarde, et si vous condamnez l'un, pourquoi ferez-vous grâce à l'autre ?

La *sobriété dans l'usage des richesses* n'est pas plus commune que la première ; mais l'abus est moins sensible, en ce qu'il n'altère pas l'extérieur d'une manière frappante : il est plus cruel, peut-être, dans ses effets.

Des différentes classes d'hommes riches, la plus raisonnable est composée de ceux qui, de père en fils, ont toujours maintenu leur aisance, et savent, à peine, s'il est quelqu'un qui manque du nécessaire. A la vérité, ils sont ordinairement insensibles à la misère d'autrui ; mais c'est le seul reproche qu'on puisse leur faire, car enfin ce n'est pas un crime que d'être riche.

Ceux que la fortune change le plus, sont les nouveaux enrichis, qui semblent porter sur leur front, le montant des sommes qu'ils possèdent. Leur fierté, leur hauteur, leur arrogance augmentent avec leurs richesses. Ce qui peut consoler l'honnête homme de leur impertinence, c'est que ces fortunes faites si rapidement fondent avec autant de rapidité.

Pour accumuler et dissiper des richesses immenses, il ne faut que deux générations. Le père amasse, le fils dépense ; voilà le cours ordinaire des choses. C'est là ce qui facilite le commerce, ce qui fait circuler le bien des familles.

Souvent on se croit économe, parce qu'on n'est pas précisément prodigue. On ne se reproche pas ses dépenses frivoles, parce qu'elles n'excèdent pas le revenu, et que le fonds reste intact. Soulager les malheureux n'est pas considéré comme un devoir ; on ignore même que ce puisse être un plaisir.

Par quelle fatalité est-on moins disposé à secourir l'indigence, selon qu'on en est plus éloigné par sa fortune ? Les indigens obtiennent plus des êtres presqu'aussi indigens qu'eux, que des riches. Il semble qu'on ne compatisse qu'aux maux qu'on éprouve en partie. Je dis en partie, car un homme accablé de misère, épuise sur lui-même toute sa sensibilité, et l'excès du malheur rend aussi incapable de commisération, que le comble de la prospérité.

On appelle, dans le monde, se faire honneur de son bien, tenir une table splendide, avoir un hôtel, des meubles précieux, des bijoux de prix, un domestique nombreux, de brillans équipages; se livrer enfin aux jouissances du luxe autant qu'on le peut, sans déranger sa fortune. J'appelle, moi, se faire honneur de son bien, en user en homme sage, et surtout en homme bienfaisant.

Tels sont, mon cher frère, les résultats de mes réflexions sur la sagesse et sur les vertus isolées dont le rapprochement la constitue. Puissiez-vous profiter de cette leçon, que je crois salutaire dans toutes ses parties! c'est ce que je vous souhaite au nom du Père, du Fils et du Saint-Esprit. Amen.

Trufaldin arriva à Sarragosse, sans s'en apercevoir. Il répétait sur la route les parties de son discours, qui devaient faire le plus d'effet sur son pupille; il essayait les intonnations les plus nobles, et non les plus vraies, et le temps passe vite pour un auteur que l'amour-propre enivre de ses fumées.

Trufaldin descend à un superbe palais, que lui indique son guide, et lui, qui entendait parfaitement la sagesse par divisions et subdivisions, ne concevait pas qu'on pût, sans une obole, se loger aussi magnifiquement. Il entre; il est arrêté à chaque pas, par des valets qui se multiplient de chambre en chambre, et il ne concevait pas qu'on pût se charger de nourrir tant de monde, sans avoir pour soi-même, des moyens d'existence. Il arrive à la salle où Mendoce badinait avec une jeune esclave maure, jolie comme les amours, et il ne concevait pas comment on achète une jolie femme qu'on peut être forcé de revendre le lendemain.

C'est que Trufaldin n'avait pas une idée à lui; que sa fibre la plus heureusement organisée, était celle qui fournit à l'action que nous appelons *mémoire;* que sa mémoire lui persuadait, ainsi qu'à tous les compilateurs, qu'il avait beaucoup d'esprit, et qu'il en avait aussi peu que d'usage du monde, qui expliquait ce qu'il voyait.

Mendoce reconnut d'abord le complaisant de son enfance, et son indulgent instituteur. Sa présence lui rappela mille souvenirs, d'autant plus agréables qu'ils étaient innocens. Il laissa sa Mauresque, se leva, et vint, avec cordialité, jeter ses bras au cou de Trufaldin. Trufaldin, qui s'était préparé à jouer le maître d'école, ne pouvait se prêter à des caresses, qui ne ne s'accordaient pas avec la sévérité d'un sermonneur. Il écarta doucement Mendoce, de la main, arrangea sa jaquette, sa cravatte et sa moustache; toussa, cracha, et commença.

A peine eut-il articulé ces mots : *Semblable à l'enfant prodigue, vous avez fait, mon*

très-cher frère.... à peine eut-il débité cette phrase, que la jolie esclave maure éclata de rire ; ses filles suivantes rirent ; ses valets rirent, et Mendoce, prenant Trufaldin par un bras, et lui faisant faire une pirouette, rit à son tour, et s'écria : « Que vient me conter ce
» vieux roquentin ! — Je puis être un vieux
» roquentin, seigneur Mendoce ; ce qui n'em-
» pêchera pas que mon discours, en quatre
» parties, ne soit très-raisonnable. — Garde tes
» prônes pour les prédicateurs, qui voudront
» te les acheter. Je ne connais qu'une morale,
» jouir de la vie ; qu'une occupation, jouir de
» la vie ; qu'une chose utile, jouir de vie. —
» Mais, mon très-cher fils, on se damne avec
» tout cela. — Qui te l'a dit ? — L'Écriture. — Qui
» l'a écrite ? — Des hommes. — Et pourquoi ces
» hommes auraient-ils plutôt raison que moi ?
» Mon cher Trufaldin, j'ai un estomac pour
» digérer, des jambes pour courir, un cœur
» pour aimer, et une imagination vive pour
» tout saisir, tout caresser. — Ah ! mon cher
» frère, semblable à l'enfant prodigue... — Hé,
» va te promener, avec ton enfant prodigue.
» Tu n'a pas fait soixante milles pour me parler
» uniquement de l'enfant prodigue. Au fait ;
» que viens-tu faire à Sarragosse ? — Payer vos
» dettes, méchant enfant que vous êtes. —

» Payer mes dettes ! Ah ! cela vaut bien mieux
» qu'un sermon. Un temps viendra, sans doute,
» où il sera du bon ton de ne les pas payer,
» mais ce temps est éloigné encore : il faut
» plier sous les préjugés du siècle où l'on vit.
» Vite, qu'on assemble mes créanciers. »

Ce mot fait un effet, plus prompt que le tocsin. En cinq minutes, les créanciers se rassemblent ; on examine, on conteste leurs titres ; on caresse les uns, on intimide les autres ; on gagne un quart sur le tout, et les créanciers gagnent moitié sur le reste.

Mendoce avait pris les fonds des mains de Trufaldin ; il avait payé lui-même, il avat serré le surplus ; sa jolie Mauresque s'applaudissait d'avoir de l'or à dissiper ; Mendoce était enchanté de pouvoir faire de nouvelles folies, et Trufaldin ne concevait rien à une joie, qui lui paraissait sans fondement.

Exact à remplir les missions dont le chargeait son suzerain et maître le comte d'Aran, il tira, de son sein, la lettre qui était autrement énergique que le sermon, et qu'il était impossible de ne pas lire, comme on avait refusé d'écouter l'autre. Il la présenta respectueusement à Mendoce. « Ah, ah ! mon père
» m'écrit ; je le croyais brouillé avec moi ;
» voyons ce qu'il me mande. Vous vous êtes

» conduit comme un insensé.......... J'en con-
» viens. Je dois mettre ordre à vos déporte-
» mens.......... Hé, de quelle manière ? Je me
» gêne pour payer vos dettes.......... C'est bien
» paternel, assurément. Mais vous partirez sur
» l'heure......... Pour aller où ? Vous suivrez
» Trufaldin.......... Cela n'est pas sûr. Il vous
» ramènera dans mon château.......... L'agréa-
» ble séjour ! Et du consentement de votre
» mère....... Ah, ah ! à quoi ma mère a-t-elle
» donc consenti ? Je vous enfermerai dans la
» tour du Nord.......... Diable ! Où vous res-
» terez le temps nécessaire pour reconnaître vos
» erreurs, et malheur à vous, si vous vous
» permettez de nouveaux écarts, lorsque mon
» indulgence vous aura rendu la liberté !

» Oh ! bien certainement, je ne partirai pas.
» — Mais, mon cher seigneur, la docilité
» filiale..... — N'exige pas que je me constitue
» prisonnier. — Mais votre père le veut ainsi.
» — Mon père a tort de le vouloir ainsi.—Mais...
» — Trufaldin, tu m'ennuies. — Semblable à
» l'enfant prodigue........ — Vas-tu recommen-
» cer? — Non, je renonce, puisque vous ne
» voulez pas m'entendre, aux applaudissemens
» que vous m'eussiez prodigués, si vous m'eus-
» siez entendu : je vais vous parler raison. Vous
» dépendez de votre père ; partez, puisqu'il le

» veut. — Je ne partirai pas. — Hé, que ferez-
» vous ici? de nouvelles dettes? Je suis chargé
» de vous ôter le crédit. — C'est égal, je ne par-
» tirai pas. — Hé, de quoi vivrez-vous? — Je n'en
» sais rien. — Flétrirez-vous la noblesse de votre
» origine, en escroquant le tiers et le quart?
» — Trufaldin! — Supporterez-vous la misère,
» vous qui avez l'habitude du superflu? — Peut-
» être. — Consentirez-vous à tenir votre exis-
» tence de la générosité de vos égaux? — Ja-
» mais. Quelle horreur! — Partons donc. —
» Pour la tour du Nord? — Vous y aurez le
» grand nécessaire, et j'y adoucirai votre sort,
» en trichant un peu votre papa, et en vous
» administrant les secours spirituels, si néces-
» saires aux malheureux. Semblable à l'enfant
» prodigue, vous avez fait, mon très-cher
» frère........ — Trufaldin, je vais t'assommer.
» — Je me tais, monseigneur. »

Trufaldin se retire dans un coin, tremblant, selon sa coutume ordinaire. Mendoce délibère cinq minutes avec sa Silvia, et Silvia, qui est attachée à Mendoce, autant par inclination que par intérêt, Silvia, qui jouit d'une sorte de considération à Sarragosse, parce que les époux, les pères, les amans lui doivent quinze jours de repos, Silvia opine pour le départ, parce que le prêtre-roi a des obligations au comte d'Aran, et qu'il pourrait fort bien sacrifier le fils par égard pour le père.

Où ira-t-on ? On n'en sait rien. De quoi vivra-t-on ? On ne s'en inquiète guère. On congédie les valets, les servantes ; on vend son mobilier ; on fait ses ballots ; on ordonne au palefrenier qui reste, de bâter trois mules, et on se dispose à sortir gaîment de Sarragosse. Qu'a-t-on à craindre ? on a de l'argent pour trois mois, si on veut vivre économiquement, et trois mois sont un siècle, dont on ne peut atteindre le terme.

Trufaldin, présent à ces arrangemens, ne manqua pas de citer le passage de son discours qui avait un rapport direct à la circonstance. « Combien sont coupables les voluptueux in-
» constans, qui n'aiment que pour jouir, et qui
» cessent d'aimer quand la jouissance a amené
» la satiété..... — Pour la seconde et dernière
» fois, tais-toi, faquin : je veux courir les
» champs. — Je les courrai avec vous. — Pour
» instruire mon père ? — Pour vous empêcher
» de faire des sottises majeures. — Tu te crois
» donc bien sûr de ton ascendant ? — Pour vous
» aider au moins, vous consoler quand vous
» les aurez faites. — A la bonne heure. — Pour
» vous servir, puisque vous avez renvoyé vos
» valets. — Soit. — Je me perds dans l'esprit

» du comte d'Aran. — C'est clair. — Mais il
» viendra un temps où vous pourrez me dé-
» dommager de mes sacrifices.... — Je n'y
» manquerai pas. En attendant, si mon père,
» instruit par d'autres ou par toi, envoie ses
» hommes d'armes sur mes traces, avant qu'ils
» s'assurent de ma personne, je t'ouvre le crâne
» de ma hache, et tu iras prêcher chez les morts.
» Voilà le traité que je te propose, accepte-le
» si tu veux. »

Trufaldin accepta sans balancer, non qu'il eût envie d'observer le traité dans tous ses points, mais il était timoré, et incapable de s'opposer ouvertement aux projets de l'étourdi et fougueux Mendoce. Or, puisque le jeune homme partait, que pouvait-il faire de mieux que de le suivre ? Il est certain que ses remontrances pouvaient être utiles, et qu'au moins le comte d'Aran aurait quelquefois des nouvelles de son fils. Trufaldin, en paraissant se détacher des intérêts du père, n'avait voulu que s'assurer la confiance du jeune homme. Cependant la menace d'être envoyé prêcher les morts, avait opéré quelques changemens dans ses idées. Il écrivit, en cachette, une belle lettre au papa, où il lui prouvait, par divisions et par subdivisions, que les voyages formeraient bien autant son fils que le séjour de la tour du Nord ; que la misère, qu'il éprouverait, sans doute, ferait plus d'effet que ce qu'on pouvait lui dire de plus beau sur l'économie ; que las de souffrir, il soupirerait pour la maison paternelle, et se croirait enfin trop heureux d'y rentrer ; et pour éviter que l'apparition subite des hommes d'armes n'autorisât Mendoce à jouer de la hache, Trufaldin se garda de donner aucun renseignement sur le chemin que prendrait le jeune homme. Ayant accordé ainsi sa sûreté personnelle avec son devoir, il attendit l'occasion de faire remettre son épître.

Quand il fut sorti de Sarragosse, et un peu avancé dans la campagne, Trufaldin essaya indirectement une dernière tentative. « L'affreux » pays ! — Superbe, Trufaldin. — Superbe ! des » rochers, des ronces, des précipices, des » torrens ! — Rien de pittoresque comme cela. » Arrêtés à chaque pas... — Cela exerce la pa- » tience. — Accablés de fatigue.... — L'exercice » fortifie le corps. — Et la signora, comment » supportera-t-elle cela ?.... — L'amour fait tout » supporter. — Et quand il s'éteint ? — On se » quitte. » Allons, dit Trufaldin entre ses dents, je ne ne ferai jamais rien de cet homme-là : il se moque de tout.

Comme on marchait à l'aventure, on se

trouva bientôt dans des bois tellement fourrés, qu'on n'avançait plus qu'en coupant, ou en arrachant les broussailles, dans lesquelles les mules entraient jusqu'au ventre. « Vous avez
» beau dire, dit Trufaldin, jamais vous ne
» vous accommoderez de ce genre de vie-là. —
» Vie délicieuse.—Fastidieuse, périlleuse, cala-
» miteuse. — Des entreprises hardies, des aven-
» tures piquantes, des plaisirs variés, les plus
» heureux souvenirs.... — Ils seront beaux, nos
» souvenirs ! des dangers, des combats, des
» gourmades. Un jour, couchés sur la dure.
» — Le lendemain, sur le duvet.— Chassés d'un
» côté. — Accueillis de l'autre. — Ici un mari
» jaloux. — On le brave. — Plus loin, des
» Maures à pourfendre. — Oh ! rien n'est gai
» comme cela. — Je veux que le diable m'em-
» porte si je vois là rien de plaisant. — Je n'y
» vois rien que d'enchanteur. — Ah çà, écoutez
» donc, les chevaliers errans déjeunent quel-
» quefois. — Et font déjeuner leurs dames, et
» n'oublient pas leurs écuyers. »

Aussitôt Mendoce étale, sur l'herbe, des provisions assez copieuses, et comme on oublie, assez facilement, les distinctions au sein d'une nature sauvage, le palefrenier, le précepteur, le chevalier et la dame s'assirent sans façon, autour d'une cuisse de chevreuil, et n'en lais-

sèrent que les os. En mangeant et en digérant, Trufaldin faisait de nouvelles réflexions. Il pensait que le nom d'*Aran* était tellement connu dans le royaume d'Aragon, que le vieux comte serait tôt ou tard informé des lieux où son cher fils faisait le vagabond ; qu'il ne manquerait pas de mettre des hommes d'armes à sa poursuite, et que lui, innocent envers Mendoce, n'en serait pas moins exposé au tranchant de sa hache. Or, comme le sentiment de sa conservation est celui qui agit plus fortement sur un poltron, Trufaldin reprit la parole : « Il me vient une idée. — Et
» laquelle ? — Vous ne voulez pas retourner
» au château ? — J'ai pris mon parti, et cer-
» tainement je n'en changerai pas. — Vous ne
» voulez pas, non plus, être obligé de batailler
» avec les soldats du comte ? — Ce serait ma
» dernière ressource. — Hé bien, il faut chan-
» ger de nom. — Tu pourrais bien avoir raison.
» — Vous serez un jeune chevalier, échappé
» des fers des Sarrasins. — Des Sarrasins ! —
» Oui, du romanesque. Cela frappe l'esprit ;
» cela intéresse. — A la bonne heure. — Il ne
» s'agit plus que de trouver un nom prépon-
» dérant, un nom qui en impose... Almanzor,
» par exemple. — Almanzor, soit. — Et toi ?
» — Oh ! je veux continuer de me nommer

» Trufaldin : ce nom-là n'est ni fameux, ni
» connu. Mon habit est moitié ecclésiastique,
» moitié séculier ; je serai votre chapelain. Et
» la signora Silvia, qu'en ferons-nous ? — Hé
» parbleu, ce sera la belle Roxane, la sultane
» favorite du soudan d'Égypte, qui aura fa-
» vorisé mon évasion, et que j'aurai épousé
» par reconnaissance. Ainsi, nous pourrons
» coucher ensemble, sans scandaliser personne,
» et le plaisir de faire un roman, de tromper
» la bonne foi des uns, de mettre en défaut
» la finesse des autres. Oh ! cela sera char-
» mant, délicieux ! »

On remballe les dames-jeannes, les petits
couteaux, et les fourchettes de fer ; on remonte
sur les mules, et le palefrenier, en avant,
continue d'ouvrir le passage, la hache à la
main. La journée se passe gaîment. Vers le
soir, on découvre un ermitage, bâti sur le
haut d'un rocher, et on se décide à demander
le couvert au saint ermite, et à partager avec
lui ce qu'on a encore de provisions. On tourne
autour de la roche, on découvre un étroit
sentier taillé dans la pierre ; on y fait grimper
les mules, au hasard de rouler, avec elles,
dans les précipices. Fait-on un faux pas ? On
rit. La sultane est-elle obligée de s'accrocher,
pour avancer, à la jaquette de Trufaldin ? On

rit. Reculent-ils six pas après en voir fait péniblement deux? On rit. On arrive, excédé de fatigue, hors d'haleine, trempé de sueur, à la porte du bon ermite, et on y arrive en riant. La belle chose que l'insouciance!

Le bon ermite était à genoux devant une image de saint Pacôme. Il détourna un peu la tête, à l'arrivée des bruyans voyageurs, il leur fit un signe léger, de la main, et continua sa prière. « Voyez, disait Trufaldin, ce que c'est
» que l'amour du devoir, rien ne détourne ce
» saint homme du sien, ni la beauté de la
» sultane, ni votre habit doré, ni ma mine
» vénérable. Prenez exemple, et profitez, sei-
» gneur Almanzor. »

Le seigneur Almanzor tourne le dos au prédicateur, qui, pour passer le temps, se met à prier avec l'ermite; il prend la main de la belle Roxane, parcourt, avec elle, l'ermitage, et fait, en deux minutes, l'inventaire des lieux. Une tête de mort sur un priedieu; un grand crucifix pendu au mur, un grabat, assez propre, d'ailleurs, et où on peut fort bien coucher deux; plus, un jardin garni d'assez beaux fruits, au fond duquel est une petite grotte, où on a juché l'image de la Vierge, et derrière laquelle sont placés, au frais, le lait, le beurre, les œufs, et quelques outres pleines d'un vin vieux, destiné sans doute à fortifier l'estomac du vieillard.

Il s'avançait vers Almanzor et Roxane, d'un air serein et calme, lorsqu'ils sortirent de la grotte : « Vous cherchez un asile, leur dit-il, » et j'ai bien peu à vous offrir ; disposez de » l'offrande de la pauvreté pénitente : Dieu » me récompensera demain ; il ne laissera pas » manquer son serviteur. — Voyez, disait Tru- » faldin, ce que c'est que l'amour de l'huma- » nité ; vous n'avez jamais fait part aux mal- » heureux de votre superflu, et le saint homme » se prive, pour vous, du nécessaire : prenez » exemple et profitez. » Et, pour passer le temps, il fit un tour de jardin, et cueillit les plus beaux fruits.

Mendoce remercie poliment l'anachorète, et comme il sent que ses provisions pourront lui être nécessaires le lendemain, il accepte, avec cordialité, ce qu'on lui offre avec franchise. Le lait, le beurre, les œufs, les plus beaux fruits, le meilleur vin, passent de main en main, et arrivent en un clin d'œil à l'oratoire, où on avait pratiqué une petite cheminée. La sultane du soudan d'Égypte prend une mauvaise poêle, et la nettoie ; Mendoce casse les œufs ; Trufaldin ramasse des brins de bois sec, et fait du feu ; l'ermite conduit le palefrenier et les mules à un endroit écarté, où la roche forme un toit naturel; ils les déchargent des ballots, et leur donnent ce qui reste d'orge à l'ermitage.

Quand l'anachorète rentre, le souper se trouve prêt; chacun se dispose à y faire fête. Mendoce invite son hôte à partager un festin, dont il fait seul les frais : « C'est jour de jeûne, » répond l'ermite; je resterai près de vous, et » en vous regardant manger, je me mortifierai » davantage. — Voyez, disait Trufaldin, comme » l'homme de bien est toujours maître de » lui-même. Le bon frère n'a rien pris depuis » dîner, demain les fidèles ne lui apporteront » rien peut-être, et il remplit ses obligations, » sans rien prévoir que le témoignage d'une » conscience pure : prenez exemple, et pro- » fitez. » Et, pour passer le temps, Trufaldin se mit à manger comme deux, et à boire à l'avenant.

Les autres, qui avaient aussi bon appétit, expédièrent promptement les provisions de l'ermite. Ce ne fut pas, cependant, sans s'interrompre quelquefois, pour répondre aux questions, assez naturelles, du frère, sur le hasard qui les avaient conduits à l'ermitage; sur leur naissance, leur état, leurs aventures. Mendoce improvisa une histoire très-courte, très-claire, très-variée et très-satisfaisante, et après avoir trompé la simplicité de l'ermite, il ne pensa plus qu'au coucher.

La politesse voulait qu'il refusât le grabat, que l'ermite voulait absolument lui céder; mais comment laisser coucher, à terre, une sultane favorite qui a beaucoup fatigué le jour, et qui probablement fatiguera autant le lendemain? Tout fut arrêté, ainsi qu'il suit, par le bon frère. Le chevalier Almanzor et la digne épouse qui a sauvé un chrétien, occupent le grabat; Trufaldin et le palefrenier s'étendent, à côté d'eux, sur de la paille fraîche, et l'ermite, à qui ses hôtes n'ont pas donné le temps de dire ses offices du soir, se retire auprès des mules pour les garder, et passer le reste de la nuit en prières: « Prenez exemple, disait Trufaldin, en » s'endormant; prenez exemple, et profitez. »

Quand on a beaucoup marché, et qu'on a l'estomac garni, on dort profondément et long-temps. Il était grand jour quand Trufaldin se réveilla. Il étend les bras, se frotte les yeux; tire le palefrenier par une jambe, et comme ils n'avaient pas eu le temps de se déshabiller, ils sont aussitôt prêts que debout. Ils laissent reposer les époux, pendant qu'ils vont préparer les mules, et relever le saint ermite, qui doit avoir souffert de la fraîcheur de la nuit. Ils arrivent, et le palefrenier se frotte les yeux, une seconde fois, parce qu'il ne voit pas ses mules. Trufaldin ne doute pas que l'ermite qui dort à terre, ne les ait laissé échapper. Il s'approche pour l'éveiller : c'est, en effet la robe de l'ermite ; mais le frère n'est plus dedans. Près de la robe sont quelques toiles de ballots, les provisions de bouche, la guitare de Trufaldin et celle de Mendoce, une paire de castagnettes à mademoiselle Silvia ; mais l'or, l'argent, les effets précieux, tout est parti avec les mules et l'ermite.

Trufaldin tombe d'abord dans un état de stupeur, naturel à un homme vulgaire, que frappe un coup inattendu. Il lève les yeux au ciel, il serre les dents, il bat ses cuisses de ses mains, il trépigne, et tout à coup il prend sa course vers l'ermitage, et le palefrenier, machine passive, le suit en imitant ses gestes convulsifs.

« Nous sommes volés, nous sommes volés ! » s'écrie Trufaldin en entrant dans l'oratoire. » Ce fripon, que je croyais un saint, a em- » ployé la nuit à nous dévaliser, au lieu de la » passer en prières. » Almanzor et Roxane se réveillent en sursaut, se mettent sur le derrière, comme deux singes, regardent, écoutent, et Trufaldin leur crie de nouveau aux oreilles : « Ce fripon, que je croyais un saint, a em-

» ployé la nuit à nous dévaliser!—Bah! dit Sil-
» via. — Diable! reprend Mendoce. — Diable!
» bah! réplique Trufaldin. Est-ce ainsi qu'on se
» détache des biens de ce monde? Levez-vous,
» seigneur chevalier; prenez votre flamberge,
» et votre hache d'armes, et courez après le
» voleur.—Hé! où veux-tu que je l'aille cher-
» cher? il connaît le pays, et nous ne pouvons
» faire quatre pas sans arrêter. Allons, prêche
» donc, vieux rhéteur. Rien ne détourne ce
» saint personnage de son devoir......... Il se
» prive pour vous du nécessaire.......... Il va
» passer la nuit dans le jeûne, et l'oraison.....
» Prenez exemple, et profitez. Hé, parbleu,
» profite toi-même, et apprends que les vertus
» exagérées ne peuvent être sincères. La per-
» fection n'est point le partage de l'homme, et
» celui qui en prend l'extérieur, ne peut être
» qu'un fripon, ou un charlatan. Oh çà, ce
» drôle-là a-t-il en effet tout emporté? — Il a
» laissé quelques lambeaux de toile, le pâté de
» sanglier, des guitares, des castagnettes......
» —Il a laissé tout cela? — C'est bien heureux,
» n'est-il pas vrai? — Trop heureux, sur mon
» honneur, et peut-on manquer de quelque
» chose avec ces effets précieux! — Croyez-moi,
» seigneur, retournons au château. La sultane
» favorite du soudan d'Égypte pourra être reçue

» parmi les suivantes de votre mère ; vous en
» serez quitte pour un séjour, d'un mois ou
» deux, dans la tour du Nord, et cela sera
» infiniment plus doux que les hasards que
» vous pourriez courir. — Retourner au châ-
» teau, quand je suis sans ressources ; don-
» ner lieu à mon père de croire que la
» misère, et non le devoir me ramène au-
» près de lui ! Ton conseil n'a pas le sens
» commun. — Mais, que voulez-vous faire?
» — Je n'en sais rien ; mais nous verrons.
» Vous verrez, vous verrez..... Mais il faut
» voir tout de suite. — Rien ne presse, mon
» ami : nous avons un pâté de sanglier. —
» Quelques andouillettes... — Ah, ah! — Plus,
» les outres pleines de vin, qui sont cachées
» derrière la statue de la Vierge. — Avec tout
» cela, on a le temps de tenir conseil. Nous
» sommes ici à l'abri de la pluie et de la
» chaleur; nous ne craignons pas les voleurs,
» puisque nous n'avons plus rien : déjeunons,
» et délibérons. »

Trufaldin apporte le pâté, en grondant ; le
palefrenier va prendre du vin, sous les jupons
de la sainte Vierge. On se met à table, on
mange ou boit, on chante, on rit, comme
si on était sûr du lendemain. Trufaldin seul,
Trufaldin dévot, et par suite gourmand, fai-

sait la grimace. Conseil privé du chevalier, il ouvrit mille avis, qui tendaient tous à s'assurer une existence honnête et paisible; le palefrenier opinait de la tête, et appuyait les ouvertures de Trufaldin; Silvia, vive, légère, inconsidérée, très-attachée à Mendoce, qui était fort aimable, se trouvait bien avec lui, dans un palais, dans un ermitage; elle ne l'eût pas quitté dans un désert: elle attendait donc qu'il lui plût de prononcer, pour se ranger de son avis, et Mendoce prononça:

« Comme ton saint ermite nous a volé
» beaucoup au-delà de la valeur de sa bico-
» que, la bicoque nous appartient de droit.
» — Après? dit Trufaldin. — Nous resterons
» ici, jusqu'à ce que nous ayons fait les dis-
» positions nécessaires, pour le projet que je
» vais vous communiquer. — Soit. — Les fidèles
» qui apporteront les offrandes à Dieu, les
» consacreraient en effet au diable, puisque
» l'ermite est un escroc. Or, les choses ne
» changeront pas de destination, quand nous
» nous les serons appropriées. — Mais vous
» n'avez pas l'air d'un ermite, et on ne vous
» donnera rien. — Je vais t'en donner l'air.
» Tu endosseras la robe du papelard; tu as
» son maintien réservé, pieux; la manie de
» parler de vertus, que tu ne connus jamais;

» et en te faisant une barbe des cheveux du
» palefrenier, le déguisement sera parfait. —
» Vite, vite, au projet, car je ne veux pas
» jouer éternellement l'ermite. — Pendant que
» tu occuperas l'oratoire, que tu amuseras les
» imbéciles, en regardant le ciel de travers, Sil-
» via et moi, nous nous occuperons utilement.
» — Oui, à faire de petits ermites, peut-être ?
» Mais observez donc qu'on ne peut passer toute
» la journée à jouer à ce jeu-là. — Hé! laisse-
» moi donc parler, bavard impitoyable. —
» J'écoute. — Avec nos morceaux de toile,
» Silvia nous fait des habits longs, et des
» toques, et moi, assis à côté d'elle, j'écris
» les vers qu'elle m'inspire. — Et à quoi
» cela mènera-t-il ? — Je me fais troubadour.
» — Autre idée biscornue. — Pas tant, pas
» tant. Nous vivons honorablement, d'un talent
» recherché partout. Il n'est pas de château,
» où nous ne soyons accueillis, considérés, et
» nous offrirons aux seigneurs châtelains un as-
» semblage de talens, tels qu'aucune troupe de
» troubadours n'en a présenté encore. Tu sais
» parfaitement le plain-chant, tu mettras mes
» vers en musique. J'ai une haute-contre pas-
» sable ; toi, une très-belle basse-taille ; Silvia,
» un dessus précieux ; nous pinçons fort bien
» de la guitare : en faut il plus pour vivre heu-

» reux et indépendans ? Voilà, mon ami, voilà
» comme l'homme que rien n'affecte, brave la
» misère, l'écarte, jouit du présent, et se mo-
» que de l'avenir. Prends exemple à ton tour,
» et profite.

» — Quoi, sérieusement, vous voulez vous
» faire troubadour ? — Très-sérieusement. —
» Le fils d'un seigneur, propriétaire de trente
» lieues à la ronde ? — Le fils d'un seigneur
» peut n'être qu'un sot, et celui qui vit ho-
» norablement de ses talens est toujours re-
» commandable. Prends exemple, et profite.
» — Mais...... — Quoi ? — Vous ne serez pas
» troubadour toute votre vie. — Je ne sais pas
» même si je le serai dans huit jours. Ne me
» romps pas la tête davantage, et obéis. —
» Mais...... » Ici Mendoce lève le bras, d'une
manière si expressive, que Trufaldin court,
passe la robe, coupe les cheux du palefrenier, se barbouille de miel le bas de la figure,
se colle une longue barbe, et se montre devant le patron, qui lui rit au nez, qui le
plante à genoux devant le prie-dieu, lui met
un rosaire à la main, lui ordonne d'attendre
les chalands dans cette attitude, et passe, avec
sa sultane, dans la grotte du jardin.

Pendant que Silvia taille et coud, Almanzor
enlève la seconde écorce d'un cerisier, il ar-

rache une des pointes de la couronne de fer de la sainte Vierge, et il laisse couler ses vers :

ROMANCE.

Sur la tombe d'Isidore
L'amitié jette des fleurs.
Au trop malheureux Zamore
Elle donne aussi des pleurs.
Tous deux jeunes, tous deux tendres,
Devaient-ils sitôt mourir ?
Honorons au moins leurs cendres,
Et gardons leur souvenir.

Ce fut un cruel roi maure
Qui jadis donna le jour
A la sensible Isidore,
Victime d'un triste amour.
Sans fortune et sans naissance,
Zamore n'avait qu'un cœur :
C'est bien peu pour l'espérance,
C'est beaucoup pour le bonheur.

L'amante savait se taire,
Et l'amant savait jouir.
Le voile heureux du mystère
Embellit jusqu'au plaisir.
Au sein d'une nuit profonde
Le roi maure les surprit.
Bonheur passe comme l'onde,
Et le malheur lui survit.

L'infortunée Isidore
Fuit de rochers en rochers;
Le tendre amant qu'elle adore
La soutient dans les dangers;
Mais le père outré de rage,
Paraît avec ses soldats.
Nos amans perdent courage,
Un torrent retient leurs pas.

L'œil effrayé d'Isidore
En sonde la profondeur;
Cet œil revient sur Zamore,
Et sur son père en fureur.
Elle hésite..... elle s'écrie :
« Rien ne peut nous secourir ;
» Pour toi seul j'aimais la vie,
» Te perdre est plus que mourir. »

Les bras de la tendre amante
Pressent l'amant qu'elle aimait,
Et sur sa bouche brûlante
Sa bouche encor s'attachait.....
Ces déplorables victimes
Du roc s'élancent enfin ;
L'onde entr'ouvre ses abîmes....
Ils terminent leur destin.

En ce temps-là, on aimait les longues chansons qui voulaient dire quelque chose, témoins la romance de Geneviève de Brabant, de Joseph, du Mauvais Riche, et autres, qui, heureusement, ont été recueillies dans le *Cantique* de

Marseille, gros volume *in-octavo*, que personne ne lit plus, et dont les chansons pourtant sont bien aussi insignifiantes que celles qu'on fait tous les jours avec des *roses* fraîchement *écloses*, des *soupirs* doux comme *zéphir*, des *flâmes* qui brûlent les *âmes*, de très-innocentes *beautés*, et des torrens de *voluptés*. Chaque siècle a son goût. On voulait des choses alors ; aujourd'hui on se contente de mots, pourvu qu'ils soient mis en roulades, avec un accompagnement de timbales : *benè sit*.

Quoi qu'il en soit, les vers de Mendoce, qui n'étaient pas très-mauvais, pour des vers du douzième siècle, ses vers l'étonnèrent à un point, le transportèrent tellement, qu'il se leva comme un inspiré, une main sur le front, et l'autre sur le cœur; qu'il courut à l'oratoire pour faire passer sa verve dans les veines de Trufaldin, et lui faire produire, à la minute, un chant digne d'accompagner ses paroles.

Pauvre Trufaldin ! il était dans un embarras, tout autre que celui de la composition. Le père d'une petite fille charmante, à qui l'ermite, qu'il représentait, avait fait pieusement un enfant, vengeait à grands coups de bâton l'honneur de sa famille outragée. Le palefrenier, effrayé de la vivacité de l'attaque, avait pris la fuite, et ne reparut plus, ce qui était assez égal à Mendoce, cas enfin, quand on n'a plus de mules, on n'a plus besoin de palefrenier, et son état présent ne lui permettait pas de garder des bouches inutiles. Il n'en était pas ainsi de Trufaldin, qui devait mettre ses vers en musique, les chanter avec lui, et aider à la sultane à faire la cuisine, quand il faudrait dîner en plein champ. Mendoce, outré de la manière dont on traitait son camarade en Apollon, prit le paysan par un bras, l'envoya à l'autre bout de l'oratoire, et sentait une forte démangeaison de le rosser; mais Trufaldin lui représenta que le cas s'ébruiterait, que les paysans des environs viendraient tomber sur l'ermitage et les ermites, et qu'il aimait mieux pardonner les coups qu'il avait reçus, que de se voir exposé à être échiné tout-à-fait. Pour la première fois, Mendoce écouta cette remontrance, pleine de sens, et commença à parlementer avec le paysan. A peine a-t-il commencé le récit du tour perfide, que leur a joué le véritable ermite, qu'une jeune fille, jolie comme un ange, et la taille rondelette, entre, le petit panier au bras, dans lequel est le fromage à la crême. Le père, indigné que sa fille reparaisse à l'ermitage, malgré ses défenses, n'écoute plus le troubadour, et tombe sur elle; Mendoce tombe sur lui; le futur de la petite, qui avait promis de tout oublier, et qui l'épiait, entre, et tombe sur elle; quatre à cinq femmes qui apportaient leur offrande, s'indignent que les pères et les maris trouvent mauvais que les ermites fassent des enfans, et elles tombent sur le père et sur le futur; on se mêle, on se pince, on se mord, on s'égratigne; la sultane, qui accourt au bruit, est renversée d'un soufflet de jambon qui était destiné au papa. Une autre femme s'embarrasse dans sa cotte, tombe sur elle, et une seconde sur celle-là; elles saisissent les paysans aux jambes, les entraînent, après elles, et les paysans entraînent, après eux, ce qui reste de femmes debout. On se bat sur le carreau; toutes les cottes sont en l'air. L'une découvre une jambe, une autre sa cuisse; celle-ci son devant, celle-là son derrière. Mendoce riait aux éclats, et rirait peut-être encore, s'il n'eût pensé que sa sultane, qui était dessous, allait être suffoquée; mais comment la tirer d'entre sept à huit personnes, accrochées les unes dans les autres? Il se fait aider par Trufaldin; ils apportent une grande jarre pleine d'eau, et la vident sur les combattans. On se relève, on s'écrie, on se disperse; on renverse, en fuyant, prie-dieu, crucifix, têtes de morts et rosaires; en deux secondes, il ne reste, sur le champ de bataille, que le bénitier, les deux paysans, les

deux troubadours et la sultane. Toutes les femmes ont disparu, et ont pris la route du jardin. Mendoce regarde, et ne voit personne. Cependant le jardin est petit; pas de grands arbres, et la grotte est sans profondeur. La frayeur leur a-t-elle fait sauter le rocher, qui domine à pic sur un précipice effroyable. Mendoce monte sur un cerisier planté sur le bord de la roche; il avance bravement le long d'une forte branche qui s'étend au-dessus du précipice; il regarde, et ne voit rien. « Allons, dit-il en
» descendant, elles sont parties par la voie des
» airs. » Cela aurait été croyable, si les ballons eussent été inventés.

Trufaldin, qui s'embarrassait fort peu de ce qu'étaient devenues ces femmes, et qui ne se souciait plus de jouer à l'ermite, avait été reprendre ses habits, et faisait tranquillement sa toilette, au pied de la statue de la sainte Vierge. Il la priait dévotement, de le garantir de nouvelles algarades; il baisait, avec respect, le bas de sa robe de bois, lorsque le très-petit bout d'une chaînette de laiton, qui dépassait la robe, s'embarrassa dans ses doigts. En retirant maladroitement sa main, il tire la chaînette, la sainte Vierge fait un grand mouvement, et Trufaldin fait un saut arrière; il relève les yeux, et ne voit plus de sainte Vierge.

Il aperçoit, sur une surface beaucoup plus large, trois diables, très-bien faits, car ils étaient fort laids. A leurs pieds, était un trou étroit, mais qui paraissait profond. Il ne doute pas que l'enfer ne vienne de s'ouvrir, pour le punir d'avoir endossé une robe, qu'il était indigne de porter. Il fait un second saut en arrière, et tombe dans l'oratoire en poussant un cri affreux. Mendoce accourt; Trufaldin, dans des transports à se faire crever lui-même, et à faire mourir les autres de rire, lui montre de la main l'enfer prêt à l'engloutir; les deux paysans, terrifiés à ce spectacle, nouveau pour eux, s'écrient que le diable a pris possession de l'ermitage, pour punir l'ermite de ses crimes, et qu'il a emporté les femmes qui se donnaient à ce malheureux; ils se plongent le visage et les mains dans le bénitier, de quinze ou vingt pintes, et ils sortent à genoux, et à reculons, en se promettant bien de ne jamais remettre les pieds dans ce lieu de terreur.

Mendoce, qui ne craint ni le diable ni l'enfer, s'approche des trois figures et reconnaît, en riant, selon sa coutume, que la sainte Vierge et son saint piédestal s'ouvraient, du haut en bas, et démasquaient l'entrée d'un petit escalier, grossièrement taillé dans le roc. Il démêle, avec sa sagacité ordinaire, que les diables sont en dedans, pour effrayer les bons chrétiens du douzième siècle, qui, par hasard ou par curiosité, tireraient la chaînette; il conclut enfin que toutes ces dames sont descendues, par l'escalier, à un lieu qui leur est parfaitement connu, et où l'ermite se dédommageait amplement de la sévérité des mœurs qu'il affectait en haut.

Mendoce saute sept à huit degrés, décidé à vérifier les faits : les ténèbres le forcent à s'arrêter. Il écoute, le plus profond silence règne partout. Il est brave; mais le cas est épineux. Il se consulte, il remonte, renferme les diables sous l'enveloppe extérieure de la bonne Vierge, et assemble une seconde fois son conseil.

Il fait part à Silvia et à Trufaldin de ses observations, et de ses idées. Trufaldin n'entendait plus rien, et il fallut ouvrir et fermer, plusieurs fois, la machine devant lui, pour le convaincre qu'un escalier n'est pas l'enfer, et que les diables qu'il a vus, sont de la façon de quelque bâtier de village. Les têtes remises, la discussion s'engagea.

Mendoce concevait bien que la petite fille se fût réfugiée là, pour échapper à son père et à son futur; mais il ne devinait pas pourquoi des femmes, qui ne devaient de compte à aucun des spectateurs, s'étaient réfugiées dans les entrailles de la terre, au lieu de s'aller bonnement sécher au soleil. Le cas parut extraordinaire à Silvia, et Trufaldin déclara modestement qu'il n'y comprenait rien.

C'est bien ici que je pourrais vous conter des choses, bien invraisemblables, bien impossibles, qui empêcheraient les petites filles de dormir, et qui feraient serrer les jeunes maris de si près, qu'il faudrait bien qu'ils se réveillassent ; mais la vérité, que je respecte au suprême degré, ainsi que je l'ai prouvé, en plusieurs volumes, ne me permet pas d'imaginer. Un historien fidèle doit se borner au simple récit des faits.

Mendoce, qui avait à lui seul de la tête pour trois, pensa que quelque motif qui eût déterminé ces dames à descendre, il n'était pas probable qu'elles passassent la journée entière loin de ceux à qui elles devaient compte de leur conduite ; que, sans doute, elles attendaient, pour sortir, le moment où elles croiraient que l'ermitage serait évacué, par des hommes, qui n'avaient plus d'intérêt à y rester, et jugea qu'il fallait provoquer leur sortie par une retraite simulée, sauf à revenir ensuite faire une inspection exacte des lieux, le flambeau d'une main, et la hache de l'autre. Trufaldin trouvait très-bien qu'on se retirât, et ne jugeait pas à propos qu'on revînt ; Silvia ne s'en souciait pas non plus ; mais Mendoce observa que, depuis trente-six heures qu'ils avaient quitté Sarragosse, ils n'avaient eu d'autre aventure que de se laisser platement voler, et que si le souterrain ne promettait ni monstres, ni génies à combattre, il pourrait au moins satisfaire la curiosité. Il ajouta d'ailleurs qu'il le voulait ainsi, et il commença le déménagement, qui ne fut pas long.

Il enveloppa le pâté de sanglier, les andouillettes, les guitares et les castagnettes dans les robes des troubadours, qui étaient à peine coupées ; il mit le paquet sous un bras, prit la sultane sous l'autre, et Trufaldin suivit en branlant la tête, et disant entre ses dents :

La valeur n'est valeur qu'autant qu'elle est utile.

On descend le rocher ; on monte un rideau couvert de bois ; on coupe des branches qu'on fiche en terre autour de soi, pour n'être pas vus, et on se ménage des jours pour pouvoir tout observer.

Au bout du rideau était un terrain sablonneux, et à travers les énormes racines d'un vieux chêne, on voyait un trou qui annonçait l'entrée du terrier d'un renard ou d'un blaireau : nos aventuriers n'y firent pas grande attention en passant. Mendoce cependant aimait la chasse ; mais il n'avait ni meutes ni furets, et il était occupé d'autre chose.

Ils n'avaient pas passé deux heures au milieu de leurs brauchages, qu'ils aperçurent, dans la campagne, les six à sept paysannes, qu'ils reconnurent à leurs habits ; mais ce qui paraissait inexplicable à Mendoce, c'est que ces habits, qui avaient été couverts d'eau et de terre, paraissaient de la plus grande propreté ; le bavolet et le bas de coton étaient d'un blanc à éblouir ; les cheveux étaient en ordre, et retroussés avec grâce : il s'y perdait.

Par où, d'ailleurs, étaient-elles sorties, puisqu'elles avaient paru d'un côté opposé à l'ermitage ? On soupçonnait bien qu'elles n'étaient aussi propres que pour ne pas donner des soupçons chez elles ; mais la petite ne pouvait en imposer ni à son père, ni à son futur, et puis il y avait donc, dans ce trou, quelque bonne fée, compatissante aux faiblesses des femmes, et réparant, d'un coup de baguette, le désordre de leur toilette.

« Il est évident, seigneur, disait Trufaldin,
» qu'il y a de la diablerie là-dedans. — Il n'y
» a pas de diablerie ; mais il y a quelque chose
» d'inconcevable que j'éclaircirai, dussé-je ne
» pas sortir du trou. — Ah ! seigneur, au nom
» de votre digne père, qui est un peu sévère,
» mais qui vous aime ; au nom de votre mère,
» de ses maux de cœur de neuf mois, et de ce

» qu'elle a souffert en vous mettant au monde...
» Il ne m'écoute seulement pas. » En effet, Mendoce était déjà bien loin.

Silvia, qui l'aimait vraiment, courait à côté de lui, et Trufaldin était resté à sa place, parce qu'il fallait, disait-il, qu'il en restât au moins un pour garder les équipages.

En repassant devant le prétendu terrier à blaireaux, Mendoce s'arrêta, et trouva le fond tapissé de mousse, ce qui ne lui parut pas naturel. Il écarte, avec quelque peine, des racines entrelacées; il s'engage sur les genoux et sur les mains; le trou s'élargit insensiblement: « Je suis
» heureux, dit Mendoce, voilà le commence-
» ment d'une véritable aventure. »

Le sexe aime aussi les aventures, mais d'un genre tout différent, et Silvia oublia sa tendresse, à l'aspect des difficultés, et par la peur des ténèbres, toutes-puissantes sur les esprits faibles. Elle retourna près de Trufaldin, qui lui passa la main sous le menton, et qui lui dit: « Consolez-vous, consolez-moi, consolons-
» nous; je vous épouserai quand nous serons
» sûrs que l'insensé aura trouvé sa fin. » Un soufflet fut la réponse de Silviva, parce que s'il est vrai qu'une femme puisse se décider à tout, il est au moins des propositions que l'amour-propre ne saurait entendre.

Mendoce n'avait pas fait trente pas, qu'il était absolument privé de la lumière, et que la voûte était assez élevée pour qu'il pût se tenir debout. Le vent qui lui soufflait au visage, annonçait un souterrain tortueux, et prolongé. Il se repentit de s'être engagé dans ce mauvais pas. Il se rappela les dernières paroles de Trufaldin, et balança s'il retournerait en arrière. Une fausse gloire lui fit tout mépriser; il tira son épée, et s'avança tête baissée.

Bientôt des soupirs se font entendre; Mendoce s'arrête, et un malheureux caillou, qui roule sous ses pieds, le décèle : « Est-ce vous, frère » Pacôme ? dit une voix argentine. — Oui, oui, » c'est moi, répond Mendoce à voix basse. — » Ah! que vous vous êtes fait attendre. — Il a » bien fallu donner à ces malencontreux che- » valiers le temps d'évacuer mon pauvre ermi- » tage. — Mon père m'a trouvée là-haut, et il » m'a battue; je n'ose plus retourner chez nous. » — Tu n'y retourneras plus, et il ne te trou- » vera pas ici. » En écoutant, en répondant, Mendoce s'avançait. Il approcha si près, qu'enfin la petite fille se trouva sous sa main. Elle était étendue sur un lit de feuilles sèches. Mendoce l'avait trouvée fort jolie; il était jeune, et il n'y avait pas d'apparence que Silvia vînt le déranger. Ce qui est nouveau est toujours le plus

beau, et l'amour de la nouveauté fait faire des prodiges. Mendoce en fit tant, que la petite s'écria à la fin : « Non, tu n'es pas frère Pa-
» côme ! »

La paix est bientôt conclue, quand on fait mieux que son rival. Mendoce et la petite s'expliquèrent amicalement. Il raconta, lorsqu'il ne put plus agir, ce qu'il lui était arrivé à l'ermitage, et la petite lui dit, sans rougir, parce qu'il ne la voyait pas, que l'ermite était un homme de trente ans au plus, qui portait une fausse barbe, pour inspirer la sécurité aux hommes, et la confiance aux femmes ; qu'il amadouait celles-ci avec de belles paroles, les engageait à revenir, leur faisait boire de bon vin, dans lequel, sans doute, il mettait quelque chose ; qu'alors on se laissait aller : « Et vous
» savez bien, ajouta la petite, que quand on a
» eu une fois ce malheur-là, on n'est pas fâché
» de recommencer.

» — Hé, depuis quand ce chien d'ermite de-
» meure-t-il ici ? — Depuis cinq à six ans. — Et
» pourquoi ce souterrain, puisqu'il peut, quand
» vous êtes seules, là-haut, avec lui, vous ren-
» dre malheureuses, tout comme ici-bas ? — Oh !
» le souterrain était fait, et la sainte Vierge
» aussi. — C'est-à-dire, qu'il a pris tout cela des
» mains de son prédécesseur. — Je le crois. —

» Aussi fripons l'un que l'autre ; mais, encore
» une fois, à quoi bon ce souterrain ? — Je vais
» vous le faire voir. » La petite tire, de sa
poche, un briquet et de l'amadou ; une
lampe s'allume. La petite fixe le chevalier, et
lui sourit ; le chevalier la rend malheureuse
encore, et la petite sourit de nouveau. « Oh,
» oh ! dit-il, je ne saurais faire face à de
» nouveaux malheurs. Voyons, examinons
» ceci. » C'était le roc brut, sans art, sans
apprêts ; mais le coquin d'ermite y avait réuni
toutes les commodités de la vie. Excellente couchette, siéges douillets, provisions délicates,
habits de femme, qui tous étaient alors faits
d'une grosse étoffe de laine noire. « J'y suis, dit
» Mendoce : ces dames n'ont fait que changer
» de vêtement, ce qui leur arrive, sans doute,
» quand le frère Pacôme les a un peu trop
» chiffonnées. Il n'est pas bête du tout, cet
» ermite-là : là-haut l'apparence de l'austérité,
» et ici tout ce qui fait le prix de l'existence.
» Ah, ah ! qu'est-ce que cette grande armoire ?
» — Je n'en sais rien, seigneur chevalier ; frère
» Pacôme ne l'ouvre jamais devant nous. — Je
» vais le savoir à la minute. » Et le chevalier
fait sauter la porte avec le pommeau de son
épée.

Mendoce et la petite voient d'abord quelques

rouleaux d'étoffe noire, des ciseaux, du fil, des aiguilles, des bavolets tout coupés. « Fort
» bien, dit Mendoce, l'ermite s'occupe de ses
» femmes ; voilà de la reconnaissance. — Oh !
» nous faisons cela nous-mêmes, à nos momens
» perdus, et les habits neufs, que nous rap-
» portons à la maison, sont des dons que frère
» Pacôme a reçus, à la ville, pour les pauvres
» du pays. — Hé bien ! voilà qui est tout-à-fait
» vraisemblable ; et ces chapelets, ces scapu-
» laires, ces *agnus Dei ?* — C'est ce que nous
» rapportons aux enfans... — Du frère Pacôme ?
» — Et à ceux de nos maris : ils en font aussi
» quelquefois, seigneur chevalier. — C'est bien
» heureux, en vérité. »

Deux tiroirs fixent l'attention de Mendoce : ils étaient fermés à clef, et les clefs ne se trouvaient pas. Mendoce se servit de la pointe de son épée, et fit sauter les serrures : les tiroirs étaient remplis d'argent. « Oh, oh ! je ne suis pas le seul que ce
» coquin-là ait volé. — On l'a dit, et je com-
» mence à le croire. — Il reviendra sans doute,
» car il n'est pas présumable qu'il abandonne
» ici le double au moins de ce qu'il m'a pris. »

La petite regardait cet argent d'un air ébahi, et, réfléchissant à ce que venait de dire Mendoce, elle pensa, comme lui, d'autant mieux que l'ermite ignorait encore que son père eût découvert sa grossesse. L'entrée du souterrain, qui donnait dans le bois, lui permettait de retourner la nuit à l'ermitage sans être aperçu, et il pourrait voir, par une petite fente que la sainte Vierge avait au bas du ventre, s'il devait se rétablir dans son domicile.

Il y avait lieu de croire, cependant, que son absence durerait quelques jours, car il devait penser qu'un jeune homme alerte ne manquerait pas de courir le pays après son voleur, comme il était présumable qu'il s'en éloignerait, après avoir fait des recherches inutiles. Ces raisonnemens étaient fondés; mais une chose embarrassait Mendoce. Ceux que l'ermite avait volés avant lui, devaient avoir fait de l'éclat dans les environs, et avoir nui singulièrement à la réputation du personnage. « Ils ont crié en
» effet, dit la petite, mais les femmes raccom-
» modent tout : le premier était un menteur.
» — A la bonne heure pour le premier, mais
» les autres? — L'un était un hypocrite, qui
» voulait faire chasser l'ermite, pour s'emparer
» de l'ermitage. Celui-là se vengeait, disait-on,
» de ce que le frère Pacôme lui avait refusé
» l'hospitalité, parce qu'il avait tenu des propos
» irréligieux; enfin, les femmes exigent, une
» autre fois, que leurs maris fassent perquisition
» dans l'ermitage, quand le frère est disposé

» à les recevoir, et que tout annonce la fer-
» veur et la pauvreté. »

Après cette courte explication, la petite prit la main de Mendoce, et le pressa de sortir et de s'éloigner, parce qu'elle craignait que son père ne revînt, quand sa frayeur serait passée. Elle craignait bien aussi que l'ermite rentrât. Il avait pris de l'ascendant sur elle, et elle n'avait pas envie de quitter Mendoce pour le frocard.

Le jeune homme avait grande envie d'attendre son ermite, et de lui donner une de ces leçons dont on se souvient toute la vie ; mais il fallait passer une nuit ou deux à la belle étoile, et le seigneur Mendoce aimait ses aises ; d'ailleurs, il ne voyait pas grand honneur à étriller un ermite. Il se disposa donc à céder à l'empressement de la petite, et il commença à se faire restitution, aux dépens des deux tiroirs, ce que le rigoriste le plus sévère ne peut certainement blâmer.

Il avait scrupuleusement compté un nombre de marcs, égal à ceux qu'on lui avait pris, et il s'éloignait, la lampe à la main. La petite le tira par son pourpoint : « Et ce reste-
» là, que deviendra-t-il ? — Je ne m'en inquiète
» guère. — Vous le laissez ! — Prendre au-delà
» de ce que j'ai perdu, ce serait me dégrader !
» — Mais j'ai perdu, aussi, moi, et il est na-

» turel que je me rembourse. — Oh! cela, c'est
» une autre affaire. — Dix marcs pour mon
» pucelage. — Ce n'est pas trop. — Vingt pour
» mes complaisances. — A la bonne heure. —
» Et le reste pour mon douaire. — C'est trop
» juste. » Et le reste fut en effet emporté.

Mendoce, enchanté de se retrouver en fonds, au moment où il y comptait le moins, aussi charmé d'avoir conquis une jolie fille qui jetterait de la variété dans ses amours, Mendoce rejoignit, en chantant, Trufaldin et Silvia. La vue de l'argent opéra, dans les esprits, un changement aussi rapide qu'heureux; mais la sultane fronça le sourcil quand Almanzor lui annonça que l'humanité ne permettant pas d'abandonner la petite au ressentiment de son père, ils allaient la prendre avec eux. Il eut beau lui faire observer qu'elle avait besoin d'une aide, qui partageât, avec elle, les petits soins de la communauté; il eut beau lui protester que son attachement pour elle l'avait déterminé, autant que le désir de rendre service à la pauvre petite fille, Roxane crut voir en elle une rivale, et les femmes se trompent rarement sur cet article. Elle regardait la petite en dessous, et ses charmes et sa fraîcheur, et certains regards, qu'elle interceptait au passage, confirmèrent bientôt ses soupçons. Que pouvait-elle dire? Rien : elle appartenait à Mendoce. Que pouvait-elle faire? Barrer cette nouvelle intrigue; c'est le parti que prennent toutes les femmes, et c'est ce qui ne manque jamais de faire, d'une fantaisie, une inclination sérieuse.

Tout le monde se mit en route, les uns fort contens, les autres feignant de l'être. La petite, qui connaissait ces bois, comme le souterrain de l'ermitage, conduisit la caravane par des sentiers qui l'éloignaient de la cabane de son père, et de la ville de Plasencia, où frère Pacôme allait ordinairement faire ses emplettes, et où, sans doute, il était allé vendre les mules, en habit de cavalier.

Trufaldin retrouva l'usage de la parole, à mesure qu'il s'éloigna des lieux, où il avait été tourmenté de la crainte des hommes et des diables. « Maintenant que vous êtes en
» fonds, dit-il à Mendoce, vous renoncerez
» sans doute à la fantaisie de vous faire trou-
» badour ? — Pas du tout. — Quoi ! vous
» voulez encore aller gueusant de porte en
» porte?—Qu'appelles-tu gueuser! Demander,
» recevoir l'hospitalité, dans les châteaux ;
» payer dans les chaumières ; porter partout
» le plaisir avec moi, et me faire la réputa-
» tion du plus aimable et du plus éloquent

» de tous les menestrels. Tiens, prends mes
» vers, et fais-moi du chant là-dessus. —
» Composer en marchant! — La marche éveille
» l'imagination. — Et ce paquet la tue. —
» Donne-le-moi. — Je souffrirais, seigneur.....
» — Donne, te dis-je : l'égalité est le premier
» charme du métier que nous allons faire. »

Et on chemine, Mendoce le paquet sur la tête, sautant comme un chevreuil ; Silvia observant la petite ; la petite sautant autour de Mendoce, et Trufaldin marchant gravement, battant la mesure, sur l'écorce où étaient écrits les vers, essayant des tons, et gravant ceux qui lui paraissaient dignes de passer à la postérité.

En marchant, en sautant, en chantant, en buvant, en mangeant, on arriva à la vue d'une ville qu'on ne connaissait pas ; mais comme on est bien reçu partout avec de l'argent, il était assez égal d'entrer dans cette ville, ou dans une autre. Mendoce était bien aise qu'il s'en présentât une, parce qu'il voulait équiper sa troupe, d'une manière digne d'un troubadour de distinction. Le chant était fait ; il en était content, et il se proposait de commencer, dès le lendemain, l'exercice de l'honorable profession. Il le commença en effet ; mais non pas précisément comme il se l'était proposé.

La ville qu'il voyait est la bicoque appelée *Longarès*. Il suivait les bords rians d'une jolie petite rivière, qui y conduit, et dont j'ai oublié le nom, lorsqu'il distingua, dans l'éloignement, un grand homme, d'assez mauvaise mine, et assez bien armé, qui venait droit à lui. On ne se connaît pas dans ce monde, et précaution est mère de sûreté. Mendoce avait à défendre sa personne, son argent, ses deux femmes, le camarade Trufaldin, et les débris de son pâté : des intérêts aussi majeurs exigeaient qu'il fût sur ses gardes. Il rendit le paquet à Trufaldin, et s'avança le premier, pour reconnaître les dispositions de l'arrivant. Celui-ci s'arrête à quelques pas, fixe Mendoce, fait un saut en arrière, et met la main sur la garde de son épée. La petite, qui ne quittait pas Mendoce, fixe l'inconnu, jette un grand cri, fait un demi-tour à droite, et s'enfuit en criant : « C'est l'ermite ! »

L'ermite, reconnu, tire l'épée ; Mendoce, honteux de s'être laissé prévenir, tire la sienne, et se précipite. Bientôt il s'aperçoit que son adversaaire a autant d'adresse, et plus de force que lui. Ils ne savaient ni l'un ni l'autre pourquoi ils se battaient, car Mendoce avait repris ce qu'il avait perdu, et l'ermite ignorait qu'il eût fait restitution ; mais enfin c'est ainsi qu'on se bat d'ordinaire, d'homme à homme, et de peuple à peuple.

Frère Pacôme serrait vivement le chevalier. Il écarte son fer d'un vigoureux coup de talon, fait une passe sur lui, jette son pied gauche derrière le pied droit de son adversaire, le pousse rudement de la poitrine, le renverse, saute par-dessus lui, allonge un coup de pied dans les côtes de Trufaldin, qui priait Dieu sur le paquet, pour le succès des armes de son maître, charge le paquet sur son épaule, s'élance dans la rivière, la traverse en plongeant, reparaît à la rive opposée, et montre son derrière à son ennemi stupéfait, qui n'a pu le suivre, parce qu'il ne sait pas nager.

« La valeur n'est valeur qu'autant qu'elle est utile,
» disait Trufaldin, en se frottant le côté. La
» petite a conservé son argent, parce qu'elle
» a pris la fuite ; vous avez fait le bravache, et
» vous avez perdu le vôtre : que ne vous sau-
» viez-vous aussi ? — Malheureux ! — Hé, sans
» doute. Je suis poltron, et je m'en trouve bien.
» Je me tire de tout avec quelques coups de
» pied ou de bâton ; mais vous vous exposez
» à vous faire tuer ! Si ce chien d'ermite ne
» préférait le butin au sang, j'aurais une belle
» nouvelle maintenant à porter au château d'A-

» ran. Voyez-vous votre père au désespoir;
» votre mère mourante, dont la malédiction
» vous poursuit au fond de la rivière, où cet
» enragé-là n'eût pas manqué de vous jeter?....
» Voyez-vous.... — Voyez-vous un valet mal-
» adroit, qui raisonne, quand je suis furieux.
» Viens, coquin, viens te placer à côté de Sil-
» via; veille à sa sûreté, autant que le peut un
» poltron, et je vais châtier de la manière la
» plus éclatante, ce coupe-jarret qui m'affronte.
» Attendez-moi tous deux ici. »

Trufaldin n'osait plus parler raison; mais il eût donné sa vie, si elle lui eût été moins chère, pour prévenir un second combat. Il ne trouva pas d'autre moyen pour arrêter son maître, que de flatter son goût dominant : « Observez,
» lui dit-il, votre précepte d'hier; bravez la
» misère, jouissez du présent, et moquez-vous
» de l'avenir. Renoncerez-vous, parce qu'un
» insolent vous a montré son derrière, au plai-
» sir de chanter vos vers si harmonieux et si
» coulans ? Qu'est devenue cette émulation, qui
» allait faire de vous le premier menestrel de
» l'Espagne ? — Je le serai toujours, corbleu !
» — Vous ne le serez pas si vous vous faites
» tuer. — Les armes sont journalières, et je
» n'aurai pas été impunément volé et insulté
» par un coquin. »

Il partait en effet, lorsque Silvia, qui, pour ne pas user son crédit, ne faisait de remontrances que dans les grandes occasions, lorsque Silvia prit la parole, et représenta à Mendoce que la présence de la petite, et le contenu du paquet prouveraient, à l'ermite, que tous ses secrets étaient connus; qu'il se garderait bien de retourner à l'ermitage, où il ne pouvait s'attendre qu'à un mauvais parti, et que tout le fruit que Mendoce retirerait de sa démarche serait de brûler, s'il voulait, une cabane, ce qui n'est ni bien difficile, ni bien glorieux : « Hé bien, chantons, reprit Mendoce. » Nous avons encore mes vers, ta musique, » vos guitares et les castagnettes ; allons, chan- » tons et marchons.

« Loin de nous la prospérité,
» Des sots éternelle manie :
» La médiocrité
» Est mère du génie. »

» Tiens, mets-moi cela en musique.—Pardon, » seigneur, mais il y a, dans vos vers, quelque » chose qui n'est pas exact.—Qu'est-ce, doc- » teur ? — La médiocrité soupe, et nous ne » souperons pas ; on n'héberge point les trou- » badours dans les villes.—Non? hé bien, fai- » sons une chanson de table, et célébrons au

» moins des plaisirs que nous ne pouvons goû-
» ter. Nous dormirons ensuite, et vive la joie,
» quoi qu'il arrive. Écoute :

> « Pour bannir le chagrin,
> » Et jouir de la vie,
> » Buvons d'excellent vin,
> » Prenons femme jolie.
> » Moquons-nous d'un oison
> » Qui condamne l'ivresse :
> » Ce qu'on perd en raison,
> » On le gagne en tendresse.

» Allons, mes amis, avec ces trois morceaux,
» et ma fécondité, nous sommes en fonds
» pour notre début. Nous n'avons pas d'habit
» de costume, hé bien ! nous nous en passe-
» rons. Marchons et chantons. »

Un vieux château, dont les donjons n'étaient pas si élevés que les clochers de Longarès, se montra tout à coup, au détour d'une colline : « Nous souperons ! s'écria Trufaldin. — Nous
» souperons ! répètent Mendoce et Silvia. Accor-
» dons nos guitares ; faisons un bout de répé-
» tition en pleins champs, et allons enchanter
» le seigneur châtelain. »

Le pont est levé selon l'usage. Le nain, qui veille au haut de la tour, prend son arbalètre, ajuste la flèche, et crie : *Qui vive !* Les guitares, et un chant chevaleresque répondent, pour les troubadours. Les sons mélodieux parviennent jusqu'à la salle basse, où le seigneur châtelain sommeillait en digérant un copieux dîner ; il secoue l'oreille, ouvre les yeux, se lève, court à sa fenêtre, et ordonne qu'on baisse le pont, et qu'on introduise les trouverres.

Mendoce se présente avec les grâces que donne l'éducation ; Silvia avec la modestie piquante de la beauté ; Trufaldin avec sa bonhomie accoutumée. « Voyons d'abord un essai
» de vos talens, dit le seigneur châtelain ; car
» je suis connaisseur, et on ne m'en fait accroire sur rien. Si vous êtes vraiment des
» troubadours, ce château sera votre demeure,
» autant de jours qu'il vous plaira y rester. »

On commence la fameuse romance : *Sur la tombe d'Isidore*, avec accompagnement en deux parties, ce qui ne s'était pas entendu jusqu'alors, et, à la fin de chaque strophe, le châtelain s'écriait : « Ce sont, parbleu, ce sont
» des troubadours !

» — Nous souperons, disait tout bas Trufaldin ;
» — Nous souperons, reprenaient Silvia et Mendoce. — Mais comment, poursuivit le seigneur,
» des trouverres voyagent-ils dans cet équipage ?
» l'un ressemble à un chevalier..... — Je le suis
» en effet, seigneur, répond Mendoce. » Et il raconte avec emphase les fariboles, qu'il a arrêtées avec Silvia et Trufaldin.

Un chevalier troubadour, un chevalier qui a été de la seconde croisade, un troubadour qui s'accompagne en deux parties, était un être précieux pour le châtelain. Ce qui surpassait tout à ses yeux, c'était la sultane favorite, qui avait rendu la liberté au chevalier; c'était le chevalier, qui, par reconnaissance, avait épousé la sultane; c'était enfin l'aumônier, qui les accompagnait partout, pour attirer sur eux les bénédictions du ciel. Dès ce moment les égards se joignirent aux marques d'intérêt. Il fut décidé que les troubadours feraient une neuvaine au château, et qu'il leur serait donné des mules, de l'argent, et des valets pour les conduire, ensuite, où ils voudraient se rendre.

Le seigneur châtelain prend la main de la belle Roxane, et la conduit à la chambre, où s'ennuyait sa jeune et belle épouse, en faisant semblant de travailler; mais en pensant à ce qui occupe les jeunes femmes, qui ont de vieux maris. Il fut décidé encore que la sultane reposerait sur une couchette, qu'on dresserait à côté de celle de madame, ce qui arrangeait le seigneur, qui avait toujours besoin de repos, et le preux Almanzor, qui avait bien acquis le droit de se reposer, avec sa petite qui lui plaisait tant, et à laquelle il ne pensait plus.

Pendant qu'on apprête un somptueux souper,

le patron fait passer Mendoce dans un vaste cabinet, et comme l'amour-propre est toujours la première sensation qu'on cherche à satisfaire avec des inconnus, il lui montra les portraits, en pierre, de ses nobles aïeux. Il les avait fait enlever de leurs tombeaux, et en avait garni le pourtour du cabinet, ce qui faisait un coup d'œil très-divertissant. Il raconta, au brave Almanzor, les exploits de chacun, ce qui fut bien aussi ennuyeux que l'histoire de Mézerai, sans pourtant être aussi long. Il raconta que, déjà surchargé de la gloire de ses ancêtres, il avait jugé inutile d'en acquérir, pour son compte particulier; qu'il avait passé sa vie à faire enrager ses vassaux, ses domestiques, et à tromper ses maîtresses. « A propos de cela, » dit-il, je vais vous prouver la multitude et » les agrémens de mes conquêtes. » Il en prouva la quantité, par autant de bracelets en cheveux, accrochés chacun à un clou doré, et rangés par ordre chronologique. Il prouva ses plaisirs, par les obstacles qu'il avait eu à vaincre, les ruses qu'il avait fallu employer. Il conta si longuement, qu'Almanzor allait s'endormir, malgré son appétit, si le châtelain n'eût fini de la manière la plus propre à réveiller l'attention d'un amateur. Il apprit au jeune troubadour que, depuis six mois, il avait épousé une jeune personne, jolie au-delà de l'imagination, parce qu'une belle femme ne coûte pas plus qu'une laide; il ajouta qu'il n'était pas jaloux, parce qu'il avait éprouvé que cela ne servait à rien; il conclut, en disant qu'il amusait sa femme avec des fêtes, parce que femme dont la tête est occupée a le cœur en repos, et il invita le chevalier à imaginer quelque chose aussi galant que nouveau.

Mendoce, dont la tête et le cœur étaient également ardens, prit feu à la minute pour la châtelaine, qu'il ne connaissait pas, et ne pensa plus qu'à prolonger son séjour, pour mettre à fin une intrigue, qui ne devait pas se terminer, avec une dame du haut parage, comme avec la petite du souterrain. Il proposa de l'amuser, deux ou trois jours, avec des chansons nouvelles, et pendant qu'elle les apprendrait, de lui préparer la plus piquante des surprises.

« On voit tous les jours, dit Mendoce, des
» événemens inattendus, extraordinaires, atta-
» chans; on entend des conversations vives, pres-
» sées, spirituelles; pourquoi ne mettrait-on pas
» cela en action, en ôtant aux conversations ce
» qu'elles ont de trop long, et en ajoutant
» quelque chose aux événemens trop communs?
» —Bien, seigneur Almanzor, bien, très-bien,
» de par Dieu! —J'ajoute, à la prose lan-

» guissante, la force et le charme des vers.
» — C'est cela, mon ami, c'est cela. — Et
» pour inspirer plus de vénération pour mon
» talent, je le consacre à des sujets révérés du
» vulgaire. — De mieux en mieux, sur mon
» âme. — Le mystère de la Conception, par
» exemple. — Oh! que ce sera beau. — Avez-
» vous des vassaux intelligens, adroits? — Par
» centaines, mon ami. — Je fais construire une
» maison, tout-à-fait semblable à celle de
» Notre-Dame de Lorette. La Vierge est en
» prières, et se détourne à l'aspect de la Vo-
» lupté, que le Diable lui présente. Elle va
» céder, car elle est femme; mais le beau Ga-
» briel entre par la croisée, son rameau de lis
» à la main. A son aspect, la Volupté et le
» Diable disparaissent; la Vierge conçoit sans
» plaisir, pour accoucher avec peine, et le
» spectacle finit par un *Stabat Mater*, sur un
» air nouveau. — Embrassez-moi, homme éton-
» nant, embrassez-moi encore. Votre idée aura
» des imitateurs, je vous en réponds. » Et en
effet, Mendoce fut l'inventeur de ces mystères
qu'on joua dans toute l'Europe chrétienne,
jusqu'à l'époque où la renaissance des lettres
tira de la poussière les Grecs et les Romains,
et fournit des modèles, que nous avons surpassé
quoi qu'en disent les vieux admirateurs des vieilles
choses.

« Ah çà, reprit le châtelain, qui jouera le
» diable? c'est un vilain rôle. — Mon aumô-
» nier; il est déjà habillé de noir. — Et il
» n'est pas beau : j'ai un bois de cerf qui lui
» ira à merveilles.—Sans doute ; cette coiffure
» va à tout le monde. — Et la Volupté? — Ma
» sultane. Elle a un petit air fripon, qui ca-
» ractérisera le personnage.—Et l'ange Gabriel?
» — Moi, si vous voulez. — Vous. Chevelure
» blonde et bouclée, œil bleu, taille élancée;
» avec cela une tunique blanche, de longues
» ailes faites avec les queues de mes paons,
» et ce sera parfait. Et la sainte Vierge ? — Ah!
» voilà où je suis un peu embarrassé : il faudrait
» une seconde femme.... — La mienne, che-
» valier, la mienne. Personne n'a l'air aussi
» virginal; et, entre nous soit dit, elle est
» encore vierge, ou peu s'en faut. Ah çà, mais
» ne faudrait-il pas, pour la bienséance, que
» je jouasse avec madame... une jeune épouse...
» —Ah! vous avez raison, il ne faut pas que
» vous perdiez vos droits sur madame, même
» en plaisantant : l'honneur, la réputation....
» Hé, m'y voilà : vous serez saint Joseph. —
» Justement, c'est mon patron. — Je vous en
» fais mon compliment. »

La grosse cloche annonce que le souper est
sur la table, et le châtelain invite Mendoce à

descendre. La jeune Séphora était déjà placée.
Elle leva, sur Mendoce, un grand œil humide,
qu'elle baissa, en s'inclinant légèrement. Mendoce salua profondément, et se mit auprès
d'elle ; le châtelain s'assit auprès de la sultane.
Trufaldin enchanté, entonna un *Benedicite* sur
un air de sa façon, et se mit à jouer de la
mâchoire à sa manière ordinaire, c'est-à-dire de
façon à étonner les plus gourmands. Mendoce
partageait le temps entre deux appétits ; les meilleurs morceaux pour son estomac ; les propos
les plus délicats, les plus fins pour la dame.
La dame ne répondait pas directement ; mais
un sourire payait la louange adroite. Insensiblement, la modestie céda aux charmes d'une
conversation enjouée ; elle répondit par de
simples mots, à la vérité ; mais de ces mots
heureux, soignés, qui annoncent l'esprit,
joint au désir de plaire. Le châtelain était
enchanté : « Bravo ! criait-il à chaque instant,
» bravo ! C'est un combat, un carrousel, un
» tournois d'esprit. Corbleu ! madame, je ne
» croyais pas que vous en eussiez tant, et je
» rends grâce au gentil trouverre, qui l'a dé-
» veloppé tout à coup. Il vous en fera bien
» voir d'autres. L'ange Gabriel, saint Joseph....
» Ah ! ah ! ah ! mais ceci est encore un secret.
» Ah çà, contez donc à madame comment

» vous vous êtes tirés des mains de ce vilain
» soudan d'Égypte. Cela doit être curieux, et
» les dames aiment l'extraordinaire. »

Mendoce n'était pas préparé à conter, et d'ailleurs il avait à dire, à madame, des choses plus intéressantes que ce qu'il pouvait imaginer. Il répondit que son aumônier, qui narrait parfaitement bien, allait satisfaire la curiosité du seigneur châtelain. Trufaldin, qui avait l'imagination paresseuse, se défendait de toutes ses forces. Un geste impératif de Mendoce lui ouvrit la bouche, et pendant que Trufaldin contait, le chevalier jasait avec la dame, qui riait quelquefois, en regardant son mari, qui écoutait, la bouche ouverte, et qui gobait les niaiseries, qui lui débitait monsieur l'aumônier.

« Les Chrétiens et les Turcs, disait Tru-
» faldin.......... Et l'Europe et l'Asie...........
» Aidez-moi donc un peu, seigneur Alman-
» zor........ Ah! m'y voilà, seigneur châte-
» lain. Je cherchais quelques détails, qui m'é-
» taient échappés, et j'entre en matière. J'avais
» marché à la croisade, pour prêcher les
» Chrétiens, et combattre les Turcs, ainsi
» qu'ont fait beaucoup de gens d'église. Après
» des succès, mêlés de revers, nous arrivâmes
» sous les murs d'Antioche, où se livra cette

» fameuse bataille, dont vous avez sans doute
» entendu parler. J'y coupai les oreilles au
» tambour-major du soudan d'Égypte, et j'al-
» lais le dégalonner, suivant le droit de la
» guerre, lorsqu'un marabout, qui battait de
» la grosse caisse, me la passa tout entière,
» de la tête aux talons. Comme il faut pou-
» voir agir pour se battre, et que j'étais en-
» caissé, j'en passai par ce que voulurent mes-
» sieurs les Sarrasins. On me roula dans mon
» tonneau jusqu'au Caire, où j'arrivai, tout
» étourdi, ainsi que vous pouvez le croire,
» et on m'enferma dans le sérail du soudan,
» pour enseigner la musique à ses enfans de
» chœur. C'est là que je connus le seigneur Al-
» manzor, dont Argant avait arrêté les exploits,
» au moyen d'un nœud coulant, qu'il lui jeta
» au cou, et qu'il serra de manière qu'Al-
» manzor fut obligé de le suivre en laisse. La
» princesse Abaquaba, que vous voyez devant
» vous.............—Abaquaba! reprit le vieux
» Gonzalve. Ne m'avez-vous pas dit que la
» princesse se nomme Roxane? — Eh! oui.....
» oui, seigneur châtelain, elle a pris ce nom,
» depuis que nous voyageons incognito ; mais
» elle est de la célèbre famille Abaquaba, dont
» le fondateur a bâti les murs de Jéricho.....
» —Que Josué renversa au son des trompettes?

» — Précisément. — Famille ancienne, seigneur
» aumônier; diable! Poursuivez. — La princesse
» Abaquaba et sa cousine Ibiquibi, deux des fem-
» mes du soudan, qui en a beaucoup trop, nous
» firent d'abord les yeux doux, et en chevaliers
» galans nous les aimâmes à l'adoration. Elles
» jurèrent de nous délivrer et de se délivrer avec
» nous, et un soir qu'on les croyait endormies,
» elles descendirent doucement sur la ter-
» rasse qui donne sur la mer; nous nous mîmes
» tous quatre sur une table de cèdre du Liban,
» et élevant les jupons de ces dames au-dessus
» de nos têtes, nous descendîmes assez douce-
» ment de la terrasse dans la mer. Deux re-
» quins, qui passaient par-là, sentirent la chair
» fraîche, et se jetèrent sur Abaquaba et Ibi-
» quibi, beaucoup plus fraîches que nous. A
» notre tour, nous sautâmes sur le dos des re-
» quins; nous leur passâmes, dans la gueule,
» les jarretières de nos dames, qui sautèrent
» lestement en croupe derrière nous, et nous
» forçâmes nos montures à nager vers Cadix.
» Nous n'en étions guère qu'à cent lieues,
» lorsqu'un corsaire de Tripoli parut, et vint
» sur nous à pleines voiles. Dans ce péril émi-
» nent, j'invoquai saint Jacques de Compos-
» telle, en qui j'ai toujours eu beaucoup de
» confiance; mais, hélas! qu'arriva-t-il? Ibi-

» quibi, qui avait eu le malheur de s'attacher
» à un prêtre de la sainte Église, fut prise par
» le corsaire, je ne sais pas trop comment, et
» saint Jacques nous transporta en un clin
» d'œil, mon compagnon, sa sultane et moi,
» dans le cœur de la métropole de Tolède.
» Depuis ce moment fatal, nous courons le pays,
» prêchant une nouvelle croisade, et tâchant
» de lever des soldats pour délivrer Ibiquibi
» des mains des corsaires tripolitains, et Dieu
» sait dans quel état nous la retrouverons !

» Voilà, je crois, seigneur, un récit à tirer
» des larmes de tous les yeux. — Et le sujet
» d'une superbe romance, continua le seigneur
» châtelain. Seigneur Almanzor, il faut faire
» cela à madame. — Si madame le permet... —
» Comment donc, mon cher ami, elle en sera
» très-reconnaissante. »

Séphora rougit, Mendoce pressa, légèrement, un genou qui ne répondit pas; mais qui ne se retira point. Silvia à qui rien n'échappait, se mordait les lèvres. Trufaldin essuyait les siennes, avec l'importance d'un auteur, qui a recueilli les applaudissemens de l'assemblée, et le bon Gonzalve commença à chanter. Il mit tout le monde en train. Mendoce improvisa, avec succès, des couplets, qu'il chantait au mari, et qui s'adressaient à la femme ; la volupté les dictait,

et le désir se cachait sous le voile de la décence.
Séphora n'était plus à elle; le feu circulait
avec son sang. Elle se leva, pour cacher son
trouble, et sortit avec ses femmes et Roxane,
qui devait coucher auprès d'elle. Chacun se
retira de son côté. Séphora ne dormit point,
parce que l'amour naissant chasse le sommeil ;
Roxane ne dormit pas, parce que la jalousie
la tourmentait; Almanzor ne dormit pas, parce
que tantôt il pensait à Séphora, et tantôt il
écrivait les premières scènes du Mystère de la
Conception; Trufaldin ne dormit pas, parce
qu'il réfléchit aux moyens de faire parvenir,
au père de Mendoce, certaine lettre que vous
avez peut-être oubliée; Gonzalve dormit profondément, parce qu'il ne pensait à rien.

Mendoce ne savait pas trop comment il profiterait des heureuses dispositions qu'il avait remarquées dans la belle Séphora. Les mœurs
espagnoles sont sévères, et pénétrer dans son
appartement sans son aveu, c'était s'exposer à
un éclat qui le perdrait dans l'esprit du mari,
qui n'était pas dangereux, mais qui avait bien
le droit de mettre l'ange Gabriel à la porte.
Silvia avait trop d'intérêt d'ailleurs à ne pas
laisser Séphora seule, pour ne pas manquer de
lui faire assidûment sa cour. Tout cela était
embarrassant; mais l'amour trouve toujours

quelque moyen conciliatoire. Mendoce écrivit une lettre passionnée, qu'il se promit de glisser, pendant le dîner, sur les genoux de la dame. Probablement elle n'oserait pas la lui rendre, en présence de son mari; plus probablement encore elle la lirait, quand elle serait seule, et la lecture d'une lettre aussi agréablement tournée, la disposerait à en recevoir une seconde. L'intrigue se lierait alors, car enfin c'est répondre à des billets doux que les recevoir et les lire. Il passa la matinée à donner ses idées et ses ordres aux charpentiers, menuisiers et décorateurs du seigneur Gonzalve. Les quittait-il un instant? Il venait écrire une scène. Était-il las de composer? Il retournait presser l'établissement des ateliers; il marquait, dans le parc, les arbres dont la grosseur et la direction des branches pouvaient abréger la main-d'œuvre; il faisait les billets d'invitation pour la noblesse du voisinage; il envoyait avertir les ménétriers des environs de se tenir prêts à la première sommation; le seigneur Gonzalve suivait ses opérations, admirait sa vivacité, la clarté de ses plans, voyait déjà tous les tableaux, et jouissait d'avance.

On sonne enfin le dîner, et chacun se rend à la salle commune. Mendoce remarqua que Séphora était plus parée que la veille, et il en

augura bien. Elle rougit encore en le voyant ; un sourire imperceptible effleura ses lèvres de rose, et lorsqu'elle s'assit, son pied se trouva, par hasard sans doute, sur celui de l'aimable chevalier. On ne connaissait pas les serviettes, qu'on étend à volonté sur ses genoux, et même sur ceux de sa voisine, et qui permettent à deux mains, qui se cherchent, de se rencontrer et de se toucher un moment. Un gros chien favori, portant le collier doré, aux armes du maître, suppléa aux serviettes: tout sert à l'amour. Le chien était couché paisiblement sous la table ; Mendoce lui pressa vivement la queue du pied qu'il avait libre, le chien se leva, en jetant un cri ; Mendoce prétendit qu'il lui avait mordu la jambe ; il se baisse pour y regarder ; Séphora se baisse aussi, par un intérêt bien naturel ; Mendoce lui prend la main, l'ouvre, y met son billet, la referme, se lève aussitôt, fait quelques tours par la salle, en disant à Gonzalve inquiet : « Ce n'est rien,
» ce n'est rien ; ses dents n'ont pas percé ma
» bottine. »

Que devait faire Séphora de ce billet caché dans sa main ? Le rendre était impossible ; le remettre à son mari eût été d'une imprudence impardonnable. C'était troubler son repos sans nécessité ; c'était compromettre un étourdi, très-blâmable sans doute, mais qui n'était pas coupable au premier chef, parce qu'il aimait une jolie femme. Il n'y avait qu'un milieu dans tout cela, c'était de mettre le billet dans sa poche, et ce fut ce qu'elle fit.

On se remit à table, et Mendoce ne retrouva ni le pied, ni le genou. Il ne s'en étonna point. Il avait donné l'éveil à la pudeur, qui devait combattre, au moins, pour la forme; mais l'agitation du sein, l'incarnat soutenu des joues, lui prouvaient que ces combats étaient trop vifs pour être durables.

Après le dîner, il reprit ses travaux. Silvia s'attacha, plus que jamais, à obséder la jeune dame; Trufaldin chercha à se lier avec un vieux écuyer, dont il comptait faire son confident, et Gonzalve fut faire sa méridienne, et s'endormit, en chantonnant un nouveau couplet du jeune troubadour.

Au souper du soir, au dîner du lendemain, à tous les repas qui suivirent, Mendoce remettait un billet. On les prenait tous, on ne répondait à aucun, et le silence de femme qui aime ne saurait être éternel. L'amoureux chevalier pensa enfin que Séphora recevait ses lettres, parce qu'il y avait du danger à les refuser, et que sa complaisance n'irait pas plus loin.

Séphora, de son côté, pensait que le chevalier n'avait épousé la sultane que par reconnaissance, comme elle n'avait épousé Gonzalve que par intérêt. La froideur du jeune homme pour cette Roxane, ses empressemens auprès d'elle, annonçaient clairement de l'indifférence pour l'une, et de l'amour pour l'autre. Il est agréable, pour une femme sage, d'être aimée d'un petit être charmant, qui, en vingt-quatre heures, est devenu l'ami de la maison; mais à quoi cela peut-il mener? Se manquer à soi-même, quelle horreur! Et puis le chevalier doit bientôt partir; point de ressources.

Trufaldin avait empaumé son écuyer. Intendant des châteaux et domaines du seigneur Gonzalve, il avait toujours un prétexte, qui autorisait des courses, plus ou moins longues : il partit avec la lettre de monsieur l'aumônier, pour rendre le calme à un père au désespoir.

Silvia sentait bien qu'elle ne pouvait rien attendre que d'une nouvelle infidélité, qui peut-être lui ramènerait le volage. C'était un pis-aller fort incertain; mais Mendoce l'avait achetée, payée, il était le maître, et il n'y avait rien à gagner à se brouiller ouvertement avec lui. Il était facile de le faire congédier, en informant Séphora qu'il n'était point son mari, et Gonzalve, que les princesses Abaquaba et Ibiquibi, les requins et saint Jacques de Compostelle, étaient autant de chimères, imaginées par monsieur le chapelain ; mais Mendoce pouvait découvrir cette menée, passer de l'indifférence à la haine, la revendre à quelque roturier, la donner même à quelque goujat. Sans ces considérations, quel tapage elle eût fait ! Elle plus jolie, plus aimable, plus enjouée que cette Séphora, qui ne pouvait avoir, aux yeux du petit traître, que le très-mince mérite de la nouveauté. Ainsi pensait Silvia, ainsi pensent toutes les femmes, sur le compte de leurs rivales.

Gonzalve, vieux, cassé, n'ayant plus que le souvenir de ses qualités physiques, avait cependant conservé un libertinage de tête, qui ne va pas loin, mais qui ne laisse pas d'amuser celui qui est forcé de s'en tenir là. Il savait sa femme par cœur; il continuait de fourrager par habitude, mais sans plaisir, et le sixième jour de l'arrivée du chevalier, il lui passa par la tête que de nouveaux appas pouvaient être piquans à parcourir, et opéreraient peut-être une espece de résurrection. Il était d'ailleurs naturaliste, et l'histoire naturelle d'une princesse africaine ne doit pas ressembler à celle d'une Aragonnaise. Il n'y avait qu'une difficulté, c'est que Mendoce était jeune et beau; qu'il était vieux et laid, et femme qui se prête à une infidélité, veut pouvoir compter sur un bénéfice clair.

Cependant ce beau chevalier était le mari de la princesse; les maris, jeunes et beaux, négligent leurs femmes, et les femmes n'aiment pas à être négligées. Un vieillard bien empressé, bien tendre, faisant peu, mais essayant l'impossible, prouve au moins sa passion, et les femmes aiment les hommes passionnés. D'ailleurs le preux Almanzor faisait voyager sa princesse à pied, lui faisait faire maigre chère, et elle trouverait, au château, le nécessaire et le superflu, motif tout-puissant sur une femme, qui a raison de craindre que la pauvreté n'altère sa fraîcheur. A la vérité, Séphora pouvait trouver extraordinaire qu'une étrangère s'établît chez son époux; mais un vieillard madré a tant de moyens d'en faire accroire à une femme de dix-huit ans, qui n'a d'expérience que celle qu'il lui a communiquée, et c'est si peu de chose que cela! Il était possible qu'Almanzor prît de l'humeur, en se voyant souffler sa femme; mais si cette femme s'obstinait à rester, ou si elle partait pour revenir, qu'aurait à se reprocher le vieux châtelain, et qu'entreprendrait un jeune homme contre un sexagénaire, qui ne pouvait plus soutenir une lance? Et puis, n'avait-on pas main-forte au château? Gonzalve arrêta donc à part lui, qu'il saurait comment sont faites les princesses africaines.

Il fit l'empressé auprès d'Abaquaba, et Mendoce n'eut pas l'air de s'en apercevoir : il fallait qu'il jouât le mari ; mais il s'applaudissait, intérieurement, d'une fantaisie, qui lui donnerait plus de liberté. Il se conduisit cependant avec une extrême circonspection, parce qu'il savait que le mari, le plus convoiteux de la femme du prochain, ne se soucie pas du tout que le prochain convoite la sienne.

Un jour pourtant que Silvia et Gonzalve se promenaient dans le parc, Séphora, qui les voyait de sa chambre, descendit, sans autre intention, sans doute, que de savoir ce qui occupait si fort le chevalier avec les ouvriers du château. Mendoce la voit, va au-devant d'elle, lui remet une quinzième ou seizième épître, que Séphora lui rend avec les précédentes, en lui disant à demi-voix : « Parlez-
» moi, si vous avez quelque chose à me dire ;
» mais ne m'écrivez plus : je ne sais pas
» lire. »

Elle avait cela de commun avec la plupart des belles dames de ce temps-là ; mais ce n'était pas moins diabolique pour Mendoce. Que de peines, que d'esprit il avait perdu ! « Hé
» bien, madame, puisque vous ne savez pas
» lire, il faut s'expliquer clairement, et surtout
» brièvement : je vous adore. — Ah ! c'est là ce

» que vous m'écriviez! — Que puis-je espérer ? —
» Rien. — Quoi! mon amour... — Il m'offense,
» il outrage mon époux, qui vous a reçu comme
» un père. » Séphora ne pensait pas précisément
tout cela; mais sa gouvernante lui avait appris
ces expressions banales, qui éloignent l'homme
qui aime faiblement, et qui font faire, à l'amant
passionné, les extravagances, qui prouvent la
sincérité de son amour, distinction qu'une femme
sage est toujours bien aise de pouvoir faire.

Gonzalve et Silvia, qui aperçurent Mendoce et
Séphora, se hâtèrent de les joindre, pour n'avoir
pas l'air d'être en tête-à-tête. Mendoce, toujours
maître de lui, se plaignit amèrement de ce que
Séphora répétait de travers son rôle de la sainte
Vierge; Séphora qui ne savait de quoi il était question, mais qui avait, comme toutes les femmes, l'esprit du moment, répliqua avec aigreur à Mendoce qu'elle ne pouvait savoir des vers qu'il ne lui avait lus que deux fois; Gonzalve se plaignit de ce que Mendoce avait trahi son secret; Mendoce répliqua que la Vierge ne pouvait écouter l'ange Gabriel, et lui répondre convenablement, s'ils ne commençaient par s'entendre : « Oh!
» oh! oh! dit Gonzalve en riant, la princesse
» jouera parfaitement la Volupté, et sans leçons.
» — Et vous jouerez aussi saint Joseph à mi-
» racle. — Vous croyez? — Je vous en réponds.

» — Bon, bon. Continuez vos leçons à la
» Vierge, moi, je vais faire travailler la Vo-
» lupté. »

Les deux couples se séparent. Le châtelain et la sultane s'enfoncent dans un bosquet; Mendoce en cherchait un opposé; mais Séphora voulait savoir ce que faisaient les charpentiers ; elle voulait avoir une idée générale de la fête ; elle voulait, surtout, que Mendoce lui répétât plusieurs fois quelques tirades saillantes de son rôle, et, pour cela, il n'était pas nécessaire de chercher l'ombre et le secret. Mendoce insista ; elle se défendit en femme décidée. Il céda, persuadé qu'elle évitait toute espèce de conversation particulière : moi, je crois qu'elle n'était que prudente, et qu'elle voulait seulement avoir l'air de s'être occupée de la fête, et pouvoir répondre à son cher époux, s'il lui plaisait de lui en parler. Le rusé Mendoce jugea, qu'avec une pareille femme, il n'avait rien à attendre que d'une circonstance heureuse, qu'elle éloignerait, qu'il fallait faire naître, et dont il était essentiel de savoir profiter. Trufaldin avait pris, sans difficulté, le rôle du Diable, qui choquait son amour-propre, parce qu'il voulait entretenir Mendoce dans une parfaite sécurité. Il passait, à l'étudier, le temps qu'il employait ordinairement en remontrances, et il était assez avancé.

Silvia avait peu à dire, et était prête; Gonzalve n'avait que quatre vers; mais il y avait beaucoup d'action dans tous les rôles. Mendoce représenta la difficulté de prendre de l'ensemble; la gloire qu'il y aurait à surprendre la noblesse des environs, par l'exécution vraie et précise d'une chose, tout-à-fait nouvelle; il conclut en déclarant qu'on n'arriverait à ce but qu'à force de répétitions.

Gonzalve fut entièrement de cet avis. Une seule difficulté l'arrêtait; c'est que la copie de la sainte maison de Lorette n'était pas terminée. Mendoce répondit qu'il arrangerait quelques chambres du château, de manière à pouvoir répéter son mystère. En effet, il coupa une vaste salle en deux, avec des tapisseries de haute-lice, très-exactement cousues ensemble. D'un côté, il établit l'oratoire de la Vierge, et de l'autre le laboratoire de saint Joseph.

Une croisée en face de l'oratoire, ouvrait sur un beau verger. C'est de là que la Volupté et le Diable devaient tenter la brune Marie. Pour l'ange Gabriel, qui n'avait pas encore ses ailes, il convint d'entrer tout bonnement par la porte. Le public devait voir commodément tous les acteurs, en supposant abattu le mur qui fermait la maison du côté du verger, et qui ne se trouverait pas à la cellule qu'on bâtissait dans le parc.

La leçon bien faite à chacun, saint Joseph passe dans son laboratoire, prend sa hache, et se met à équarrir un chevron. Deux ou trois polissons, qui devaient figurer des chérubins, étaient autour de lui. L'un retournait la pièce de bois, quand le saint personnage l'avait suffisamment hachée d'un côté; l'autre ramassait précieusement les copeaux; le troisième recevait, dans une bouteille, les *hans* que le saint charpentier poussait à chaque coup de hache, tableau aussi piquant que varié, et qui enchantait le seigneur châtelain.

La croisée était ouverte, et le Diable présentait à la Vierge, la Volupté dans un désordre et dans des attitudes propres à faire naître certaines idées. La sainte Vierge, à genoux, ne levait pas les yeux de dessus son livre, et faisait force signes de croix, qui ne produisaient aucun effet sur l'esprit tentateur. Le Diable, plus enflammé, plus entrepenant que jamais, par les charmes que son rôle lui permettait de découvrir et de toucher, attendait avec impatience que l'apparition de Gabriel le chassât, avec la Volupté, dans le fond du verger. Un moraliseur est un homme comme un autre.

Ce beau Gabriel paraît enfin, prononce un

exorcisme en vers pompeux, les ennemis du salut disparaissent, et saint Joseph, qui ne doit rien savoir de l'étonnante visite que reçoit sa femme, continue à travailler. Gabriel s'approche de la Vierge, et, sans préambule, sans perdre de temps, il débute avec la pétulance d'un petit-maître et la vigueur d'un Alcide. La Vierge prie, conjure à voix basse; Gabriel n'écoute rien, et ne lui dit que ces mots : « Votre mari est là, et je suis décidé à tout. »

Il était aimé, la Vierge était prudente, sa tête était échauffée....... Elle la perdit tout-à-fait.

Saint Joseph, tout à son rôle, dit en soufflant, et appuyé sur sa hache :

« Non, mon espoir n'est pas déçu :
» Honneur à ma rare industrie,
» Ma pièce est enfin équarrie.

» Et la sainte Vierge a conçu,

reprend l'ange Gabriel.

C'était le dénouement, et certes il n'était pas malheureux. Gonzalve passe par-dessous la tapisserie, et vient embrasser sa femme, en se frottant les mains. Il la trouve sur son prie-dieu, qu'elle n'a pu quitter; le corps voluptueusement penché en arrière, et soutenue sur ses deux coudes; son visage, rouge comme du feu, qu'elle s'efforçait de cacher dans ses mains :

« Bravo ! bravo ! s'écria-t-il, quelle vérité ! Oh !
» je n'en reviens pas. Je crains que madame ne
» retrouve pas devant le public ce beau mou-
» vement d'émotion. — Je ne le crois pas non
» plus, dit Mendoce en souriant ; mais il n'est
» pas nécessaire, pour que la représentation
» plaise, qu'elle soit portée à ce degré de vé-
» rité. Faisons de suite une seconde répétition,
» pour ne rien perdre des effets que nous avons
» trouvés. — Excellente idée, mon ami, et si
» ma femme n'est pas fatiguée.... — Oh ! ma-
» dame ne saurait l'être encore. » Séphora n'é-
tait pas remise, elle ne savait que répondre, ni
que faire ; elle resta sur son prie-dieu, et regarda
le chevalier d'un air, moitié tendre, moitié colère. Après tout, elle n'avait consenti à rien ; ce
qui était fait, était fait ; le caractère imprimé aux
Joseph ne peut s'effacer, et quelques fois, de
plus ou de moins, ne font rien à l'affaire.

Gonzalve court, pesamment, après la Volupté et le Diable, qu'il fallait ramener, pour
commencer une seconde répétition. Séphora,
la belle, la trop sensible Séphora, saisit ce
moment pour donner un libre cours à son désespoir, à ses larmes, à ses reproches, ou peut-
être pour jouer tout cela. Mendoce n'était pas
novice ; il savait que femme qui aime pardonne
toujours ce qu'elle n'a pas dû permettre, et

qu'il n'est qu'un moyen de mériter le pardon. Il mérita le sien d'une manière si complète, que Séphora lui donna, d'elle-même, le baiser de paix.

Gonzalve avait trouvé la Volupté dans un désordre, un peu plus caractérisé, que celui qu'il fallait pour la scène; cependant il n'avait rien vu qui pût établir des soupçons fondés. D'ailleurs, il n'était pas possible qu'une sultane préférât un pauvre chapelain à un seigneur d'importance : ainsi raisonne l'amour-propre. La vérité est que l'ardente Silvia se voyait négligée par Mendoce; elle avait éprouvé que Gonzalve ne pouvait rien; Trufaldin n'était pas beau, il n'était pas jeune; mais il était homme, très-homme. Il ne s'était pas arrêté à des propositions, qui valent des soufflets; il avait agi tout bêtement, et, ma foi, on l'avait laissé faire.

On répéta une seconde, une troisième fois; on répéta le lendemain, le surlendemain, et Séphora finit par demander elle-même des répétitions. Mendoce n'en pouvait plus; Trufaldin marchait courbé sur sa canne ; Gonzalve se moquait d'eux, et jurait qu'il était infatigable, et qu'il répéterait cinquante fois par jour : je le crois.

Ce jour qu'on attendait, si doucement, et pour lequel on avait fait de si grands préparatifs, parut enfin. La sainte maison était placée sur une éminence couverte de gazon ; derrière la maison étaient les ménétriers, qu'on avait soigneusement cachés dans des arbustes, pour que cette musique invisible parût tout-à-fait céleste. Elle devait avoir toute l'harmonie que nous supposons à celle des anges, car il faut toujours, et partout, que le spectateur aide un peu à la lettre, et cherche à se faire illusion.

Sur un côté de la sainte maison, était une touffe de coudriers, dont Mendoce avait fait abattre le centre : c'était la loge où devaient s'habiller les acteurs, et où devait être un buffet de rafraîchissemens.

En avant de la maison, étaient des gradins en amphithéâtre. Les premiers étaient couverts des tapisseries, dont on pouvait se passer au château, et de toutes les housses des mulets, brodées aux armes du châtelain : ces gradins étaient réservés à la haute noblesse. Les autres, en simples planches, étaient destinés aux écuyers, aux gentillâtres, aux gens de service, aux manans que la curiosité attirerait.

Dans un coin du parc, on avait établi les cuisines : il fallait que tout fût champêtre. Un bœuf entier tournait, embroché par un baliveau de quatre ans. Trente serfs étaient commandés pour le servir sur un brancard, garni en dessous, de terrines, pour recevoir le jus, que ferait couler à flots monsieur l'écuyer tranchant. Près du bœuf rôtissait un veau, de très-belle apparence; à dix pas de celui-ci, cuisaient modestement trois moutons; enfin on avait enfilé, dans trois vieilles lances suspendues les unes sur les autres, faisans, perdreaux, oisons, poulets et autres volailles.

Autour d'une table de six cents couverts, qu'ombrageaient de vieux chênes, étaient rangées, debout, vingt à trente pièces de vin, et une salle verte avait été percée, battue et sablée pour le bal.

Déjà le cornet sonnait, à chaque instant, du haut de la tour; déjà le château s'emplissait de gens, et les écuries de mules. Gonzalve, enchanté des dispositions de son cher ami Almanzor, recevait ses convives, avec l'empressement que donne la vraie gaîté, et leur promettait une journée miraculeuse. Mendoce s'était échappé de la foule; il était monté chez Séphora, qui se formait de jour en jour, et qui savait déjà éloigner ses femmes, sous des prétextes si naturels, que les plus fins eussent été en défaut. Ils se dédommageaient, bien innocemment, de la contrainte qu'ils éprouveraient dans la journée, et dans les intervalles d'un dédommagement à un autre, Mendoce, qui n'avait pas de raisons de rien cacher à une femme, dont il s'était assuré, et qui, peut-être, était flatté de lui apprendre qu'il n'était rien moins qu'un aventurier, Mendoce contait à Séphora sa véritable histoire.

Séphora jouissait du plaisir d'avoir fixé un des premiers seigneurs de la Catalogne, elle s'applaudissait, surtout, de ne trouver dans cette épouse, qu'elle craignait tant, qu'une esclave, dont on disposerait, si on avait intérêt à l'éloigner; elle voyait, dans la sécurité de son mari, son goût pour les fêtes, et dans la féconde imagination de Mendoce, des moyens sûrs de perpétuer une intrigue, qui faisait le bonheur de sa vie. Elle couvrait son amant de caresses; elle souriait aux sermens qu'il lui faisait d'aimer toujours, sermens qu'il prononçait de bonne foi, bien qu'il en eût violé mille de cette espèce, et que rien ne dût lui faire croire qu'il tiendrait plutôt ceux-ci que les précédens; mais notre cœur est fait ainsi : *la passion voit tout éternel*, et *la nature humaine veut que tout finisse.*

La grosse cloche du château a sonné; on se rassemble de toutes parts. Mendoce présente à une assemblée, aussi nombreuse que brillante, sa Séphora, parée des mains de l'art, et embellie par celles du plaisir; sa Séphora, qui ne voit que lui dans une foule de jeunes chevaliers, qui semblent se disputer un seul de ses regards; sa Séphora, qui n'a qu'une attention, qu'un travail, qu'une gêne, c'est de cacher l'amour qui la consume, et qui la nourrit.

On dîne, on mange, on boit, on rit. Gonzalve prie son cher Almanzor de commencer l'enchantement; il avait fait des couplets délicieux : le bonheur n'en dicte pas d'autres. Silvia et Trufaldin l'accompagnaient de leurs guitares ; cette nouveauté enchaînait toutes les langues, flattait toutes les oreilles. Pas un vers sentimental, que chaque femme ne pût s'appliquer; pas un qui ne fût fait pour Séphora, pas un qu'elle ne s'appliquât. Ivre de son amour, de celui de son amant, de ses grâces mâles et fières, elle croyait n'avoir plus rien à désirer. Les éloges flatteurs, dont on le combla, lui procurèrent un plaisir, dont elle n'avait pas d'idée, celui de le voir recherché, caressé, honoré par des gens, dont l'hommage désintéressé n'était que plus flatteur. Il semble qu'un cœur amoureux s'enrichisse de l'éclat, des qualités, des succès de l'objet aimé.

Gonzalve s'était enroué à force de crier, bravo! « Messieurs, criait-il, messieurs, j'ai » imaginé ces fêtes, parce qu'il faut des plaisirs » innocens à une femme sage! » Ici Séphora

rougit. « L'homme qui les dirige, l'homme
» que vous applaudissez et qui vous étonnera
» encore davantage, n'a pas reçu de récom-
» pense ; je lui réserve, à vos yeux, celle qui
» doit flatter le plus un chevalier : allons,
» Almanzor, levez-vous, et, pour la première
» fois, embrassez madame, je le permets. »

Mendoce se lève, en riant de tout son
cœur. « Voyez, voyez, disait Gonzalve à un
» seigneur qui était près de lui, ce baiser ne
» lui fait pas la plus légère impression. Oh,
» c'est un garçon sage, réservé,....... Voyez,
» voyez comme madame rougit. Ils ont pour-
» tant répété souvent ensemble ; mais c'est
» qu'elle est d'une pudeur, d'une chasteté!....
» Heureux, mon ami, cent fois heureux
» l'homme à qui le Ciel accorde une pareille
» femme! »

Les tambours battent, les fifres jouent, les
trompettes sonnent, tout annonce des plaisirs
nouveaux. On quitte la table, on court, on
s'empresse, les acteurs s'habillent, les spectateurs se rangent, les invisibles ménétriers com-
mencent; quarante violons raclent, à la fois, la
même partie d'une vieille chanson, faite en
l'honneur du Cid, et on s'extasie, et on applaudit des pieds et des mains. Ce n'est pas
que l'air eût rien de bien étonnant; mais ja-

mais quarante violons ne s'étaient trouvés ensemble, depuis l'invention de l'instrument, et ces sons aigus, qui sifflaient à travers les branches, ou qui arrivaient sur les ailes du vent de bise, avaient quelque chose de si extraordinaire, pour des gens qui n'avaient vu aucune de nos merveilles, qu'il n'est pas permis de se moquer d'eux. Ce n'était rien encore : des hérauts d'armes annoncent que la maison, qu'on voit, est celle de la sainte Vierge, et qu'on va représenter le Mystère de la Conception, rendu par des figures vivantes. On ne se possède plus ; le délire est au comble.

La sainte Vierge est en costume; sa figure céleste est voilée; ses mains officieuses ont attaché les ailes à l'ange Gabriel, et sa belle bouche a dit bien bas : *Pour la première fois, l'amour les coupera ce soir.* Le Diable s'est coiffé de son bois de cerf; saint Josph a pris sa hache; ses chérubins l'entourent; douze rideaux, qui n'en font qu'un, se tirent sur un long cordeau de la buanderie de madame; des mains, déjà enflées, applaudissent à la bonhomie du représentant du patron des bons maris. On regarde la Vierge; toutes les femmes envient ses charmes, tous les hommes voudraient être l'ange Gabriel. Personne, hélas ! ne se doutait de l'accident dont on était menacé.

On avait à peine débité dix vers, que le majordome annonça un grand seigneur catalan, que la renommée avait instruit de la magnificence de la fête, et qui venait pour y prendre part. Il était suivi de ses écuyers et de cinquante hommes d'armes, ce qui n'était pas suspect alors, parce que les grands voyageaient ainsi, et en mettant, pour le souper, un bœuf de plus à la broche, on était sûr de traiter dignement ce seigneur et son escorte.

Saint Joseph oublia un moment son rôle, et vint féliciter l'arrivant. L'arrivant lui dit, à l'oreille, qu'il avait quelque chose de la plus haute importance à lui révéler ; saint Joseph répondit qu'il ne pouvait donner audience à personne, que lorsque la sainte Vierge aurait conçu, et que tout ce qu'il pouvait faire, c'était de recommencer les dix vers, qu'il avait débités. Il retourne à sa place, reprend sa hache, et recommence. C'est de cette époque que les prédicateurs ont pris l'usage de recommencer leur sermon, lorsqu'un personnage distingué entre, même à la fin du discours.

Tout alla fort bien, jusqu'à l'entrée de l'ange Gabriel. Il était monté à la croisée sur une échelle, ainsi que cela se pratique encore à présent, et il s'était couché, sur le ventre, les ailes étendues, au bout d'une planche, frottée de savon vert, qui allait en baissant, jusqu'au pied de l'oratoire de Marie, et qui était barbouillée en jaune, pour figurer un des rayons de gloire, qui accompagnent, ou qui précèdent l'ambassadeur du Saint-Esprit.

L'ange galant s'agenouille devant la séduisante Marie, et la salue d'un *Ave Maria*. Toutes les femmes se disent à l'oreille que le bel ange est digne d'être le père du Sauveur ; les hommes se disent que la Vierge mérite d'en être la mère et l'épouse, ce qui, à la rigueur, pouvait être sans inceste, puisque c'était le bon Dieu qui se faisait lui-même. Oh ! si nous avions tous cette faculté, que de perfections nous rassemblerions sur nous ! Taille, tournure, fraîcheur, jeunesse éternelle, fortune immense, que de choses nous nous donnerions ! Pour de l'esprit, du jugement, de la moralité, personne n'y penserait sans doute, car nous savons tous que nous avons de tout cela beaucoup plus qu'il n'en faut.

Au milieu de ces murmures d'approbation, le seigneur catalan s'était levé, regardait l'ange Gabriel, le reconnut au son de voix, et s'écria : « Par la sambleu ! je crois que voilà mon » drôle ! » Le fripon d'ange, frappé de l'organe qui a articulé ces paroles, regarde aussi, et s'écrie à son tour : « Par la sambleu ! je crois

» que c'est mon père ! » Il repasse par sa fenêtre, prend son échelle, la jette dans les jambes des chevaux de quelques hommes d'armes du papa, qui voulaient lui disputer le passage, sans chausses, sans haut-de-chausses, il court à travers le bois, en petite tunique blanche, qui ne descend qu'aux genoux, et il est arrêté, à chaque pas, par ses grandes ailes, qui ploient, qui cassent, qui se déploient, et qu'il n'a pas le temps d'arracher tout-à-fait.

A ces terribles mots, *Voilà mon père*, Séphora, qui sait ce qu'a à craindre son amant, se trouve mal ; Trufaldin, qui veut recueillir le prix de son zèle, n'entend pas que le jeune homme s'échappe ; il court après lui, en habit de diable, son bois de cerf noué sous le menton, et l'appelle en feignant de vouloir l'accompagner ; mais en effet pour avertir les hommes d'armes de la route qu'il prenait. Les hommes d'armes, que le comte d'Aran avait mis, prudemment, en vedette, avaient vu passer un ange et un diable, et ne sachant rien de ce qui se faisait à cent pas devant eux, ils avaient été terrifiés, et restaient immobiles, comme vous le seriez, si les fantômes de Robertson vous apparaissaient au milieu de la nuit, sans que vous fussiez prévenu. La Volupté cherchait à faire revenir la sainte Vierge : saint Joseph, avec sa

bonhomie ordinaire, les fourrageait toutes deux;
les spectateurs, empressés de l'aider, sautèrent
par-dessus les bancs, renversèrent, éteignirent
quatre flambeaux qui éclairaient la scène. Quand
on est dans les ténèbres, il faut nécessairement
jouer des mains, et ce jeu-là mène promptement à un autre. On était mêlé; celui qui rencontrait une femme s'accrochait à elle, quand
les formes ne le repoussaient pas; celle qui
trouvait à prendre s'accrochait, et ne lâchait
prise que lorsqu'il ne restait plus rien. Alors,
on accrochait, ou on se laissait accrocher ailleurs. Le tumulte dura jusqu'au jour, et personne ne s'en plaignait, parce que chacun y
trouvait son compte. Quelle nuit pour les vieilles
dont les ruines se soutenaient encore! quelle
nuit pour les jeunes, qui avaient rencontré leur
amant! quelle nuit pour les amans, qui soupiraient après l'instant du bonheur! quelle nuit
pour les amans qui brûlaient d'être infidèles!
quelle nuit pour les maris qui désiraient un héritier de leur nom, et qui, par amour-propre,
croyaient leurs femmes stériles! Oh! mais, c'est
qu'il y eut des enfans de faits! il y en eut! il
y en eut! Vous seul pouvez les compter, mon
Dieu! et tout cela pour célébrer la Conception
de madame votre mère.

Laissons le Diable et l'ange Gabriel courir

les champs. Revenons aux comtes d'Aran et de Cerdagne, depuis si long-temps oubliés.

D'Aran avait fait arranger la tour du Nord, pendant que Trufaldin était allé lui chercher son fils. Les portes étaient réparées, les serrures, rouillées, étaient frottées et huilées, des grilles neuves étaient posées aux fenêtres, un domestique bègue, sourd, et ne sachant pas lire, était chargé des fonctions de geôlier. Il devait fournir au jeune captif d'excellens alimens, parce qu'il ne faut, dans aucun cas, altérer l'estomac d'un fils unique; il lui était enjoint, en outre, d'ouvrir sa fenêtre deux heures par jour, pour renouveler l'air de ses poumons. Quant à l'exercice, on jugea qu'il en avait assez pris à Sarragosse, et de toutes les manières, pour pouvoir s'en passer pendant quelques mois.

La comtesse d'Aran n'avait pas vu d'un bon œil ces rigoureux préparatifs. Elle était mère, bonne mère, et ce sexe indulgent le devient davantage, quand le coupable est aussi cher. Elle avait essayé plusieurs fois de fléchir son mari qui était bon père aussi, mais qui avait de la fermeté, et même de la roideur dans le caractère, et qui termina les sollicitations par un *je le veux*, prononcé avec la dignité d'un héros du douzième siècle.

Depuis quinze jours on attendait le prisonnier, et on n'en avait pas de nouvelles. On comptait les heures, les minutes ; madame d'Aran ne dissimulait plus ses alarmes, le comte renfermait les siennes, mais le Diable n'y perdait rien.

Il était en effet extraordinaire que Trufaldin n'écrivît pas s'il était arrivé quelque chose de funeste ; il n'était pas vraisemblable que sept à huit hommes armés qui l'accompagnaient, eussent tous péri, et aucun n'avait reparu. Le comte voulait faire partir quelques écuyers pour Sarragosse ; la comtesse observait que la goutte laissait du relâche à son mari, et qu'il est des cas où on ne doit s'en rapporter qu'à soi-même. Le comte se décida donc à se mettre dans sa litière ; il se fit accompagner d'une forte escorte, et partit pour aller lui-même aux informations.

Son premier soin, en arrivant à Sarragosse, fut d'aller présenter ses respects au prêtre-roi, qui le reçut fort bien, mais qui ne put lui donner des nouvelles de son fils, parce qu'on n'avait pas encore imaginé les lieutenans de police, les exempts, les inspecteurs, les mouchards, le guet, les réverbères, et tant d'autres moyens de servir les uns, et de désoler les autres. Aussi se couchait-on à sept heures dans la capitale du royaume d'Aragon, parce que les rues n'étaient point pavées ; qu'on risquait, en sortant, la nuit, de se mettre dans la boue jusqu'aux aisselles, ou d'être dépouillé par les filous, ou de recevoir, sur la tête, des cassolettes, que chacun avait le privilége de vider par sa fenêtre.

En récompense, c'était une ville charmante le jour. Le boulanger vous vendait à faux poids ; le boucher vous donnait de la viande pourrie ; le marchand de vin vous faisait boire du poiré pour du vin blanc ; on vous égorgeait chez les filles ; on vous volait dans les tripots. Vous opposiez votre poignard à ces petits inconvéniens ; il servait vos haines personnelles, votre ambiton, votre intérêt, et si vous pouviez, après avoir poignardé sept à huit personnes, gagner la porte d'une église, d'une chapelle, d'un couvent, il n'était plus question de rien. Oh ! que nous avons raison de regretter le bon vieux temps.

Ce n'était pas tout-à-fait la même chose dans le quartier de la cour. On n'y était assassiné qu'en duel, parce qu'une garde nombreuse veillait sur toutes les avenues qui conduisaient jusqu'au prince ; on n'y craignait que des indigestions, parce que les pourvoyeurs se faisaient donner ce qu'il y avait de mieux ; les dames ne vous volaient point, parce que vous leur prêtiez volontairement de l'argent, qu'elles vous rendaient en toute autre monnaie ; on n'osait vous accuser d'un crime, parce que vous appeliez au jugement de Dieu, que vous faisiez venir votre accusateur en champ clos, et que si vous aviez le bras bon, vous prouviez évidemment votre innocence, en lui passant votre lance au travers du corps. Aussi le quartier de la cour était celui de tous ceux qui laissaient à la canaille les petites friponneries, les forfaits obscurs, dont j'ai parlé plus haut. C'était là que le comte d'Aran avait pris un logement. Tous les matins, il montait sur sa mule, et parcourait les différens quartiers de la ville, suivi de quatre officiers. Il prenait des informations, n'apprenait rien, revenait s'ennuyer orgueilleusement, auprès du monarque, qui tombait dans l'enfance, de ses courtisans, qui le regardaient comme un provincial, et des dames de la cour, qui ne prenaient pas garde à lui, parce qu'il était vieux.

Ce genre de vie l'ennuya bientôt. Il sentit qu'il était plus agréable de commander dans ses domaines, que de ramper à la cour ; il sentit que toutes ces beautés capricieuses ne valaient pas une épouse, dont les soins tendres, empressés, soutenus, dont la société égale et douce effaçaient les rides naissantes ; mais comment retourner auprès d'elle, sans lui apporter des nouvelles de son fils ?

Fidèle à la loi qu'il s'était imposée de passer ses matinées en recherches, il aperçut un jour un des gens qui avaient accompagné Trufaldin. Ce drôle, ainsi que ses camarades, s'était bien trouvé du séjour, et de la licence d'une grande ville; ils l'avaient préférée aux travaux utiles et honnêtes, qui avaient occupé leur première jeunesse, et ils avaient pris chacun un maître, qui les habillait, les nourrissait, les payait bien, et ne leur donnait rien à faire. C'est depuis ce temps que les jeunes paysans ont pris la louable habitude de quitter la charrue; de venir endosser la livrée, dans la capitale; de passer les journées entières, à la porte de l'hôtel, à ricaner au nez des passans, ou à faire pis.

Le comte d'Aran n'eut pas plutôt aperçu celui-ci, qu'il poussa sa mule, le fit entourer par ses estafiers, et lui ordonna de lui dire ce qu'était devenu son fils. Le drôle répondit qu'il appartenait à M. le comte de Pardès, qui ne souffrirait pas qu'on insultât sa livrée, et qu'il exigeait, au nom de son maître, qu'on lui laissât le passage libre. Comme il était convenu, entre gens d'un certain rang, qu'un père infortuné, ou tout autre, ne pourrait faire parler un coquin, qu'autant que son maître le trouverait bon, le comte d'Aran fut trouver le comte de Pardès, commença par l'informer des égards qu'il avait eus pour son nom, lui exposa ensuite le sujet de son voyage, et apprit, selon toutes les règles de l'étiquette du temps, que son fils et Trufaldin étaient disparus, et couraient le pays. Le malheureux papa n'était plus en état de courir comme eux; il reprit tristement le chemin de son manoir, et voulut, en passant, avoir la consolation de s'affliger avec son cher Cerdagne.

Cerdagne avait cinquante ans; mais nulle infirmité. Il ne jouait plus que rarement avec la petite Rotrulde, qu'il gardait à peu près par reconnaissance. Tous ses goûts, tous ses plaisirs, tous ses vœux se réunissaient sur sa fille, belle au-delà de l'expression, aimante comme sa mère, douce comme madame d'Aran, aimable et polie comme son père. Seul capable de faire l'éducation de Séraphine, il avait formé son esprit, et lui avait communiqué ces qualités séduisantes, auxquelles il avait dû tant de brillantes aventures, et dont elle était incapable d'abuser.

Tout-à-fait revenu des étourderies de sa jeunesse, Cerdagne ne haïssait pas les jeunes gens étourdis. Il prétendait qu'un sage, de vingt ans, doit n'être qu'un sot à trente, et au lieu de se répandre en doléances, pendant le long récit de l'ami d'Aran, il rit beaucoup des extravagances de son gendre futur, et en plaisanta tant, que d'Aran étonné, s'arrêta au moment où il allait assaisonner sa péroraison de quelques larmes, qui, selon lui, devaient faire un grand effet sur son auditeur.

« Je n'aurais pas cru, dit-il, en remettant
» son mouchoir qu'il avait tiré d'avance, je
» n'aurais pas cru qu'il y eût le mot pour rire
» dans tout cela. — Je ne vois pas qu'il y ait
» de quoi pleurer : ton fils fait des sottises à
» dix-huit ans, tant mieux. — Comment, tant
» mieux ! — Aimerais-tu mieux qu'il en fît après
» être marié ! — Je ne veux pas qu'il en fasse
» du tout. — Un jeune homme vif, enjoué,
» aimable, ne pas faire de sottises ! — Je n'en
» ai pas fait, moi. — Hé bien, il paie ta dette.
» — Il me paiera la sienne ; la tour du Nord
» l'attend. — Es-tu fou ? — Je suis juste. — Tu
» ne sais ce que tu dis. La justice n'est autre
» chose que l'action de rendre, à soi-même, et
» aux autres, ce qui leur est dû. Ton fils ne
» mérite pas d'être enfermé dans une vilaine
» tour, parce qu'il t'a mangé de l'argent, et
» qu'il court l'Aragon pour se soustraire à ta
» sévérité ; voilà pour lui. Tu ne te donneras
» pas le chagrin de le voir souffrir ; tu ne t'ex-

» poseras pas à perdre son cœur, par une ri-
» gueur inutile ; voilà pour toi.—Inutile, dit-tu ?
» — Très-inutile. Mon ami, la nature fait les
» têtes folles, et la nature seule les mûrit. Ren-
» verse tes grilles et tes verroux, embrasse ton
» fils quand tu le verras, recommande-lui d'être
» sage ; il te le promettra, et il tiendra parole
» s'il le peut ; voilà tout ce que je vois à faire
» dans cette circonstance. — Et tu lui donneras
» ta fille ! — Oui, parbleu, je la lui donnerai. J'en
» ai fait bien d'autres, à son âge. En ai-je moins
» été excellent mari, bon père, bon ami ? Tu
» ne sais pas, toi, qui as toujours été sage,
» quel ascendant prend sur une jeune tête, une
» femme belle, aimable et vertueuse. — Ce
» malheureux Mendoce, que fait-il à présent ?
» — Des étourderies. Que veux-tu qu'il fasse ?
» — Pas de ressources ! pas d'argent ! — Ah !
» avoue donc que tu serais trop heureux de
» pouvoir lui en envoyer. Tu me fais pitié,
» avec ta tour du Nord. — Il tombera dans la
» misère. — Tant mieux encore. — Je ne vois
» pas cela. — Hé ! mon ami, l'infortune est le
» grand précepteur des jeunes gens ; il n'y a
» pas de sermons, de verroux qui vaillent ses
» utiles leçons. — Mais, s'il pâtit ? — Nous le
» remettrons. — S'il est rejeté ? — Il poussera
» plus loin. — Outragé ? — N'a-t-il pas une

» épée? — Tu me fais frémir. — Allons, tou-
» jours extrême ! Tout à l'heure, tu étais un
» homme dur ; te voilà maintenant père pu-
» sillanime. — Si du moins je savais où il est ! —
» Il faut le chercher. — Puis-je courir sans cesse,
» m'exposer à être repris de ma goutte dans un
» bois, dans un village ? — Je courrai pour toi.
» — Ah ! mon ami ! mon digne ami ! — Pas
» de remercîmens, tu ne m'en dois pas : il
» faut bien que je tâche de retrouver mon
» gendre. Retourne dans ton château ; envoie
» quelques-uns de tes gens, car je ne connais pas
» ton fils ; je me mettrai à la tête de tout mon
» monde ; nous nous partagerons en quatre
» troupes ; nous fouillerons la Catalogne, l'A-
» ragon, les deux Castilles, et quelque sottise
» d'éclat nous le fera retrouver. »

Le comte d'Aran repartit pour son château, persuadé par Cerdagne qu'il ne faut exiger de la jeunesse que ce qu'elle peut donner, et que les pères les plus sévères ne sont pas les plus heureux. Il consola un peu sa femme, en lui rappelant l'adresse et l'activité de son ami ; ils espéraient tout de l'avenir, en pensant que la raison cachée sous l'amabilité de Cerdagne, pourrait beaucoup sur leur cher Mendoce. Une seule chose leur paraissait inexplicable, c'était que Trufaldin, qui leur devait tant, qu'ils croyaient digne de leur confiance, eût consenti à partager les travers et la fuite de son jeune maître : c'était sur lui que devaient retomber les effets d'une colère que Cerdagne avait détournée de Mendoce. On ne trouvait pas de châtimens assez sévères pour punir sa perfidie, quand le vieux écuyer de saint Joseph parut avec la lettre de ce pauvre Trufaldin.

Elle fit passer tout à coup cette famille désolée, de l'excès de la douleur au comble de la joie. Le comte d'Aran ne connaissait pas le seigneur Gonzalve, qui avait passé les deux tiers de sa vie dans une entière obscurité ; mais il comptait avec raison, sur les égards que personne ne pouvait refuser à un nom illustré par ses aïeux et par lui. Cependant un héros a la goutte comme un chanoine ; d'Aran sentait quelques picotemens, provoqués par le voyage assez pénible qu'il venait de terminer. Il écrivit une belle et longue épître au seigneur Gonzalve, et il fit partir le plus leste de ses écuyers sur le meilleur de ses chevaux, pour porter le paquet à Cerdagne, qu'il rendait dépositaire de l'autorité paternelle.

Dès ce moment madame d'Aran pria moins le bon Dieu ; elle oublia sa Bible ; elle délaissa sa tapisserie ; elle sourit à ses gens ; elle caressa son mari ; son mari, aussi gai qu'elle, répondit à ses agaceries. Des appas, qui pouvaient passer encore pour un hasard supportable, et que trois épais fichus dérobaient, depuis des années, à tous les yeux, eurent pour lui les charmes de la nouveauté. Les jésuites n'étaient pas encore inventés ; mais on connaissait déjà certaine grâce efficace, dont la femme la plus réservée fait toujours un certain cas. Madame d'Aran avait la main très-belle ; il est des circonstances, où le devoir conjugal peut s'étendre un peu loin, et le comte se trouva enfin en état de grâce. Madame d'Aran, bien sûre de lui, le quitte, et va, les yeux baissés, et rougissant à demi, ordonner à sa femme de confiance de préparer la couche nuptiale, abandonnée, depuis quinze ans, à la poussière, et à son chat favori. Il n'était pas impossible encore qu'un petit frère ou une petite sœur vînt, dans neuf mois, punir le fougueux Mendoce, et madame d'Aran caressait cette idée. Une fille surtout comblerait tous ses vœux ; elle ne ferait pas de sottises, elle lui tiendrait fidèle compagnie, et la piété filiale lui fermerait les yeux.

Le souper fut animé comme l'imagination des deux époux. Propos galans, petits soins, attentions fines, tout fut mis en usage de part et d'autre. Les domestiques étaient émerveillés; d'Aran était étonné, lui-même, et madame s'applaudissait de son ouvrage. Elle se frottait les mains, qu'elle regardait avec complaisance, et elle se promettait *in petto* d'en faire quelquefois encore des instrumens de grâce efficace. Enfin on se met au lit, dans ce lit, jadis le théâtre de plaisirs purs et multipliés, et qui va l'être encore, à la multiplicité près.

En effet, tout allait au mieux. La bonne comtesse avait déjà été heureuse; le comte touchait au moment de l'être, et sa laborieuse épouse le secondait de son mieux. Tout à coup......... crac, crac, crac......... une des barres de la couchette casse, elle entraîne le dossier; les deux colonnes de la tête se brisent, les colonnes du pied ne peuvent plus soutenir un ciel de six pieds en carré; elles rompent aussi. Les matelas étaient descendus assez mollement à terre; les époux s'étaient prêtés à une chute, assez indifférente jusqu'alors, et le brave d'Aran n'avait pas perdu les arçons; mais le dossier lui tombe sur la tête, le ciel du lit lui couvre tout le corps, et le tient cloué à son poste. Madame d'Aran crie qu'elle étouffe; le comte d'Aran crie qu'il ne peut faire le moindre mouvement, et comment remuer, sous un ciel de lit de bois de noyer, à moulures d'or, entouré de grosses verges de fer, qui supportent huit rideaux d'un point de Hongrie d'un quart de pouce d'épaisseur?

Les malheureux époux continuaient de crier, et eussent crié jusqu'à extinction de forces et de chaleur, si un fripon de page, qui les avait servis à table, et qui comptait sur une scène comique, n'eût été, après souper, écouter à la porte de la chambre nuptiale. Le bruit, occasioné par la chute du lit, et les premières exclamations du comte et de la comtesse le mirent d'abord au fait ; mais comment entrer, lui qui devait être couché à l'autre extrémité du château, sans déceler sa petite curiosité, et s'exposer à être chassé? Il était plus simple d'aller avertir une des femmes de madame, avec qui il n'était pas mal, et qui trouverait peut-être un prétexte pour entrer chez sa maîtresse. Il cherchait, en tâtonnant, la chambre de sa belle, et sa belle, qui ne l'attendait pas cette nuit, s'était levée doucement, et était allée, au bout de la grande galerie, chercher un bel écuyer, qui ne pouvait la venir trouver, parce que sa chambre n'était separée de celles des autres femmes que par une mince cloison. Le page ne concevait pas où pouvait être sa maîtresse, à pareille heure ; il ne soupçonnait pas qu'elle eût, ainsi que bien d'aimables fri-

ponnes, l'art de mener deux intrigues de front. Il ne savait quel parti prendre; il allait, il venait, et ses maîtres suffoquaient, victimes de ses irrésolutions. « Si du moins j'avais fini, disait
» le malheureux comte, en haletant. — Hélas!
» j'allais finir pour la seconde fois, reprenait la
» comtesse en mots entrecoupés. Qu'il est dur
» d'être étouffés dans un semblable moment! »

Une demi-heure de plus, et ils l'étaient infailliblement; mais le Diable, qui aime les pages, leur souffle toujours quelqu'expédient. Le démon familier de notre espiègle lui suggéra d'aller mettre le feu à un tas de bourrées qui était dans le fournil, précisément au-dessous de la salle des pages. Il était tout simple, alors, de sonner la grosse cloche, de crier au feu, de mettre tous les gens sur pied, et de se faire un mérite d'avoir été le premier levé. A la vérité, ce moyen pouvait incendier tout le château; mais le Diable ne donne pas un conseil qui ne soit une méchanceté.

Au tapage infernal que fit le page quand il eut allumé ses bourrées, il eût réveillé toute une armée. L'un courait, son haut-de-chausses à la main; celle-là, en se couvrant un sein d'une main, découvrait l'autre; celui-ci, pour se cacher le derrière, démasquait le devant. On allait, on criait, on se heurtait, on ne s'entendait pas ; les fagots brûlaient toujours, madame était toujours écrasée par monsieur, qu'écrasait, à son tour, le fardeau qu'il portait.

Quand le page vit que les femmes ne s'occupaient que de leurs tétons, dont la plupart ne valaient pas la peine d'être cachés, il courut lui-même à la chambre des maîtres, car enfin ce ne peut être un crime que de sauver son seigneur de la grillade. Lorsqu'il vit leur situation diabolique, il hurla, parce que personne ne l'eût entendu, s'il n'eût fait que crier. Deux ou trois valets vinrent, et mêlèrent leurs hurlemens à ceux du page. En un instant, palefreniers, écuyers, marmitons, filles d'honneur, filles suivantes, toute la maison est dans la chambre. Six hommes vigoureux enlèvent le bois de noyer, le fer et le point de Hongrie. Monsieur et madame respirent ; mais dans quel état, grand Dieu, s'offrent-ils à tous les regards ! Monsieur, pour s'ébattre plus voluptueusement, avait quitté sa chemise de laine, et la honte empêche madame de penser à sa position. Monsieur, enragé que le point conjugal paraisse au grand jour, court comme les autres par la chambre, et cherche de quoi le couvrir. Il veut arracher un juste, un fichu, une cotte, à quelqu'une des femmes, toutes se sauvent devant lui. Il les traite de folles, d'imbéciles, et il ne réfléchit pas qu'il est nu, et loin de cet état qui détermine quelquefois une femme à s'arrêter. Il continue de les poursuivre; elles s'obstinent à le fuir; il traverse une salle basse, il croit voir un vieux manchon sur le carreau, il le prend, remonte, s'approche de madame, applique le manchon au point central, et madame se lève brusquement en poussant des cris affreux, et elle se met à courir comme les autres, précisément dans l'état où était Eve avant qu'elle pensât à la feuille de figuier, mais n'ayant pas les cheveux aussi longs que ceux de la grand'maman du genre humain.

Le comte la regardait avec étonnement, et ne concevait rien à la conduite de ce modèle de chasteté. Il ne savait pas que ce qu'il avait pris pour un manchon était un hérisson qu'il avait saisi par la tête, et dont les pointes avaient chassé la pudeur jusqu'au fin fond de sa grotte rosée.

Lorsqu'on parvint à s'expliquer et à s'entendre, car c'est toujours par-là que se termine le désordre le plus extraordinaire; lorsque chacun eut caché, tant bien que mal, ce qu'on montre avec tant de répugnance, ou avec tant de plaisir; lorsqu'on eut humecté, avec de l'eau-de-vie de lavande, les piqûres multipliées qu'avait faites le bien innocent hérisson, on s'aperçut que le feu avait gagné la salle des pages. Oe s'empressa pour l'éteindre; mais comme on n'avait ni administration des eaux, ni pompiers, ni seaux de cuir, ni échelles pour les incendies, toute l'aile brûla, avec trente pauvres mules qu'on oublia dans l'écurie qui touchait au fournil, et tout le château eût brûlé sans doute, si les gros murs de l'aile incendiée, déjà très-vieux et soutenus debout par les poutres qui portaient les planchers, ne se fussent écroulés d'eux-mêmes, et n'eussent en grande partie étouffé le feu. Il ne périt sous les décombres que sept palefreniers. On donna de petites pensions aux veuves de ceux qui en laissaient, et on ne s'occupa plus des maris, qui, en effet, n'étaient que des roturiers, qu'on appelait alors des *vilains*.

Pour le page qui avait sonné le tocsin, à qui monsieur et madame croyaient devoir la conservation du reste de leur château, et à qui ils devaient en effet de n'être pas morts de suffocation, il fut élevé au grade d'écuyer, et admis à la familiarité du maître.

Cependant un lit cassé, un enfant manqué, le papa contusionné, la maman lardée, une aile brûlée, etc., étaient autant de présages funestes auxquels s'arrêtait péniblement madame d'Aran, et qui furent justifiés par l'événement.

Le courrier revint le lendemain du château de Cerdagne, et rapporta que le comte, ami ardent et esclave de sa parole, était parti, la veille, pour courir après son gendre ; qu'il n'avait laissé chez lui que le nombre de gens nécessaire à la garde de son manoir ; qu'il s'était réservé la Castille-Neuve, jaloux de prouver son zèle en cherchant Mendoce dans la province la plus éloignée, et le courrier observa qu'avant qu'il eût pu le joindre, le jeune seigneur aurait peut-être pris congé du bon châtelain Gonzalve.

Le comte d'Aran sentit tout cela, et bien que moulu par son ciel de noyer doré; bien que tourmenté par sa jambe goutteuse qui le dardait fréquemment, il monta, en soupirant, dans sa litière, et se fit porter, à petites journées, chez Gonzalve, ce qui donna le temps à l'ange Gabriel de répéter, tant que le jeu plut, à lui, et à la brune Marie.

Vous avez vu comment Mendoce a esquivé la férule paternelle ; comment le traître Trufaldin l'a suivi ; comment on se mêla d'abord, pour rendre la connaissance à la Vierge, et ensuite pour avoir du plaisir ; mais ce que vous ne connaissez pas, et ce que je dois vous apprendre, car je n'ai rien de caché pour vous, c'est que le bon homme Gonzalve et le sage d'Aran avaient été tâtonnés, par de jolies petites menottes, qui, s'étaient vite retirées, en trouvant une barbe épaisse, un gros ventre, et un haut-de-chausses vide. D'Aran, qui n'avait plus l'esprit tourné à la plaisanterie, criait à Gonzalve de faire monter ses convives à cheval ou à mule, et de les mettre à la poursuite de son fils. Gonzalve, qui ne se doutait pas que d'Aran fût le père de l'ange Gabriel, et qui était bien aise de profiter aussi des ténèbres, n'écoutait pas le seigneur catalan. Le seigneur catalan, las de crier en pure perte, rentra, comme il put au château, appela, en vain, ses gens et ceux de Gonzalve, qui tâtonnaient aussi de leur mieux; il parcourut vingt ou trente salles, ou chambres; ne sachant enfin à qui s'adresser, et pressé du besoin de se reposer, il se déshabilla et se coucha dans un lit, assez beau, après avoir poussé la porte, et fermé le pêne d'une serrure saillante.

Gonzalve, beaucoup moins sage que lui, restait dans la foule, tâtait partout, était bien reçu d'abord, et entendait, avec un dépit mortel, la jeune ou vieille déité s'éloigner de lui, en riant aux éclats. Jaloux de jouer son rôle, tout comme un autre, il glisse son poignard dans son haut-de-chausses, en fait passer le manche par la brayette, et le fait prendre effrontément à la première dondon qui se présente. La dame, enchantée, ne pousse pas plus loin ses recherches; Gonzalve, très-gascon sur l'article, veut que la méprise lui fasse honneur, il se nomme, et pousse l'aventure à bout. La dame se sent inondée au visage, aux cuisses, à toutes les parties nues, et ne conçoit rien à cette immersion, qui ne devait pas être extérieure. C'est que le bon Gonzalve n'était pas absolument maître de ses voies urinaires, et certaine évacuation s'opérait d'un côté, pendant que le manche du poignard jouait au *remplaçant* de l'autre. La dame trouve un pli de sa robe chargé de quelque chose, dont la limpidité annonçait de la supercherie; elle démonte son écuyer, et se sauve dans un autre coin. Elle éprouve bien quelqu'embarras dans sa marche; mais elle l'attribue aux exercices répétés de la nuit.

Un cavalier la saisit. Son menton est à peine couvert d'un léger duvet; ses formes masculines ont encore les contours gracieux de la jeunesse. Il couvre, de baisers, le plus beau sein du monde; la nature et la force de son imagination font le reste. Il culbute sa donzelle, se présente en vrai brave, recule, et court en criant partout qu'il y a conspiration contre le sexe masculin, et que les femmes viennent de se mettre des éperons..........

Aussitôt tous les hommes s'arrêtent ; les femmes se relèvent, et crient à la calomnie. Les valets, qui craignent d'être éperonnés par telle ou telle comtesse, courent chercher des flambeaux ; l'ordre se rétablit aussitôt. « Que diable !
» s'écria le chevalier blessé, je ne sais qui c'est,
» mais je n'ai pas calomnié. Si la dame est
» si sage, elle pouvait se retirer de la foule,
» et il n'était pas nécessaire, pour prouver sa
» vertu, qu'elle me fît une boutonniere au
» ventre.

» — Seigneur, lui dit Séphora, il est possible
» que, pendant que nous étions dans les ténè-
» bres, une de nos filles suivantes.... — Je ne
» sais si elle est maîtresse ou suivante ; mais
» c'était la septième à qui je faisais la cour,
» et je me présentais assez bien à celle-ci, pour
» qu'elle ne me jouât pas un tour de cette es-
» pèce. — La sixième, la septième ! reprit
» Séphora d'un petit air prude ; vous avez
» rêvé cela, seigneur, ou vous seriez donc le
» seul pour qui on ait eu des bontés, ce qui
» n'est pas présumable. Voyez si ces chevaliers
» parlent de quelque chose. — Corbleu ! ma-
» dame, s'ils ne parlent pas, c'est qu'ils n'ont
» pas trouvé de femmes éperonnées.—C'en est

» trop, seigneur Gonzalve, on perd votre
» maison d'honneur. Le combat à outrance,
» voilà le noble moyen d'imposer silence à ce
» malencontreux chevalier. »

Gonzalve aimait beaucoup sa vie casanière; il ne s'était jamais battu, et ne se souciait pas de commencer : « Venez, madame, venez,
» disait-il, que je vous parle en particulier. »
Et pendant qu'il la tirait à l'écart, qu'il lui représentait qu'il était ridicule de jouer sa vie contre un préjugé, qu'il se serrait contre elle pour lui parler plus bas, quelque chose d'aigu lui entra dans la cuisse, et lui fit faire un saut de six pieds. Séphora, déjà intriguée par les plaintes du chevalier, ne sachant à quoi attribuer le saut de son mari, et se sentant coupable de quelques peccadilles nocturnes, laisse Gonzalve geindre, et prendre le parti qu'il voudra. Elle regagne le château, clopin-clopant, monte à sa chambre, tire sa clef, ouvre sa porte, la referme, se déshabille seule, et sans lumière, pour la première fois de sa vie, et se jette dans son lit, espérant trouver le repos dont elle avait tant besoin. Un cri perçant part à ses oreilles; un animal, quel qu'il soit, saute par-dessus elle, et renverse tous les meubles, en répétant vingt fois : *Je suis mort.*

C'était le comte d'Aran, qui ne connaissant pas la distribution des appartemens, s'était fourré dans la couchette de Séphora; c'était le diable de poignard, dont la pointe lui était entrée dans la fesse, qui le faisait sauter comme un chevreuil. Séphora, plus étonnée que jamais de ce troisième accident, s'inspecta d'un tour de main, et trouva que sa difficulté de marcher, attribuée mal à propos à un exercice forcé, était l'effet de ce chien de poignard, qui s'était glissé là, sans qu'elle sût comment. La présence d'un être quelconque l'autorisait à appeler ; elle ouvrit sa fenêtre sous ce prétexte ; mais son but principal était de jeter le poignard dans le fossé fangeux du château, sauf à laisser trouver les causes de tant de blessures par les gens, qui ont assez d'esprit pour tout expliquer.

On avait conduit, dans une salle basse, le chevalier, qui avait une boutonnière au ventre. Il jurait pendant qu'on le pansait, que s'il connaissait la donzelle, il tuerait son père, son mari, ses frères, et tous les mâles de sa lignée. Pendant qu'il se répandait en menaces, on amena, dans la même salle, Gonzalve, qui traînait sa cuisse, qui ne pensait plus à son poignard, qu'il croyait perdu. Il était loin de s'imaginer qu'il l'eût planté à sa femme elle-même, qui lui avait paru bien plus séduisante, lorsqu'il l'avait prise pour la femme d'autrui. Vous savez la chanson : *On veut avoir ce qu'on n'a pas, etc.* On était monté, aux cris de Séphora, et on amena encore, dans cette salle, le malheureux d'Aran, tenant sa fesse à deux mains, protestant qu'il ignorait comment il avait été blessé ; mais assurant qu'il n'avait vu ni armes ni éperons à madame, dont il se repentait bien sincèrement d'avoir pris le lit par méprise.

Tous les hommes se rassemblèrent insensiblement dans cette salle. Chacun donnait son avis, sur cette aventure ; on déraisonnait à qui mieux mieux. Gonzalve voulut émettre son sentiment tout comme un autre : « Messieurs, dit-il, » messieurs, je vois ici un miracle. » Le lecteur rit, peut-être, de l'idée de Gonzalve. Hé bien, monsieur le lecteur, ses auditeurs ne rirent pas du tout : c'était le temps où on commençait à faire liquéfier, tous les ans, le sang de saint Janvier à Naples ; où on montrait, en France, la sainte Ampoule, que le Saint-Esprit avait incontestablement apportée dans son bec, pour le sacre de nos rois ; c'était le temps où on montrait, ailleurs, le prépuce de Jésus-Christ, et nous avons vu, de nos jours, le diacre Pâris faire des cabrioles dans le cimetière de saint Médard, sans avoir eu de long-temps l'envie d'en rire. Nos Aragonais ne rirent donc point, et ce n'est pas étonnant ; mais la première donnée de Gonzalve demandait des développemens, qu'il s'empressa de donner : « Messieurs, » reprit-il, c'est sans doute une œuvre méritoire » que d'avoir représenté d'une manière sensible » le saint Mystère de la Conception. Le Ciel, » touché de cet hommage nouveau, a voulu » qu'à l'avenir, madame fût pure comme la » mère du Sauveur, qu'elle a rendue visible » à vos yeux ; il a frappé, et il frappera sans » doute à l'avenir tous les hommes qui l'approcheront » de trop près, comme il a frappé de » mort subite les Philistins qui osèrent mettre » la main sur l'arche sainte. Pour moi, je jure » que dès ce moment je renonce à mes droits » de mari. » Le bonhomme ne promettait rien que de très-facile à tenir.

Les uns s'écrièrent hautement que son explication était toute naturelle ; quelques mécréans, car il y en a partout, doutaient un peu que le le Ciel lui-même eût perforé un ventre, une cuisse et une fesse ; mais ils se gardèrent bien de dire ce qu'ils en pensaient, parce qu'ils savaient que des chrétiens d'une foi robuste, mutilent, brûlent, tuent ceux qui ne sont pas de leur avis. Le chevalier donna pourtant à entendre que Séphora n'était pas de moitié dans le châtiment que lui avait infligé le Ciel, et qu'il concluait de ses manières accortes, qu'elle ne désirait pas qu'il fût puni aussi cruellement.

« Comment donc, je le crois, reprit Gonzalve;
» madame est la douceur même, et je suis
» sûr qu'elle est désespérée de tout ceci. Pau-
» vre petite mignnone, il t'en coûtera de re-
» noncer aux caresses conjugales; mais, sem-
» blable à l'Église, tu abhorres le sang, et tu
» ne consentirais pas à répandre le mien une
» seconde fois. »

Qu'arriva-t-il de tout ceci? que les chevaliers et leur suite s'en allèrent chez eux, après avoir épuisé les provisions du château; que d'Aran remonta dans sa litière avec un emplâtre au derrière, et retourna chez lui, plus affligé que jamais; que Silvia abandonnée à elle-même, s'attacha exclusivement à Gonzalve; que Gonzalve, persuadé que nul homme ne pouvait approcher sa femme, sans avoir un trou au ventre, renvoya ses duègnes, la laissa aller partout, et recevoir chez elle qui lui plaisait; que la petite femme, qui avait pris goût à la chose, renia sa patronne, et suivit le sentier, battu par Madeleine pécheresse; qu'elle se trouva grosse sans que Gonzalve sût comment, ni elle non plus, car enfin, disait-elle, aucun de ceux que je vois n'a de trou au ventre, et c'était très-vrai; que Gonzalve enfin, persuadé que le Saint-Esprit s'était encore mêlé de cette affaire, attendit, avec la dernière impatience, la naissance de cet enfant, qui devait être pape pour le moins... mais cette fois la sainte Vierge accoucha d'une fille.

Il y avait de quoi dérouter la confiance la plus opiniâtre, et Gonzalve ne voulut pas démordre de son opinion. On se moqua de lui, et vous vous en moquez peut-être aussi. Hé bien! tous les railleurs eurent tort. Cette fille fut cette fameuse papesse Jeanne, qui a fait tant de bruit de son vivant, et qui fut cause, après sa mort, que le pape, nouvellement élu, est mis sur une chaise percée, pour constater qu'il a, en effet, les pièces dont il a promis à Dieu de ne se servir jamais.

FIN DE LA SECONDE PARTIE.

TROISIÈME PARTIE.

Le comte et la comtesse d'Aran avaient perdu l'envie de donner un frère, ou une sœur au fugitif Mendoce. Ils n'avaient qu'un désir, de le revoir et de lui pardonner ; qu'un espoir, que la division de la troupe de Cerdagne, qui courait l'Aragon, pourrait enfin le ramener. Il était écrit, là-haut, que son retour ne serait pas si prochain, et qu'il s'opérerait d'une toute autre manière.

Nous l'avons laissé courant avec Trufaldin, l'un habillé en ange, et l'autre en diable. Mendoce sautant les halliers, les buissons, pour éviter les épines ; Trufaldin, qu'on avait mis dans une peau de sanglier, passait partout, et allait aussi vite que Mendoce, qui se piquait, de temps en temps, et qui s'arrêtait, pour se frotter les jambes. Il était sans armes ; Trufaldin était dans la vigueur de l'âge, il sentait la possibilité d'arrêter seul un jeune homme, qui n'avait pas encore toute sa force ; mais ce jeune homme était brave, Trufaldin était poltron, et il se contentait de se retourner, et d'écouter si les hommes d'armes venaient, ou ne venaient pas.

Après quelques heures de course, Mendoce, excédé de fatigue, s'arrêta et s'assit. Il repassait, dans sa tête, les événemens de la nuit, et ne comprenait rien à la brusque apparition de son père. Gonzalve ne l'avait pas mis sur la liste des invités ; il ne lui en avait jamais parlé ; jamais son père ne lui avait dit qu'il connût Gonzalve ; il était donc clair qu'il n'était pas attendu chez le châtelain ; il était donc évident qu'il n'y était venu que pour le faire transporter dans sa chienne de tour. Mais comment avait-il su qu'il trouverait son fils dans ce château ? Mendoce n'avait été rencontré par personne, qui pût instruire son père. Toutes réflexions faites, le jeune homme jugea que Trufaldin avait profité d'un séjour de plusieurs semaines, pour dépêcher quelqu'un au château d'Aran. Il était fort aise que cette aventure l'eût débarrassé de Silvia ; mais il regrettait la dame du lieu, dont il se croyait aimé, qu'il avait vu s'évanouir, et qu'il ne soupçonnait pas capable de l'avoir oublié, cette nuit même, dans les bras du premier consolateur. Il ne se doutait pas, non plus, que le premier minois piquant lui ferait oublier Séphora : ce que c'est que nous !

Quoi qu'il en soit, Mendoce plein d'amour, à ce qu'il croyait, furieux contre Trufaldin, qui s'était assis près de lui, dédaignant d'entrer en explication avec le traître, lui assène un coup de poing terrible sur l'oreille. Une des pointes du bois de cerf, auquel il ne pensait plus, lui entre dans la main, et le rend plus furieux encore. Il se jette sur Trufaldin stupéfait, étourdi et tremblant; une force surnaturelle l'arrache de ses mains; Trufaldin ne court plus, il vole; Mendoce craint qu'il n'aille encore le trahir, et le livrer, et il vole sur ses pas. L'œil sans cesse fixé sur lui, pour ne pas le perdre dans l'obscurité, Mendoce le voit d'une taille, d'une grosseur prodigieuse, et il lui semble qu'il a quatre pieds. « Oh, oh! dit-il
» en courant, le Diable, pour le punir de l'avoir
» joué, lui aurait-il en effet donné sa figure?
» Mais eussé-je affaire au diable lui-même, je
» n'en démordrai pas, et je déchirerai, avec
» mes dents et mes ongles, l'animal que j'ai
» devant moi. »

Il continue à courir, et tout à coup il voit le monstre s'abîmer dans les entrailles de la terre. « Je te suivrai jusqu'en enfer ! s'écrie
» Mendoce. Les comtes d'Aran ne connaissent

» pas la frayeur. » Il fait quelques pas encore, et il roule, non pas en enfer, mais sur une vieille femme, sur Trufaldin, et sur une mule, qui vient de manquer des quatre pieds.

La vieille avait été vendre quelques denrées à Longarès, et elle revenait, de nuit, pour traire ses vaches au point du jour. Elle approchait, avec sécurité, du lieu où Mendoce assis réfléchissait. Elle s'était trouvée presqu'en face de lui, lorsqu'il gourma Trufaldin; Trufaldin, en voulant esquiver les coups, avait gagné les bords du chemin; la vieille, effrayée de l'apparition subite d'un ange qui battait un diable, avait piqué vivement sa mule; la mule, en passant devant Trufaldin, avait accroché le bois de cerf dans ses sangles, et avait traîné le diable après elle; cédant enfin au poids qui la tirait de côté, et qui détruisait l'équilibre, elle s'était laissée aller à terre.

Mendoce était naturellement bon. Ce tableau, si différent de celui qu'il attendait, dissipa sa colère; il éclata de rire. Trufaldin se rassura; il avoua sa perfidie, que le motif rendait bien excusable; il jura, par tous les saints du paradis, par son âme, par celle de Mendoce, qu'il se bornerait désormais à le servir fidèlement. Mendoce pardonna, et s'approcha de la vieille : « Mon bon ange gardien,

» lui dit-elle à genoux, renvoyez le Diable en
» enfer, et ordonnez à ma mule de se relever. »
Mendoce se remit à rire, conta ensuite à la
vieille les raisons du déguisement.

Et comme on ne peut pas toujours rire, quand on est à peu près nu, sans argent, que la nuit est fraîche, et qu'on n'a pas de gîte, Mendoce interrogea la vieille sur sa localité et ses moyens. Pour toute fortune, elle avait deux vaches; pour tout mobilier, un grabat; pour toute société, une orpheline dont elle était l'aïeule. Mendoce s'enquit aussitôt de l'âge, de la taille, de la figure de l'orpheline. Elle était au plus jolie, faite au tour, et âgée de huit ans. Mendoce, qui devenait déjà infidèle à Séphora, répliqua à la vieille qu'il n'entendait pas la déranger; mais qu'elle lui indiquerait sans doute quelque château voisin où on exerçait l'hospitalité. « Hélas! mon bon
» seigneur, il n'y a pas, dit la vieille, de
» château dans ce canton; mais au bout de
» cette percée, à un quart d'heure de route,
» vous trouverez un joli manoir, nouvellement
» bâti, et dont la maîtresse est tout-à-fait
» revenante. — Trufaldin, gagnons le manoir.
» —Mais, reprit la vieille, le maître est un peu
» brutal. — Je le mettrai à la raison. — Et vous
» n'avez pas d'armes. — Ah! c'est vrai. Trufal-

» din, tu te présenteras, et nous lui ferons
» peur, puisque nous ne pouvons le battre.
» — Ma foi, seigneur, présentez-vous vous-
» même. S'il y a des coups à recevoir, ils vous
» reviennent de droit, à vous qui êtes le plus
» brave. — Marchez devant, sans observations,
» monsieur le faquin, ou vous allez recevoir
» par-derrière les coups que vous craignez
» par-devant. »

Avec quelques mots énergiques, on faisait de Trufaldin ce qu'on voulait. Il prit le devant ; la vieille releva sa mule, lui remonta sur le dos, et s'éloigna lestement des originaux qui lui avaient d'abord fait tant de peur, et dont la présence continuait à l'intriguer. Elle alla traire ses vaches, et Mendoce et Trufaldin arrivèrent, avec le crépuscule, à une porte de chêne doublée en fer, qui ouvrait sur la cour de la maison, qu'entourait un ruisseau d'eau vive qui servait à la fois de fortification et d'étang.

« Si nous frappons à la porte, dit Mendoce,
» on ne nous ouvrira point, dans l'état où nous
» voilà. — Eh bien ! seigneur, tournons d'un
» autre côté. — Non pas, s'il vous plaît ; la
» maîtresse est jolie. — Il y a de jolies femmes
» partout. — Je veux voir celle-ci. — Mais pour-
» quoi chercher des difficultés.... — Elles ajou-
» tent un charme au plaisir. Allons, on t'a

» cousu dans une peau de sanglier; descends
» le fossé, je te sauterai sur les épaules, et nous
» passerons à l'autre bord. — Ce malheureux
» goût pour les aventures ne sera donc jamais
» satisfait? — Oh! que de raisons! monsieur,
» portez-moi, et passez. »

Trufaldin obéit. Au milieu du fossé il trouve une fouêne qui servait à piquer des anguilles. « Voilà une arme, dit Mendoce, qui doit » mettre à la raison le mari le plus brutal. » Il relève les trois pointes de la fouêne, en appuie le manche contre son épaule, et ressemblerait à Neptune armé de son trident, s'il était vieux et laid comme le dieu; s'il portait une couronne, et si son joli corps était drapé, au lieu d'être nu.

Les voix de nos voyageurs avaient pénétré jusque dans la maison. La maîtresse était seule; elle n'avait rien distingué du colloque; mais, surprise d'entendre des hommes à pareille heure, lorsque l'humeur connue de son mari les éloignait, même en plein jour, elle descendit dans une première enceinte fermée par une grille de fer, et cria *qui vive!* à travers les barreaux.

A ce cri, que Trufaldin crut sorti du plus mâle des poumons, il se jeta la face contre terre. Mendoce se retint au manche de sa fouêne, monta sur les reins de son écuyer, et se plaçant en héros de théâtre, il répondit qu'il s'appelait *saint Michel*, qu'il venait une seconde fois de terrasser le démon, qui rôdait sans cesse autour de cette maison, sur laquelle lui archange veillait; qu'il priait la maîtresse d'ouvrir la grille, afin qu'il jetât l'esprit immonde dans sa mare, parce que la bouze de vache a une vertu particulière, ignorée en Europe, et très-connue sur les bords du Gange.

La dame ne savait pas ce que c'est que le Gange, et elle trouvait que saint Michel pouvait fort bien jeter son diable dans un puits qui était dans la première cour. Trufaldin, qui ne voulait pas jouer Satan jusqu'au bout, se dérobait de dessous les pieds de Mendoce, et courait sur ses genoux et sur ses mains. Mendoce répondait à la maîtresse du logis; la maîtresse lui répliquait; plus le colloque se prolongeait, plus les idées superstitieuses s'éloignaient, et moins saint Michel espérait que la grille s'ouvrirait. Il allait essayer de la faire sauter avec son trident, qand Trufaldin poussa un cri à épouvanter tous les loups de la forêt. Mendoce se retourne, et voit un homme vigoureux qui brisait à grands coups de fléau les épaules de son écuyer, et qui disait en grinçant des dents :
« Je vais arranger saint Michel comme le dia-
» ble, et leur apprendrai à tous deux à venir
» faire des contes bleus à ma femme, quand

» je n'y suis pas. — Hélas! disait le diable en
» faisant des grimaces vraiment diaboliques,
» jamais je ne fais de mal à personne, et je
» suis battu par tout le monde. » Comme
il finissait ce mot, son redoutable adversaire
tombe sur lui de toute la pesanteur de son
corps, en poussant un profond soupir. Mendoce, qui trouvait fort mauvais qu'un autre
que lui battît son écuyer, venait, sans autre
formalité, d'enfoncer sa fouëne dans le flanc du
batteur, sans réfléchir que sur les bords du
Gange, comme en Europe, chacun est maître
chez soi, et que celui qui viole un domicile,
doit s'estimer heureux, dans tous les pays du
monde, d'en être quitte pour quelques coups
de bâton. Quoi qu'il en soit, l'homme au fléau
se mourait, et bien que le tragique n'appartienne pas à cet ouvrage, vous conviendrez
qu'on ne fait pas un roman de chevalerie sans
tuer quelqu'un, et il vaut mieux que ce soit
un fripon qu'un autre.

Mendoce se repentait amèrement de sa vivacité. Oter la vie à un homme, lui paraissait un
acte horrible, quand la nécessité y forçait;
c'était un crime irrémissible quand on le commettait de sang-froid, ou par un simple
mouvement d'orgueil. Il sentait des larmes qui
allaient s'échapper, lorsque la dame du logis

ouvrit la grille avec vivacité, courut à son mari, en sanglotant, le jugea mort, le retourna, avec son pied, pour s'en assurer tout-à-fait, et jetant ses bras au cou de Mendoce, elle lui couvrit le visage de baisers, en lui disant avec effusion : « Ah ! de quel homme tu m'as délivrée ! »

Mendoce regardait cette femme la bouche béante, les bras tombans, et à chaque baiser son étonnement redoublait. « Allons, dit-il,
» si j'ai fait une bonne œuvre, à la bonne
» heure ; mais, ma foi, je ne m'en serais pas
» douté. » Il relève Trufaldin, et la dame dit qu'elle va le coucher dans son propre lit, et lui bassiner tout le corps avec de l'eau-de-vie camphrée : autre stupéfaction de la part de Mendoce. Trufaldin, qui était rancuneux et qui ne craignait pas le défunt, le prit par les deux jambes, et le porta sur le bord du puits ; la dame laida à l'y jeter, et Mendoce ne concevait pas que la haine conjugale pût aller jusque-là. « Que diable ! disait-il, il y a des cocus
» partout ; mais accabler de caresses le meur-
» trier de son mari, aider à le jeter dans un
» puits, c'est un peu fort : à quel monstre
» ai-je donc affaire ? »

Il avait pris Trufaldin sous un bras, pour l'aider à marcher, et la jeune femme s'empresse de le soutenir sous l'autre. « Ah ! mon

» Dieu ! ah ! mon Dieu ! répétait-elle à chaque
» pas, de quel homme je suis délivrée ! »

Mendoce, dont la conscience se calmait par ces exclamations réitérées, revenait à son caractère, et cherchait à démêler, autant que le permettait la faiblesse du jour, les traits de cette femme que la vieille avait dit être si jolie. Il crut trouver quelques rapports entre ce visage et celui de certaine fillette............ Pour la taille, il était difficile de la juger, la dame était grosse, très-grosse, et cet état n'est pas avantageux.

En entrant dans la maison, la lumière d'une lampe qui brûlait encore, termina les incertitudes de Mendoce. « Hé ! c'est toi, ma chère
» enfant ! — Ciel ! juste ciel ! c'est le gentil
» chevalier de l'Ermitage ! — Hé ! par quelle
» aventure !.... — Par quel heureux hasard ?....
» — Depuis quand mariée ? — Depuis quand
» changé en saint Michel ? — Mais, ce mari
» que j'ai tué...... — N'empêchera plus que je
» sois au seul homme que j'aie jamais aimé.
» — Mais enfin, quel était-il ? — L'ermite. —
» L'ermite ! Oh, le coquin, je lui devais bien
» cela. Embrassons-nous, ma chère petite ; je
» t'assure que je ne t'ai pas oubliée un instant.
» — Ah ! mon Dieu ! ni moi non plus. » Ils disaient aussi vrai l'un que l'autre.

« Allons, dit Trufaldin, au moins, dans ce
» cas-ci, il n'y a pas d'adultère ; c'est même
» une œuvre pie que de consoler les veuves :
» mais ne pourriez-vous remettre les consola-
» tions après mon pansement, car je souffre
» comme un damné ? — Il a raison, dit la petite.
» Laisse-moi un moment, mon ami : la mai-
» son, de l'or, des provisions et le temps,
» tout est à nous : »

Elle allume un grand feu ; elle fait chauffer des restaurans, et Mendoce et Trufaldin se restaurent. Elle couvre le blessé de compresses d'eau-de-vie ; elle bassine un bon lit, et elle aide à l'écuyer, qui avait à peine la force d'y monter. En allant et en venant, en servant, en caressant Mendoce, elle lui contait l'histoire du frère Pacôme.

Ce drôle avait servi, en qualité de soldat, dans la seconde croisade. Il avait contracté, en Syrie, l'habitude de la bonne chère et de la licence. De retour en Espagne, il trouva très-dur de travailler beaucoup, de manger peu, de dormir moins encore, et il se fit voleur. Il avait une bande nombreuse, à la tête de laquelle il faisait un butin considérable ; mais ce métier, qui paraît si avantageux, dans un pays sans police, avait pourtant ses inconvéniens. Les seigneurs du pays armèrent contre Pacôme ;

il était obligé de se battre tous les jours. Tantôt vainqueur, tantôt vaincu, il n'était plus occupé qu'à se défendre.

Il jugea qu'il ferait bien de jouir des douceurs de la vie, et pour cela il commença par voler ses camarades, les abandonna ensuite, et chercha les moyens de se dérober à toutes les recherches. Il trouva l'ermitage habité alors par un honnête homme, car on n'en disait ni bien ni mal. Il lui proposa, d'un ton hypocrite, de faire son salut avec lui. L'autre ermite était vieux ; il avait besoin de quelqu'un qui pût aller à la quête, et faire le gros ouvrage de la maison : il admit Pacôme, et il mourut le troisième jour, probablement parce que le genre de vie, que comptait mener le nouveau venu, demandait qu'il fût seul.

Vous savez comment, en paraissant vivre dans l'abstinence, il se procurait jusqu'au superflu ; comment, en affectant la chasteté, il s'était fait un joli sérail : voici ce que vous ne savez pas.

Lorsque, pour la seconde fois, il eut dévalisé Mendoce, et passé la rivière à la nage, il se trouva dans un canton qu'il ne connaissait pas, et il fallait qu'il déposât son or quelque part. Il était bien décidé à ne pas retourner à son ermitage ; mais il connaissait, à l'autre rive, des grottes, des chênes creux, où il avait souvent fait des dépôts, quand il exerçait la charge de capitaine. Il repassa donc la rivière, quand Mendoce fut éloigné; il se jeta dans le bois, et rencontra la petite, que le poids de sa dot empêchait d'aller bien lestement.

Il la battit d'abord à outrance, parce qu'il prétendit qu'elle l'avait volé. Il la traîna, par une oreille, de caverne en caverne, et, lorsqu'il voulait dormir, il lui attachait les deux jambes, lui liait les mains derrière le dos, et la menaçait de lui ôter la vie, si elle faisait le moindre effort pour s'échapper. Débarrassé de son masque de dévot, il se livrait à sa férocité naturelle. Il était brutal, lors même qu'il faisait le mari, ce qui arrivait très-fréquemment, et c'étaient les momens les moins malheureux de la petite.

En allant et venant avec elle, il avait rencontré la maisonnette agréable, que venait de faire bâtir un prébendier de Longarès. Le terrain relevait du seigneur Gonzalve, qui, moyennant un léger tribut annuel, promit au prébendier sûreté et protection. La maison plut à Pacôme, et il proposa au propriétaire de la lui vendre. Le propriétaire répondit qu'il l'avait fait bâtir pour son usage, et qu'il n'entendait pas s'en défaire. Pacôme eut envie de le tuer, pour terminer la contestation; mais il pensa qu'il ne fallait point se brouiller avec un seigneur, dont il aurait besoin à son tour, s'il s'établissait sur des terres de sa relevance. Il jugea qu'un prébendier devait avoir quelque vice capital, et il espionna celui-ci. Il ne découvrit rien, et il envoya la petite elle-même le tenter, avec l'ordre de lui donner toutes sortes de facilités. La petite accepta volontiers une mission, qui lui donnerait quelque relâche. Elle espérait même trouver les moyens de s'échapper; mais Pacôme rôdait sans cesse autour de la maison. Ce n'est pas qu'il aimât encore la petite, mais il trouvait du plaisir à la tyranniser.

Cette petite avait souvent envie d'avertir le pauvre prébendier de ce qu'on machinait contre lui; mais il y allait de sa vie, et la crainte lui glaçait la langue. Douce, bonne, elle caressait son hôte, qui était paisible et aimant. Ce qui devait arriver arriva : ils finirent par coucher ensemble.

Pacôme était convenu avec elle d'un signal extérieur, quand ils en seraient là. La petite ne le donna pas la première, la seconde, la troisième nuit; mais le jour qui suivit, elle aperçut de sa fenêtre le redoutable Pacôme, qui lui faisait des gestes furieux, et le soir, elle attacha, en pleurant, son fichu blanc en dehors de la maison, et descendit ouvrir le verrou d'en-bas, quand le prébendier fut endormi.

Pacôme avait employé utilement ces trois ou quatre jours. Lorsque la petite le croyait caché sous un mur, derrière un arbre, il rassemblait des témoins, aussi honnêtes gens que lui, et un tabellion qui l'avait deux fois tiré d'affaire, en percevant pour épices la moitié des effets volés. Ils entrèrent à petit bruit, et ils entourèrent le lit du prébendier avant qu'il fût éveillé. Le tabellion le tira par la barbe, et lui dit avec dignité qu'il avait été informé de ses désordres, auxquels il refusait d'ajouter foi, et que sa visite n'avait eu pour but que de le justifier aux yeux de ses accusateurs ; mais qu'une jeune femme dans son lit était une preuve sans réplique, et qu'il ne pouvait se dispenser de faire son devoir. Il commença un procès-verbal, qu'il allait, disait-il, envoyer à l'évêque de Sarragosse.

Pacôme intercéda vivement pour le prébendier : « Il ne faut pas, disait-il, que cet ecclé-
» siastique perde sa prébende et sa liberté,
» parce qu'il a été faible ; on assure d'ailleurs
» qu'il n'est pas coutumier du fait. Il ne faut pas
» non plus que le scandale qu'il cause reste

» sans punition ; le châtiment le plus chrétien,
» parce qu'il sera le plus utile, c'est de lui
» ôter une maison, qui lui procure la facilité
» de pécher. Je lui en ai offert un bon prix ;
» j'en vais donner moitié, qui sera partagée en
» vacations, entre le seigneur tabellion et ses
» gens. Le contrat qu'on va faire portera quit-
» tance du total, et tout sera dit. »

Il est dur de payer aussi cher les bontés d'une jolie fille ; mais il est cruel d'expier quelques jolies nuits dans la misère et la captivité. Le prébendier apprécia les sollicitations de Pacôme à leur juste valeur ; mais il se crut trop heureux de s'en débarrasser, en lui abandonnant sa maison. Il signa le contrat, fut éveiller son vieux domestique, monta sur sa mule, et retourna à Longarès, dégoûté pour jamais de la manie de bâtir.

Le fripon de Pacôme s'établit aussitôt dans son nouveau domaine, et paya le prix convenu à ses fidèles amis. Satisfait de la docilité de la petite, il voulut lui donner la marque la plus flatteuse de sa satisfaction, le don de sa main. La vérité, qu'il ne disait pas, c'est qu'il voulait s'attacher une femme, dont il venait d'éprouver l'adresse, et qu'il comptait employer souvent à l'avenir. La petite n'osa le refuser, en partie par timidité, un peu par l'espoir d'un sort avantageux, du moins du côté de la fortune, et par l'idée, assez vraisemblable, que l'opulence pourrait faire de son mari, comme de tant d'autres que nous connaissons, un homme à peu près honnête.

Le mariage fait, elle vit qu'elle s'était trompée sous tous les rapports. Les prodigalités de Pacôme le réduisaient sans cesse aux expédiens. Il jurait, il battait alors, et menaçait souvent de faire plus : c'était un enfer anticipé que la vie de la petite.

Une des grandes ressources de son mari, était d'exercer l'hospitalité, et de dévaliser ses hôtes, sans qu'ils pussent se plaindre, car il avait grand soin de se maintenir dans les bonnes grâces du seigneur Gonzalve, qu'il achetait à la vérité un peu cher. Il avait triplé, quadruplé le tribut que lui payait le prébendier; mais il savait s'en dédommager.

Un étranger, égaré ou surpris par la nuit, se présentait-il chez lui? La petite était obligée de lui faire les yeux doux. Cent coups de fouet si elle y manquait, cinquante si le voyageur ne se prenait pas dans ses filets, et jamais Pacôme ne manquait à sa parole. Grande chère et bon vin achevaient ce que les œillades de madame avaient commencé. Pacôme alors feignait d'être dans l'ivresse, il gagnait, en chancelant, une chambre voisine ; se jetait sur une couchette, et ronflait bientôt à tout faire trembler. L'état présumé du mari faisait naître la confiance du voyageur ; il devenait entreprenant ; la petite se montrait facile, et au moment le plus intéressant, Pacôme arrivait, sa longue épée à la main, et paraissait prêt à percer d'un même coup l'ingrat qui outrageait la sainte hospitalité, et la perfide qui le déshonorait. Ce coquin avait un extérieur imposant et une voix forte ; il ne manquait pas d'esprit, et il avait arrangé un protocole tel, qu'un seigneur ne se serait pas exprimé autrement. Il intimidait le pauvre voyageur, qui se trouvait trop heureux de composer avec le mari outragé ; de se retirer, sain et sauf, en lui laissant son argent, et il gardait le silence sur le tout, parce qu'on ne se vante jamais d'une aventure galante dont on a été la dupe.

La petite était née sensible, et l'éducation n'avait pas éloigné d'elle la faiblesse, compagne ordinaire de la sensibilité. Toujours prête à céder à son cœur, elle détestait la vie crapuleuse, où l'abus de la force la réduisait. Si du moins elle avait eu quelque domestique, à qui elle pût se confier, et qui fût disposé à la tirer de cet insupportable esclavage ! mais

Pacôme avait trop d'intérêt à n'avoir pas de témoins de ses actions, pour vouloir être servi par d'autres que sa femme. Ce service était pénible ; il était exigé avec la plus impérieuse dureté, et tel était l'état de cette malheureuse, qu'elle avait souvent pensé à se détruire, quand Mendoce vint la délivrer de son scélérat de mari.

Rien ne s'oublie aussi aisément que le mal passé. La petite se voyait une veuve, très-opulente, pour son état ; l'avenir ne lui promettait que des jouissances, et le présent lui offrait un joli homme, à qui elle avait souvent été infidèle, mais qui avait fait une forte impression sur son cœur. Elle lui proposa tout bonnement de l'épouser, et de partager avec lui ce qu'elle avait. Mendoce s'était promis de ne jamais se marier, que pour un mois. Il rit beaucoup de la proposition de la petite veuve, l'épousa sur-le-champ ; l'épousa, plusieurs fois encore, dans un lit bien chaud, qu'elle consentit à partager avec lui ; mais sans notaire et sans prêtre. Il protestait à la petite que cette manière valait mieux que l'autre, et la petite convenait qu'au moins les résultats étaient les mêmes.

« Ah çà, dit-il en s'éveillant, comment
» vais-je m'habiller, car je suis las de jouer

» à l'ange et à l'archange?—Mon cher petit,
» tu choisiras au magasin.—Ah! tu as un
» magasin?—Complet. Magistrats, guerriers,
» marchands, tout a passé ici..........—Et y a
» laissé quelque chose? Voyons ton magasin. »

Il était amplement fourni. En tournant et retournant tout, Mendoce reconnut deux ou trois de ses habits, autant de soutanelles à Trufaldin, qui étaient dans les ballots, que portaient les mules, qu'avait si bien gardées le frère Pacôme : « Ma foi, dit-il, c'est une
» vraie trouvaille, et personne ne dira que
» nous nous sommes habillés à la friperie. »
L'ange Gabriel reprend la tournure d'un élégant et riche seigneur; la petite le regarde, essuie furtivement une larme, et lui dit : « J'ai
» eu tort de te proposer de m'épouser tout-à-
» fait; mais si je ne suis pas digne de ton
» nom, je mérite ton cœur; donne-le moi,
» reste ici; tu partiras, quand tu seras fa-
» tigué de ta petite; mais elle fera tout
» pour te plaire long-temps, car elle sent
» que son bonheur la quittera avec toi. »

Mendoce était léger, inconsidéré, fou, mais il avait le cœur bon. Ce langage, simple et vrai comme la nature, dont il était l'organe, fit, sur lui, une forte impression; il promit à sa petite plus qu'on ne peut tenir à vingt ans, et sa petite le crut, parce qu'elle désirait qu'il fût sincère.

Trufaldin, qui n'avait rien de mieux à faire que de réfléchir dans son lit, et que la peur rendait prévoyant, les interrompit pour leur demander ce qu'ils comptaient faire de feu frère Pacôme, qui gisait dans le puits, et que le premier venu pouvait reconnaître : « Que
» m'importe ce drôle ? disait Mendoce. — Et
» à moi ? ajoutait la petite. — Que diable ?
» reprenait Trufaldin, soyez donc conséquent
» une fois dans votre vie. Vous avez tué un fri-
» pon, c'est fort bien ; mais vous n'ignorez pas
» qu'il est défendu de se faire justice soi-même.
» — Et quand on ne nous la fait pas ? — Il
» faut souffrir. — Je ne souffre rien. — Il n'est
» pas question ici de faire l'aimable. Il faut
» tirer Pacôme du puits ; l'enterrer de votre
» mieux, puisque je suis hors d'état de vous
» y aider, et dire à ceux qui viendront le de-
» mander, qu'il est disparu, et qu'il a aban-
» donné sa pauvre petite femme. Sans cela,
» partons à l'instant, et je vous suivrai comme
» je pourrai, ou bien il faudra vous suivre en
» en prison, dont votre père vous tirerait sans
» doute ; mais il n'est pas agréable d'avoir un
» procès criminel sur le corps, quand on peut
» se l'épargner. — Allons, tais-toi, bavard,

» nous allons suivre ton conseil, pour t'engager
» au silence.—Bavard! bavard! on bavarde tou-
» jours, quand on vous parle raison. »

La petite prend un croc et une corde, Mendoce la suit et essaie à repêcher le défunt. Il y mettait toutes ses forces; mais il était maladroit, comme un seigneur. La petite secondait ses efforts, et elle fit tant, que le fils de Pacôme, de Mendoce, ou de tel autre, incommodé de cet exercice, demanda à sortir, d'une manière si positive, que madame sa mère jeta les hauts cris, et rentra en tenant son petit ventre à deux mains. Mendoce jeta sur Pacôme quelques paquets d'osier, destinés probablement à attacher des treilles, qui grimpaient le long des murs, et qu'il était assez naturel d'humecter. Il courut après la petite, embarrassé comme un jeune homme, qui ne connaît de l'amour que la partie agréable, et qui, jusqu'alors, s'était fort peu inquiété des suites de ses plaisirs. « Ah, mon Dieu! disait-il, en courant çà et
» là, ah, mon Dieu! pas de matrone, et où
» aller en chercher une? Trufaldin, entends-tu
» quelque chose à cela? — Oui, sans doute,
» je sais qu'il faut rendre, douloureusement,
» ce qu'on a pris avec volupté, d'après l'arrêt
» de Dieu, qui prononça que, puisqu'Eve avait
» mangé une pomme, les femmes enfanteraient

» auparavant, butor? — Avec délices, sei-
» gneur. — Il faut que leur construction ait
» diablement changé; mais ce n'est pas de cela
» dont il s'agit : il faut aider cette chère enfant;
» lève-toi, et viens ici.—Hé, je ne saurais me
» remuer. — En ce cas, je vais faire la sage-
» femme. — Ah, mon Dieu! mon Dieu! que
» je voudrais voir cela. »

Mendoce retrousse ses manches, et se met à genoux devant sa petite, qui l'effrayait par ses cris. Faites ceci, faites cela, lui disait-elle, et Mendoce éperdu faisait tout le contraire. Il avait les mains partout; il suait sang et eau, et il allait probablement tuer l'enfant et la mère, lorsqu'il aperçut quinze à vingt cavaliers dans la cour, dont probablement Pacôme avait laissé la porte ouverte en rentrant. Il les prend pour des compagnons du défunt; il laisse sa petite crier, saute sur une hache, et s'avance bravement au-devant de cette troupe, en criant : *Vinci aut mori*, reste précieux du latin que lui avait appris Trufaldin.

« *Vinci aut mori* est excellent à la guerre,
» lui répond un homme qu'il reconnaît pour le
» frater du château de son père, *nunc est bi-*
» *bendum.* »

Mendoce sentit d'abord que c'était lui qu'on cherchait, et ne concevait pas que frater ne le reconnût point. Il y avait de bonnes raisons pour cela. En faisant la sage-femme, en portant ses mains partout, il les avait aussi portées à son visage couvert de sueur, et il avait plutôt l'air d'un boucher, que du fils du seigneur propriétaire d'un cinquième de la Catalogne.

« *Nunc est bibendum*, répète le frater. Il s'a-
» git bien de boire, répliqua Mendoce, per-
» suadé qu'il n'était pas connu, par un prodige
» qui le confondait, aidez-moi, si vous pouvez,
» à sortir du plus grand embarras où je me
» sois jamais trouvé. — Qu'est-ce que c'est ?
» — Ma femme accouche.... — Ah! et vous avez
» voulu faire un métier auquel vous n'entendez
» rien ; je croyais que vous veniez d'égorger
» un bœuf. Voyons votre femme. — Le sei-
» gneur est homme de l'art ? — Chirurgien-
» major des villes et villages du comte d'Aran.
» — Ah! comment se porte ce cher comte ?
» — Mal. Il a un libertin de fils qui le mettra
» au tombeau ; mais voyons votre femme. —
» Et croyez-vous que le fils ait des torts ? Un
» père qui veut l'enfermer.... — Qui vous a
» dit cela ? — La renommée. — Et ce fils n'a
» pas passé par ici ? — Je ne crois pas. — Nous
» le cherchons partout, avec les hommes d'ar-
» mes du comte de Cerdagne ; malheur à lui
» avec douleur. — Et comment enfantaient-elles

20.

» si nous le rencontrons. — Prenez garde, frater,
» qu'il ne vous châtie lui-même. — Oh ! je suis
» en force, nous sommes vingt contre un ; mais
» voyons votre femme. »

Mendoce ne se souciait pas trop que le frater entrât, parce qu'il ne pouvait manquer de reconnaître Trufaldin, que le mal tenait cloué dans son lit. D'un autre côté, il sentait le besoin qu'avait la petite d'un secours urgent, et il trouvait plaisant de faire accoucher sa maîtresse par le chirurgien de son père. Il pesait le pour et le contre, et l'accoucheur était déjà en position, et commençait son office. Mendoce, intrigué, prit une couverture, la jeta sur le lit de Trufaldin, et dit bien près du traversin : « Si tu » remues ou si tu parles, tu es mort. »

Trufaldin avait eu d'abord une forte démangeaison de se faire reconnaître, et de rendre son maître à sa famille ; mais il avait fait des sermens affreux, et on ne perd pas son âme pour obliger les hommes. Il sentait que les cavaliers le forceraient à parler, s'il se laissait voir par eux. Rompre le silence lui paraissait impossible ; s'exposer à être battu............. Il l'avait été, autant que mortel puisse l'être, sans en mourir. Il s'était tiré de son lit, comme il avait pu, et s'était allé blottir dans une grande armoire, qui servait de garde-manger.

Nunc est bibendum, redit le fratrer, en recevant un enfant gros et gras, qui ne se sentait nullement des chagrins de madame sa mère. Mendoce, enchanté de voir la petite délivrée, conduisait l'accoucheur au garde-manger, lorsqu'une seconde troupe parut dans la cour. C'était l'intendant de Gonzalve, qui cherchait à réparer le vide que la dernière fête avait fait à sa caisse, qui faisait une tournée chez ses redevables, dans une litière bonne et commode, et qui faisait escorter, d'une manière imposante, ses sacoches, qu'on portait devant lui.

Mendoce, que tout intéresse ou intrigue, s'arrête, regarde; le frater ouvre l'armoire, et voit quelque chose de velu derrière une moitié de cochon; il examine de plus près, distingue une figure humaine, et s'écrie : « Le voilà ! le voilà ! — » Qui donc ? reprennent ses hommes d'armes. » — Trufaldin, celui qui accompagne notre » jeune maître, et il va nous dire où il est. » Mendoce rougit, Trufaldin mit le doigt sur sa bouche, pour indiquer qu'il ne pouvait rompre le silence; le chef des hommes d'armes, impatient, s'avance vers lui, la masse levée; Mendoce se jette en avant avec sa hache, et jure qu'il ne souffrira pas qu'on porte la main sur un homme qu'il a reçu chez lui, et qu'il a trouvé dans la forêt, moulu des coups, que lui a donnés son maître, en le quittant.

Ce conte assez vraisemblable, d'après la violence connue du jeune d'Aran, l'air naturel du conteur, en imposèrent aux cavaliers, qui allaient s'en retourner, en se contentant de ramener Trufaldin, quand l'intendant de Gonzalve entra dans la maison, entendit des cris d'enfant et félicita la petite. Il ne fallut qu'un mot pour mettre le frater sur la voie. Il conta le plus prolixement qu'il put, que le mari de la jolie petite femme avait failli la tuer par un zèle mal entendu ; qu'heureusement lui, chirurgien, était arrivé assez à propos pour prévenir un malheur. Vint ensuite l'énumération des bévues du mari, et des difficultés étonnantes que l'art avait surmontées. « Tout cela » est fort bien, reprend l'intendant, et je vous » fais mon compliment ; mais je n'ai pas de » temps à perdre : voyons, où est le mari ?— » Hé ! parbleu, le voilà, dit le frater en lui » montrant Mendoce.— Cette figure barbouillée, » lui ! Pacôme est plus grand que lui de toute » la paume de ma main. »

Mendoce sentait bien qu'il était inutile de chercher à en faire accroire à l'intendant, et qu'il fallait enfin prendre la route de la tour du Nord. Il se mit à siffler un petit air, en homme décidé, qui a fait ce qu'il a pu pour éviter la prison, mais qui a le courage de la braver.

Pendant qu'il sifflait au milieu des hommes d'armes, qui formaient un cercle exact autour de lui, l'intendant interrogeait la petite, qui mentait, comme de raison, et le frater s'approchait de son jeune seigneur, un bassin d'eau claire à la main. « J'ai eu l'honneur, lui dit-il
» respectueusement, de faire l'accoucheur à votre
» sollicitation, permettez que je fasse maintenant
» le barbier. Je ne vous épilerai pas la mous-
» tache, puisque vous n'en avez pas encore ;
» mais je m'assurerai, du moins, si la jolie
» figure, que je soupçonne sous cette marque-
» terie rouge, y est en effet. — Allons, soit,
» dit Mendoce en riant, viens, viens, mon
» cher Domingo, viens me débarbouiller. »

Le frater saute de joie, en s'entendant nommer, et ne doute plus de rien. Il persuade à Mendoce, en le décrassant, que son père lui pardonnera bientôt ; que sa mère le fléchira sans doute ; mais qu'à tout événement il fallait qu'il marchât avec ses hommes, dont il serait traité avec le respect qui lui était dû, s'il n'était pas récalcitrant. Ces gens-là, disait Mendoce en lui-même, ne peuvent avoir l'ordre de me tuer ; si je les attaque, ils fuiront devant moi...... Oui, mais je suis à pied, et ils sont à cheval ; ils me suivront, me harcèleront, ils ne me laisseront pas un instant de relâche, ils finiront par me forcer comme un lièvre, et ils m'emporteront : « Allons, allons, dit-il tout haut, faites mon » paquet, celui de Trufaldin, et partons pour » la tour du Nord, puisque définitivement il » faut en essayer. »

Trufaldin finissait de s'habiller, à l'aide de son intendant, qui l'avait reconnu, et ils se félicitaient ensemble d'un dénouement, qui allait rendre monsieur l'aumônier à la vie douce, pour laquelle la nature l'avait formé. La petite, bien fâchée de perdre son joli seigneur, sentait pourtant que les prérogatives du veuvage et son enfant pouvaient consoler de bien des pertes. Cette scène, qui avait pu être orageuse, allait se terminer avec simplicité, résignation et bonhomie, lorsqu'un homme de l'escorte de l'intendant entra en criant : « Au meurtre ! au » meurtre ! en voulant faire boire nos chevaux, » nous avons tiré Pacôme du puits. »

A ces mots, le tableau change en un clin d'œil. Mendoce pâlit, Trufaldin trembla, et la petite se mit à pleurer. L'intendant, assez bon diable, ne condamnait encore personne; mais le chef de son escorte, homme madré, et considéré de Gonzalve, s'érigea aussitôt en juge, et interrogea sévèrement la veuve. Mendoce, trop généreux pour la laisser sous le soupçon d'un crime, dont elle était innocente, prit la parole, s'accusa avec fermeté ; fournit en preuves, contre lui-même, l'habit mouillé encore, avec lequel Trufaldin avait passé le fossé; la fouêne, dont le manche couvert d'une humidité verdâtre, n'avait pu être trouvé que dans l'eau ; les dents de cette fouêne faisant autant de blessures au flanc du défunt; le fléau, avec lequel Pacôme avait éreinté Trufaldin, qui, douze heures auparavant se portait à merveille, et jouait les saints Mystères au château même de Gonzalve; enfin il conclut que la petite veuve n'avait pu être d'intelligence avec eux, qui avaient passé un mois chez le châtelain, et que le seul tort qu'on pût leur reprocher, c'était d'être entrés par un autre chemin que la porte, et qu'au reste Pacôme, dont il cita les hauts faits, avait bien mérité sa triste fin.

L'officier, après avoir réfléchi, pesé, commenté chaque phrase et vérifié chaque fait, proclama la petite veuve innocente, et il ajouta que le seigneur Gonzalve ne souffrait pas qu'on tuât impunément des vassaux, qui lui payaient soixante marcs d'argent par an ; que ce seigneur avait sans doute beaucoup d'amitié pour Mendoce ; mais que son devoir, à lui, était de le conduire provisoirement dans les prisons de sa juridiction..... « Dans tes prisons, faquin !

» interrompit fièrement Mendoce. — Qui osera
» l'y conduire, reprit, plus haut encore,
» l'officier de Cerdagne, et faire un tel affront
» au nom d'Aran? — Ce sera moi. — Toi! —
» Il ira. — Il n'ira point. — Il ira, vous dis-je.
» — Par saint Jacques, tu en as menti. » Un vigoureux soufflet est la dernière réplique de l'officier de Gonzalve, et celui de Cerdagne tire aussitôt l'épée.

« Amis, dit-il à ses hommes d'armes, nous
» devons rendre ce jeune seigneur à son père,
» et vous devez venger l'affront que votre
» chef a reçu. En avant, marche. »

Les deux troupes se choquent; se battent d'abord dans la maison; se poussent, et se développent dans la cour. Ceux qui ont le temps de saisir leurs chevaux, sautent dessus; les autres combattent à pied; on se charge avec une égale fureur.

Mendoce était bien loin de vouloir du mal à Gonzalve, et même à ses gens. Il se jeta dans la mêlée, il parla, il cria, il proposa des voies d'accommodement; peine inutile. L'officier de Cerdagne était brave comme son seigneur, et incapable de pardonner un soufflet; l'autre n'était pas homme à se laisser tuer sans se défendre, et tout ce que Mendoce gagna à vouloir arranger des gens, décidés à se battre, ce fut un coup de poitrail de cheval, qui le jeta à dix pas.

Il prit de l'humeur à son tour, et se rangea du parti de ceux qui appartenaient à l'intime ami de son père, et qui voulaient lui sauver la honte d'être emprisonné comme un criminel. Sans casque, sans cuirasse, sans la plus légère cotte de mailles, il se jette au milieu des hommes d'armes, couverts de fer, et joue de sa hache en déterminé. Joignant la ruse à la valeur, il se glissait entre les chevaux, leur coupait les jarrets, et échappait aisément à ceux qui combattaient à pied, et que le poids de leur armure empêchait de courir aussi lestement que lui.

L'affaire fut long-temps à se décider. Ces armures complètes rendaient les guerriers presqu'invulnérables; il était plus facile de les assommer que de les blesser. Cependant les troupes de Cerdagne, exercées, aguerries, devaient l'emporter sur celles du pacifique Gonzalve, et ce fut ce qui arriva. Mendoce s'était emparé d'un cheval, qui errait çà et là, sans cavalier, et il acheva de fixer la victoire. Quand il la vit certaine, et qu'il crut pouvoir quitter le combat sans honte, il prit un parti fort simple; il fit une volte de côté, enfila, au grand galop, la porte de la cour, et se

jeta dans le bois en s'écriant : « Ma foi, me
» voilà encore une fois revenu de la tour du
» Nord. »

Sa suite fait cesser à l'instant la bataille, dont il était l'unique cause. Ceux des deux partis qui se portaient bien, se mettent à l'instant à sa poursuite ; les uns pour le ramener chez son père, les autres pour le conduire dans les prisons de Gonzalve. Leurs prétentions réciproques, trop clairement énoncées en galopant, amenèrent, à la lisière du bois, une seconde rixe très-favorable au fugitif. Il suivit un sentier battu, de toute la prestesse de son cheval ; ne s'occupa plus de ce qui se passait derrière lui, et fort peu de l'avenir. Il avait bien déjeuné, et n'était pas homme à s'inquiéter, tant qu'il n'avait besoin de rien.

Quand les combattans eurent brisé bien des épées et bien des lances, et qu'ils eurent épuisé leurs forces, il fallut qu'ils s'arrêtassent. Ils convinrent qu'ils s'étaient tous comportés en braves gens, et que, puisque Mendoce s'était échappé, ce qu'ils pouvaient faire de mieux, c'était de s'aller refaire chez eux ; et ils en avaient besoin : il n'en était aucun qui ne fût couvert de contusions, beaucoup étaient blessés, heureusement il n'y avait pas de morts. Le frater fit les premiers pansemens, du mieux qu'il put, et on se sépara bons amis, en apparence, et sans avoir rien gagné que des coups, ce qui arrive communément à la fin de toutes les guerres. L'intendant seul perdit à celle-ci : il ne retrouva pas sa litière.

La troupe de Cerdagne trouva, en arrivant au château, les trois autres corps rentrés. La longueur, l'inutilité des recherches, les fatigues continuelles avaient dégoûté jusqu'à Cerdagne lui-même; la mauvaise saison approchait, les chemins devenaient impraticables; il licencia son monde jusqu'au printemps, selon l'usage du siècle, où les vassaux ne devaient de service que pendant un temps limité.

Cerdagne fut rendre compte du triste succès de son entreprise. Il raconta à d'Aran comment on avait trouvé son fils près du château de Gonzalve; comment il s'était échappé de nouveau; il jugea de son séjour dans ce canton, qu'il était retenu par quelqu'amourette. Il espérait qu'un autre moyen qu'il avait imaginé, réussirait mieux que le premier. Le comte d'Aran n'y comptait guère, et la réserve de la comtesse ne permettait pas qu'on s'ouvrît à elle sur cette dernière ressource. Cerdagne prévoyait que, dans tous les cas, Mendoce resterait aux environs de Longarès, jusqu'à la belle saison, puisqu'il était à peu près nu et sans argent, et il conclut qu'au pis-aller il fallait prendre patience jusque-là.

Le papa se désolait ; la maman était au désespoir. Cerdagne ne riait plus ; l'escapade commençait à lui paraître longue et forte. Cependant trois affligés trouvent toujours quelques motifs de consolation, et le moins triste amuse quelquefois les autres : c'est ce que fit Cerdagne pendant plusieurs jours. Il vit ses amis sourire à l'espoir du printemps ; il retourna près de sa Séraphine, la seule avec qui il pût converser, depuis que l'enjouée, la sémillante et parfois raisonnable Rotrulde était absente, et pour cause.

Courons maintenant sur les traces de Mendoce, que nous avons laissé galopant sur son grand cheval de bataille. Il chantait, le monsieur, et ne pensait pas aux entrailles maternelles que son absence déchirait, aux larmes secrètes qu'il faisait répandre. Ingrats enfans, que vous nous causez de peines ! Et vous vous plaindrez, quand les vôtres nous vengeront un jour, et vous trouverez des gens qui vous plaindront, et vos enfans aussi seront plaints à leur tour, quand vos petits-enfans commenceront leurs fredaines, car tout le monde en doit faire plus ou moins. Le premier homme a donné un mauvais exemple ; ceux-là se suivent aisément, et celui d'Adam le sera jusqu'au dernier homme. Après cela, la fin du monde ; l'extinction de la matière, qui ne peut s'anéantir ; l'éternité, que personne ne conçoit, mais dont on ne saurait douter ; le paradis, placé on ne sait où ; l'enfer, au centre de la terre, qui ne sera plus ; le purgatoire....... Mais où diable vais-je m'embarquer? Rions, rions, et laissons toutes ces rêveries aux cerveaux atrabilaires.

Mendoce galopait donc, et chantait la chansonnette. Il suivait un sentier, aussi riant, que le permet la nature à la fin d'octobre. Les arbres verdoyaient encore, et un soleil faible, mais pur, dardait ses rayons à travers les branches qui se dépouillaient à chaque coup de vent. Mendoce était sur une éminence où quatre chemins se croisaient : « Lequel prendrai-je ? disait-il. Ma foi, pour les affaires que j'ai à suivre, la route est bien indifférente. » Et il se décide pour celle qui lui offrait les sites les plus piquans.

Il descendait, galopant toujours, et faisant succéder une seconde chanson à la première, quand il aperçut une litière dans le fond du vallon, sur lequel il dominait. Elle allait au pas, comme vont toutes les voitures, portées sur le dos de deux mules, et l'aimable polisson devait la joindre en dix minutes. « Je trouverai

» là-dedans, disait-il encore, quelque prélat,
» quelque douairière, quelque médecin. Le pre-
» mier doit nourrir son prochain, la seconde
» sera sensible à mes charmes, et je ne crains
» le troisième qu'au coin de mon chevet : avan-
» çons. »

En avançant, il reconnaît des panaches de mulets aux couleurs du seigneur Gonzalve ; bientôt il aperçoit sa bannière flottant à la tête de la litière : « Parbleu, dit-il, c'est Séphora qui
» se promène, et quoiqu'il fasse un peu frais,
» je peux jouer à l'ange Gabriel, ici comme
» ailleurs. Elle n'a pas de suite, et cela ne laisse
» pas d'être commode. » Il pousse plus vivement encore, il approche, et il voit deux ou trois individus mêlés dans la litière : « Adieu,
» dit-il, adieu, flatteuse espérance de doux
» plaisir : c'est un hôpital ambulant que j'ai
» devant moi. » Il arrive, il voit son cher Trufaldin. Il regarde de plus près, c'est la petite veuve et son enfant. « C'est un prodige. — C'est
» un miracle. — Je suis ravie. — Je suis com-
» blé. — Et pourquoi...... — Comment....... —
» Raconte-moi...... — Raconte toi-même. »

La petite, effrayée du carillon infernal qu'on faisait dans sa cour, craignant pour elle, pour le précieux et dernier rejeton du sang de Pacôme, la petite s'était levée comme elle avait pu. Tout le monde se battait, hors Trufaldin, qui tremblait des quatre membres. Ils s'étaient mutuellement entr'aidés, et s'étaient juchés dans la litière, à laquelle personne ne pensait plus; ils étaient sortis à la barbe des combattans, qu'occupaient le désir de tuer, la nécessité de se défendre, et, comme Mendoce, ils avaient pris le premier chemin qui s'était présenté devant eux.

« Hé! où vas-tu comme cela, ma petite?
» — Je n'en sais rien, mon petit, et toi?— Je
» n'en sais pas davantage. Je bénis le hasard qui
» nous réunit. — Tiens, cher Mendoce, ne
» nous quittons plus. — C'est bientôt dit, ma-
» dame; je n'ai rien, et vous voulez que je me
» charge d'une femme en couche et d'un enfant
» auquel, à la vérité, je peux avoir contribué...
» — Bah! reprit Trufaldin, ne savez-vous pas
» que les femmes pensent à tout : nous avons
» dans la litière l'or et l'argent du défunt.
» Madame n'a laissé que des habits, dont elle
» se soucie peu, et sa maison, que personne
» n'emportera. — Allons, soit, voyageons; je
» peux, sans scrupule, manger quelques marcs
» du trésor du frère Pacôme : ce sera une
» restitution. Sur quelle route sommes-nous
» ici? — Je n'en sais rien. — Ni moi. — Ni
» moi. — Quelle est la ville la plus prochaine?
» — Je n'en sais rien. — Ni moi. — Ni moi. —

» Quel parti allons-nous prendre ? — Je n'en
» sais rien. — Ni moi. — Ni moi. — Voilà un
» voyage qui commence bien : tâchons au moins
» de nous orienter. A six lieues devant nous,
» un peu à droite, un peu à gauche, doit être
» la ville de Longarès, qu'il faut éviter, de
» peur de trouver le château de Gonzalve,
» que je ne me soucie pas de revoir, depuis
» que nous avons échiné ses gens. En tour-
» nant du côté du levant, nous trouverons
» la grande rivière d'Ebre, sur laquelle nous
» voguerons. Nous la descendrons jusqu'à son
» embouchure, où nous nous embarquerons
» pour la Catalogne : c'est prendre le long
» tour, mais personne ne nous suivra là. Nous
» nous tiendrons à dix ou douze lieues des
» domaines paternels, et, certes, ceux à qui il
» prendra envie de me chercher encore, éten-
» dront leurs courses plus loin, parce qu'ils ne
» me soupçonneront pas l'audace de me tenir
» aussi près : voilà un plan arrêté. Le soleil va se
» coucher derrière nous, donc nous avons le
» levant en face. Vive la joie ! et poussons
» en avant.

» — Ah çà, dit Trufaldin, en se tournant
» péniblement du côté de Mendoce, voilà un
» plan arrêté, c'est fort bien. Je m'embar-
» querai avec vous, moi, qui crains l'eau

» comme les chats ; mais nous ne sommes
» pas encore à l'embouchure de l'Ebre. Il est
» possible que nous ne trouvions pas un ha-
» meau, d'ici à demain matin, et croyez-vous
» que je puisse passer la nuit dans une litière
» ouverte, moi, rompu à votre service, et
» votre petite, puisque vous la nommez ainsi,
» votre petite, qui est accouchée ce matin,
» peut-elle supporter le froid, pendant une
» traite aussi longue? Que le diable m'emporte,
» si j'entends rien à votre façon de voir. Vous
» seriez à merveille dans une des tours de
» votre père ; vous feriez votre paix avec lui ;
» vous reviendriez un haut et puissant sei-
» gneur, et vous aimez mieux courir les
» champs ! A quoi vous a mené cette chienne
» de manie ? En sortant de Sarragosse, vous
» vous réfugiez chez un ermite, qui vous vole.
» Vous le retrouvez, en habit de cavalier ;
» vous vous battez avec lui ; il vous désarme,
» et m'enfonce une côte d'un coup de pied.
» Vous entrez chez un seigneur qui a une
» jolie femme......... crac, la tête se monte,
» vous lui faites jouer la vierge Marie, et
» saint Joseph à son époux. Vous êtes forcé
» de vous sauver de là, sans haut-de-chausses
» et sans bonnet, et vous courez comme un
» basque après moi, qu'entraîne la mule d'une

» vieille sorcière. Elle vous parle d'une autre
» jolie femme... pan, vous entrez chez elle sur
» mes épaules, le mari m'éreinte, et vous le tuez.
» Après cela, vous faites le mari vous-même,
» vous faites l'accoucheur; que ne faites-vous pas?
» Des hommes armés se présentent ; vous vous
» battez avec eux, comme si vous étiez dans une
» peau d'acier ; enfin vous voilà parti pour la
» mer Méditerranée, et un naufrage terminera
» nos caravanes. Quel chien de plaisir trou-
» vez-vous donc au métier que vous nous faites
» faire ? Il me déplaît, seigneur, il me déplaît,
» et beaucoup. — L'ennuyeux péroreur ! Hé-
» bien ! prends mon cheval, et de l'argent
» dans tes poches, retourne au château, et ne
» me romps pas la tête davantage. Moi, j'aime
» le genre de vie que je mène ; je respire le grand
» air, je m'amuse de tout, je ne dépends de
» personne, je suis enfin un habitant de l'u-
» nivers. — Le beau titre ! — Tu te plains des
» coups que tu as reçus, pourquoi n'es-tu pas
» plus brave ? — Ma foi, monsieur, la valeur
» est un don que Dieu fait à qui bon lui semble.
» — Tu crains de mourir de froid dans ta litière,
» descends. J'ai ma hache d'armes, je bâtis,
» en une demi-heure, une cabane pour nous
» tous, et le premier caillou, frotté sur mon
» arme, nous allume du feu. Tu vas me dire

» maintenant que tu crains la faim et la soif.....
» — Non, seigneur, non, je ne dirai pas cela;
» j'ai, comme madame, ma petite prévoyance:
» sous ce matelas, est la moitié de cochon
» derrière laquelle j'étais caché dans l'armoire ;
» plus, deux gâteaux cuits sous la cendre, et
» une dame-jeanne pleine d'un excellent vin.
» — Mais voyez donc ce maraud, qui a un
» magasin complet, et qui ose se plaindre,
» lorsque je voyageais gaîment, persuadé que je
» ne trouverais, dans ce bois, que des cure-
» dents ! Allons, arrête tes mules, et je mets
» la main à l'œuvre. »

Il descend en effet de cheval, passe ses rênes dans une branche fourchue, et attaque le premier arbre à grands coups de hache. Il se hâte ; les coups se succèdent sans interruption ; il est hors d'haleine, et l'ouvrage avance peu. Il ne se décourage pas ; mais il est forcé de prendre un peu de repos : « Voyez, disait-il, une main
» appuyée sur sa hache, et s'essuyant le front
» de l'autre, voyez s'il est une position aussi
» agréable que la nôtre : cet endroit nous plaît,
» hé bien ! nous y couchons. Demain, autre
» habitation, autres mets. Je bâtis une cabane
» en roseaux, sur le bord de l'Ebre ; je fais
» des lignes avec la queue de mon cheval, et
» je vous sers un souper tout en poisson. Après-

» demain........ — Après-demain, nous ferons
» comme nous pourrons ; tâchez seulement de
» nous arranger un abri pour ce soir. » Et Mendoce se remet à l'ouvrage, travaille beaucoup,
et fait peu de chose. Il s'arrête une seconde fois,
et voit, à quelque distance, une tête qui se
montrait derrière un gros orme, et qui le regardait fixement. Il court de ce côté, la hache à la
main, et trouve un jeune homme d'une figure
très-agréable, qui lui sourit avec douceur.

La jeunesse inspire la confiance, et la hache
de Mendoce tomba d'elle-même, à la vue de
l'étranger. L'étranger s'avança vers Mendoce,
lui présenta la main, et voilà la connaissance
faite : « Je suis surpris par la nuit comme vous,
» lui dit le jeune homme ; j'ai poussé mon
» cheval, guidé par les coups de votre hache,
» qui retentissaient dans la forêt. Je croyois
» trouver un bûcheron, que j'allais prier de me
» conduire à sa hutte, et je me suis arrêté à l'as-
» pect de votre litière, et des personnes qui sont
» avec vous. Votre conversation, que j'ai entendue, m'avait donné, sur vos moyens d'exis-
» tence, et vos principes, des soupçons, qui m'ont
» déterminé à me cacher ; mais une figure comme
» la vôtre dissipe à l'instant toutes les craintes,
» et je vois que vous êtes simplement un ami
» du plaisir, qui se dérobe à la sévérité pa-

» ternelle. — Précisément, seigneur, et peut-
» être y a-t-il quelqu'analogie entre vos goûts
» et notre situation. — C'est absolument la
» même chose. — Parbleu, seigneur, je suis
» enchanté de ces rapports. — Je passerai la
» nuit avec vous, si vous le permettez, et je
» vais vous épargner bien du travail. — Vous
» me rendrez service, car je suis sur les
» dents. »

Mendoce croyait que le jeune homme allait prendre la hache à son tour : point du tout. Il remonta à cheval, s'éloigna au grand galop, et revint, l'instant d'après, avec un énorme paquet derrière lui. « Mon valet, dit-il, por-
» tait, en croupe, cette tente et ces provi-
» sions. C'est un garçon déterminé et bien
» armé. Je l'ai laissé à cinquante pas, pour
» veiller aux environs, avec l'ordre de se
» replier sur nous, s'il entendait quelque
» chose de suspect. »

Aussitôt le jeune homme et Mendoce déroulent une assez belle tente. Les piquets sont enfoncés, la toile est tendue, et on a une maison. On y porte les matelas de la litière, et voilà des lits, où on couche les malades. Le jeune homme exhibe un fort joli souper, et Mendoce, qui ne veut pas lui céder en générosité, allume un bon feu, embroche son quartier de lard, à un bâton bien effilé, assied Trufaldin sur un tas de feuilles sèches, et le charge de tourner le rôt. Pendant qu'il cuit, on cause, on plaisante, on se plaît mutuellement, la confiance s'accroît, et on se raconte ses aventures. Le jeune homme commence, et conte ce qu'il veut. Mendoce prend la parole après lui, et conte ce que vous savez. Il n'avait pas de motifs de rien cacher à un ami, qui, comme lui, fuyait un père, qui paraissait de si bonne foi, et qui, dans aucun cas, ne pouvait être à craindre, puisqu'il était sans armes.

A mesure que Mendoce contait, la figure du jeune homme s'épanouissait davantage; la joie brillait dans tous ses traits. Mendoce attribuait cette gaîté à sa manière plaisante de conter : elle avait un motif tout différent.

Pendant que ces messieurs se faisaient des confidences réciproques, la petite veuve réfléchissait sérieusement à sa position critique. Si le jeune homme ne s'était pas présenté, elle n'aurait eu pour toit que le ciel. Ce désagrément l'attendait le lendemain, et peut-être les jours suivans, sans compter les dangers, les aventures désagréables, le défaut de soin dans des marches pénibles et longues, et tout cela, comparé à la vie douce qu'elle pouvait mener dans sa jolie maison, nuisait singulièrement aux charmes du beau Mendoce, et effaçait insensiblement le plaisir de l'avoir retrouvé. A la vérité, se disait-elle, c'est un joli homme ; mais on en trouve partout. C'est un seigneur, et il me quittera au premier jour. Un bon mari, qui me plaise, et dont je ferai la fortune, me conviendrait bien mieux ; mais comment quitter Mendoce, après lui avoir proposé moi-même de le suivre ?

En effet, ce changement subit devait la faire accuser d'inconséquence, et je ne sais pourquoi on brave plus aisément la peine, les fatigues, qu'un ridicule.

Trufaldin, lui, tournait la broche, sans penser à rien qu'à se chauffer. Il présentait au feu son dos macéré, autant que le permettait l'exercice, dont son maître l'avait chargé. L'eau-de-vie et la chaleur opérèrent un changement assez sensible. Il débrocha son porc, et le servit à ces messieurs avec assez de facilité.

Le souper fut très-gai, de leur part au moins, car la petite continuait à penser, et Trufaldin, qui se sentait mieux, ne s'occupa qu'à faire fête à tous les mets qu'il avait devant lui.

Le jeune homme trouvait admirable l'idée que Mendoce avait conçue de suivre les bords de l'Ebre : « Quoi de plus plaisant, disait-il, » que de voyager sur l'eau, pendant que le

» papa vous cherche sur terre ! il y a là de
» quoi le désespérer. — Je serais pourtant fâché
» d'ajouter à ses chagrins. — C'est à lui seul
» qu'il doit s'en prendre : enferme-t-on des
» jeunes gens comme nous ? — C'est vrai, c'est
» très-vrai, ce que vous dites-là, et je l'ai sou-
» vent pensé. — Malgré cela, pas de rancune ;
» à la santé de nos papas. — Oh ! du meilleur
» de mon cœur. »

Le jeune homme insinua ensuite qu'il était difficile de voyager avec une femme dans l'état de la petite ; qu'elle exposait visiblement sa vie, et qu'on était revenu de la folie de se tuer, pour prouver sa fidélité. Il ajouta qu'il était indispensable qu'elle retournât à son domicile, dont la frayeur l'avait chassée ; qu'elle s'y rétablirait ; qu'elle y reprendrait cette fraîcheur qui avait charmé son chevalier; qu'ils se rejoindraient facilement à Ampesta, dernière ville à l'embouchure de l'Ebre, ou dans une des jolies îles situées à peu de distance du rivage, où Mendoce vivrait agréablement et ignoré, jusqu'au moment où l'amour viendrait l'y combler de nouvelles faveurs. Très-probablement le jeune homme avait une intention en proposant ce plan ; mais la petite et Mendoce ne virent que ce qu'il avait de raisonnable. Il favorisait les projets actuels de la première, et la fatigue de la soirée avait fait revenir le second de sa manie des cabanes.

Cependant ils ne parlaient ni l'un ni l'autre. Les amans se quittaient au douzième, comme au dix-huitième siècle; mais ils ne se disaient pas en face qu'ils s'ennuyaient mutuellement, et qu'ils seraient enchantés d'être débarrassés l'un de l'autre. Ce qui contribuait, surtout, à ranger intérieurement Mendoce de l'opinion du jeune homme, c'est que sa petite était dans un état à ne pouvoir le dédommager, de long-temps, des peines qu'il prendrait pour elle, et comme elle, il disait à part lui : C'est une jolie femme, mais on en trouve partout.

C'était au plus adroit à amener une rupture, dont personne n'eût à se plaindre, et dans les jeux de caprice, les femmes ont un tact, une finesse, qu'il a plu à la nature de nous refuser.

La petite trouva un moyen, qui conciliait tout. Elle se plaignit un peu d'abord, beaucoup ensuite, très-fort dans le milieu de la nuit. Mendoce, qui avait eu bien de la peine à s'endormir, fut réveillé par ses gémissemens continuels. Il s'approcha d'elle, d'un air touché; il lui dit, en s'efforçant de pleurer, qu'il l'aimait trop pour souffrir qu'elle devînt victime de son amour, et il la conjura de retourner chez elle. La petite lui répondit, en pleurant tout de bon, car la nature a accordé à ce sexe charmant le don de pleurer à volonté, la petite répondit qu'elle mourrait peut-être du regret de le quitter; mais qu'elle sentait bien qu'elle mourrait sûrement si elle continuait le voyage, et qu'elle prenait, par excès d'amour, le seul parti qui pouvait la lui conserver. La vérité, c'est que cette petite, Séphora et toutes les femmes que Mendoce avait trouvées jusqu'ici, n'aimaient que le plaisir, à qui elles donnaient le nom d'*amour*, beaucoup plus décent, ainsi qu'il a plu au charmant Boufflers d'appeler des cœurs.... ce que vous savez bien. Une autre vérité, c'est que Mendoce avait donné de bonne foi dans la même erreur. Il trouvera peut-être une femme, qui lui fera connaître le véritable amour.

Au point du jour la petite, après avoir rendu à Mendoce l'or que feu Pacôme lui avait volé, se laisse porter dans sa litière. Elle sanglotait, pendant le court trajet; elle sanglotait, quand elle fut dedans; elle ne pouvait détacher ses bras du cou de Mendoce; elle sanglotait, après l'avoir quitté; on l'entendit sangloter, après qu'elle fut partie, et quand elle eut fait quatre pas, on n'entendit plus rien.

Trufaldin avait voulu monter à côté d'elle, parce qu'il n'était pas encore, disait-il, en état de marcher. Le jeune homme avait observé qu'il était utile à son maître; qu'il commençait à se rétablir. Il avait offert d'accompagner la petite veuve, et il avait instamment prié Mendoce d'accepter, comme une marque de sa sincère amitié, son cheval, pour son écuyer, et sa tente, pour les nuits qu'ils seraient obligés de passer en plein vent. Cette générosité n'était pas trop naturelle ; mais Trufaldin y trouvait son compte, et Mendoce n'en était pas étonné, parce qu'il se sentait capable, en pareille circonstance, d'un semblable procédé. Il avait un peu résisté, pour la forme, et le jeune homme avait levé toutes les difficultés, en l'assurant que son valet gardait deux forts chevaux, et qu'il recevrait avec plaisir les mêmes secours de Mendoce, s'il le rencontrait un jour dans un état de détresse, ce qui n'était pas impossible.

« Le drôle de garçon ! disait Trufaldin à
» Mendoce, quand ils se mirent en marche.
» Me voilà bien monté ; je porte notre maison
» derrière moi; vous avez, devant vous, des
» sacoches qui valent un buffet complet, et
» qui sont garnies au moins pour deux jours ;
» et ce jeune homme nous a tout abandonné,
» avec autant de facilité, que si cela ne coû-
» tait rien : tenez, seigneur, jeunesse, géné-
» rosité, ou insouciance à part, cette conduite

» ne me paraît pas très-naturelle, et il y a
» quelque chose là-dessous. — Et que veux-tu
» qu'il y ait?—Moi, je ne veux rien : je désire
» que tout ceci soit aussi simple que vous le
» croyez. — Au moins, tu n'accuseras pas ce
» jeune homme d'être un voleur!—Oh! non,
» ses manières grandes....—Il n'a pas l'air d'un
» trompeur. — Non, mais il pourrait en être
» un. — Et que peut-il nous faire? — Je ne
» sais pas. — Tu vas voir qu'après nous être
» tirés des mains d'une cinquantaine d'hommes
» d'armes, je craindrai un jeune homme seul,
» plein de candeur et de franchise, parce qu'il
» m'a abandonné une tente et un cheval dont
» j'avais besoin : va, tu n'es qu'un sot, et tu
» finiras par avoir peur de ton ombre. — Je
» ne suis qu'un sot, c'est bientôt dit : si vous
» aviez voulu écouter, à Sarragosse, le sermon
» que j'avais composé pour vous, vous auriez
» de moi une opinion toute différente. — Hé
» bien, voyons ton sermon? aussi bien je n'ai
» pas reposé de la nuit, et un chevalier errant
» doit dormir à cheval comme dans un lit. —
» C'est trop flatteur, en vérité; n'importe, je
» commence, et les beautés de mon discours vous
» tiendront éveillé. » Et il reprend : « Semblable
» à l'enfant prodigue, mon très-cher frère... »
Et il n'avait pas fini le premier point, que

Mendoce dormait d'un profond sommeil, et il
le tirait par la manche, et Mendoce ouvrait
les yeux, écoutait une ou deux phrases, bâillait et se rendormait, et Trufaldin se mord les
lèvres, et il veut punir son cheval, qui n'avait
pas besoin de sermon, du mépris que Mendoce
faisait du sien. Il lui allonge un coup de houssine sur les flancs, et le cheval prend le grand
galop, et l'emporte à travers la forêt, et Trufaldin, qui n'a galopé de sa vie, jette les hauts
cris, et Mendoce se réveille en sursaut, et il
galope après son écuyer. Ils traversent des halliers, des ravins ; ils arrivent à un chemin qui
paraît assez fréquenté. Le cheval de Trufaldin
se jette de lui-même dans cette route, et court
plus vivement encore. Trufaldin, désarçonné,
se tient d'une main à la crinière, et de l'autre
à la queue. Il fait des grimaces épouvantables,
et finit par faire dans son haut-de-chausses.

Mendoce le suivait toujours, et riait aux
éclats. Trufaldin, indigné de cette gaîté hors
de saison, lui tirait la langue, ne pouvant faire
mieux. Dans la violence de ses efforts, il relève la queue de son cheval, à laquelle il se
tenait, la croupière sort, la selle tourne, Trufaldin tombe, et le cheval galope tout seul.
Mendoce, qui sent le besoin de monter son
écuyer, galope après sa monture, et le laisse
geindre, et se frotter le derrière contre un arbre.

A force de galoper, le beau chevalier découvre les bords rians de l'Ebre, un peu au-dessus de la ville de Quinto. « Le cheval de » Trufaldin, disait Mendoce, semble avoir deviné mes intentions : il m'a conduit à merveille. Sans doute il s'arrêtera, à moins qu'il » ne passe la rivière à la nage. » Le cheval ne s'arrêta point ; il tourna à droite, continua à galoper, sur le gazon qui bordait l'eau, et entra dans une maisonnette, dont Mendoce était encore éloigné de deux cents pas.

A peine le cheval est-il entré par une porte, qu'il ressort par une autre ; un homme saute dessus, et repart au galop ; Mendoce enfonce ses éperons dans le ventre de son coursier, en criant *au voleur !* Le voleur gagne le bois, et disparaît. Mendoce arrive au lieu d'où ce malheureux cheval venait de repartir; il met pied à terre; il entre, la hache à la main : ce n'est pas une maisonnette, c'est une écurie assez vaste, dont les mangeoires, encore garnies, annoncent que dix ou douze chevaux viennent d'en sortir. Pas d'habitation auprès, par conséquent personne à qui on puisse demander des renseignemens, et, pour comble de malheur, la tente et les provisions du jeune homme sont derrière le cheval, qu'on vient de voler, avec tant d'effronterie.

Mendoce écumait de fureur; il frappait, de sa hache, les râteliers et les mangeoires, qui volaient en éclats. Fatigué de ce jeu, qui ne le menait à rien, il sort pour reprendre son palefroi; il ne le trouve plus. Il s'étonne, il jure, il tempête, il regarde de tous côtés; un autre homme, sorti il ne sait d'où, s'enfuyait dessus à toute bride : Allons, se dit Mendoce, Trufaldin avait, ma foi, raison : ce jeune homme se sert des avantages de sa figure pour gagner la confiance des voyageurs. Il m'a donné son cheval, bien sûr qu'il me conduirait ici, et que, de gré ou de force, on m'y prendrait le mien. Il faut pourtant avouer, ajouta-t-il en riant, que le tour est bien joué. J'aime qu'on montre de l'esprit, et même à mes dépens. Après tout, j'ai mon or dans mes poches. Je comptais voyager sur l'eau; cet événement rend nécessaire ce que j'avais décidé comme chose d'agrément, et je ne verrais pas le moindre mal à tout ceci, si j'avais déjeuné.

Pour tromper son appétit, il usa de sa ressource ordinaire; il commença la chansonnette, en retournant vers l'endroit où il avait laissé Trufaldin, dont la société lui devenait plus nécessaire que jamais : c'était un être bien heureusement organisé, que ce jeune Mendoce.

Après un quart d'heure de marche, il aperçut son écuyer, qui débouchait du bois, monté sur un âne, qui trottillait d'assez bonne grâce : Allons, se dit Mendoce, nous perdrons quelque chose au change; mais enfin, pour un blessé, un âne vaut beaucoup mieux que rien.

Trufaldin s'avançait, avec un air de satisfaction qui annonçait qu'il n'avait pas regret au troc. Mendoce le regardait venir, assis sur l'herbe, continuant sa chansonnette, et s'intérrompant quelquefois, pour rire de la figure hétéroclite du bon homme. Ils s'approchent enfin : « Et où as-tu pris cet âne ? — Je ne
» l'ai pas pris. — Où l'as-tu trouvé ? — Je ne
» trouve jamais rien de bon. — On te l'a donc
» donné ? — Précisément. — Ah, ah ! — Un
» homme a paru tout à coup, et m'a dit :
» Monte là-dessus, laisse-toi conduire, et il
» a disparu. — Ces voleurs-là sont polis, au
» moins, ils ne veulent pas qu'un pauvre blessé
» aille à pied. — Ah ! vous convenez enfin que
» ce sont des voleurs ! — Il faut bien que j'en
» convienne, puisqu'ils m'ont repris leur cheval, et qu'ils ont emmené le mien. Au
» moins ne sont-ce pas des voleurs malfaisans;
» mais qu'as-tu dans ce bissac ? — Je n'y ai pas
» regardé; je ne pensais qu'à vous rejoindre.
» — Voyons, mon ami, voyons.... du pain,

» une volaille froide, du vin.... Diable, c'est
» une trouvaille que cela : déjeunons. »

Mendoce détache le bissac; il aide à Trufaldin à descendre; il passe les rênes de la bride de l'âne dans son bras; il coupe la volaille en quatre avec sa hache, faute d'un couteau, et nos voyageurs reprennent des forces.

Ils finissaient de déjeuner, lorsqu'ils aperçurent un homme, assez bien mis, et monté sur un cheval pie, qui venait à eux, au petit pas. Mendoce, qui commençait à devenir défiant, donne les rênes à tenir à Trufaldin, et se lève, la hache au poing. Bientôt il reconnaît, dans cet homme, un chevalier qui avait assisté à la représentation du mystère de la Conception, et qui, dans la journée, lui avait fait toutes sortes de prévenances. Mendoce fut un peu honteux d'être trouvé dans un aussi pauvre équipage; mais il n'y avait plus moyen d'éviter la rencontre, et il entra en conversation avec cette facilité, cette grâce qui ne le quittaient jamais.

Le chevalier s'arrêta près de Trufaldin, lui dit les choses les plus flatteuses sur la manière dont il avait représenté le Diable, Trufaldin ouvrait la bouche, et gobait l'encens, lorsque le chevalier tira brusquement l'épée, coupa d'un coup les rênes que tenait l'écuyer, en appliqua un vigoureux sur la croupe de l'âne, qui partit au galop. Le chevalier poussa son cheval, en chassant l'âne devant lui, et l'âne, le chevalier et son cheval disparurent en un moment.

« Que le diable m'emporte, s'écria Men-
» doce, si j'entends rien à tout cela ! — Allons-
» nous-en, seigneur, allons-nous-en. — Hé, tu
» dis que tu ne peux marcher ? — Je ferai un
» effort. Par grâce, allons-nous-en. — Mais que
» signifie tout ceci ? — Je n'en sais rien ; mais
» allons-nous-en. — Celui-là donne un cheval ;
» celui-ci un âne ; d'autres semblent se faire un
» malin plaisir de nous reprendre tout ; des che-
» valiers même se mêlent à ce jeu : je m'y perds.
» — Il est joli, le jeu ! Ne voyez-vous pas que ce
» chevalier est un voleur comme les autres ; qu'il
» s'est introduit, à la faveur de la foule, chez
» le seigneur Gonzalve, pour y faire quelque
» coup ? Partons, au nom de Dieu, partons.
» — Partons, soit. Appuie-toi sur mon bras et
» tâche de te traîner.... Mais, quelle chienne
» d'odeur sens-je donc ? — Oh ? c'est que....
» c'est que.... — C'est que ? — Quand ce cheval
» m'emportait.... — Hé bien ? — La peur.... —
» — Après ? la peur ?.... — M'a fait lâcher.... —
» — Descends à la rivière, vilain, lave-toi de
» la tête aux pieds ! ou je laisse. — Aidez-moi
» du moins un peu. — Le joli métier que je

» fais depuis hier! Un accouchement là-bas,
» et ici....—Ah! commencez-vous à vous dé-
» goûter....—Tu m'en dégoûterais pour la vie.
» Allons, faquin dans l'eau, et jusqu'aux
» oreilles. »

En descendant, du chemin vert, au bas bord de la rivière, ils aperçurent un autre homme qui dormait, ou qui en faisait semblant. « En-
» core un voleur, dit Trufaldin. — Hé, tu ne
» rêves que voleurs. Ne vois-tu pas ces lignes
» tendues, ce poisson dans cette poche? c'est
» un pêcheur. Bon homme, bon homme,
» éveillez-vous, et dites-nous le nom, et la
» distance de la première ville, en descendant
» la rivière. » Le pêcheur, véritable ou sup-
posé, ouvre les yeux, étend les bras, bâille avec assez de vérité pour dissiper les soupçons de Trufaldin, et il nomme à nos aventuriers la ville de Quinto, distante encore de deux lieues. « Je n'irai pas jusque-là, dit Trufaldin. — Je
» vous y conduirai, si vous voulez, mes bons
» seigneurs, dans la nacelle de mon maître.—Et
» où est cette nacelle? reprit Mendoce. — Là-
» bas, derrière cette roche. — Va la chercher,
» reviens en diligence, et tu seras content de
» moi. — J'y cours. »

Pendant qu'il va et revient, Trufaldin lave sa personne, ses habits; les tord pour en extraire l'eau, et il grelotte, et les dents lui claquent, et Mendoce rit en le forçant à prendre son pourpoint.

« Nous voilà bien, dit le jeune homme. Ce
» matin nous étions richement vêtus ; nous
» avions deux bons chevaux, et nous n'avons
» plus à notre service qu'un pourpoint et un
» haut-de-chausses à nous deux. Si on ren-
» contrait ici des gens disposés à vêtir le pro-
» chain, comme on en trouve de prêts à lui
» fournir des montures ! — Oui, et à cent pas
» plus loin nous en trouverions d'autres qui
» nous dépouilleraient, et qui vous battraient,
» vous, parce que vous voudriez les battre. —
» Hé bien ! ce serait le pis-aller ; mais je souffre
» de te voir le derrière au vent, et moi, les
» épaules nues. Comment entrer dans une ville,
» fagottés de cette manière ? ».

Le pêcheur revient ; il fend vigoureusement l'onde, qui s'oppose en vain à ses efforts ; il il remonte, il arrive, il s'arrête. « Allons, dit
» Trufaldin, des habits dans le fond de la
» barque ! il y a de la diablerie là-dessous. —
» Il n'y a rien que de très-simple, répondit
» en souriant le pêcheur : ce sont des habits
» dont mon maître se couvre pour se garantir
» du froid, quand il va à la pêche. — Veux-tu
» nous les prêter ? reprit Mendoce. — Bien

» volontiers, mes bons seigneurs : ils sont
» grossiers, mais propres. »

Mendoce et Trufaldin font leur toilette, en descendant rapidement la rivière. Ils passent devant l'écurie où Mendoce était entré. « Mon
» ami, dis-moi pourquoi cette écurie est ainsi
» isolée?—Je l'ignore, mon bon seigneur. — A
» qui appartient-elle?—Je l'ignore.—Par quelles
» gens est-elle fréquentée? — Je l'ignore.—Hé,
» que diable! tu ignores tout. — C'est que je
» suis pêcheur, et que je ne m'occupe que de
» mon métier. — Cette écurie ne dépendrait-
» elle pas de cette jolie habitation que je vois
» là-bas?—Oh! non, cette maison est celle de
» mon maître. — Diable! il est donc riche, ton
» maître?—Il est du moins fort aisé. — Et sait-
» il que tu nous mènes à Quinto ? — Non, il
» est à Ampesta; mais en passant je préviendrai sa fille. — Il a une fille ! — La plus
» jolie du canton. — Ah! oui, oui, il faut
» prévenir sa fille : je veux la saluer, la re-
» mercier, la....... — Hé, monsieur, lui dit tout
» bas Trufaldin, ce sera encore quelque coupe-
» gorge que cette maison-là.—C'est le pis-aller;
» mais je ne passerai pas sans voir la jolie
» fille. — Oh! quel homme! quel homme! »
Et le pêcheur, qui prêtait l'oreille, entendait tout, à peu près, et souriait, penché sur ses avirons.

On arrive devant la maison rustique. Rien que de très-simple, et en même temps rien de gai, de propre comme cela. Mendoce, qui ne perdait pas la maison de vue, depuis qu'il savait qu'elle était l'asile de la beauté, Mendoce, en approchant, avait remarqué une femme qui, de temps en temps, entre-bâillait la porte, regardait sur la rivière, et se renfermait, pour recommencer le même manége un moment après. Il semble, disait à part lui Mendoce, qu'elle attend un amant que favorise l'absence du père : quel qu'il soit, je le supplanterai.

Il n'attend pas que la barque soit tirée et attachée à terre, il franchit, avec la légèreté d'un oiseau, l'intervalle qui le sépare du bord. Il est dans la maison, et Trufaldin n'est pas encore levé de son siége. Une fille, âgée de vingt-quatre ans à peu près, un peu marquée de la petite-vérole, que les Arabes venaient de nous communiquer, et cependant fraîche comme la rose, piquante comme toutes les brunes, vive comme elles, la jolie fille se lève, et demande modestement au chevalier à quoi elle peut lui être bonne. « A tout, » signora, à tout. » Et il tourne le compliment le plus agréable, le plus spirituel, et la jolie fille baisse les yeux, et elle rougit, et elle fait une révérence qui n'est pas gauche du tout, et elle se remet sur sa chaise, et Mendoce, assis déjà auprès d'elle, sans y être engagé, sans même qu'on lui ait répondu un mot, Mendoce continuait à la faire rougir, à lui faire baisser les yeux, et quelquefois la jolie brune les relevait tout à coup, regardait Mendoce, et se pinçait les lèvres pour ne pas rire.

Oh! disait en lui-même le jeune homme, à qui tant de succès avaient donné la plus haute idée de son mérite, elle rougit, parce qu'elle a de la pudeur; elle baisse les yeux, parce qu'elle ne juge pas à propos de m'y laisser lire encore, et elle sourit à mes saillies, parce qu'elle en sent le mérite. L'esprit et la gaîté paraissent propres au climat, ou du moins aux individus qui habitent cette maison. J'ai vu aussi notre pêcheur sourire, toujours à propos, et son langage n'est pas aussi grossier que celui des gens de cette espèce.

Trufaldin entre, en se traînant lourdement. Il fait à peine attention à la jolie brune, et il commence une inspection exacte de la maison. Chambres, cabinets, armoires, il ouvre tout : « Que fais-tu là ? — Je m'assure s'il n'y a pas » des hommes cachés ici. — Insolent ! — Comme » il vous plaira ; des injures font moins de mal » que des coups : je me moque des unes, et je » suis bien aise de me garantir des autres. — Tu » manques de respect à madame. — Bah ! vous

» lui en manquerez bien davantage, si elle
» vous laisse faire. Rappelez-vous seulement
» que partout où vous avez trouvé une jolie
» femme, il vous est arrivé une catastrophe.
» Votre métier est de faire l'amour; mon devoir
» est de prévenir les accidens : faisons chacun
» notre affaire. Dites des jolies choses, faites-
» en si vous pouvez, moi, je poursuis mon
» examen des lieux. »

Mendoce se lève pour châtier Trufaldin; la jolie brune le retient, lui proteste que les propos de l'écuyer ne l'empêchent pas de rendre justice au mérite du maître, et elle pense qu'on peut pardonner bien des choses à un vieux domestique : « Tenez, tenez, dit Trufaldin, en jetant
» un gros paquet au milieu de la chambre,
» j'avais tort, n'est-ce pas, d'avoir mauvaise
» opinion de cette demeure? Voilà vos habits
» et les miens que j'avais liés dans une serpil-
» lière, lorsque vous vous disposiez à partir,
» de chez la petite veuve, pour la tour du
» Nord. Le paquet y était resté, oublié par vous
» qui vous battiez, et par moi qui me sauvais.
» Qui diable l'a apporté ici? Des voleurs qui
» sont entrés chez la petite, après notre départ,
» et qui établissent leur magasin dans cette
» maison. »

La preuve jetée sur le plancher, était d'une

certaine évidence ; Meudoce prit le ton sérieux, et fixa la jolie brune. Loin de paraître embarrassée, elle sourit avec plus de grâce que jamais, et raconta qu'un chevalier, fort bien monté, était passé, il y avait environ une heure ; qu'il portait, devant lui, ce paquet qui l'embarrassait, et qu'il l'avait priée de le garder jusqu'à son retour : « Monté sur un
» cheval pie ? reprit Trufaldin. — Précisément,
» répondit la jolie brune. — C'est le coquin
» qui m'a volé mon âne. Il fait sans doute
» une tournée générale; mais, d'après le proverbe, *On prend son bien où on le trouve*,
» permettez que nous reprenions nos habits,
» dont nous avons le plus grand besoin, et
» que nous partions pour Quinto, avant le
» retour de ce drôle-là, avec qui vous vous
» arrangerez, madame, comme bon vous
» semblera. »

La jolie brune se plaignit alors amèrement, d'un incident, dont elle n'avait pu prévoir les conséquences, et qui allait la perdre dans l'estime d'un jeune seigneur, qui ne l'aurait jugée que sur les apparences. Elle ajouta qu'il était permis, sans doute, de reprendre son bien ; que l'air de Mendoce ne lui permettait pas de douter de l'assertion de son écuyer; mais qu'une femme seule avec un valet sexagénaire, ne

pouvait rester exposée aux outrages du brigand, qui devait repasser dans le jour : « Mon
» père est à Ampesta ; dit-elle. Ce que je
» peux faire de mieux, c'est de l'aller joindre,
» et si je ne craignais pas d'être incommode,
» ajouta-t-elle en regardant Mendoce, comme
» vous a peut-être regardé quelquefois femme
» qui était bien aise de vous plaire, si pour-
» tant, lecteur, vous en valez un peu la peine,
» je vous proposerais, continua la jolie brune,
» de me permettre de vous accompagner. —
» Vous, incommode, signora ! vous, deman-
» der, comme une grâce, la plus précieuse
» faveur que vous puissiez m'accorder ! Ma
» hache, mon bras, mon sang, mon cœur,
» tout est à vous. — J'accepte votre secours,
» seigneur ; pour votre cœur.............. — Hé
» bien ! mon cœur ?......... — Je ne sais pas
» si l'offre doit me flatter. — Que puis-je vous
» offrir davantage ? — Je ne suis pas faite pour
» être votre femme, et je suis trop fière pour
» être votre maîtresse. — Voilà qui s'appelle par-
» ler, interrompit Trufaldin. Vous ne seriez
» pas dans tous ces embarras, si vous eussiez
» toujours rencontré des femmes comme ma-
» dame, en supposant toutefois qu'elle ne vous
» tienne pas la dragée haute, pour vous faire
» sauter après. — Faquin ! — Faquin........c'est
» répondre à des choses par des mots.

» — Pédrillo, dit la jolie brune au bon pê-
» cheur, aussi tranquillement que si elle n'eût
» rien entendu, apprêtez la barque couverte;
» portez-y ce que nous avons de meilleur,
» appelez un aide, et partons. »

Pédrillo obéissait aux ordres de sa maîtresse, et Mendoce faisait des efforts incroyables, pour imposer silence à Trufaldin. Il était plus aisé de l'assommer que de le faire taire, et Mendoce n'était pas encore assez amoureux pour en venir à une pareille extrémité. Il prit le parti de laisser gronder le bavard, et il causa avec la jolie brune, pour détourner son attention. Les réparties étaient vives, spirituelles; Mendoce ne concevait pas que la fille d'un pêcheur pût s'énoncer ainsi. Il était quelquefois tenté de penser comme Trufaldin, et de la prendre pour une aventurière; mais, après tout, si cette jolie femme n'était qu'une friponne, que devait-elle gagner en s'éloignant de ceux, qui pouvaient l'appuyer par la force, et pourquoi quitter sa maison, pour faire tomber dans le piége ailleurs un homme qui n'avait que peu de chose à perdre, et qui paraissait lui inspirer déjà une sorte d'intérêt?

Mendoce se promenait par la chambre, en réfléchissant à tout cela, quand on l'avertit que la barque était prête. Il passa avec Trufaldin dans la chambre voisine ; ils ouvrirent leur paquet, et s'habillèrent plus convenablement. Mendoce mit dans son costume une recherche qui annonçait le désir de plaire. Il rentra dans la chambre, où ils avaient laissé la jolie brune, et il la trouva vêtue d'une manière aussi éloignée de son état, que propre à relever sa beauté. Mendoce resta interdit devant elle ; la jolie brune lui lança encore un de ces regards, qui font naître l'amour, ou qui le portent jusqu'au délire ; elle lui sourit sans baisser les yeux, lui montra les plus belles dents du monde, et lui dit : « Ici je suis la » fille d'un pêcheur ; à Quinto, et ailleurs, » je suis l'unique héritière d'un homme aisé. » L'extérieur est ce qui frappe d'abord les yeux, » et pourquoi ne pas donner, de soi, une certaine » opinion, quand on le peut sans déranger » ses affaires ? »

Elle présente la main à Mendoce, avec cette grâce, cette aisance qu'on n'acquiert que dans le plus grand monde, et que le jeune chevalier ne manque pas d'attribuer à une éducation soignée. Trufaldin lui-même ouvrait de grands yeux, et se repentait presque de l'indiscrétion de ses propos : ce n'était rien encore.

On monte sur un bateau, au milieu duquel s'élève une chambre ; on entre dans cette chambre, on la trouve décorée de ce qu'avait de plus recherché le luxe de ce temps : partout la commodité se trouvait alliée à la richesse.

« Quel pêcheur que ce pêcheur-là! disait Men-
» doce. C'est quelque prince maure qui s'est
» réfugié dans ce canton. — Que je suis bête,
» disait de son côté Trufaldin, d'avoir tenu
» des propos à cette femme ! S'il lui prenait
» fantaisie de me faire jeter à l'eau, pour me
» punir ! — C'est le pis-aller, lui répondit Men-
» doce. — C'est le pis-aller, c'est le pis-aller...
» Respect à part, seigneur, allez-vous faire
» lanlaire, avec vos pis-aller. »

La jolie brune, la princesse maure, ou telle autre que vous connaissez bien, et que vous ne devinez pas, était couchée sur une chaise longue et brodait. Mendoce observait ses doigts, et se disait : Jamais cette femme-là n'a été à la pêche ; cette peau d'une blancheur, d'un moelleux !... Diable m'emporte, si je me doute qui elle peut être ; mais quelle qu'elle soit, il ne faut pas qu'elle m'échappe ; cette conquête manque à ma gloire, et je la crois disposée à orner mon front d'un myrte de plus.

Il prend un pliant, et s'assied près d'elle ; il attaque, on se défend. Ce n'est plus la modestie d'une petite bourgeoise, qui combat le plaisir ; c'est une femme qui parle un langage analogue à ses habits, qui persifle avec finesse, qui rit d'un soupir, qui prévient le découragement par un mot, et qui d'un mot arrête l'indiscret qui va s'égarer. Mendoce s'est joué de toutes les femmes ; celle-ci le joue à son tour. Il s'étonne de plus en plus ; la difficulté ajoute ajoute au désir; la tête s'embrase ; pour la première fois, le cœur est effleuré. Il devient timide, et la jolie brune lui dit, avec un sourire enchanteur : « Je conçois, en effet, » qu'une femme jolie, spirituelle, aimable » et aimante, pourra tout faire de vous. — » Ordonnez, madame, ordonnez.— Je ne suis » pas la femme que je viens de dépeindre. — » Vous les surpassez toutes. »

On arrive sous le pont de Quinto : « Appelez » Pédrillo, dit la jolie brune à Mendoce. » Le vieux domestique paraît, et elle continue : « Pédrillo, je n'arrêterai pas à la ville, ce jeune » seigneur n'y serait pas bien. On le recevra » convenablement où vous savez : descendez » jusque-là. »

Pédrillo sort, avec une inclination respectueuse, reprend ses avirons, et on recommence à voguer. Mendoce recommence propos galans et tendres, et, chose remarquable, il ne se répète pas, parce qu'il parle d'après son cœur. La jolie brune répond des mots, mais des mots toujours heureux. Mendoce brûle de la traiter à sa manière accoutumée, et de finir un cérémonial qui ne le conduit à rien. La jolie brune le devine, et un regard sévère calme, ou contient, au moins, l'effervescence du jeune homme. Il ne se reconnaît plus.

Le bateau s'arrête. La jolie brune sort; Mendoce se précipite pour lui offrir la main. Il la conduit à une maison apparente, située sur le bord de la rivière. On entre, on ne rencontre personne; la jolie brune parcourt les appartemens aussi librement que si elle eût été chez elle. Un domestique se présente enfin, un second, un troisième : « Ah! signora, dit le pre-
» mier, que votre cousin sera fâché de ne s'être
» pas trouvé ici, pour vous recevoir. — J'en suis
» fâchée moi-même; mais je serai plus heu-
» reuse une autre fois. Cependant, Alvaro, il
» faut me traiter, moi et mes compagnons de
» voyage. — Comment donc, madame, avec un
» sensible plaisir. Vous dînerez sans doute?
» — Et de grand appétit, n'est-il pas vrai, che-
» valier? — Nous n'avons que peu de chose à
» vous offrir; mais du moins vous n'attendrez
» pas. » Et les domestiques sortent en souriant.

Que diable! se disait Mendoce, le rire est donc une maladie particulière à cette famille, et à ceux qui la servent, car enfin, loin d'être ridicule, je suis au contraire..... Il est interrompu, dans ses réflexions satisfaisantes, par les deux domestiques qui apportent une table, toute servie et chargée des mets les plus délicats : « Comment recevez-vous donc, s'écria Mendoce, ceux que vous attendez ? Votre cousin, madame, est donc un seigneur de la plus haute distinction ? — Mon cousin est un pêcheur. — Cela n'est pas croyable. — Je vois ce que c'est, reprit Trufaldin; ce sont des pêcheurs comme était pasteur Abraham, qui couvrait toute la Mésopotamie de ses troupeaux et de ses serviteurs. — Précisément, répondit la jolie brune. » Et elle sourit encore.

Elle fit placer Mendoce vis-à-vis d'elle. Sa belle main lui servait ce qu'il y avait de mieux, et lui versait les vins les plus recherchés. Rassurée, en apparence, par une distance convenable, elle répondait, plus directement, aux choses tendres qu'il lui adressait ; elle ne dissimulait plus le plaisir qu'elle se promettait à voyager quelques jours avec lui, et Trufaldin, qui ne parlait jamais à table, disait en lui-même : Encore une de prise.

Jusque-là, Mendoce n'avait pas eu la peine de désirer, et il sentit ce que le désir a de charmes. Son ivresse était au comble, il le croyait du moins, quand la jolie brune demanda un tuorbe. Elle en

joua, elle chanta, avec une délicatesse, un goût, une précision dont Mendoce avait à peine l'idée. Il se jeta à ses genoux ; il la conjura de ne pas se cacher davantage, de lui faire connaître celle qui était digne de son amour, de son respect, de sa main. Il se nomma lui-même, pour lui prouver qu'il pouvait élever ses vœux jusqu'à elle. Il embrassait ses genoux, il baisait ses mains, il les baisait encore, et dans ce trouble, dans cet aimable désordre des sens, rien n'échappait à l'aimable fripon. Il remarquait l'œil humide, la rougeur de la volupté, un sein agité qui semblait vouloir s'échapper du corset, et toujours suppliant, toujours soumis, il devenait actif, entreprenant même...... La jolie brune lui saisit les deux mains, l'embrassa sur la joue, et lui dit : « Je ne vous ai
» pas caché l'impression que vous avez faite
» sur moi ; je me la reprocherais, si vous ne
» m'aimiez pas, et souvenez-vous qu'on ne
» cherche pas à déshonorer l'objet qu'on aime :
» levez-vous, reprenez votre place, et voyons
» comment vous chantez. »

Mendoce obéit sans résistance, sans murmure. Il chante, et fort mal. La jolie brune rit ; il se déconcerte, et chante plus mal encore ; elle rit plus fort ; il se pique, l'amour-propre blessé l'occupe seul, ses sens s'apaisent,

23.

il se remet, il chante, il chante bien, très-bien, à merveille. Trufaldin, qui a dîné, prend sa partie, fait ronfler sa basse-taille; le tuorbe s'unit aux voix, et la voix de la jolie brune au tuorbe. Au moment où on n'est pas rassasié de plaisir, mais où il va diminuer, Alvaro entre avec une guitare; il pince une sarabande; Mendoce prend la jolie brune, et elle danse comme elle chante, comme elle parle, comme elle fait tout.

De la danse on revient à la musique, de la musique on repasse à la danse; on dit de jolis riens; on joue à mille jeux; on n'est que deux, et on se suffit tellement que l'appartement est éclairé avant qu'on ait pensé qu'il est nuit.

« Quelle folie ! s'écrie la jolie brune. Des
» voyageurs perdre ainsi une après-dîner. —
» Elle ne l'est pas pour moi, madame. — Ni
» pour moi, chevalier, sous un certain rap-
» port; mais enfin nous pouvions coucher à
» Sastago. — Nous y déjeunerons demain. — Vous
» faites tout oublier, méchant homme que vous
» êtes. — Ah, si vous disiez vrai ! — Pas d'équi-
» voques, je les déteste; c'est le cachet du faux
» bel esprit. — Il est certaines choses cependant
» qu'il faut bien gazer un peu. — N'ayez à
» exprimer que des sentimens louables, et vous
» direz clairement ce que vous n'avez pas craint

» de penser. Soupez-vous, mon cher ami? —
» Et beaucoup même, répondit Trufaldin. —
» Alvaro, faites servir ces messieurs; moi, je
» n'ai besoin de rien, et je vais me retirer. —
» Quoi! sitôt, madame! une nuit entière loin
» de vous! — Vous me trouverez demain avec
» plus de plaisir. D'ailleurs, j'ai quelques ordres
» à donner pour notre voyage. Embrassez-moi,
» et restez, je vous l'ordonne.

» — En voilà enfin une qui vous mène, dit
» Trufaldin quand elle fut sortie. Si vous
» passiez seulement un mois avec elle, elle
» ferait plus que tous mes sermons, et que
» les tours de votre père. — Mon ami, elle
» m'étonne, elle me confond; elle prend sur
» moi un ascendant qui m'humilie; oh! je
» le vaincrai. — Gardez-vous-en bien. — Une
» femme charmante qui m'aime, et qui me
» le dit, me traiterait comme un écolier! —
» Elle vous a jugé, seigneur, et elle voit que
» le seul moyen de vous fixer est de vous re-
» fuser tout. — Elle changera de langage,
» dans quelques jours. — Qui vous l'a dit? —
» Elle est femme. — Et par conséquent fière,
» adroite, et très-capable de déjouer vos pe-
» tites ruses. — Mais enfin, qui est-elle? —
» Elle vous l'a dit. — Imbécile, tu vas croire
» que c'est la fille d'un pêcheur! Tu ne vois

» pas qu'elle ne parle jamais de ses parens,
» sans rire. C'est une grande dame qui se ca-
» che ; et quels peuvent être ses motifs? Elle
» ne me cherchait pas, puisque nous l'avons
» trouvée chez elle. Il y a, là-dessous, quel-
» que mystère, qui m'échappe, et cela est
» piquant, diabolique. Allons, mange, gour-
» mand, au lieu de me répondre. — C'est ce
» que je peux faire de mieux, puisque vous
» parlez pour vous et pour moi. »

Mendoce ne mangeait pas, malgré les soins attentifs de monsieur Alvaro, qui chargeait ses assiettes, et les desservait pleines. Il se levait, il marchait à grands pas, il se frappait le front, il s'asseyait, il se relevait encore. Trufaldin s'endormait, les coudes sur la table, et Alvaro, ennuyé du manége de Mendoce, lui proposa enfin de s'aller coucher. Mendoce le suivit, sans répondre, trouva une belle chambre, un bon feu, et deux excellens lits. Il demanda à Alvaro, d'un petit air assez indifférent, où était l'appartement de madame :
« Seigneur, elle m'a défendu de vous le dire.
» — Et pourquoi cela? — Pour vous mettre
» dans l'impossibilité de rien tenter qui vous
» brouille avec elle. — Voilà une femme qui
» pense à tout : n'importe, tu me le diras,
» n'est-ce pas ? — Non, seigneur. — Un marc

» d'or ? — Mon maître le pêcheur ne me laisse
» manquer de rien. — Que le diable t'emporte!
» Vas-tu me faire aussi des contes, toi?» Et
Mendoce le met dehors par les épaules.

Mendoce se couche, et ne dort pas : c'est la
règle. Il passe deux heures à se tourner, à se
retourner dans son lit, et, jetant tout à coup
les couvertures au milieu de la chambre, il se
lève dans une espèce de rage d'amour, et s'écrie : Je la trouverai !

Trufaldin ronflait à tout faire trembler. Mendoce n'éprouve donc aucune espèce d'opposition.
Il sourit, en passant son haut-de-chausses;
il prend une lampe, qui continuait de brûler;
il ouvre sa porte; il avance, il enfile un long
corridor; il écoute à toutes les serrures, il
n'entend rien; il ne voit pas de lumières, il
continue de marcher; il va, il vient, il retourne,
il saute, il trépigne, il fait tant que sa mèche
descend, et s'éteint au fond de la lampe, chargée
d'huile.

Le voilà dans les ténèbres, et il rit. L'embarras où il se trouve peut être attribué à d'autres besoins que le besoin d'amour ; cette idée
lui sourit encore, et il frappe à toutes les portes.
Personne ne lui répond, et il appelle, il crie,
il écoute, et le plus profond silence règne
autour de lui. Il cherche à regagner sa cham-

bre. Il tâtonne, les bras étendus en avant, et
il croit s'apercevoir qu'il est dans un corridor
beaucoup plus large que celui où on l'a logé.
Il se flatte qu'il sera entendu dans une autre
partie de la maison ; il crie à tue-tête ; il fait
retentir les voûtes prolongées ; il entend un
long éclat de rire : « C'est elle, dit-il, ou
c'est le diable ! » Et il court vers l'endroit,
d'où le bruit lui semble partir. Il tombe de
vingt pieds de haut au moins, et roule sur
un tas de paille ; il se relève, il remue tous
ses membres : « Allons, dit-il, je ne suis pas
» blessé ; voyons à peu près où je suis. » Il
marche avec beaucoup de précaution ; il descend de son tas de paille, et il se trouve dans
l'eau jusqu'à mi-jambe. Il lève la tête, et, à
la lueur des étoiles, il démêle un bâtiment
carré, que ferme, de toutes parts, une petite
cour, au milieu de laquelle est une mare, où
il va se jeter ; il sort de l'eau, fait le tour
des bâtimens, trouve quelques portes, mais
de ces portes telles qu'on en voit aujourd'hui
aux prisons, et contre lesquelles il s'use la peau
des mains sans en ébranler un clou : Diable !
se dit-il, voilà une tentative, qui finit d'une
manière bien désagréable. N'importe, il faut
tirer parti de tout, et un chevalier errant doit
dormir sur la paille comme dans le meilleur

lit. Il remonte sur ses gerbes, en dérange
quelques-unes, fait un trou, se glisse dedans,
se couvre avec deux ou trois bottes, ferme la
paupière en disant : Dormons, puisqu'il n'est
pas possible de faire mieux : demain nous verrons. Et il dormit en effet d'un profond sommeil.

Il était grand jour, lorsqu'il se réveilla. Il
sort de son trou, il se regarde, il se tâte.
Ses jambes sont teintes de l'eau jaunâtre, dans
laquelle il les a plongées; ses cheveux bouclés
sont pleins de paille; son haut-de-chausses est
froissé, taché, perdu. Impossible de me présenter ainsi devant elle, et ce coquin de Trufaldin, qui ne pense pas à me chercher, à me
tirer d'embarras ! Et l'instant d'après, pensant
à sa grotesque figure, il riait comme un fou.

Il fallait cependant prendre un parti, et il
ne savait à quoi se décider. Il entendit enfin un
grand bruit, dans un des bâtimens qui envi-
ronnaient la cour. Une porte s'ouvre enfin. Il
se tapit de nouveau dans son trou, il regarde
à travers la gerbée..... O douleur! ô désespoir!
c'est la jolie brune, qui riait des injures de
Trufaldin, d'aussi bon cœur que Mendoce
avait ri lui-même, un moment auparavant.
C'était Trufaldin, qui prétendait qu'on avait
attiré son maître dans un coupe-gorge ; qui
jurait très-énergiquement qu'il prétendait le

ravoir, ou que le comte d'Aran viendrait brûler la maison, et les fripons qui l'habitaient. C'étaient Alvaro et ses camarades, qui suivaient la jolie brune, et qui riaient comme elle.

Plus on riait, et plus Trufaldin jurait. Il protestait que si la dame était seule, il l'étrillerait de la bonne manière, et les éclats de rire redoublaient, et Mendoce s'enfonçait davantage dans son trou : il eût voulu se cacher dans les entrailles de la terre. Tout à coup il s'élance, il paraît sur le haut des gerbes en s'écriant : « Ma foi, il faudra toujours que je » sois vu dans cet équipage : autant à présent » que plus tard ! »

Tous les yeux se tournent sur lui ; les rieurs rient de plus belle ; Trufaldin se joint à eux ; Mendoce rit comme les autres ; il a le bon esprit de tourner son aventure en plaisanterie. On ne connaissait alors ni les tables de nuit, ni les meubles utiles qu'elles recèlent : il composa une histoire sur la nécessité où il avait été de sortir de sa chambre ; sur sa lampe éteinte par le vent, et il mentait avec beaucoup de facilité. A mesure qu'il contait, la jolie brune retrouvait son sérieux ; elle prit insensiblement un front, un regard si sévère, que Mendoce, décontenancé, s'embrouilla, se coupa dans sa narration, balbutia, et resta court : « Mon cher

» ami, lui dit-elle, le mensonge se peint dans
» votre embarras, dans vos contradictions, et
» surtout dans un reste de pudeur, qui vous
» empêche de continuer. Souvenez-vous, toute
» votre vie, qu'on pardonne une faiblesse à un
» homme d'honneur, et que l'habitude du men-
» songe le dégrade à jamais. Je sais, comme
» vous, ce que vous prétendiez faire. Vous
» venez d'éprouver, et vous éprouverez tou-
» jours, qu'il n'est aucune faute qui n'entraîne
» une punition, plus ou moins prompte, plus
» ou moins forte. Je me rendrai, quand le mo-
» ment sera venu, et votre triomphe sera pur,
» parce que mon cœur le partagera, et qu'il
» ne sera pas suivi des regrets, qui accompa-
» gnent toujours les moyens indignes d'un
» homme délicat. Allez, suivez Alvaro, il vous
» aidera à reparaître dans un état décent. »

Mendoce, rouge jusqu'aux yeux, avait écouté la mercuriale, sans penser même à interrompre la charmante prêcheuse. Il suivit Alvaro, sans répondre un mot ; fit sa toilette à la hâte, rentra dans la salle commune ; se jeta aux pieds de la jolie brune, et allait commencer un discours expiatoire qu'il avait arrangé en s'habillant :
« Levez-vous, lui dit-elle en le regardant avec
» tendresse, et ne parlons plus de rien : je
» n'aime pas à me rappeler ce qui ne fait pas
» honneur à mes amis. Déjeunons. »

On déjeuna et on repartit. Mendoce fut embarrassé quelques momens; mais deux ou trois saillies agréables de la jolie brune le mirent à son aise. Ces mots heureux : Je me rendrai quand le moment sera venu, se retracèrent à sa mémoire; il redevint tendre, empressé, galant, aimable; il redevint Mendoce.

On vogue une partie du jour; il tire à sa fin, et il n'a duré qu'un moment. La jolie brune est à demi-vaincue; sa raison combat encore; mais elle ne cache pas les progrès rapides que la candeur, la docilité de Mendoce ont faits sur son cœur. « Quand viendra le moment ? » avait-il répété cent fois ; et des caresses, toujours innocentes, mais toujours vives, répondaient à la douce interrogation, et prouvaient égalité d'amour et de désir.

On arriva près de Miquineça, petite ville, encore très-éloignée de la mer, mais où la Sègre, qui prend sa source au-dessus du château de Cerdagne, se jette dans l'Ebre. Pédrillo paraît, et demande si madame ne verra pas son oncle en passant. « Comment, si je le verrai ! il ne
» me pardonnerait pas de passer ainsi. — Oh!
» dit Mendoce en riant, est-ce à cet oncle qu'appartient ce vaste parc et ce château situés à
» mi-côte ? — Précisément. — Et c'est sans
» doute encore un oncle pêcheur? — Précisé-

» ment. — Ah! ah! ah! ah! tenez, mon ai-
» mable amie, vous oubliez à votre tour la
» leçon que vous m'avez faite. — Si je men-
» tais, mon cher Mendoce, j'aurais au moins un
» motif bien louable. — Et lequel? — Celui de
» vous conduire au bonheur par la route la
» plus douce. »

Mendoce, ivre d'amour, lui présente la main. La jolie brune lui donne deux baisers; s'appuie sur cette main; la presse dans la sienne, et la porte à ses lèvres; Mendoce ne se possède plus; mais on est sorti de la barque. Pédrillo, Trufaldin, un vieillard qui s'avance d'un air gai et prévenant, tout l'oblige aux plus violens efforts. Il se contient en répétant : « Quand le moment viendra-t-il donc? »

Le vieillard et la jolie brune sont dans les bras l'un de l'autre. « Ah, mon oncle! — Ah,
» ma nièce! — Que diable, disait Mendoce, en
» les suivant, ce n'est pas là un pêcheur! — Et
» que vous importe, reprenait Trufaldin,
» pourvu qu'il nous reçoive bien, et nous
» fasse faire bonne chère? »

Et, en effet, si le goût avait régné au souper de la veille, la profusion et la magnificence distinguaient celui-ci. Le pêcheur avait les manières et le langage de la cour, et Mendoce disait à part lui : Quand le moment sera venu, elle ne me cachera plus rien ; attendons jusque-là, et ne l'indisposons point par des questions auxquelles elle n'a pas jugé à propos de répondre.

Pendant le repas, on parla beaucoup du père de la jolie brune. Il avait logé chez son frère, et il avait appris que l'homme, qu'il allait chercher à Ampesta, était allé à Urgel, à peu de distance de certain château, que nous connaissons tous. La jolie brune rêva, quelques instans, en apprenant cette nouvelle, et elle déclara qu'au lieu de descendre l'Ebre jusqu'à la mer, et de faire soixante lieues de trop, elle allait remonter la Sègre jusqu'au fond de la Catalogne. « J'en suis fâchée, ajouta-t-
» elle, avec un soupir, car je perdrai un
» compagnon de voyage bien intéressant. —
» C'est moi qui perdrais tout en vous quittant,
» madame. Je remonterai la Sègre avec vous.
» — Mais il me semble, chevalier, que votre
» intention était de vous embarquer à Ampesta
» pour Bayonne ? — Je ne connaissais pas cette
» route, madame, et je n'aurai qu'un regret
» en l'abrégeant, ce sera de vous perdre plus
» tôt. » Le fripon ne pensait pas à la quitter ; mais la présence d'un oncle donne nécessairement à la conversation le ton de la plus grande réserve. « Mais, reprit cet oncle, vous

» ne trouverez pas un seul gîte supportable le
» long de cette rivière.—Oh! mon oncle, j'ai
» une grande barque; vous savez qu'elle est
» commode; vous y ferez arranger un cabinet
» pour le chevalier et son écuyer, et nous y
» passerons les nuits.—Oh! disait tout bas Men-
» doce, c'est là que viendra le moment tant
» attendu.»

Il ne pensait pas qu'il n'était pas dans l'ordre qu'un oncle laissât ainsi voyager sa nièce; il avait oublié que cette nièce, qui n'avait quitté sa maison que pour éviter le chevalier au cheval pie, pouvait rester chez son oncle, où elle était en sûreté, au lieu de courir toute une province, avec un jeune homme de vingt ans. Peut-être pensait-il que l'amour, qu'il lui avait inspiré, avait changé ses projets; et puis, si c'était effectivement une famille de pêcheurs, ce qui pourtant n'était pas vraisemblable, les habitudes de la première éducation pouvaient rendre cet oncle moins difficile sur les convenances. Peut-être aussi Mendoce ne pensa-t-il à rien de tout cela, et n'était-il occupé que de l'idée de l'heureux moment qui le flattait, l'amusait, l'obsédait sans cesse.

On quitta la table, le plus tôt possible, parce que l'amour aime la liberté; que la présence des grands parens l'enchaîne, et que des amans, déjà sûrs l'un de l'autre, préfèrent la solitude à la contrainte. Mendoce se laissa conduire à sa chambre, après avoir salué sa jolie brune, de la manière la plus respectueuse et la plus froide. La jolie brune se retira dans la sienne, après avoir rendu une révérence jusqu'à terre ; une de ces révérences qui ne signifieraient rien du tout, sinon qu'on a appris à danser, si un coup d'œil, de la plus douce expression, ne l'avait accompagné, et n'avait dit : Je suis pour vous, et la révérence pour mon oncle.

La jolie brune dormit, ou ne dormit point. Mendoce, malgré son amour, malgré ses désirs, qu'irritaient les difficultés, Mendoce se dédommagea des fatigues de la nuit précédente. Trufaldin reposa comme un homme qui a parfaitement soupé, et qui n'a pas de soucis. Ils dormirent si bien, qu'il fallut les éveiller pour leur dire que la barque était prête ; les cabinets et les lits arrangés ; qu'on avait embarqué des provisions suffisantes à la longueur du reste du voyage, et que le pêcheur châtelain les attendait pour déjeuner.

La jolie brune causait avec son oncle, dans une embrâsure de croisée. La porte de la salle était ouverte ; Mendoce et Trufaldin entrèrent, sans être entendus. « Vous croyez donc, disait

» l'oncle, que vous le conduirez jusque-là ? —
» Si je le crois, seigneur! Je suis sûre de lui
» maintenant, et je le conduirais au bout de
» l'Univers. — Et avec vous, s'écrie Mendoce,
» je n'y voudrais trouver qu'un autel, pour
» vous jurer un amour exclusif, et une cabane
» où vous seriez l'objet de mon culte, de mes
» soins, de mes complaisances! » L'étourdi! s'il
eût pu se taire, il en eût entendu davantage.

L'oncle et la nièce rirent beaucoup de son exaltation amphigourique. Mendoce, piqué, dit, assez brusquement, à l'oncle, que l'hommage d'un cœur, tel que le sien, n'avait rien de ridicule, et pouvait être même considéré comme honorable. L'oncle répondit, avec aménité, que sa nièce ne méritait pas cet honneur insigne, et qu'elle serait trop heureuse que le seigneur Mendoce persistât dans de semblables sentimens. La nièce ajouta, modestement, qu'elle ne prétendait qu'à fixer près de lui le repos et le bonheur, et Trufaldin finit par un *ainsi soit-il*.

On déjeuna, et on ne parla que des agrémens du voyage. La chasse, la pêche, tout, excepté des habitations, se trouve sur les bords de la Sègre, disait l'oncle. Mendoce ne voulait ni chasse, ni pêche; il pensait au moment promis; et cependant il observa, pour la première fois, que cet oncle jouait, dans cette affaire, le rôle de complaisant. Il est bien sûr de sa nièce, se disait-il, ou il est bien commode. Dans le premier cas, j'ai tout à perdre; dans le second, tout à gagner. Eh! je gagnerai tout. Ces patriarches pêcheurs sont de bonnes gens, qui ne savent qu'attraper du poisson, et qui ne se doutent pas que leurs parentes puissent se laisser prendre. Que je suis bon, avec mon pêcheur! je le crois tel maintenant, parce que la simplicité de ce métier s'accorde avec mes vues. Cet homme pêcheur! j'en riais en entrant, et malgré moi j'en ris encore. Au surplus, quels que soient les parens de ma compagne, elle est jolie, aimable, aimante, voilà tout ce que j'ai besoin de savoir : que m'importe le reste?

On se rembarque, en sortant de table; on trouve le bateau arrangé avec un soin particulier; on trouve des lignes, des hameçons, des amorces; on trouve des arcs, des flèches, et deux ou trois couples de chiens courans; on trouve deux rameurs de plus, et ce qui ne flatta pas du tout le jeune homme, on trouva une femme assez laide, destinée à servir la jolie brune. «Ah, diable! dit Mendoce, » l'oncle a prévu les accidens. Trufaldin? — » Seigneur! — Tu feras ta cour à cette guenon,

» — Mais elle est affreuse ! — Vous faites le
» difficile, je crois ? Cette femme me gêne, il
» faut m'en débarrasser, ou je vous envoie
» l'un et l'autre au fond de la Sègre. — Sei-
» gneur, je lui ferai ma cour. — Mais d'une
» manière marquante. — Oh ! très-marquante,
» seigneur. — A la bonne heure, faquin. »

Vous vous doutez bien que depuis le confluent de la Sègre, jusqu'à sa source, aux Pyrénées, on trouve des villes, Lérida, Agramas, Pobla, sans compter les bourgades, les villages, les hameaux ; mais la jolie brune avait fixé le moment. Mendoce était retenu, dans la chambre, pendant qu'on voyait, de dehors, un endroit habité, et en vérité les fatigues et les soins de l'enchanteresse méritaient bien un dédommagement. Elle avait cherché à inspirer de l'amour, mais on ne joue pas avec son cœur. Le sien était pris ; elle ne pensait plus à se défendre ; elle ne prêchait plus ; la volupté éteignait tout autre sentiment, et cette femme, qu'elle-même avait demandée, sans doute pour ne pas se perdre dans l'esprit de son oncle, ou de tel autre, cette femme la gênait autant qu'elle déplaisait à Mendoce.

Bien que vaincue dans tous ses sens, Rotrulde avait amené son amant au point de n'oser rien entreprendre. Elle sentait le besoin de céder; mais la dignité du rôle qu'elle avait pris ne lui permettait pas d'encourager l'amour, qu'elle avait constamment arrêté. Elle voyait, avec un plaisir indicible, la grosse et laide Inès écouter les sornettes de Trufaldin, les premières très-probablement qu'on lui eût contées de sa vie. Elle laissait parler Mendoce; elle lui répondait avec l'accent de la volupté, elle l'attirait par mille riens séduisans, car enfin la plus belle défense a des bornes, en amour comme en guerre, et, après plusieurs combats glorieux, il faut bien se résoudre à être vaincu. La jolie brune était d'autant plus à plaindre, qu'elle savait que sa défaite ne lui laisserait que le regret d'avoir cédé; mais raisonne-t-on avec son cœur et avec le plaisir ?

Les bois, qui bordaient la rivière, cachaient déjà les rayons mourans du soleil. Trufaldin, assis, avec Inès, à la proue du petit bâtiment, profitait de l'obscurité naissante, et voulait s'assurer, au moins, si quelques charmes cachés le dédommageraient des traits irréguliers, et ignobles, qui lui avaient blessé la vue. Inès, facile comme toutes les laides, qui sentent qu'elles ont tout à gagner, quand elles montrent autre chose que le visage, Inès ne s'opposait que faiblement aux entreprises de l'écuyer; l'écuyer s'assurait que ce qu'il ne voyait pas valait bien la peine d'être vu, et il continuait, par goût, les marques de courtoisie qu'il n'avait accordées que par obéissance.

La jolie brune, de son côté, était réduite au point de ne pouvoir plus même se faire un mérite de sa condescendance. Cependant l'amour-propre ne perd jamais ses droits, sur ce sexe charmant, et elle voulut au moins se rendre dans les formes : « Incapable, disait-elle, de
» céder uniquement à vos sens, j'ai prétendu
» vous étudier et vous connaître. Je vous ai
» déclaré que je n'étais pas faite pour être votre
» femme, et que j'avais trop de fierté pour
» être votre maîtresse ; mais, je le sens, mon
» ami, on ne s'avilit point, en partageant des
» transports qu'on a fait naître. J'aime à me
» flatter que les vôtres seront durables. Je vous
» ai promis de fixer le moment; le voilà, cher
» Mendoce, soyez heureux. »

Mendoce, au comble de ses vœux, justifia la faiblesse de sa belle, par les hauts faits, qui pouvaient seuls la forcer à s'applaudir du sacrifice, que la pudeur faisait à l'amour. Toujours nouveau, le chevalier effaçait jusqu'à la trace des scrupules qu'on lui opposait, quand on retrouvait la parole : « Ah ! malheur, disait la
» jolie brune, malheur à qui t'a connu pour te
» perdre ! — Nous sommes inséparables, répon-

» dait Mendoce.—Oui, en ce moment; mais....
» un désert et ton cœur.—Tu l'embellirais pour
» moi : ma vie s'écoulerait dans une ivresse
» continuelle.—Tu le crois !—Je te le jure;
» mais, de grâce, femme unique, femme
» vraiment enchanteresse, de grâce, apprends-
» moi au moins ton nom.—Hélas! mon ami,
» je ne suis que Rotrulde. »

Mendoce n'était pas plus avancé, pour savoir que sa maîtresse s'appelait Rotrulde; mais le lecteur y gagne, au moins, d'être au courant de l'action. Il ne peut avoir oublié cette Rotrulde, qui eut des bontés pour Cerdagne au château d'Aran; qui fut chassée par la trop clairvoyante comtesse, et recueillie par le galant et sensible père de Séraphine.

Avant que Cerdagne partît, avec ses hommes d'armes, pour aller à la recherche de son gendre, il avait pensé, qu'avec un homme de ce caractère, les moyens doux pouvaient être les plus sûrs. Il connaissait les agrémens de Rotrulde; elle était propre à jouer toutes sortes de rôles, et il ne doutait pas qu'elle ne remplît très-bien celui qu'il lui destinait, quand il lui aurait donné quelques instructions. La petite-vérole, qu'elle venait d'avoir assez légèrement, avait changé ses traits sans les gâter, et devait la rendre méconnaissable à Trufaldin, avec qui elle avait vécu au château d'Aran. D'ailleurs, à la moindre marque d'étonnement de monsieur l'écuyer, elle devait le mettre dans la confidence, et la lettre qu'il avait écrite au père de Mendoce, ne permettait pas de douter de sa fidélité. Guzman, le plus beau et le plus adroit des pages de Cerdagne, devait accompagner et seconder Rotrulde. Inès, grosse fille de basse-cour, devait lui rendre les petits services dont une femme a toujours besoin ; quelques domestiques, intelligens et sûrs, avaient l'ordre de suivre aveuglément ses ordres ; de l'or, fourni avec prodigalité, devait aplanir les obstacles. Il était enjoint à la jolie brune de plaire à Mendoce ; de le séduire par toutes sortes de moyens ; de lui promettre tout pour se l'attacher, et de s'en faire suivre ; de le ramener chez Cerdagne ; conduit par le désir et l'espérance ; mais il était expressément défendu à Rotrulde de lui rien accorder, de peur que l'inconstance, naturelle au jeune homme, ne lui fît tourner ses pas d'un autre côté : vous avez vu comment elle a suivi cette dernière partie de ses instructions.

L'expérience de Cerdagne ne lui permettait pas de rien oublier. Il avait donné, à Rotrulde, des lettres pour tous les seigneurs, sur les terres desquels elle pourrait passer. Il leur dépeignait le jeune homme, l'intérêt qu'il avait à le rendre à sa famille ; il leur demandait assistance, et protection pour ses émissaires. Il ne restait qu'une difficulté, c'était de savoir de quel côté tournerait la petite caravane. Il fallait tout donner au hasard, et le hasard seconda toutes les tentatives.

D'abord Rotrulde, qui, depuis long-temps, s'ennuyait au château, se mit à courir les champs comme un oiseau qui s'échappe de sa cage. L'or de Cerdagne lui permettait de voyager avec agrément, et, après avoir parcouru différentes villes, elle s'écria, comme par inspiration, que Mendoce était sans doute à Sarragosse, et qu'il fallait l'aller chercher là. La vérité c'est qu'elle avait envie de voir la capitale de l'Aragon, et qu'elle ne voulait pas laisser échapper une occasion, qui probablement ne se représenterait plus.

Le beau page Guzman, qui avait droit de conseil, représenta à Rotrulde que ce n'était pas à Sarragosse qu'on trouverait l'aimable fuyard, puisque son père en arrivait, et savait, à n'en pas douter, que Mendoce en était parti. Rotrulde répliqua qu'il devait y être revenu ; que certain pressentiment le lui disait, et que jamais ses pressentimens ne l'avaient trompée.

Guzman ne croyait point aux pressentimens ; mais il savait ce qu'on doit d'égards à une jolie fille, et Rotrulde savait ce qu'une femme doit de complaisance à un joli garçon, qui lui sacrifie son devoir, et puis, elle était brune : les négligences, très-marquées, de Cerdagne lui rendaient certaines complaisances à peu près nécessaires. Le page reconnaissant la conduisit à Sarragosse, et pendant les quinze premiers jours de cette intimité, il l'aurait conduite au bout du monde connu.

Cependant, comme il faut que tout passe, et plus vite chez les jeunes gens que chez les autres, Guzman représenta, au bout de la quinzaine, que ce n'était pas en s'amusant à Sarragosse qu'on retrouverait le jeune comte. Rotrulde n'avait plus de complaisances nouvelles à offrir ; les premières s'effaçaient déjà de la mémoire du page : il fallut partir.

On ne prenait pas la peine de demander son chemin : ils sont tous également bons, quand on ne sait où on va, et qu'il est indifférent de marcher d'un côté ou d'un autre. Rotrulde et Guzman prirent le chemin de Longarès, couchèrent dans cette ville, et le lendemain matin, ils suivirent la rivière qui passait devant le château de Gonzalve.

C'était le jour de cette fameuse fête, dont je vous ai si longuement entretenu. La foule commençait à se rassembler, et des espions gagnent toujours à se glisser dans une cohue. Rotrulde détacha le chevalier au cheval pie, qui n'était qu'un domestique de Cerdagne, assez richement vêtu pour jouer un rôle au besoin. Le drôle était insinuant, effronté, et ne manquait pas d'un certain esprit. Il se mêla parmi les conviés, passa à l'instant pour l'un d'eux, se fourra partout, écouta tout, causa long-temps avec Mendoce lui-même, interrogea sans affectation Trufaldin, qui répondit, comme tous les sots, avec cet air énigmatique, mystérieux, qui décèle ce qu'ils croient cacher.

Il semble que le personnage, que faisait là l'homme au cheval pie, appartenait de préférence au beau page; mais Rotrulde avait fait une réflexion fort sage; la figure de Guzman l'aurait fait remarquer; les femmes auraient d'abord chuchoté entr'elles; quelque duègne officieuse serait venue ensuite interroger le beau garçon, puis une seconde, puis une troisième. Guzman serait devenu l'objet de l'attention générale, au lieu que l'homme au cheval pie, ni beau ni laid, ni bien ni mal fait, ni grand ni petit, ni gras ni maigre, était de ces gens qui passent et repassent partout, sans qu'on prenne seulement garde à eux.

Pendant que celui-ci jouait l'homme d'importance, chez Gonzalve, Rotrulde, Guzman et leurs gens s'étaient retirés dans l'intérieur du bois, avaient tendu leur tente. Inès faisait la cuisine, et on se divertissait, en attendant le retour de l'émissaire. La longueur de son séjour, au château, ne leur permit pas de douter qu'il ne fût sur la voie de quelque découverte importante, et, en effet, il les rejoignit au milieu de la nuit ; leur conta comment le père avait reconnu le fils ; comment le fils s'était sauvé, habillé en ange Gabriel, et Trufaldin en diable ; comment il avait essayé de courir après eux, lorsque les autres coururent à la Vierge évanouie, et comment le hourvari général l'avait retenu quelque temps dans la foule. Il ajouta qu'il était cependant sûr que Mendoce avait suivi la lisière du bois, parce qu'il avait souvent entendu une voix assez douce se plaindre, devant lui, à différentes reprises, des jambes et des bras, que Mendoce avait effectivement nus, et que les ronces piquaient sans doute.

A ce récit, on leva le camp ; on chargea la tente et les provisions sur un cheval, et on suivit la lisière du bois, au petit pas, parce qu'on ne devait employer d'autre arme que la persuasion, et que plusieurs chevaux, galopant aux oreilles de Mendoce, le détermineraient à se jeter dans le bois, où l'obscurité le déroberait à toutes les recherches.

Ils arrivèrent à la vue de la maison de la petite veuve, peu de temps après que les hommes d'armes de Gonzalve, et de Cerdagne y furent entrés. Guzman allait y entrer lui-même, parce qu'il était vraisemblable que Mendoce, presque nu, s'était réfugié dans ce manoir, le premier sur cette route, depuis le château de Saint-Joseph. Le beau page approchait du fossé, et arrangeait sa fable d'introduction, lorsqu'un cliquetis d'armes, aussi subit que violent, lui fit juger que deux partis nombreux se battaient dans la cour, avec fureur. Il était à craindre que Mendoce ne fût entre deux bandes de voleurs, et que pouvaient cinq à six domestiques de Cerdagne, que se faire tuer sans fruit, et ajouter l'or de Rotrulde aux dépouilles qu'on se disputait là-bas ?

Guzman, très-inquiet, était revenu conter à la jolie brune ce qu'il avait entendu, lui faire part de ses craintes et de ses réflexions. On tint conseil. On décida que Rotrulde s'enfoncerait dans le bois, avec les domestiques et les effets les plus précieux; que l'homme au cheval pie changerait sa monture, trop remarquable, contre la meilleure de ses camarades; qu'il resterait avec Guzman, parfaitement monté, à la lisière du bois ; qu'ils se replieraient au galop sur leur petite troupe, pour aider à la défense commune, dans le cas où les brigands tourneraient de leur côté; que, dans le cas contraire, ils se tiendraient cachés, et descendraient à la maison, après le départ de ces gens, auxquels l'éclat qu'ils avaient fait ne permettait pas un long séjour dans ce canton.

Vous vous rappelez comment Trufaldin et la petite veuve se sauvèrent dans la litière. Le chevalier au palefroi pie reconnut aussitôt l'écuyer, et il ne fut plus douteux que Mendoce ne fût dans la maison; mais était-il mort ou vivant, c'est là ce qui tourmentait les deux observateurs, lorsqu'un jeune homme, très-bien mis, passa à quatre pas d'eux, à grande course de cheval, et fut aussi, malgré la rapidité de sa marche, reconnu pour l'ange Gabriel.

Guzman s'attacha à ses pas, et le suivit à une certaine distance. Lorsque Mendoce s'arrêtait, ou paraissait seulement en avoir l'intention, le beau page se jetait, avec son cheval, derrière quelques arbres. Son compagnon était allé rejoindre la troupe, et la faisait marcher, par l'intérieur du bois, et dans la direction que suivait Mendoce, aussi vite que le permettaient les difficultés d'une route qui n'était pas battue.

Vous n'avez pas oublié comment Guzman gagna, sur le soir, la confiance de Mendoce;

connut ses projets de voyage ; le quitta, pour aller prendre la tente de son domestique, et procurer un cheval à Trufaldin, qui en avait un besoin réel. Vous vous doutez bien que Rotrulde et sa suite partirent aussitôt pour prendre sur les bords de l'Ebre, les arrangemens nécessaires ; vous vous doutez bien que le cheval de Trufaldin l'avait jeté bas, tout naturellement, parce qu'il était vif, et que le coup de houssine l'avait vigoureusement piqué ; qu'il avait galopé dans le chemin qui s'était trouvé devant lui, et qu'enfin il était entré dans la première écurie qui s'était présentée ; mais voici ce que vous ne savez pas.

Rotrulde avait loué cette écurie, et la maison d'un riche muletier qui en était à peu de distance, pour deux jours seulement. Il fallait mettre Mendoce et son écuyer à pied, pour les forcer d'entrer dans la maison, et vous concevez maintenant comment Trufaldin, qui ne pouvait marcher, avait trouvé un âne tout à propos ; comment cet âne et le cheval de Mendoce leur furent pris, lorsqu'ils arrivèrent à l'endroit où le vieux Pédrillo, autre domestique de Cerdagne, faisait semblant de dormir sur le bord de la rivière, déguisé en pêcheur. Il me reste à vous dire que Rotrulde, en s'établissant chez le muletier, avait envoyé les

domestiques qui ne devaient pas paraître, chez
le seigneur dont elle voulait faire son cousin;
que la lettre de Cerdagne, très-connu, très-
considéré partout, l'avait fait consentir à ce
badinage, dont il s'était amusé, toute la nuit,
caché, tantôt dans un coin, tantôt dans un
autre, mais à portée de tout voir; que la ré-
ception favorable de l'oncle avait été arrangée,
une nuit d'avance, et de la même manière;
que l'homme au cheval pie à qui Mendoce
devait en vouloir beaucoup, avait été renvoyé droit au château de Cerdagne; que la
jolie brune se promettait de faire prendre la
même route à Guzman, quand il reparaî-
trait aux environs de la barque, d'abord parce
que Mendoce avait fait sur elle une forte
impression, que le page ne pouvait être qu'un
témoin incommode, et qu'ensuite le jeune
chevalier ne manquerait pas d'entrer, avec lui,
sur les chevaux pris, les ânes volés, dans des
explications qui ne laisseraient pas d'être em-
barrassantes, et qu'il était bon de prévenir.

Vous me demanderez maintenant pourquoi
Rotrulde se donnait beaucoup de peine pour se
procurer des gîtes isolés, au lieu de loger, tout
simplement, dans les villes. Je vous ai prévenu, au commencement de ces mémoires,
qu'on ne connaissait pas alors d'auberges en

Espagne, et j'ajouterai qu'avant que Rotrulde fût sûre de Mendoce, elle cherchait à le fixer par une sorte de merveilleux qui flatte toujours les jeunes gens; qu'il lui était expressément défendu de rien accorder, et que la première femme facile qu'aurait rencontrée Mendoce, lui aurait fait perdre, en un instant, le fruit des peines qu'elle s'était données.

Vous allez actuellement me reprocher un développement, des plus ordinaires, à une aventure, qui semblait promettre quelque chose de plus satisfaisant. N'avez-vous jamais vu de tours de cartes qui vous ont étonné, frappé? Vous avez voulu les savoir, et vous avez vu, à regret, que ce n'était rien du tout. Supposez que vous venez de prendre une leçon d'escamotage, et convenez que vous feriez bien un autre carillon, si je ne vous avais donné aucune explication. Au reste, et pour en finir, si celle-ci vous déplaît, arrangez-vous.

Je reviens à Mendoce, que l'attrait du plaisir a fait venir jusqu'ici; que la réalité gouverne encore, qui était joué d'abord, qui est adoré maintenant; qu'on continue de tromper, sur l'issue du voyage; qu'on trompe à regret, mais qu'on trompe par obéissance pour un maître exigeant et difficile; qu'on trompe, parce que l'instant où il saura qu'on le conduit au château

de Cerdagne, sera celui où on le perdra; que
quelques jours heureux encore sont considérés
comme précieux, et qu'enfin, au château de
Cerdagne même, on le verra du moins, si le
caprice ou l'inconstance lui donne de ces échappées de tendresse, dont une fille tendre profite
toujours avec plaisir.

Rotrulde et Mendoce passaient leur temps
fort agréablement, dans la chambre; Trufaldin
s'occupait à la proue avec sa grosse Inès; Pédrillo et les autres rameurs qu'avait donnés l'oncle, et qui étaient aussi des domestiques, qui
n'avaient pas encore paru devant Mendoce, ma-
nœuvraient à la poupe, et ne voyaient rien de
ce qui se passait. La journée s'écoula, Trufaldin vit, avec peine, le moment de rentrer
pour souper, et Rotrulde remarqua, avec
plaisir, qu'il était parfaitement d'accord avec
sa grosse. Cependant il n'y avait que deux
cabinets et deux lits : l'arrangement était
tout simple; mais il n'était pas dans l'ordre
que la jolie brune en fît l'observation : Inès
n'était pas scrupuleuse; mais elle était bien
aise de dérober ses plaisirs à Rotrulde, qui
avait, sur elle, une sorte d'autorité, et dont
elle ne soupçonnait pas encore la faiblesse.
Trufaldin, trop timide pour proposer publiquement de certaines choses, regardait du

coin de l'œil le cabinet le moins élégant, et pensait aux moyens de s'y introduire clandestinement. Mendoce, toujours persuadé qu'il avait affaire à une princesse, se gardait bien de dire un mot, qui pût compromettre sa gloire. On mangeait, on buvait ; mais toutes les cervelles travaillaient d'une étrange manière.

Rotrulde fit semblant de s'endormir : cet expédient a souvent été utile aux belles. Inès, de peur, disait-elle, de gêner madame, se retira dans son cabinet, et tira scrupuleusement la porte. Trufaldin sortit, en disant qu'i passerait fort bien la nuit à la proue, envelopp dans un manteau. Mendoce le suivit, en dé clarant qu'il comptait la passer de la mêm manière. Les deux amans s'arrangèrent, à un certaine distance, et commencèrent à ronfle tous les deux, sans dormir ni l'un ni l'autre.

Mendoce, persuadé que Trufadin va faire s nuit d'un seul somme, se lève en tapinois rentre dans la chambre, trouve la jolie brune qui n'avait pas perdu de temps, couchée ronflant, et ne dormant pas plus que les au tres. Il écoute à la porte d'Inès ; elle ronflai aussi comme une contre-basse. Mendoce ferm soigneusement la porte du cabinet, plus soi gneusement celle qui ouvrait sur la proue non qu'il craignît Trufaldin ; mais Pédrillo e ses camarades, qui pouvaient faire, à l'oncle prétendu, un rapport désavantageux sur sa nièce. En deux tours de mains le fripon est déshabillé; il partage le lit de Rotrulde, qu'il réveille du réveil le plus doux. Elle se plaint de l'imprudence de cette démarche, et il lui ôte l'usage de la voix; elle se récrie sur le tort que Mendoce peut faire à sa réputation, et les derniers mots viennent encore expirer sur ses lèvres. Elle se plaignit tant, et Mendoce lui coupa si souvent la parole, qu'ils s'endormirent, dans les bras l'un de l'autre; mais d'un sommeil véritable et profond.

Trufaldin avait prévu, dès le premier jour, comment le dangereux Mendoce finirait avec la jolie brune. Il n'avait pas été surpris du tout de le voir sortir de son manteau, rentrer dans la chambre, et éteindre la lampe; mais ce qui ne l'arrangeait pas, c'était de passer, à la proue, une nuit, qu'il se promettait d'employer agréablement. Cependant frapper à la porte était un moyen, qui déplairait sûrement à son maître, assez brutal parfois. Il se repentit de ne pas lui avoir confié où il en était avec Inès, et de n'être pas tout uniment rentré avec lui; mais le jeune homme n'aurait pas manqué de rire de cette intrigue, avec sa jolie brune, et la grosse fille lui avait recommandé une extrême circonspection : elle craignait Rotrulde, et surtout le comte de Cerdagne, au point d'avoir gardé, à son cher amant, le plus profond secret sur l'objet de ce voyage, secret, à la vérité, fort étranger à leurs plaisirs.

Trufaldin se désolait, assis sur son derrière, les coudes sur ses genoux et le menton dans ses deux mains. Cependant, comme l'amour donne de l'imagination aux plus sots, il pensa, à la fin, qu'il pourrait se glisser le long de la chambre, sur le plat-bord de la barque; frapper doucement à la petite fenêtre d'Inès, entrer par-là, coucher avec elle, et ressortir avant le jour.

Ce superbe plan est à peine conçu, que Trufaldin commence à l'exécuter. Il avance, le dos courbé, pour n'être pas vu des rameurs, qui lui envoient d'abord une rosée, ensuite une vraie pluie, qui le mouille jusqu'aux os, à mesure qu'il avance; en retirant l'aviron, à la fin de chaque coup. Trufaldin se console, parce qu'il va se déshabiller, et puis le petit homme était tenace comme un autre, quand il voulait fortement quelque chose.

Il parvient à cette fenêtre, qu'il croyait le terme de sa marche; il frappe; la prudent Inès, qui l'attendait, veut, avant tout, s'assurer que ce soit en effet son bien-aimé, qui ai frappé. Elle entre-bâille son châssis, et, malgré les ténèbres, elle reconnaît Trufaldin, ployé en deux, le dos tourné au rivage, et la tête disposée à s'allonger par la croisée. Dans le premier mouvement de sa joie, incapable de réfléchir que Trufaldin ne tenait à rien, elle pousse vivement sa fenêtre, et le jette à l'eau. Saisie d'effroi, elle passe le corps, allonge le bras; Trufaldin, qui ne sait pas nager, et que l'eau, qui le suffoque, empêche de crier, Trufaldin trouve ce bras. Selon l'usage des malheureux qui se noient, il le serre, il le tire avec force; Inès, qui se sent entraîner dans la rivière, jette des cris perçans, et inutiles. La voilà dans la Sègre, se débattant avec Trufaldin.

A ces cris, les rameurs quittent leurs avirons; ceux qui les avaient déjà quittés pour dormir, se réveillent en sursaut, Rotrulde et Mendoce se réveillent de même; celui-ci fait un paquet de ses habits, les prend sous son bras, et court à la proue. On lui crie de la poupe qu'il y a des gens qui se noient; il répond, avec présence d'esprit, qu'il les a entendu tomber, et qu'il se déshabille, pour aller à leur secours. On lui réplique que cela n'est pas nécessaire; que l'eau est froide, et que d'excellens nageurs sont déjà dans la rivière. Mendoce se rhabille, en se plaignant amèrement que d'autres l'eussent prévenu ; Rotrulde, qui a tout entendu, et qui croit son intrigue à couvert, passe une robe, fait du feu, rallume la lampe, vient éclairer, et on reconnaît, avec la plus grande surprise, Trufaldin et Inès qu'on venait de repêcher ; mais dans quel état, grand Dieu !

Trufaldin est suspendu la tête en bas ; il rend l'eau par ses souliers, par son haut-de-chausses, par son pourpoint, par la bouche, par le nez, par les oreilles ; il est pâle, il est vert, il est violet. Inès, qui s'était mise en état de le recevoir, était absolument nue ; ses gros appas eussent fixé l'attention, sans un nez épaté, que la pâleur faisait paraître plus gros encore ; sans des cheveux roux-foncé, qu'elle cachait soigneusement sous son bonnet, et qui brillaient, collés, par mèches, sur ses épaules et sa poitrine, et enfin, sans un cautère au bras gauche, qui sentait très-fort, parce qu'elle n'avait pas voulu le panser dans la barque, pendant le jour, et bien moins encore dans le cabinet, de peur d'être surprise par Trufaldin, à qui la chose pouvait inspirer du dégoût.

Au bout d'un quart d'heure, cependant, on cessa de craindre pour la vie des amans infortunés, et les éclats de rirent succédèrent aux alarmes. Trufaldin, qui avait repris tous ses sens, trouva très-mauvais qu'on insultât à sa disgrâce; il rappela tous ses malheurs, dont aucun, disait-il, n'avait été mérité, et il ajouta, en regardant Mendoce, que ceux qui avaient passé la nuit dans les plaisirs les plus vifs, devaient au moins compatir au sort de ceux qui avaient failli se noyer, en cherchant à se procurer la même satisfaction. Mendoce, irrité de cette sortie indiscrète, prit son écuyer aux cheveux, et allait le renvoyer dans la Sègre; Rotrulde s'opposa à cet acte de violence, et déclara, avec beaucoup de dignité, qu'elle ne s'offensait point d'une inculpation qui venait d'un cerveau affecté par le danger, ou du désir méprisable de se venger des ris qu'avait provoqués un accident dont la cause était très-condamnable, et, sans donner le temps à personne de prendre la parole, elle chapitra Inès, avec tant de vérité; elle peignit les suites du vice sous des couleurs si vraies, que les domestiques de Cerdagne restèrent convaincus que Trufaldin avait extravagué. Voyant enfin la persuasion dans tous les yeux, Rotrulde ordonna à Inès et à son amant de descendre dans la chambre, et à l'une de s'habiller, et à l'autre de changer d'habit. Inès, qui ne savait rien de ce qu'avait vu son amant, prenait la mercuriale à la lettre, et pleurait amèrement. Rotrulde sécha ses larmes, en convenant tout simplement de ce qu'elle avait fait; mais en observant que Trufaldin était un sot, qui devait sentir qu'un pareil secret ne se confie jamais qu'à ceux qu'on a intérêt de mettre dans sa confidence, et qui sont intéressés eux-mêmes à se taire, parce qu'ils partagent les mêmes torts, ou les mêmes plaisirs. Le résumé de ce discours philosophique fut qu'à l'avenir on ne se gênerait plus; que Rotrulde déclarerait, que, pour mettre un terme aux poursuites de l'écuyer, elle ferait coucher Inès avec elle, et que Mendoce prendrait le petit cabinet, dans lequel on étendrait des manteaux pour Trufaldin, qui serait ainsi surveillé de son côté.

Cette déclaration, répandue, sans affectation, parmi l'équipage, les deux ménages ne pensèrent plus qu'à vivre de bon accord, et à tirer parti du temps. La plus parfaite égalité règne dans l'intérieur de la chambre, à la grande satisfaction d'Inès et de Trufaldin, qui sentirent que le besoin du plaisir rapproche les conditions, et qui se promettaient bien de se dédommager, la nuit prochaine, des désastres de la précédente.

Depuis que Mendoce était heureux, il avait moins d'empressement à connaître sa jolie brune; il ne la questionnait guère, que par pure curiosité, et de loin en loin. On lui faisait des réponses évasives; on l'assurait que dans trois ou quatre jours il n'y aurait plus de secret pour lui, et il se contentait de cela. Mais quand Rotrulde se trouvait seule avec Inès, elle lui recommandait une discrétion absolue, et elle lui montrait les inconvéniens du moindre mot hasardé. Inès, à qui tout était indifférent, pourvu qu'elle couchât avec Trufaldin, promit de se taire, et se tut en effet. La journée se passa ainsi, et Mendoce attendait très-patiemment cette nuit, que les autres désiraient avec tant d'ardeur.

Il était à la poupe; il causait avec les rameurs; il caressait les chiens courans, dont il déclara qu'il se servirait le lendemain, pour procurer des vivres frais à madame, avec qui il sentait déjà qu'il ne pouvait toujours converser. Le jour tirait à sa fin; et l'approche de l'hiver ramenait les oies sauvages. Il en aperçut une troupe, qui nageait sur le bord de la rivière, assez escarpé en cet endroit. Il bande un arc, il ajuste une flèche; il tire, le coup porte juste; une seconde, une troisième flèche sifflent et frappent; trois oies se débattent dans l'eau; les autres prennent leur volée. Mendoce, enchanté de son coup d'essai, découple une paire de chiens, leur montre son gibier, les prend par le cou, et les jette à l'eau. Les chiens courans ne sont pas nageurs par goût : ceux-ci ne faisaient d'efforts que pour regagner la barque. L'impatient Mendoce saisit le gouvernail, et veut se diriger sur ses oies. Gare la pierre ! lui crie Pédrillo. Mendoce aurait passé dans le feu, et ne regarde seulement pas où est cette pierre. Il met le bateau directement dessus, et une planche du fond s'entr'ouvre. Les rameurs redoublent d'activité pour gagner le bord ; on dépasse la pierre, on arrive au rivage. Mendoce ne voit pas que l'eau couvre déjà le plancher de la chambre ; que Rotrulde, Inès et Trufaldin en sont sortis effrayés ; il n'est occupé qu'à virer et à revirer le bateau pour saisir ses oies ; il les tient enfin, il est heureux, et il présente la main à Rotrulde, qui s'aperçoit, en soupirant, qu'elle ne tient plus la première place dans les pensées de son amant.

L'accident arrivé à la barque, qui n'était rien en lui-même, l'alarmait pourtant singulièrement. On était encore à plusieurs journées du château de Cerdagne, et si elle ne fixait plus Mendoce, qui ne voyait qu'elle, que serait-ce si on continuait le voyage par terre ? Elle se repentait intérieurement d'avoir cédé ; mais il n'y avait pas à revenir : il ne restait qu'à éviter les dangers qu'elle prévoyait.

Elle fit décharger le bateau, pour l'alléger; ensuite elle ordonna qu'on le tirât à terre. On le mit sur le côté; on découvrit la voie d'eau : c'était peu de chose; mais il fallait du bois, du chanvre, du goudron, des outils, et on n'avait rien de tout cela.

On était entré le matin dans la Nogara, autre rivière qui se jette dans la Sègre, et qui prend sa source dans les terres même du comté de Cerdagne. On avait passé la ville d'Ager, et, selon l'usage établi, on avait retenu, dans la chambre, Mendoce et Trufaldin. On se trouvait à quelques lieues encore de Pobla, on n'apercevait que quelques pauvres villages. Rotrulde ne devait pas craindre d'y trouver de rivale : elle proposa, en conséquence, à Mendoce, d'aller coucher au plus prochain de ces hameaux, pendant que les gens remettraient la barque en état.

La proposition acceptée sans difficulté, Rotrulde, Mendoce, Trufaldin et Inès se mirent en marche, précédés par Pédrillo et deux de ses camarades, qui portaient les matelas, les effets précieux, et qui devaient rapporter ce qu'il fallait pour réparer le frêle bâtiment. Rotrulde était appuyée sur le bras de Mendoce, et lui disait les choses les plus tendres. Inès tenait par la main son Trufaldin, qui ne perdait pas un mot de ce qu'elle lui disait, tandis que le beau chevalier marchait le nez au vent, le carquois sur l'épaule, l'arc à la main, et ne donnait qu'une attention, assez légère, à ce que lui adressait cette brune, qui, deux jours auparavant, lui paraissait si jolie.

On approchait du village, lorsqu'on rencontra un pauvre homme, qui se désespérait à côté d'une mule, couchée à terre. Le premier mouvement de Mendoce fut de lui donner de l'or; le second, d'apprendre le sujet de cette douleur si vive. Le pauvre homme revenait de Pobla, où il avait chargé sa bête de quatre outres d'excellent vin, qu'il allait vendre à Balaguer. La mule avait fait un faux pas, s'était abattue, et avait crevé deux outres dont le vin s'était répandu. Le maître, en la relevant avec vivacité, n'avaient pas réfléchi que les deux outres qui restaient n'avaient plus de contre-poids; leur pesanteur avait aussitôt entraîné de l'autre côté la mule, qui les avait encore écrasées, et le pauvre homme se désespérait, en voyant son vin former une mare boueuse. Rendu à la gaîté par la munificence de Mendoce, qui lui avait payé deux fois sa charge, il se remit en route, en comblant de bénédictions le jeune homme, qui ne s'occupa plus autrement d'un événement, qui amena pourtant une aventure bien incroyable et bien vraie, puisque je vous en garantis l'authenticité. Nous y viendrons.

Nos voyageurs entrèrent dans la chaumière la plus apparente du hameau. Ils contèrent l'accident arrivé au bateau ; ils demandèrent, en échange de quelques doublons, un asile et les commodités qu'on pourrait leur procurer. Le maître et la maîtresse s'empressèrent de les servir ; aidèrent Inès à plumer et à apprêter les oies de Mendoce ; ils portèrent à souper à Pédrillo, et aux deux autres, qui travaillaient sur le bord de la rivière ; ils se retirèrent ensuite dans leur grange, se couchèrent sur la paille, et laissèrent Mendoce et Rotrulde, Inès et Trufaldin maîtres absolus de leur humble domicile.

Tout s'arrangeait au mieux. On avait fort bien soupé, on avait chanté la chansonnette ; l'écuyer et la grosse servante touchaient au moment heureux ; Rotrulde prenait, à son tour, pour s'assurer une nuit agréable, les peines que Mendoce s'était données, avec tant de vivacité, lorsqu'il attendait le prix de son ardeur. S'il était moins empressé, il paraissait au moins très-sensible aux attentions de Rotrulde, et s'il n'avait plus d'amour, il avait sa jeunesse et ses désirs.

On était couché, et Mendoce débutait d'une manière assez brillante, pour que Rotrulde espérât de le conduire jusqu'au château de Cerdagne, s'il ne se présentait pas quelque minois fripon, qui traversât ses desseins, ce qu'elle se promettait bien d'empêcher, par tous les moyens qui étaient en son pouvoir. Inès, après avoir tout rangé pour le départ, arrêté au point du jour, Inès, après avoir couvert le feu, éteint la lampe, était allée joindre, dans un réduit voisin, son écuyer, qui l'attendait dans l'état le plus respectable. Elle entre au lit, et Trufaldin, toujours malheureux, l'entend pousser, tout à coup, les cris les plus violens. Il l'interroge : c'était une colique affreuse, occasionée probablement par le bain froid et forcé qu'elle avait pris la veille. Le pauvre Trufaldin s'épuisait en raisonnemens, pour lui prouver que ce n'était qu'une bagatelle à laquelle il ne fallait pas faire attention; il cherchait à arriver à son but, et Inès, qui souffrait horriblement, le repoussait, l'égratignait, mordait son traversin, et continuait de crier à tue-tête.

Mendoce, qui entendait tout, à qui ce tapage infernal déplaisait beaucoup, et peut-être un peu moins qu'à Rotrulde, Mendoce crie à Trufaldin de rallumer la lampe, de faire chauffer du vin à sa belle, et de s'en aller, avec elle, dans la grange, si le remède n'opérait pas. Trufaldin, désespéré de tous ces contre-temps, balançait entre la grosse Inès, dont les charmes le retenaient, et un maître qui aimait ses aises au-delà de toute expression, lors toutefois qu'il pouvait se les procurer. Trufaldin ne bougeait pas, Inès criait toujours, et Mendoce jurait que si ce carillon ne finissait pas, il allait jeter l'amant et l'amante dans la mare, où on abreuvait le bétail. Trufaldin, plus poltron encore qu'amoureux, se lève, cherche le foyer, prend une porte pour une autre, et, au lieu d'entrer dans la chambre, où étaient couchés Mendoce et Rotrulde, il va chercher dans le poulailler une cheminée qui n'y était pas.

Les poules dormaient, juchées sur leurs bâtons, et une oie, qui peut-être avait aussi la colique, barbottait dans la partie inférieure, et gobait ce qui se présentait. Trufaldin nu tâtonnait, cherchait les allumettes, et l'oie, attirée par l'odeur de certain bijou, que l'écuyer ne lavait pas tous les mois, l'oie s'approche en dandinant, allonge le cou, ouvre un grand bec, et croyant trouver un boyau de volaille, avale d'un trait ce que vous savez bien, capital et accessoires. L'infortuné Trufaldin, effrayé de ce genre d'attaque, couvre de ses hurlemens les cris d'Inès. Il court çà et là, et ne conçoit rien au poids énorme qui lui pend entre les cuisses : c'était l'oie qui était victime de sa gourmandise, et qui avait avalé un morceau, assez fort pour qu'il ne pût pas ressortir aisément. Trufaldin se cognait la tête contre les perches qui servaient de lit aux poules, et les poules, effrayées comme lui, s'envolaient pour tomber, à quatre pas, contre un mur, contre une porte, contre Trufaldin, qu'elles écorchaient de la tête aux pieds avec leurs ailes, leurs becs et leurs ongles. L'écuyer ne savait pas où il en était ; il ignorait à quels ennemis il avait affaire, lorsque le chat de la maison, qui avait trouvé la porte du poulailler ouverte, et qui s'avançait en tapinois pour surprendre un poulet, lorsque ce malheureux chat, troublé, comme les autres animaux, de ce désordre aussi subit qu'inattendu, et cherchant à s'échapper, veut sauter à travers la porte, rencontre Trufaldin devant lui, et lui enfonce les quatre griffes dans le bas des reins et le gras de la fesse. Trufaldin, à qui les expressions manquent, et que ce dernier supplice pousse à bout, Trufaldin blasphème, à faire abîmer la maison. Mendoce, qui ne sait rien de ce qui se passe dans les ténèbres, saute de son lit, prend un gourdin qui était dans la cheminée, et, en cherchant à assommer son écuyer, il renverse, il casse, il brise d'un seul coup toute la poterie du paysan ; il rompt une cuisse au gros chien, et le chien, le chat, les poules, Trufaldin, Inès, tout crie à la fois. Le paysan et sa femme se réveillent enfin ; ils s'imaginent qu'on met le feu à leur chaumière, ils entrent ; le gourdin de Mendoce leur meurtrit tout le corps, et la masse des cris augmente à un point que Rotrulde se lève, et cherche à sortir de la malencontreuse cabane. Un grillon était descendu de la cheminée, et soupait à son tour, des miettes qui étaient tombées sur le pavé. Les cris, le tumulte, le sifflement des ailes, le miaulement des chats, les aboiemens du chien, tout concourait à faire enfuir, dans son trou, le timide et gourmand grillon.

Il trotte, il sautille aussi vite que peuvent le porter des pates élastiques, mais courtes ; Rotrulde se rencontre entre le foyer et lui ; il se cramponne à sa jambe. Elle éprouve une sorte de démangeaison ; elle y porte la main, et le grillon saute à la cuisse, ferme, blanchette et dodue ; la main monte avec l'insecte, et l'insecte, tout-à-fait éperdu, se réfugie......... il se réfugie...... et au désespoir de s'être enferré dans cette espèce de cul-de-sac, il joue des pates, et ces pates inquiètent, tourmentent, désespèrent Rotrulde, qui crie plus haut que tous les autres emsemble.

VI. 26

L'ordre ne pouvait se rétablir qu'autant que Mendoce, qui seul avait toute sa tête, voudrait prendre la peine de débrouiller ce cahos. Il finit par où il aurait dû commencer. Il rallume la lampe; il fait beaucoup, mais beaucoup de politesses aux paysans qu'il a éreintés; il donne encore quelque argent, les renvoie dans leur grange, et le gros chien les suit sur trois pates, et le chat suit le chien, et les poules s'envolent dans la cour. Rotrulde avait introduit un doigt avec dextérité; elle était parvenue à écraser l'insecte contre une des parois du charmant réduit, et elle s'était recouchée. Enfin le calme commençait à se rétablir : il n'y avait plus que Trufaldin et Inès qui criassent.

Mendoce, dont la colère était dissipée, examine son écuyer par tous les bouts, et rit, pendant un quart d'heure, en voyant l'oie aussi gênée au moins que Trufaldin. Prenant enfin pitié des tourmens du pauvre diable, il tire la volaille par les pates; la volaille ne peut rien rendre, et Trufaldin suit tous les mouvemens de Mendoce, en criant qu'il va lui arracher..... A ce cri, terrifiant pour une femme, Inès oublie ses douleurs, elle cherche son petit couteau, et le jette à Trufaldin, en lui disant : « Surtout, mon ami, coupe-lui le cou bien long. »

Il n'était pas nécessaire de faire cette recommandation à Trufaldin, qui tremblait, quand il courait risque de perdre seulement un cheveu. Il décapite l'oie contre les épaules, se débarrasse du cou avec adresse, et essuie, de la part de Mendoce, sur les dangers de l'incontinence, un long discours imité de son propre sermon. Trufaldin trouvait la morale déplacée ; il observait, en grondant et en repassant son haut-de-chausses, de peur d'un nouvel accident, il observait que le très-incontinent Mendoce n'avait jamais été jeté à l'eau, et n'avait pas trouvé d'oies qui lui eussent gobé...... Il ralluma le feu, en jurant une guerre à mort à toutes les oies qu'il rencontrerait. Le vin chaud guérit radicalement la grosse Inès, et personne ne pensant plus ni à dormir, ni à autre chose, on s'habilla, on déjeuna, et, lorsque le jour commença à poindre, on se mit en marche, pour regagner la barque, qui devait être en état de voguer.

On n'était plus qu'à quelques toises de l'endroit, où on avait rencontré, la veille, le pauvre diable, qui avait vu la terre couverte de son vin. La petite mare qu'il avait formée paraissait tarie, et on apercevait, autour, une douzaine de grosses boules, grises, sur lesquelles on s'épuisait en raisonnemens. On approche ; on reconnaît des oies sauvages, tout-à-fait privées du mouvement. Trufaldin, qui ne peut se procurer le petit plaisir de les tuer, se promet au moins celui de régaler les rameurs. Il prend deux ou trois lanières, il attache les oies par les pates, se fait, du tout, une superbe ceinture, qu'il lie fortement autour de ses reins, et, enchanté d'une victoire, qui ne lui a coûté que la peine de se baisser et de prendre, il marche en avant, empressé de se montrer, à Pédrillo et aux autres, dans ce brillant équipage.

Il était à cent pas d'Inès, de Rotrulde et de Mendoce, quand il crut s'apercevoir qu'une de ses oies avait fait quelques mouvemens. Il tire de sa poche le petit couteau d'Inès, et se dispose à la décoler, lorsqu'une autre remue sensiblement. Il quitte la première pour s'attacher à celle-là; une seconde, une troisième battent des ailes; il se trouble, il ferme les yeux, que menacent les bouts des plumes, et il sent tout en mouvement autour de lui. Il appelle Mendoce à son secours; son cri effraie toutes les oies; il éprouve une secousse violente, et se sent enlever de terre.

Il est porté à vingt, trente, quarante pieds de haut, avant que Mendoce soit arrivé au lieu où avait commencé l'ascension. Le jeune homme voit son écuyer partir pour la voûte

azurée, ou pour la mer glaciale. Il ne doute
pas que le bonhomme ne soit perdu sans
ressource, et il veut lui donner une dernière
preuve de son attachement, en tuant au moins
une de ses ennemies. Il ajuste la flèche; il
tire, au hasard d'enfiler Trufaldin. Inès, à
genoux, prie le Ciel de conduire la flèche,
comme il dirigea jadis celle de Tell. Deux
oies sont embrochées; elles cessent de voler,
et ne font plus qu'un poids, qui embarrasse
le vol des autres. Par un mouvement machi-
nal, le bonhomme en tenait une au cou, de
chaque main, les suffoquait, sans s'en apercevoir, et, diminuant ainsi la masse des forces,
il commença à descendre, sans s'en douter,
car il n'avait pas encore osé ouvrir les yeux.
Mendoce un peu rassuré, apprêtait une seconde
flèche; Inès lui arrêta le bras, en observant
qu'on pouvait employer un moyen moins dangereux. Trufaldin n'avait pas lâché le petit
couteau; elle lui crie de couper le cou aux oies,
à quelque temps l'une de l'autre, et qu'ainsi
il descendrait sûrement jusqu'à terre. Il était
déjà considérablement descendu; mais Inès,
qui n'était pas plus géomètre que Mendoce,
ne calculait point le poids de Trufaldin avec
les forces de huit oies, qui faisaient de vains
efforts pour remonter, et elle craignait tou-

jours que ces malheureux oiseaux ne parvinssent à l'enlever de nouveau. Il n'était plus qu'à quinze pieds de terre, lorsqu'il entendit le conseil, dix fois répété, de couper des cous. Incapable de rien juger, dans la frayeur qui le possède, il prend sa lanière pour une oie; il tranche; les oiseaux remontent à tire-d'aile, et il tombe lourdement le cul sur l'herbe, assez épaisse pour le garantir des suites de sa chute. Lorsqu'il fut rendu à ses amis, qu'ils eurent constaté qu'il n'avait éprouvé aucun accident, les ris et les plaisanteries recommencèrent, et après qu'on eut bien ri, on chercha comment des oies sauvages avaient fait semblant de dormir, pour attraper un pauvre écuyer, dont la figure avait, jusqu'alors, mis en fuite toutes les oies qu'il avait rencontrées. Trufaldin soutenait gravement qu'il y avait, contre lui, une conspiration générale de toutes les oies; Mendoce soutenait, en riant, que des animaux privés de la parole ne peuvent conspirer:
« Eh! qui vous a dit qu'elles ne parlent pas?
» reprit aigrement Trufaldin. Les Germains et
» les Hibernois sont donc privés de la parole,
» parce que nous n'entendons pas leur langage,
» qui ne vous paraît qu'un gloussement? Ne
» distinguez-vous pas, dans votre chien, les
» sons généraux qui indiquent la douleur et le

» plaisir ? Eh bien ! si vous étiez chien, vous
» entendriez le reste, comme vous entendez l'es-
» pagnol. La sainte Bible ne vous apprend-elle
» pas que le serpent a parlé à Eve ? et si le
» serpent parle, pourquoi les oies ne parle-
» raient-elles pas aussi ? »

Tout cela ne paraissait pas suffisant à Mendoce, pour établir que les oies eussent conspiré contre Trufaldin. Leur conduite extraordinaire avait, pourtant, une cause, qui échappait à sa sagacité. Il se perdait en raisonnemens qui ne concluaient rien. « Eh bien ! m'y voilà, dit
» tout à coup Rotrulde, et rien n'est aussi
» simple. Les oies se sont posées, cette nuit,
» à l'endroit où le muletier a perdu son vin ;
» elles en ont bu en mangeant les insectes,
» que ce vin obligeait à sortir de terre ; elles
» se sont enivrées, elles se sont endormies,
» elles se sont réveillées, ou par l'action que
» leur a communiquée la marche de Trufaldin,
» ou par la chaleur de son corps, ou parce
» que l'ivresse était dissipée ; elles ont cherché
» à s'envoler, elles ont emporté le pauvre
» écuyer, et bien certainement elles n'ont pas
» conspiré contre lui. »

Cette solution réunit tous les suffrages. Trufaldin, sans inquiétude des conspirations, qu'il redoutait pour l'avenir, rit enfin avec les autres. Les oies furent l'objet de la conversation, et des railleries du jour et du lendemain. Les nuits furent employées à dormir, parce qu'on était fatigué, et l'écuyer, plus dégoûté que jamais de ses essais galans, se retirait à la poupe, chaque soir, bien décidé à renoncer à sa grosse, dont l'approximation lui était constamment fatale. La grosse, loin de renoncer à rien, sentait son appétit piqué par les difficultés; elle obsédait pendant le jour Trufaldin, qui faisait la plus belle défense. Enfin elle le mit au pied du mur, en lui confiant le secret du comte de Cerdagne, et en l'assurant qu'il ne trouverait, au château, ni rivière pour se noyer, ni oison pour avaler ce dont un homme fait autant de cas que de la vie.

Il y avait du danger sans doute à s'ouvrir ainsi à Trufaldin. S'il était indiscret, il la faisait chasser, elle et Rotrulde; mais Inès n'avait trouvé, dans sa vie, qu'un seul homme qui lui fît la cour. Il lui avait donné des avantgoûts, d'après lesquels elle jugeait de l'ensemble, et une femme, en ce cas, se résout plus aisément à être mise à la porte, qu'à renoncer à l'objet de ses désirs. Cette confidence mit Trufaldin au comble de la joie ; il voyait le terme des sottises de son maître, celui de ses voyages et de ses aventures désastreuses.

Il avait à se taire un intérêt égal à celui d'Inès et de Rotrulde ; il se tut en effet, et promit à sa grosse, en reconnaissance de la bonne nouvelle qu'elle lui apprenait, toutes les joies qu'il pourrait lui procurer.

On arriva à Pallarols, où la Noguera cesse d'être navigable. La jolie brune refusa, obstinément, d'entrer dans la ville, et le galant Mendoce fut obligé de lui tenir compagnie. Elle dépêcha Pédrillo, pour avoir des nouvelles du père qu'elle s'était donné. Le rusé vieillard revint annoncer que le père était parti pour un château, situé à six lieues de là, et il avait dépêché un exprès à Cerdagne, pour lui annoncer l'arrivée de son gendre, pour le lendemain.

Rotrulde représente à Mendoce que, puisqu'il voulait se cacher dans la Catalogne même, il ne lui refuserait pas de l'accompagner à ce château, où il verrait la plus belle personne de l'Espagne. A ces derniers mots, Mendoce, déjà fatigué de sa jolie brune, prit feu selon sa coutume. D'ailleurs la proposition de Rotrulde entrait dans son premier plan, qui était d'éviter les villes où il pourrait être reconnu, et de chercher dans les campagnes, des aventures agréables. Il était bien aise aussi de voir enfin tomber le voile dont Rotrulde s'était constamment enveloppée. Il avait jusqu'alors voyagé à ses frais, et, jaloux de lui marquer sa reconnaissance, il envoya Trufaldin arrêter, à Pallarols, les litières les plus commodes et les plus belles.

Trufaldin part, il entre à Pallarols ; un nouvel accident l'attendait dans cette ville, où il n'avait jamais mis le pied. Le corrégidor de Pobla était parti pour Urgel. Il devait passer par Pallarols ; il y était arrivé la veille, et il avait raconté, à tous les oisifs de la ville, qu'en remontant le cours de la rivière, il avait vu, à deux cents pieds de haut, pour le moins, un homme qui avait douze douzaines d'ailes, tout autour du corps. On se moquait du corrégidor, qui donnait, pour preuve, les détails les plus minutieux. L'homme-volant avait une capeline verte, surmontée d'une plume rouge ; un pourpoint noir, avec des crevasses jaunes ; un haut-de-chausses cramoisi, et des bottines souci. Bien sûrement un homme pouvait être ainsi vêtu ; mais cela ne prouvait pas que cet homme se fût enlevé dans les airs. Le corrégidor soutenait non-seulement qu'il l'avait vu, mais que la chose n'était pas nouvelle, et par conséquent ne devait pas étonner. Il rappelait, car un corrégidor possède son écriture, il rappelait qu'au bon vieux temps, où le Père Éternel se brouilla tout-à-fait avec son peuple chéri, peu avant la captivité de Babylone, on avait vu des armées combattre en l'air au-dessus de Jérusalem, et du sang pleuvoir dans les rues. Il ajoutait qu'un charcutier de cette belle ville s'étant avisé de faire du boudin économique de ce sang-là, le roi de Judée l'avait fait crucifier, parce que ce sang ne pouvait être que le sang du diable, et qu'on ne doit pas faire manger le diable à ses frères : passe pour manger Dieu, c'est d'un bien meilleur ton. Aussi laisse-t-on tranquilles les cuisiniers qui veulent bien nous le servir.

Le corrégidor convenait, cependant, que l'histoire du citoyen charcutier de Jérusalem ne se trouvait pas dans l'historien Josephe; mais, que cette particularité fût vraie ou fausse, il était incontestable que des armées avaient combattu en l'air; il était clair que c'étaient des légions de sorciers; il était donc positif que l'homme-volant était sorcier aussi, et devait être traité comme tel, si on pouvait le joindre, avant qu'il arrivât aux colonnes d'Hercule, où tout le monde sait que le demi-dieu, qui ne savait pas le latin, parce que le latin n'existait pas, a écrit :

Stetimus hîc tandem nobis ubi defuit orbis.

Or, le demi-dieu qui a planté ces colonnes,

aux confins du midi de l'Espagne, ne soupçonnait pas la Sibérie, la Laponie, le Kamtschatka, l'Amérique, et n'était pas plus sorcier que le corrégidor de Pobla, qui voulait que Trufaldin fût possédé du diable.

Voyez, cependant, combien une opinion hasardée peut exposer un galant homme. Galilée perdit sa liberté, pour avoir soutenu que la terre tourne autour du soleil ; Mercier a perdu sa réputation, pour avoir soutenu que le soleil tourne autour de la terre, et Trufaldin va peut-être endosser la chemise de soufre, parce qu'un corrégidor a lu la Bible, et qu'il a affaire à des sots.

Le bon écuyer entrait d'un pas pesant dans la ville. Un apothicaire de soixante et dix ans, curieux, nouvelliste, bavard, diffus, et voleur, comme j'en connais un, que je vous conseille d'éviter (1), cet apothicaire, dont la boutique était le rendez-vous des vieilles têtes, éventées comme la sienne, avait entendu parler de l'homme-volant, et savait tout jusqu'aux moindres circonstances. Il était sur sa porte, dans sa robe de chambre d'indienne, fond brun, avec sa plume à l'oreille, sa vilaine lèvre pen-

―――――――

(1) Cet apothicaire a existé à Paris. Il tenait boutique près de l'Odéon, et m'a volé de toutes les manières.

dante, et filtrant sa salive épaisse, lorsque Trufaldin passa devant cette malheureuse boutique. Mon apothicaire voit une capeline verte, la plume rouge, et tous les vêtemens, indiqués par le corrégidor. Il s'approche de Trufaldin, en riant, de ce rire niais, que ceux qui se chauffent à son poêle veulent bien prendre pour de la finesse, et il lui demande, en lui crachant au visage, si ce n'est pas lui qui a volé dans les environs de Pobla.

Trufaldin, enchanté d'avoir ouvert, à ce qu'il croyait, une route nouvelle, comme l'ont cru depuis Mongolfier, Pilâtre des Rosiers ; comme le croiront encore ceux qui s'élèveront en l'air, lorsque, dans quelques mille ans, une révolution physique du globe, bien prononcée, aura fait perdre aux pauvres humains qui survivront, le souvenir de ce qu'avaient découvert leurs pères, et qui ne réfléchiront pas que l'entendement de l'homme est une cour, entourée de murailles, autour desquelles tournent continuellement les génies actifs, qui se glorifient d'avoir trouvé ce que leurs prédécesseurs ont laissé ou vu tomber ; Trufaldin, dis-je, très-étranger à tous ces gens-là, mais très-sensible aux jouissances de l'amour-propre, Trufaldin s'inclinait devant l'apothicaire, qui devait s'incliner devant tout ce qui ne porte pas le cachet du *coquinisme*, et lui disait, avec un petit air de satisfaction, qu'il s'était élevé à quinze cents toises, qu'il avait vu, sous ses pieds, la terre comme un atome, et qu'il s'était tellement approché du paradis, qu'il avait entendu les anges péter : tout voyageur doit mentir.

L'apothicaire, aussi fourbe que fripon, comblait d'honnêtetés le voyageur aérien, qui ne s'apercevait pas que la canaille l'entourait, l'écoutait, et qui ne savait pas que l'apothicaire, qui se faisait des pratiques par toutes sortes de moyens, qui en volait à ses confrères, était bien aise de livrer un sorcier à la sainte inquisition, à qui il vendrait de l'opium brut pour des pillules de laudanum, calmant très-utile aux hommes, qui, par chasteté, ont renoncé aux femmes.

Mais comme un coquin domicilié, et qui a usurpé une sorte de considération, ne la compromet jamais, et ne dénonce pas ouvertement, l'apothicaire, en paraissant flatter Trufaldin, en lui souriant, en lui faisant des questions captieuses, prouvait à l'auditoire qu'il était sorcier, très-sorcier, infiniment sorcier, non pas l'apothicaire, il ne l'est pas du tout, mais bien notre pauvre Trufaldin. Or, la canaille, qui aimait infiniment alors à voir pendre, rompre, brûler, goût détestable, bien loin des mœurs du dix-huitième siècle, où on a toujours eu le sang en horreur, cette canaille s'empara de Trufaldin, le traîna, malgré ses plaintes, malgré ses pleurs, dans les prisons du saint-office, et l'apothicaire envoyait, par les rues détournées, un grand flandrin de garçon, au teint blême, aux joues caves, avertir le révérend père inquisiteur que le sorcier, qu'on amenait, était livré par lui, et qu'il comptait, en récompense, sur la pratique du révérend et de ses suppôts.

Le cher écuyer s'était laissé conduire, sans résistance, parce qu'il n'était pas dans son caractère de résister, et parce qu'il ne croyait pas courir de grands risques, pour avoir été enlevé par des oies. Cependant, quand il fut sous les verroux; quand il vit les roues, les chevalets, les coins, avec lesquels les satellites du révérend père inquisiteur font avouer à leurs victimes ce qu'elles n'ont pas fait, ce qu'elles n'ont pas dit, deux ruisseaux de larmes s'ouvrirent, et le bonhomme tombant à genoux, les bras élevés, vers le ciel, s'écria : « O Jésus-Christ ! ô mon maître ! loin de ja-
» mais persécuter, vous avez prié pour vos
» bourreaux; loin de condamner personne,
» vous avez absous la femme adultère par ces
» mots : Que celui qui est sans reproche lui

» jette la première pierre. O mon divin Jésus!
» que vos successeurs, ou ceux qui se disent
» tels, sont loin de vous! ils me donneront
» la question, jusqu'à ce que je leur répète
» ce que m'ont dit les oies, dans les régions
» supérieures. »

Cependant, l'aspect des instrumens propres à la torture, au lieu d'abattre tout-à-fait Trufaldin, lui inspirait le courage de fuir, le seul que puisse jamais avoir un poltron. La vaste chambre, où il était, avait une croisée, bien grillée, qui donnait sur une cour, où se promenaient quatre ou cinq gueux, en pourpoint noir, aux cheveux gras. Ils avaient l'air modeste, et le chapelet à la main : c'étaient les gardes qui veillaient sur les prisonniers. Pas de moyens de s'échapper par-là.

Il prend un coin de fer, qu'on enfonçait entre les deux genoux des patiens, préalablement serrés avec des planches et des cordes ; il frappe contre plusieurs parties du mur, qui sont aussi épaisses que solides. Il réfléchit qu'on ne l'a logé que provisoirement, dans cette chambre, et qu'il y aurait de la folie à tenter une entreprise qui demandait du temps. Cependant ses yeux se reportaient sur les terribles instrumens ; il sentait plus que jamais la nécessité d'une prompte fuite. Il démonte une grande roue, qui servait à tendre les cordes, qui disloquaient les bras et les jambes des hérétiques et des sorciers; il la porte dans la cheminée, il monte, il est arrêté par des barres de fer, tellement serrées, que la fumée peut à peine s'échapper. Il tâte avec son coin le mur mitoyen, et il juge que ce n'est qu'une faible cloison en plâtre. Il frappe, il travaille, il s'évertue, il se démène, il sue, mais il perce. Il voit le jour de l'autre côté; il espère, il oublie la peine ; il redouble d'efforts ; il agrandit son trou. Il descend, il prend une longue corde, il remonte, il attache un bout de sa corde aux grilles, qui barrent la cheminée, il passe l'autre bout par son trou, il y passe après sa corde, il descend, il se trouve dans une autre chambre, autour de laquelle sont plusieurs portes toutes exactement fermées. Il voit une grosse clef accrochée à un clou ; il ne doute pas qu'elle n'ouvre une de ces portes, il l'essaie à toutes; l'une d'elles s'ouvre enfin; à quatre pas plus loin il en ouvre une autre, et il entre dans une troisième chambre, où se promenaient cinq à six malheureux. Il s'effraie d'abord, il se rassure bientôt, en voyant que ce sont des prisonniers comme lui; mais il sent qu'à force de travail il est tout simplement parvenu au logement qu'il aurait occupé deux ou trois heures plus tard, sans se donner la moindre peine.

C'est surtout dans le malheur que la société est nécessaire. Trufaldin vit bientôt que la fuite était impossible; mais il trouva de la consolation à se plaindre, à être plaint, et il s'applaudit d'être le moins sorcier de la troupe. En effet, c'était un président, dont aucun plaideur ne s'était jamais plaint, *sorcier;* un avocat, qui n'avait jamais perdu de cause, *sorcier;* un auteur qui n'était jamais tombé, *sorcier;* un comédien qui avait toujours été modeste, *sorcier;* un journaliste qui n'avait jamais menti, *sorcier;* une femme que son mari aimait après un an de mariage, *sorcière,* sorcière, plus que sorcière.

Tous ces sorciers-là jugèrent d'abord que le nouveau confrère ne méritait pas une grande attention de leur part; mais lorsqu'on eut entendu par quels moyens il était parvenu à la chambre commune; quand on sut qu'on pouvait arriver à celle de la question, où les instrumens du supplice pouvaient devenir des armes meurtrières; quand on eut calculé qu'il restait deux heures, à peu près, avant qu'on apportât le dîner, tous les sorciers fêtèrent Trufaldin, et commencèrent, à l'aide de la corde, à escalader la cheminée. Trufaldin leur criait qu'ils ne se sauveraient pas par-là, qu'il voulait bien s'enfuir ; mais qu'il n'entendait pas se battre ; on ne l'écoutait plus, on passait par le trou, on descendait dans la chambre, et on s'armait comme on pouvait. La sorcière même, dont la sorcellerie consistait dans une très-jolie figure, beaucoup de douceur et d'amabilité, la sorcière avait suivi les autres, et Trufaldin était resté dans la chambre, parce que sa docilité prouverait, pensait-il, sa soumission au saint-office, et ne manquerait pas de l'intéresser en sa faveur.

Cependant l'heure du dîner sonne. L'écuyer entend ouvrir. Le porte-clef arrive avec sa gamelle, et il reste également étonné de voir là Trufaldin, qui n'y devait pas être, et de n'y plus voir ceux qu'il devait y trouver. Impatient d'éclaircir un mystère, qui intéressait la gloire du tribunal, et sa sûreté personnelle, il prend l'homme-volant au collet, le traîne dans un cachot voisin, l'enferme soigneusement, va informer de ce qui se passe le révérend inquisiteur, et Trufaldin, en gémissant plus que jamais, ne se doutait pas qu'une bête ne pouvait rien faire qui ne tournât contre elle.

Cependant, l'inquisiteur, curieux de faire parler l'homme-volant, venait d'entrer dans la salle de la question, avec deux drôles qui comptaient arranger, d'après les ordres du bon père, ce qui était nécessaire pour obtenir la vérité. Au premier bruit des clefs, les sorciers s'étaient cachés sous des bancs, derrière la porte, et l'inquisiteur n'a pas plus tôt le pied dans la chambre, que les sacriléges portent sur lui des mains impies, se saisissent également des deux bourreaux, ferment la porte, et on va aux opinions sur la conduite à tenir envers ces coupables, évidemment coupables, puisqu'en ce moment ils étaient les plus faibles.

Le président et l'avocat voulaient instruire leur procès sans désemparer, et, après l'exécution, se servir des clefs pour s'évader. L'auteur était assez de cet avis ; mais il voulait que la procédure fût écrite en vers. Le président et l'avocat soutenaient que ce serait manquer à la forme, et que la forme était sacrée. Le journaliste, accoutumé à écrire très-vite, et sans réflexions, se proposait en qualité de greffier. Le comédien, grand tragique, ne connaissant de moyens que le poignard ou le poison, avait commencé à débiter une tirade, qui devait se terminer par un coup de bûche, qu'il tenait à deux mains. La sorcière donnait modestement à entendre qu'elle serait bien aise qu'on privât le révérend de ce dont il lui avait ôté l'usufruit. Le révérend et ses suppôts, à genoux, pâles, tremblans comme des coquins, imploraient l'indulgence de ceux, qu'ils comptaient, un instant avant, torturer, tenailler, griller. Or, tout le monde parlant à la fois, il fallut que tout le monde criât pour se faire entendre; or, sept à huit personnes, qui crient dans une chambre, s'entendent facilement de la cour; or, les gueux en chapelet devaient appeler main-forte, et ce fut ce qu'ils firent.

Ce sont de plats coquins, que des inquisiteurs et leurs satellites; mais quand ces drôles-là sont six contre un, ils attaquent bravement : aussi une trentaine de ces malheureux, rassemblés à la hâte, monta fièrement à la chambre de la question, en enfonça la porte à coups de hache, et entra sans même avoir été entendue, parce que des mots les sorciers étaient passés aux injures, et des injures aux coups : tant il est vrai que le bonheur de l'homme heureux ne consiste pas dans les circonstances favorables, que la fortune lui présente, mais dans le talent avec lequel il les tourne à son avantage.

Les perruques des sorciers étaient en l'air, leurs vêtemens en lambeaux, la calotte du révérend était foulée aux pieds, son scapulaire arraché, le juste de la jolie sorcière était déchiré, non qu'elle se fût battue, mais elle avait reçu quelques égratignures, en voulant séparer les combattans.

Les preux de l'inquisition se saisirent des sorciers, bien plus coupables depuis qu'ils avaient attenté à l'oint du Seigneur. On les enferma dans des cachots séparés. Il fut décidé que les membres du tribunal s'assembleraient, l'après-midi, et que les délinquans seraient brûlés le lendemain.

Cependant un inquisiteur aime trop le Créateur, pour ne pas tenir un peu à la créature. Il n'avait pas vu la jolie sorcière qu'avait interrogée, quelques jours avant, un de ses assesseurs, et il se promit bien de l'aller visiter dans son cachot, avant qu'elle parût devant le tribunal.

Ces préliminaires réglés, il ne s'agit plus que de savoir comment tous ces sorciers sont parvenus à la chambre de la question. Le plus savant de la troupe assure qu'ils avaient passé par le trou des serrures ; mais un imbécile observa que, de serrure en serrure, ils auraient gagné la rue. Cet imbécile regarda partout, même dans la cheminée ; il vit le trou, la corde ; on la reconnut pour tenir à une machine à question ; on se rappela que Trufaldin avait été déposé dans cette chambre ;

on conclut, avec sagacité, qu'il était la cause première du tumulte, et des injures et des taloches qu'avait reçues le révérend; qu'en conséquence son procès lui serait fait et parfait dans la journée.

Pendant que ces événemens se passaient dans les prisons de l'inquisition, Mendoce, impatient de ne pas voir revenir son écuyer, avait envoyé Pédrillo après lui. Pédrillo, en entrant en ville, avait demandé à tout le monde des nouvelles de Trufaldin, et il l'avait si bien désigné, qu'on jugea qu'il le connaissait parfaitement ; qu'il pouvait y avoir, entr'eux, complicité de sorcellerie, et on avait fourré Pédrillo en prison. Mendoce, plus impatient que jamais, avait envoyé un rameur après Pédrillo, un second rameur après celui-ci, et ainsi jusqu'au dernier. Ils nommaient Trufaldin ; on leur demandait s'ils ne parlaient pas de l'homme-volant, et, sur leur simple affirmative, on les mettait au cachot, les uns après les autres. Mendoce, irrité de ces lenteurs, saute de la barque, marche fièrement vers Pallarols, et Rotrulde qui ne veut pas le perdre de vue, Rotrulde, après avoir en vain essayé de l'arrêter, finit par le suivre, de fort mauvaise humeur, et Inès les suit de loin tous les deux.

Le jeune comte n'était pas homme à s'informer

avec précaution, à garder des ménagemens, à supporter l'oppression. Il entra à Pallarols d'un air menaçant; se fit conduire chez le corrégidor; lui déclara que son écuyer et d'autres gens, à lui, avaient disparu; qu'il entendait qu'on les lui retrouvât à l'instant, et que lui corrégidor, répondrait au roi d'Aragon de ce qui leur arriverait. Le corrégidor avait la morgue ordinaire aux petits hommes, qui occupent de grandes places; il fut très-choqué de la manière dont un inconnu osait lui parler, et lui demanda son nom. « Je suis, lui dit Mendoce, toujours très-
» franc, quand il avait la tête montée, je suis
» le fils du comte d'Aran, assez puissant pour
» vous couper les oreilles, à vous et à tous les gens
» de la ville, si je n'obtiens justice à l'instant. »

Au nom du comte d'Aran, le corrégidor s'était un peu déridé; mais la menace d'avoir les oreilles coupées, lui rappelant les égards dus à son rang, ouvertement violés, et devant témoins, il répliqua d'un air aigre-doux, qu'il avait entendu parler, chez M. le comte de Cerdagne, de ce fils unique, assez mauvais sujet, qu'on cherchait depuis long-temps, et qu'une preuve du respect que lui, corrégidor, portait au comte d'Aran, c'est qu'il allait faire arrêter le fils, pour le rendre à son père.

A peine le mot *arrêter* est lâché, que Mendoce appliqué un vigoureux soufflet au magistrat, et qu'il tire l'épée ; à peine le soufflet est-il reçu, que le magistrat appelle main-forte ; à peine le cri est-il poussé, que trois ou quatre invalides entrent, avec des hallebardes rouillées ; à peine sont-ils entrés, que Mendoce les juge indignes de son épée, saisit une des hallebardes, par le bâton, l'arrache à celui qui la tenait, le bâtonne avec les autres, bâtonne le corrégidor, les renverse tous, saute par-dessus eux, et en cinq ou six élans arrive au milieu de la place publique, où il voit sur ses pas Rotrulde, qui ne le quitte pas plus que son ombre, et le peuple qui commence à se rassembler, comme à Paris, quand un singe joue dans une gouttière, ou qu'un officier municipal sort, précédé d'un tambour boiteux, ou qu'on porte un noyé à la *Morgue*.

Mendoce, l'épée à la main, régalait de la parade, sans s'en douter, les bons habitans de Pallarols. Il se débattait, au milieu d'un cercle, très-géométrique, que formait autour de lui sa redoutable épée. Il appelait à grands cris son écuyer qui, disait-il, n'était qu'un sot ; mais qui lui était attaché, à qui il devait sa protection, et qu'il irait chercher même au fond des enfers. « Et plût à Dieu, ajouta-t-il, que lors-
» que, par hasard, il trouva, ainsi que tant

» d'autres inventeurs, le moyen de s'élever glo-
» rieusement dans les airs, plût à Dieu qu'il
» fût tombé dans la Segre, et qu'il s'y fût noyé.
» Un monument modeste, mais décent, attes-
» terait la reconnaissance que je voue à celui
» qui a élevé mon enfance, et qui n'a pas fait
» plus, parce qu'il ne pouvait pas davantage. »

On conçoit à ce discours, que l'écuyer, que le beau et terrible chevalier regrette si amèrement, est l'homme-volant, incarcéré en qualité de sorcier, et destiné à servir d'ornement à un superbe *auto-da-fé*, spectacle dont on n'a pas joui à Pallarols depuis au moins quinze ans. Un enthousiaste s'écrie que le Trufaldin est sorcier; qu'il est dans les prisons de l'inquisition, et qu'il n'en sortira que pour l'amusement des amis de la foi.

Mendoce, furieux, s'écrie que l'inquisiteur est un faquin, un polisson, un drôle, à qui il va apprendre à vivre; qu'il n'est de sorciers que pour les charlatans ecclésiastiques, qui se jouent et qui profitent de la crédulité des peuples, et il marche vers la prison. Un bedeau, un frère lai, un marguillier, que son exclamation avait mis en fureur, l'approchent de trop près, et le marguillier, et le bedeau, et le frère lai reçoivent des coups de plat d'épée sur le visage, ou sur les épaules.

Jusqu'alors la canaille s'était intéressée au beau chevalier, car tout ce qui est au-dessus de nous a, comme le soleil, le privilége de nous éblouir ; mais les paroissiens du marguillier, les compères du bedeau, les dévotes qui faisaient l'aumône au frère lai, crièrent à la fois que le maître était aussi sorcier que le valet, et qu'il fallait les brûler tous ensemble.

A ces mots, Rotrulde, qui vraiment aimait Mendoce, se jette au-devant des assaillans, et de la redoutable épée, qui n'était bonne qu'à faire croire davantage à la sorcellerie de celui qui s'en servait si bien, puisqu'elle contenait toute une ville, où on se piquait d'être brave. Rotrulde couvre Mendoce de son corps, et l'embarrasse au point que tout autre eût choisi de la pourfendre, ou de se laisser arrêter. Un homme sensible trouve toujours un parti moyen, et Mendoce, poussant Rotrulde devant lui, la jette à dix pas, et sabre tout ce qui l'approche. Le peuple indigné s'écrie qu'une femme qui s'intéresse à un sorcier, ne peut qu'être une sorcière, et on arrête la trop faible, et trop malheureuse Rotrulde. Mendoce, qui allait droit à l'inquisition, décidé à en échiner tous les membres, Mendoce court à Rotrulde, pour qui il conservait peu d'amour, mais qu'il était incapable d'abandonner à la fureur populaire. Il écarte ceux, qui déjà la chargeaient de liens, et la prend sous un bras, l'enlève, la charge sur son épaule gauche, et, frappant partout de son bras droit, il approchait du lieu redoutable, où Trufaldin était renfermé.

On peut dire à un homme du peuple qu'il n'est qu'un polisson; il vous fait la révérence, lorsqu'à la suite des injures, on lui solde son mémoire, et sans marchander; mais battre un marguillier de paroisse; dire pis que pendre du père inquisiteur, ou soutenir qu'avec trois mots on ne fait pas descendre Jésus-Christ dans un petit pain à cacheter, c'est absolument la même chose : il y a de quoi exciter une révolution. Aussi le bon peuple de Pallarols entra dans la plus sainte fureur, et, n'osant pas attaquer Mendoce en face, on fut chercher les chaînes de tourne-broches, les cordes à puits; on les tendit sous ses pas, et pendant qu'il regardait à ses pieds, on lui passait des nœuds coulans aux bras, au cou. On le renverse, lui et sa Rotrulde, qui montra dans sa chute......... mais on ne prit pas garde à cela, parce que toutes les affections terrestres se taisent devant l'amour divin.

Mendoce, renversé, écumait de fureur, et plus il enrageait, et plus on serrait les nœuds. On le porta, avec sa jolie brune, dans les prisons du redoutable tribunal. Chacun de ceux qui avaient seulement touché son habit, prétendait à des indulgences, que le Ciel accorde sans doute aux êtres féroces, qu'il a en horreur.

Voilà donc notre malheureux jeune homme et sa tendre compagne encaissés avec les autres; voilà le révérend père inquisiteur, aussi bête que la populace, lui promettant, pour le lendemain, treize à quatorze chrétiens rôtis; voilà le corrégidor, enchanté de se venger de l'étourdi, parlant à l'oreille de l'inquisiteur, et le pressant de faire, pour l'amour de Dieu, ce qu'il se garderait bien, lui, de se permettre, de peur de se brouiller avec le comte d'Aran, ou avec son ami Cerdagne, seigneur de la petite ville de Pallarols. Les hommes sont faits ainsi. Ils sont heureux, quand ils peuvent, sans inconvénient, satisfaire leurs passions, arriver à leur but, en se tenant derrière le rideau, et, dans les circonstances épineuses, trouver un chat qui veuille bien tirer les marrons du feu.

Pendant que toute la ville était en rumeur, la grosse Inès, qui avait une tête froide, bien que le reste fût très-vif, la grosse Inès avait senti que ce n'est pas avec des injures et des coups qu'on persuade son innocence; elle savait qu'on ne se tire pas aisément des griffes de l'inquisition, et que les vérités, articulées contre le père inquisiteur, s'expieraient infailliblement par le feu, si une protection majeure n'arrêtait tout. En conséquence, elle avait été, avec un petit air indifférent, louer un bon cheval, dont elle avait consigné le prix; et elle était arrivée d'un temps de galop chez le comte de Cerdagne, auquel elle raconta du voyage commun seulement ce qu'il avait intérêt d'en savoir, et elle termina son récit, en lui apprenant que son gendre, Trufaldin, Rotrulde et tous ses gens étaient dans les prisons de l'inquisition de Pallarols, parce que des oies sauvages avaient bu du vin de Pobla.

Au nom de l'inquisition, Cerdagne trembla. Il connaissait l'empire que ce tribunal exerce sur le vulgaire, et employer la force pour délivrer Mendoce, c'était se perdre dans l'esprit de ses vassaux; les pousser à la révolte, et exposer sa vie et sa fortune. Prétendre aussi sauver Mendoce par la voie de la conciliation, c'eût été se livrer à un espoir chimérique : les moines ne pardonnent jamais. Cependant le danger était pressant; il n'y avait pas un moment à perdre, et Cerdagne jugea convenable de se faire accompagner d'une manière imposante. Ce moyen, en effet, ne peut nuire en aucun cas.

Il fit courir ses pages de tous les côtés ; il leur ordonna de ramener, à l'instant, ce qu'il y avait de plus brave, et de plus considéré parmi ses hommes d'armes. La nuit entière fut employée à ces allées et venues, et au point du jour Cerdagne partit pour Pallarols, à la tête de deux cents hommes, disposés à se faire tuer au premier mot de leur chef, sans qu'il sût lui-même à quoi ils lui serviraient.

Cependant le révérend inquisiteur avait bien employée l'après-dîner de la veille. Il avait interrogé tous ses sorciers, à l'exception de la jeune femme, qu'il se proposait, disait-il, de voir en particulier, parce qu'elle avait déjà fait quelques aveux, dont la suite exigeait du secret. Le président et les autres avaient prouvé que leur prétendue sorcellerie n'était que l'effet de quelques qualités estimables, et le révérend n'avait pas extrêmement appuyé sur le premier chef d'accusation, parce qu'on lui en avait fourni d'autres, qui ne permettaient pas à sa charité chrétienne de faire grâce. Il demanda, d'une voix terrible, pourquoi de prétendus innocens cherchent à s'évader d'une sainte maison, où on les retient pour le bien de leur âme ; pourquoi ils se mettent en révolte ouverte, contre le chef d'un tribunal, érigé par Dieu même ; pourquoi ils osent porter des mains impies sur sa personne sacrée, et pousser le blasphème jusqu'à dire qu'ils vont lui faire son procès. A ces inculpations terribles, les assesseurs lèvent les mains et les yeux au ciel; et déclarent, d'un ton mielleux, et bénin, que ces attentats méritent le feu. L'arrêt est prononcé, et les parens, les amis de ces malheureux s'enfuient, sans oser dire un mot en leur faveur.

L'inquisiteur ordonne qu'on amène Trufaldin, Mendoce, Rotrulde et les autres. Si les premiers s'étaient purgés de l'accusation de sorcellerie, Trufaldin, au moins, ne s'en laverait pas, et il est bon que dans un auto-da-fé on brûle au moins un sorcier.

Mendoce se présenta, le front serein, chantonnant un petit air, et saluant le tribunal de deux ou trois pirouettes. Cette manière leste frappa l'inquisiteur, qui l'interrogea le premier, et, au seul mot de sorcellerie, Mendoce lui rit au nez. Pressé de parler, il dit qu'il n'avait pas coutume de répondre à des niaiseries de cette espèce, et que le révérend et ses assesseurs lui paraissaient plutôt dignes des Petites-Maisons que de l'office de juges. La mine refrognée des bons pères annonça à l'auditoire la condamnation, très-prochaine, du beau jeune homme. Les uns le plaignaient tous bas, et d'autres observaient qu'il méritait son sort, parce que jamais on n'avait répondu ainsi à un saint inquisiteur.

On en voulait singulièrement à Trufaldin, parce qu'il avait fait le trou, par lequel étaient passés les sorciers, qui avaient fait tant de peur à sa révérence, et on le pressa de convenir de son commerce avec le diable. Trufaldin répondit à genoux et les mains jointes, qu'il n'avait jamais eu rien de commun avec l'esprit immonde. « Et qui t'a donc enlevé dans » les airs ? — C'étaient des oies. — C'était le » diable ! — C'étaient des oies, révérend père. » — Ah ! le malheureux nie; qu'on l'applique » à la question. »

Quatre estafiers saisissent Trufaldin; qui se débat des bras et des jambes, qui grince des dents, et que malgré ses efforts, on porte vers la fatale machine. Mendoce, placé entre deux hommes, qui veillent sur lui, la hallebarde au bras, Mendoce ne se possède plus. Il saisit les deux coquins par le chignon, et les renverse la face contre terre; il renverse le tribunal avec ses stales, il renverse les inquisiteurs; il enfonce, avec un grand crucifix de bois, les côtes de ceux qui portaient Trufaldin. Les suppôts de l'inquisition se précipitent sur l'auditoire; l'auditoire se sauve dans les corridors, et Mendoce, moins humain, se sauvait avec tout le monde, et serait peut-être parvenu à sortir de la ville; mais abandonner son pauvre Trufaldin, sa jolie brune, ses bons rameurs, c'était ce qui ne pouvait entrer dans sa pensée. Il retourne sur ses pas, relève Trufaldin immobile sur le carreau; il délace Rotrulde évanouie; il les presse de le suivre, et de doubles, de triples portes étaient déjà refermées sur lui.

Les inquisiteurs indignés, battus, meurtris, se rassemblent dans une autre salle. En deux minutes, Mendoce et les siens sont condamnés aux flammes, et, pour colorer une sentence, dictée par l'animosité, les révérends pères dominicains passent le reste de la soirée en procession, les pieds nuds, la corde au cou, de la cendre sur la tête. Ils chantaient par les rues des *Miserere*, en expiation des sacriléges commis par les hérétiques, et le peuple suivait, en chantant, et en plaignant les bons pères, que leur zèle pour la religion exposait aussi cruellement, et les femmes et les petits enfans portaient des fagots sur la grande place, et le marchand d'allumettes du couvent offrait, *gratis*, au frère portier, le soufre nécessaire à la préparation des chemises, et toutes les cloches de la ville sonnaient, et cinq à six êtres raisonnables qui l'habitaient, se renfermaient chez eux, pour ne rien voir, et se bouchaient les oreilles pour ne rien entendre.

Il n'y avait plus que deux choses qui embarrassaient le père inquisiteur. La première, c'était de savoir si la jolie petite sorcière voudrait racheter sa vie, à la condition qu'il lui proposerait. Les embarras de la journée le déterminèrent à remettre cette affaire au lendemain matin. La seconde, c'était de savoir comment on prendrait Mendoce, qui était bien sous les verroux, mais qui se faisait des armes de tout, et devant qui les plus braves de ses goujats tremblaient. Cette affaire était la plus pressante, et le révérend engagea le corrégidor à demander à son confrère d'Urgel une compagnie d'archers, qui marcherait une partie de la nuit, et qui arriverait aisément à Pallarols pour l'heure de l'exécution.

« Hé bien ! disait Trufaldin, êtes-vous revenu
» de la manie des voyages ? il est joli celui qui
» nous reste à faire. — Allons, tais-toi, tu fais
» l'enfant. — On le ferait à moins. Et moi, qui
» ai fait ce que j'ai pu pour vous remettre dans
» le bon chemin ; moi, qui n'éprouve que des
» malheurs, qui suis innocent, comme l'enfant
» qui est à naître, je vais finir par être brûlé :
» c'est bien malheureux, et je peux me plaindre
» sans faire l'enfant. — Je te pardonnerais de te

» plaindre, si cela servait à quelque chose.
» D'ailleurs, n'es-tu pas né pour finir? qu'im-
» porte que ce soit de la fièvre, ou d'une
» brûlure? » Le pauvre Trufaldin pleurait;
Rotrulde, Pédrillo et les autres étaient dans
un accablement profond. On ne pensait ni au
comte d'Aran, ni au comte de Cerdagne; chacun s'occupait de soi. Le bûcher fatal était
présent à toutes les imaginations, et les rem-
plissait en entier. Mendoce seul conservait sa
liberté d'esprit, et cherchait à consoler des
gens inconsolables.

Dès le matin, les cloches avertirent les fidèles
et les patiens que l'auguste cérémonie ne tar-
derait pas à commencer. Le bûcher, le plus
haut, le plus large qu'on eût jamais vu, était
parfaitement arrangé; il était décoré de fleurs;
de magnifiques torches étaient fichées en terre;
les pénitens noirs, les pénitens gris, les pénitens jaunes, les pénitens verts se rassemblaient
sous leurs bannières, de tous les quartiers de
la ville, et se disposaient à se rendre au couvent des Dominicains; une vedette, placée
dans un clocher, regardait attentivement sur
la route d'Urgel, pour avertir de l'arrivée de
la compagnie des archers. Cette vedette voit
un corps de cavalerie; s'imagine que, pour plus
de célérité, on a mis l'infanterie à cheval;

donne le signal convenu ; la poterne s'ouvre, et Cerdagne entre avec tout son monde.

Les habitans reconnaissent leur seigneur ; le corrégidor vient le complimenter, et Cerdagne, persuadé qu'il est des préjugés que la jeunesse se glorifie de braver, et devant lesquels l'homme raisonnable s'incline, en les méprisant, Cerdagne n'écouta personne, poursuivit sa marche, d'un pas grave, mit pied à terre, à la porte de l'église des Dominicains, et remercia Dieu, à genoux, de ce qu'il avait permis que ses ennemis fussent reconnus, et prêts à être immolés à sa gloire.

Le peuple, ravi de la piété de son seigneur, se pressait autour de lui, s'agenouillait à ses côtés, joignait ses prières aux siennes, et le corrégidor, son premier officier de justice, était tombé à genoux avec lui, faisait, avec lui, des signes de croix, répondait à ses antiennes et à ses *oremus*, trop heureux d'en être remarqué. C'est ainsi que, dans tous les temps, les gens en dignité ont eu des singes, qu'ils ont cru leurs amis, et que l'amour-propre les a empêchés de distinguer l'encens donné à la place, des marques d'affection accordées à l'amitié.

Ses devoirs de chrétien remplis, à la grande satisfaction du public, Cerdagne se plaignit, du ton de la bonhomie, que ses fidèles vassaux ne l'eussent pas fait instruire du sacrifice qui allait se consommer ; il observa que le bien qu'il leur avait fait, dans tous les temps, lui donnait au moins des droits à leur confiance; il en démêla plusieurs dans la foule, qui depuis long-temps ne payaient pas leurs redevances ; il leur parla, et attribua leurs délais à leurs défauts de moyens ; il leur déclara que jamais il n'exigerait rien d'un débiteur mal à son aise, et qu'il leur faisait authentiquement la remise de ce qui lui était dû. Il chercha, des yeux, les jeunes filles que leurs amans accompagnent partout, même aux auto-da-fé ; il leur dit qu'il était du devoir d'un seigneur de favoriser les mariages ; il s'informa de leurs moyens ; il donna de l'or à poignée aux pauvres ; il promit des places aux jeunes gens aisés ; il obtint des révérences des mères, des marques de respect et d'affection des papas ; il recueillit les bénédictions des amans, et le maître de la confrérie des pénitens noirs vint, d'un air tout-à-fait gracieux, lui présenter de l'eau bénite. Pendant que ces petits incidens se passaient, les hommes d'armes entouraient le bûcher, en chantant les litanies de la Vierge, et décidés, intérieurement, à sauver tous les sorciers de la grillade.

Après avoir fait toutes les momeries usitées alors ; après avoir dépensé en bienfaits un an de son revenu ; avoir fixé l'attention générale, s'être concilié les suffrages et les esprits, Cerdagne observa qu'il est incontestablement des sorciers qui méritent le dernier supplice ; mais que le fils du comte d'Aran ressemble plutôt à un ange qu'à un diable. Qu'à la vérité, il a grièvement offensé le très-saint père inquisiteur ; qu'il lui doit une réparation authentique ; mais que faire périr, par le feu, un jeune homme, ardent catholique, c'est exposer le salut de son âme, tandis qu'en lui faisant grâce, au nom du Dieu de paix, on lui laissera le temps de se sanctifier par la pénitence. « Mes chers amis, ajouta Cerdagne, je serais
» au désespoir de manquer au respect que je
» dois à l'inquisition. Le père inquisiteur est
» maître, sans doute, de la vie du fils du
» meilleur de mes amis, et de celle de mes
» domestiques, qui ne sont pas plus sorciers
» que lui. Que ce cher inquisiteur dise un mot,
» et soumis, docile, je mets moi-même le feu
» au bûcher. Mais si vous vous mettez un mo-
» ment à la place d'un père infortuné, dont on
» veut brûler le fils, qui n'est ni juif, ni maure,
» ni schismatique ; si vous vous représentez
» vos enfans, exposés à un pareil sort, vos en-

» trailles seront émues, vous irez représenter,
» respectueusement, au père inquisiteur, que
» ce sont des chrétiens qu'il va brûler ; que
» ces chrétiens lui ont dit des injures, l'ont
» frappé même; mais que notre divin maître
» présenta l'autre joue à celui qui lui avait donné
» un soufflet. Le père inquisiteur, qui possède,
» à un point éminent, toutes les vertus chré-
» tiennes, pourra-t-il se dispenser de pardonner
» quand vous l'aurez saintement fait rougir du
» mouvement de colère, auquel il s'est aban-
» donné, et serait-il digne de vos hommages,
» s'il ne pardonnait pas ? »

Pendant cette harangue, l'intendant de Cerdagne répandait l'argent à pleines mains ; celui qui faisait la grimace, avait, à l'instant même, ses poches garnies, et qui, diable, résisterait au langage de la raison, soutenu par la générosité ? Les parens, les amis du président, de l'avocat, des autres détenus, faisaient aussi leurs petites largesses, et le fanatisme religieux céda enfin à celui des richesses. On s'écria que le père inquisiteur s'était trompé, qu'il n'y avait pas de sorciers parmi ses détenus, et qu'il fallait l'aller supplier de faire grâce. Cerdagne se remit à genoux, et pria pour le succès de la médiation, déclarant, à haute voix, qu'il serait désespéré que sa présence influât sur la décision du révérend père, et qu'il s'en rapportait uniquement au zèle de ses bons amis.

Aussitôt quatre à cinq cents personnes se précipitent dans le couvent, et cherchent le père inquisiteur, pour lui faire des représentations, qu'il lui eût été impossible d'entendre. Les sbires de l'inquisition sont stupéfaits, en voyant la chaleur de la multitude, et ne savent que lui opposer. Bourreaux audacieux, et méprisables soldats, ils s'ouvrent, ils laissent passer le torrent ; les porte-clefs ouvrent de toutes parts ; en disant leur *Ave, Maria;* le peuple se répand dans la maison, il cherche l'inquisiteur ; il entend des cris sortir d'un cachot souterrain, il s'y porte, et y trouve le saint père, la jaquette levée, essayant de violer la jolie sorcière, qui ne s'était pas rendue à ses argumens.

Le peuple a une foi robuste, aveugle, stupide ; mais quand il est convaincu qu'on se joue de sa simplicité, il devient implacable, féroce, terrible. Un porte-faix saisit le révérend par la partie coupable, le traîna au milieu de la rue, criant qu'il fallait le brûler, sur le bûcher même, où il voulait immoler tant d'innocentes victimes; ce cri se répète, les torches s'allument ; Cerdagne, toujours à genoux, disait, du ton de la simplicité, que la voix du peuple est la voix de Dieu, et qu'il désirait que la flamme du bûcher, en lavant le bon père du péché mortel, qu'il avait voulu commettre, lui épargnât mille ou quinze cents ans de purgatoire. Les fagots s'allument, le révérend est jeté au milieu du bûcher ; ses assesseurs se taisent, de peur d'être grillés avec lui. Les prisons sont enfoncées, les captifs s'échappent ; le majordome de Cerdagne amène deux ou trois litières ; on y entasse Mendoce, Rotrulde, Trufaldin, Inès, Pédrillo et les autres, avant qu'ils aient le temps de se reconnaître. Les hommes d'armes de Cerdagne entourent les litières ; on sort de la ville, et lorsqu'on a gagné la campagne, les hommes d'armes, Cerdagne, Rotrulde, Inès, Pédrillo et les autres disparaissent, à grande course de cheval. Mendoce reste seul avec Trufaldin, qui est hors d'état de lui parler. Mendoce lui-même est étourdi de sa délivrance ; il ne pense pas à demander où on le conduit, et il arrive dans le parc de Cerdagne, sans s'en douter, et avant que sa tête soit remise.

FIN DE LA TROISIÈME PARTIE.

QUATRIÈME PARTIE.

Le conducteur de la litière s'arrête devant une maisonnette, fort jolie, bâtie au milieu du parc, et entourée de jardins rians. Elle était habitée par une espèce de concierge, bon homme, obligeant comme tous les domestiques de Cerdagne, chargé comme eux de faire tout ce qui plairait au beau chevalier, avec l'injonction, commune à tous les autres, d'observer une discrétion absolue.

A peine Mendoce eut-il mis pied à terre, que le concierge lui servit un repas, dont il avait le plus grand besoin, et auquel Trufaldin n'eut pas la force de toucher. En mangeant, en buvant, Mendoce classait ses idées. Il trouvait étrange que Rotrulde, Inès et les autres eussent aussi brusquement disparu. Cet article lui était à peu près indifférent : il n'avait plus d'amour pour la jolie brune. Ce qui l'affligeait sensiblement, c'est que le seigneur, qui l'avait tiré de la ville; qui l'avait escorté, en route, avec ses hommes d'armes, se fût dérobé à sa reconnaissance. Au reste, comme il n'était pas homme à éprouver de sensations bien durables, il sortit, après son repas, laissa son écuyer aux soins du concierge, et se promena dans le parc, chantant la petite chanson, et s'applaudissant de retrouver son or dans ses poches.

Une grande allée, qu'il suivit jusqu'au bout, le conduisit en face d'un très-grand, très-gothique, et très-respectable château. Le pont était levé, les fossés pleins d'eau ; il regardait, il examinait tout. Un nain, qui était sur une tourelle, lui cria qu'on ne s'arrêtait pas là. A ce mot, Mendoce s'assit sur l'herbe. Le nain renouvela l'ordre de passer. Mendoce lui rit au nez. Le nain, furieux disparut, et revint avec quelques archers, qui ajustèrent la flèche à l'arc. Mendoce était brave; mais il était sans défense, et, dans tous les cas, la partie n'eût pas été égale. Il se repentit de s'être engagé si avant, et il jugeait qu'il ne lui était cependant pas permis de céder à la menace. Incertain, irrésolu, il ne savait quel parti prendre. Les archers l'ajustaient, d'un air très-déterminé, lorsqu'une jeune dame parut, et ordonna, de la part de son père, aux hommes d'armes de se retirer. Ils obéirent, et la jeune dame, adressant la parole à Mendoce, le pria de passer d'un ton, d'un air qui lui allèrent à l'âme.

La beauté de la jeune personne l'avait vivement frappé; sa voix acheva l'enchantement. Il se leva, lui fit une profonde révérence, et s'éloigna plein de l'objet qu'il venait de voir, et que, selon les apparences, il ne reverrait plus.

Cerdagne était rentré chez lui, plein de joie d'avoir conduit le fugitif jusque dans ses terres. Il ne fallait, pour l'y fixer, que lui faire voir Séraphine; mais Cerdagne voulait qu'elle le secondât sans pénétrer ses projets. Il savait que les cœurs ne se donnent point par avis de parens, que les obstacles, au contraire, font naître l'amour, même chez les gens indifférens, et que la constance de Mendoce dépendrait uniquement des difficultés qu'il croirait avoir surmontées.

En conséquence, il ordonna, en rentrant chez lui, que son château, toujours ouvert, fût fermé à tout le monde. Sa fille n'avait jamais usé de la liberté décente qu'on lui accordait, et cette espèce de contrainte lui déplut. Cependant, respectueuse et docile, elle ne se permit aucune réflexion. Sa charmante figure se couvrit d'un léger nuage; son père s'en aperçut, et s'en applaudit en secret.

Il sourit quand le nain vint lui dire qu'un jeune seigneur, fort bien mis, refusait de s'éloigner des environs du château. Il fit des questions sur ce jeune audacieux. Il était beau comme un ange, d'une taille, d'une tournure parfaites, et sa voix était pleine d'expression, quoiqu'il fût opiniâtre, et même impertinent. Séraphine écoutait en paraissant s'occuper d'autre chose; elle souriait aussi au tableau que le nain faisait de Mendoce, tableau d'autant plus vrai, qu'il n'était pas étudié, car Cerdagne n'avait pas mis le petit homme dans sa confidence. Elle jeta, à la dérobée, un coup d'œil sur son père. Il l'observait d'un air riant. Tout à coup sa figure se rembrunit, son sourcil se fronça, ses yeux s'allumèrent, et il ordonna, d'un ton terrible, à ses archers de monter sur la tourelle, et de percer de leurs flèches le téméraire qui oserait lui désobéir. A cet ordre, Séraphine pâlit, et représenta, avec douceur, à son père, qu'il est cruel de tuer un beau jeune homme, parce qu'il regarde un château. Cerdagne répéta l'ordre, les archers partirent; mais leur chef avait le mot.

Séraphine, seule avec son père, continua, d'un ton timide, ses premières observations. Elle ajouta que probablement le jeune seigneur était galant, et que sans doute il accorderait, à la première demande d'une femme, ce qu'il refusait à la force, et que ce moyen était bien plus dans le caractère de son père, que celui qu'il se proposait d'employer. Cerdagne ne répondit rien ; sa fille le regarda tendrement, lui baisa la main, et, jugeant, par son silence, de son acquiescement à ce qu'elle proposait, elle courut sauver la vie d'un homme, pour qui Cerdagne eût volontiers exposé la sienne.

Dès que ce père, aussi prudent qu'adroit, eut perdu sa fille de vue, il se laissa aller à la joie que lui causaient des commencemens aussi heureux. « Ils se verront, dit-il ; charmans tous » deux, ils se plairont : le temps et l'étourderie » de Mendoce feront le reste. »

Il fit partir secrètement Pédrillo pour le château d'Aran. Il était bien naturel de rassurer un père et une mère désolés, et de les faire renaître à l'espoir de l'avenir le plus heureux.

Mendoce se promenait dans le parc, uniquement occupé de la jeune dame qu'il venait de voir. L'aimerai-je, se disait-il ? Non, je ne l'aimerai pas ; elle est trop intéressante pour la rendre malheureuse, et ma funeste inconstance produirait en effet..... Mais je parle, en vérité, comme si j'étais sûr de plaire ; comme si cet objet enchanteur avait vécu caché à tous les yeux, et qu'il m'eût attendu pour aimer. Et puis le seigneur de ce château est sans doute un homme puissant ; il doit avoir des vues pour sa fille..... Oh ! on a rompu plus d'un mariage arrêté...... Oui, mais mes étourderies........ Je dois avoir, dans le pays, une réputation détestable.... Allons, allons, ne pensons plus à tout cela, et chantons.

Trufaldin, lui, se remettait, insensiblement, chez le concierge. Ses idées reprenaient de la suite, et son estomac parla d'une manière énergique. Il se restaura, il jasa ensuite, et le concierge ne répondait que par oui et par non. Cependant quand il vit Trufaldin s'affliger sérieusement de ce que des oies avaient empêché l'enfant prodigue d'être rendu à ses parens; quand il l'entendit regretter sa grosse Inès, il jugea qu'il savait le secret du voyage de Rotrulde, et il pensa qu'il est plus dangereux de jouer au fin, avec des gens instruits, que de chercher à les gagner tout-à-fait, par la franchise. Il instruisit donc Trufaldin qu'il était chez le comte de Cerdagne. A cette nouvelle, Trufaldin, dégoûté plus que jamais des aventures, but six coups de plus, et dévora un faisan en quatre bouchées. Dans les intervalles, il interrogea le concierge, sur les desseins ultérieurs du comte de Cerdagne, et le concierge, qui ne savait que ce qu'il fallait pour remplir ses ordres, ne put satisfaire le curieux écuyer. « Mais, disait Trufaldin, pour-
» quoi fermer son château ? — Je n'en sais
» rien. — Il veut donc que le jeune homme

» lui échappe encore ? — Je ne le crois pas.
» — Il était plus simple de le recevoir, de
» l'accueillir, de l'amuser, et de faire arriver
» le papa. — Sans doute. — Et puis, s'il y a
» encore au château quelque beauté qui puisse
» remplacer Rotrulde..... — Comment, s'il y
» en a ? mademoiselle de Cerdagne est la plus
» belle personne de toute l'Espagne. — Eh !
» que diable, à quoi pense donc ce père ? il
» fallait la faire voir à Mendoce ; il en serait
» devenu passionnément amoureux, et le reste
» allait de suite ; au lieu qu'il partira d'ici,
» au premier moment ; il faudra que je le
» suive, et comme le mal va toujours en
» croissant, je perdrai la vie, à la première
» catastrophe, qui ne manquera pas de m'ar-
» river. En vérité, c'est fort désagréable. —
» J'en conviens, mais j'approuve la conduite
» de mon maître. Sans doute Mendoce aime-
» rait Séraphine, tout le monde l'aime ; mais
» elle pourrait l'aimer aussi, et on ne peut
» penser à la marier à un fou de cette espèce-
» là. — Bah! il ne serait pas le premier étourdi
» que le mariage aurait corrigé. — Il ne serait
» pas prudent d'en courir les risques. »

Pendant que ces deux bonnes têtes se perdaient en raisonnemens, Mendoce, riant,
chantant, rêvant, rentrait à la maisonnette.

Son premier soin, comme vous le pensez bien, fut de demander le nom du seigneur qui avait une fille si accomplie, et qui ne voulait pas qu'on regardât, seulement, le haut de ses tourelles. Le concierge répondit qu'il se nommait Ripal : c'était, en effet, le nom de famille de Cerdagne, et personne ne pouvait être accusé d'avoir usé de finesse, quand tout se découvrirait.

Mendoce savait que Cerdagne était l'ami le plus intime de sa famille, et jamais il ne l'avait entendu désigner que sous ce nom. Il fut un peu étonné d'en entendre un qui lui était inconnu, à aussi peu de distance des domaines de son père. Trufaldin lui rappela qu'il avait quitté très-jeune les foyers paternels, qu'il ne se souvenait pas des noms de tous ses voisins, et que le seigneur de Ripal n'étant peut-être pas lié avec le comte d'Aran, il n'était pas extraordinaire que ce nom ne l'eût jamais frappé. Ce qui véritablement l'intéressait plus que tout le reste, c'était la beauté de Séraphine. S'il n'était pas absolument décidé à lui faire sa cour, il n'avait pas de raison de l'éviter. Il voulait vivre à une telle proximité du château d'Aran, qu'on ne pensât point à le chercher là, et c'était peut-être le moyen le plus sûr d'échapper à toutes les perquisitions.

Le seigneur de Ripal paraissait être une espèce d'ours qui ne sortait pas, qui ne recevait personne, et qui ne l'exposerait à aucun inconvénient, et puis, à avantage égal, le voisinage d'une demoiselle charmante a toujours quelque chose d'engageant.

En chantant, en dansant, en riant, Mendoce déclara au concierge qu'il était tout-à-fait livré à la philosophie ; qu'il fuyait le commerce des hommes ; qu'il cherchait une retraite isolée, où il pût librement méditer, et il lui proposa, en faisant une pirouette, de le prendre en prison chez lui.

Le concierge fit des difficultés. Il était logé petitement ; sa table était frugale ; Mendoce manquerait des soins, auxquels il était sans doute accoutumé, et le philosophe répondait à cela qu'un homme raisonnable devait se contenter d'une chambre et d'un lit ; que la sobriété entretient la santé du corps et la clarté des idées, et que le sage n'a besoin des soins de personne. Le concierge se défendit ; Mendoce insista ; il donna de l'or ; il crut avoir remporté une grande victoire, quand le bonhomme lui eut accordé une chose, à laquelle il avait ordre de l'amener, si elle ne venait pas naturellement de lui. S'il s'y refusait, la concierge devait donner un signal, d'après lequel Cerdagne se déterminerait.

Trufaldin était enchanté de ces arrangemens. Boire, manger, dormir ! ne voir que le concierge, trop vieux pour être dangereux ! n'avoir à craindre que le feu du ciel ! espérer de retrouver Inès, dans quelque coin du parc ! Quelle vie ! Il n'était pas même à présumer que ce bonheur ne serait que passager. Monsieur l'écuyer prévoyait, ainsi que le lecteur, que tout cela finirait par une réconciliation générale. Il n'avait qu'un désagrément : c'était d'être obligé de garder le secret. Oh ! c'était dur......... dur ! Mais un mot éclairait Mendoce, lui faisait prendre la fuite ; Trufaldin perdait Inès, le repos, une bonne table, et il pouvait rencontrer des oies, des inquisiteurs, et peut-être pis encore.

Le lendemain, Mendoce se leva de bonne heure, et sortit pour aller méditer. La méditation le conduisit vers le château, non pas du côté du pont-levis ; le nain l'aurait distrait des grands objets qui l'occupaient, et les tourelles voisines du pont servaient, sans doute, de casernes aux soldats que le seigneur de Ripal entretenait pour sa garde. Le philosophe tourna les derrières du château, et, tout en regardant le ciel, source de toutes vérités, ses yeux se rabattaient, de temps en temps, sur le haut des tours, sur les créneaux, sur les croisées des bâtimens renfermés dans cette enceinte. Une jalousie s'ouvrit!....

A dix pas, derrière Mendoce, était un tertre assez élevé. Il y court, il se lève sur la pointe des pieds, son œil pénètre dans l'appartement; il reconnaît la fille du redoutable châtelain. Elle est assise. D'une main elle caresse son épagneul; de l'autre elle tient un livre qui paraît l'occuper sérieusement. Hélas! la pauvre enfant ne lisait pas; ses regards étaient fixés sur le chevalier, sans doute par pure curiosité.

Son amour-propre fut flatté de la manière décente, et pourtant pleine d'intérêt avec laquelle Mendoce la regardait. Elle le trouvait au-dessus de ce que le nain avait dit; elle l'examinait dans le plus grand détail, parce qu'elle avait à peine eu le temps de le voir, lorsqu'elle lui avait sauvé la vie, à ce qu'elle croyait, au moins. Elle disait : Quel dommage de tuer un homme comme cela, et elle faisait des caresses de plus à son épagneul. Était-ce bien lui qu'elle caressait ?

Cerdagne était averti que Mendoce restait immobile, comme un terme, devant les croisées de sa fille. Le jeune homme ne l'avait jamais vu ; il n'était donc pas possible qu'il le reconnût. Cerdagne était bien aise de le voir aussi, et c'est tout simple ; il voulait connaître quelle impression le jeune homme faisait sur Séraphine, et il entra chez elle, sans s'être fait annoncer. Elle se leva précipitamment, courut fermer sa jalousie, parce que le soleil commençait, disait-elle, à être chaud. « Mais non, dit » le comte, il est encore bien matin, et je » comptais te lire près de ton lit. » En disant cela, il ouvrit brusquement la jalousie, Mendoce, qui rêvait sérieusement, n'avait pas pensé à changer de position. L'aspect de Cerdagne l'effraya : ce n'était pas lui qu'il attendait. Il se retourna vivement, s'enfonça dans le parc ; mais la tendre curiosité de Cerdagne était satisfaite. Il avait entrevu un chevalier acccompli, et, sans en rien dire, à sa fille, sans lui laisser soupçonner qu'il eût remarqué le jeune homme, il fut plus caressant, plus aimable que jamais.

L'après-dîner, Mendoce revint méditer au même endroit. Séraphine, qui trouvait beaucoup de charmes à la lecture du livre, que son père lui avait donné, demanda la permission de se retirer chez elle. Son père l'accorda en l'embrassant de tout son cœur, et en se félicitant intérieurement : ce livre était le plus ennuyeux de sa bibliothéque, et il l'avait choisi à dessein.

Ce manége durait depuis quelques jours. Mendoce ne se contenait plus qu'à peine. Séraphine commençait à s'interroger sur la situation de son petit cœur, et fille, qui s'interroge sur ce sujet aime déjà beaucoup, ou je me trompe fort. Pédrillo ne revenait pas; Cerdagne s'impatientait, et ne concevait pas davantage que Guzman, le beau page qui accompagnait Rotrulde, ne fût pas rentré au château, avec ses gens. Il ne paraissait plus douteux qu'il ne fût arrivé à ce jeune homme, qu'il affectionnait, quelque chose de funeste. Il y rêvait un soir, quand on lui dit qu'une petite femme fort jolie demandait à être introduite dans le château. Ce mot : une jolie femme, faisait encore une sorte d'impression sur Cerdagne. Il ordonna qu'on la fît entrer, et fut assez étonné de la voir tomber à ses pieds. C'était la petite veuve, que le seigneur Guzman, s'était si obligeamment chargé de reconduire chez elle.

« Seigneur, j'ai fait une grande faute. —
» Vous n'en pouvez faire que de très-agréables.
» — Je me suis mariée sans votre consentement.
» — Vous n'êtes pas ma vassale; je vous con-
» naîtrais. — Non, seigneur, mais... — Mais,
» ma petite, vous n'aviez pas besoin de mon
» consentement. — Non pas moi, seigneur,
» mais votre page Guzman..... — C'est lui

» que vous avez épousé? — Que voulez-vous,
» seigneur, il est si beau, si aimable!.... — Et
» vous si tendre..... — Que je me suis laissée
» persuader. — Parbleu! le fripon n'est pas
» maladroit : il me renvoie notre déserteur,
» et il me ramène une jolie femme. — Monsei-
» gneur ne m'en veut pas ? — Non, sans doute.
» — Ni à mon petit mari? — Pas davantage.
» Je voudrais, ma petite, que mes domaines
» fussent peuplés de femmes comme vous. —
» Qu'y gagneriez-vous, monseigneur ? — Au
» moins je n'y perdrais rien, et il n'est pas
» sûr qu'aussi bien que mon page..... »

Je n'ai jamais su la suite de la conversation. Ce qu'il y a de certain, c'est que la petite, en quittant Cerdagne, parut extrêmement contente de lui; que le suzerain érigea, en sa faveur, une nouvelle charge dans sa maison, celle de coadjutrice, à madame Théodora, qui vieillissait, et n'était plus que méchante, mais que l'on considérait en faveur de ses services passés et de ceux qu'elle pouvait rendre encore. Au reste, l'emploi de femme de charge d'un grand seigneur était tout ce que pouvait prétendre l'épouse d'un page, qui n'étaient, et ne sont encore en Espagne, la cour exceptée, que d'honnêtes valets.

Rotrulde avait incontestablement des droits à

la survivance ; mais Cerdagne tenait essentiellement aux obligations du moment, et Rotrulde, en félicitant la nouvelle arrivée, lui fit observer, avec dépit, que sa rougeur attestait des soins rendus qui commandent la reconnaissance. « Il paraît, madame, lui dit la petite,
» que les vôtres ont été oubliés. — Moi,
» madame ! cela vous plaît à dire. — Ah !
» madame est si jolie...... — Mais, madame,
» autant qu'une autre. — Oh ! bien plus, ma-
» dame, et voilà pourquoi monseigneur n'a pu
» négliger des attraits..... — Il a pu leur rendre
» hommage, madame ; mais la sagesse.........
» — La sagesse ! Ah ! madame, toutes les
» femmes en parlent, surtout à un certain âge.
» — L'impertinente ! — Ce mot, dans votre
» bouche, madame, équivaut à véridique. »

Cerdagne s'amusait de tout. Il écoutait, derrière une portière, et la scène venait de prendre une tournure, qui devait assembler les gens de la maison, et leur donner à rire, aux dépens de leur maître. Le comte aimait beaucoup les peccadilles ; il détestait l'éclat. Il parut, emmena Rotrulde, la consola probablement, puisqu'elle ne se plaignit plus, et manda son page.

Un grand seigneur se familiarise, volontiers, avec les femmes de tous les états, qui ont ce je ne sais quoi qui fait taire la fierté ; mais devant les hommes, l'orgueil reprend ses droits ; et le pauvre Guzman, qui avait vivement à se plaindre de son maître, sans s'en douter pourtant, le pauvre Guzman essuya la plus verte des mercuriales. Son maître lui fit sur l'état, la moralité, les facultés de sa femme, des questions de forme ; mais prononcées d'un ton à intimider. Quant à la moralité, monseigneur savait à quoi s'en tenir, et son page l'assura que sa femme était la vertu même ; pour l'état, ils n'avaient rien à se reprocher ; la petite était fille d'un paysan, et Guzman avait eu pour père un piqueur du château. Du côté des facultés, il avait tout à gagner, puisqu'il n'avait rien, et que sa petite femme lui apportait en dot un joli domaine. L'enfant de Pacôme, de Mendoce, ou des autres, était en nourrice, et devait un jour passer pour un neveu : il n'en fut fait aucune mention à monseigneur. Le domaine était loué très-avantageusement. Au total, Guzman avait fait une très-bonne affaire en spéculation, et même en affection, car la petite lui avait plu au premier coup d'œil. Aussi Cerdagne, bien aise de les garder tous deux, termina-t-il la séance, ainsi qu'il l'avait projeté, par des recommandations générales. Il éleva Guzman au grade d'écuyer, en faveur, dit-il, des soins qu'il s'était donnés pour ramener Mendoce, et il se proposa bien de l'occuper, au-dehors, d'une manière si suivie, que sa femme manquât tout-à-fait d'occupation, ce qui pourrait le faire passer, lui, pour un passable pis-aller. Indépendamment de cela, l'intérêt ne perd jamais ses droits, sur les femmes, et puis elles trouvent toujours, je ne sais pourquoi, quelque gloire à fixer un grand seigneur, dont souvent elles ne se soucient guère.

Guzman venait de sortir, pour aller se féliciter, avec sa femme, des bontés de monseigneur, lorsque le vieux Pédrillo entra, la figure rayonnante, le rire sur les lèvres, un bras et une jambe en l'air, annonçant l'arrivée du comte d'Aran, et de son épouse. Ils n'avaient pu résister à l'envie de revoir, plus tôt, un méchant, un libertin, un ingrat; mais un enfant toujours adoré. Infirmes avant l'âge de la caducité, ils étaient montés en litière; Pédrillo les avait conduits, les avait introduits au château, au déclin du jour, et les avait cachés dans sa chambre.

Cerdagne courut les y trouver. Épanchement de sa part; remercîmens, marques de reconnaissance de la leur; impatience d'embrasser le cher enfant, de lui pardonner, de le marier, de le ramener. Objections de Cerdagne, représentations, sollicitations, supplications. On

pouvait tout perdre, en précipitant quelque chose, et, en laissant faire l'amour, on arriverait sûrement au but si long-temps désiré. « Ah ! du moins, si nous pouvions le voir !
» — Vous le verrez demain. Je vais vous cacher
» dans une chambre, au-dessus de celle de ma
» fille, où le père Pédrillo, homme sûr et
» discret, vous servira. Vous serez un peu res-
» serrés..... — Eh ! qu'importe ? — Mais vous
» aurez toutes les commodités de la vie. De-
» main, au point du jour, il viendra, du fond du
» parc, faire l'amour à Séraphine ; Séraphine lui
» rendra ses révérences, répondra à ses signes ;
» leurs soupirs communs se perdront dans les
» airs. La scène sera longue ; elle se renouvel-
» lera le soir ; vous verrez, tout à votre aise,
» le plus joli homme d'Espagne ; mais, encore
» une fois, pas d'indiscrétion ; s'il vous aper-
» çoit, il s'échappe, et ce sera à recommencer. »

Le comte et la comtesse se laissent conduire. Qu'on est faible quand on est père ! dira le lecteur célibataire. Que cette scène est vraie ! dira le lecteur, père sensible d'un fils dérangé. On les enferme, dans une petite chambre incommode, sans jour que celui d'une lucarne, qui donne sur le parc. Un excellent lit, composé à la dérobée, est ce qu'on leur offre de mieux. Pédrillo leur porte des viandes froides, dans ses poches ; du vin tel qu'il a pu le voler au sommelier ; il remporte sa lampe, de peur qu'une clarté extraordinaire ne donne des idées aux gens de la maison qui habitent les chambres voisines. D'Aran et sa femme soupent à tâtons ; se couchent comme ils peuvent ; ne dorment pas, et pourtant sont heureux : le lendemain ils verront leur fils ; ils ne seront pas obligés de lui marquer une sévérité que leur cœur démentirait, puisqu'ils n'en seront pas vus ; leurs larmes paternelles couleront en silence, et ils auront le plaisir de les confondre.

Pourquoi la femme la plus sage trouve-t-elle toujours, sans le chercher, sans même y penser, des expédiens qui l'approchent du but? C'est que la sagesse se tait, à mesure que l'amour se fait entendre ; que l'austère vertu finit par devenir attentive au langage séducteur, et que souvent, elle trouve l'art de justifier les démarches les plus inconsidérées. Vous allez conclure de ceci que Séraphine se permettra des choses hasardées. Non, elle ne va rien faire que d'innocent ; mais l'innocence a un bandeau sur les yeux, et elle ne fait point un pas qui ne soit dangereux.

Séraphine, dès le point du jour, lisait à sa croisée. Mendoce avait devancé le soleil. Il attendait un regard, pour exprimer son amour, son impatience, son chagrin. Cerdagne, enfermé avec le comte et la comtesse d'Aran, partageait leur joie, comme il avait partagé leur douleur. Le contentement était tel, que, si Mendoce eût paru devant eux, ils n'auraient eu que la force de l'embrasser; la morale ne fût venue qu'ensuite, et elle n'eût pas été rigoureuse.

Mendoce avait fait des efforts incroyables, pour contenir, jusqu'alors, la fougue de son caractère. Il sentait bien que la fille du seigneur de Ripal ne pouvait être menée comme une grisette; mais aussi il n'entendait pas faire éternellement l'amour avec les yeux. Cependant quel parti prendre? La belle demoiselle lit; on peut lui écrire. Il n'y a que ce moyen; mais comment faire parvenir un billet dans un château toujours fermé, et dont les gens sont invisibles? La chose paraît impossible. N'importe, il faut écrire, et si ses assiduités ne déplaisent pas à la belle Séraphine, elle trouvera peut-être..... Il tire son crayon, un beau petit morceau de vélin; il s'assied, et écrit sur son genou.

Séraphine avait tout vu. Elle devinait à qui s'adressait le billet; elle brûlait de le lire; mais il fallait qu'il lui parvînt comme par hasard, sans qu'elle eût l'air de s'y prêter, et que sa fierté ne fût pas compromise. Elle avait une tourterelle, très-apprivoisée, et qu'elle aimait beaucoup. A l'instant où Mendoce n'avait encore tiré que son crayon, elle avait pénétré son dessein; elle avait pris l'oiseau, elle le caressait, sur le bord de la croisée, et sans doute le beau jeune homme ne pouvait pas soupçonner qu'on pensât à envoyer un courrier recevoir une lettre, qui n'était pas écrite. L'ingénue et adroite demoiselle tire une plume à l'oiseau; la douleur agit sur la tourterelle; elle s'envole dans le parc; Séraphine pousse un cri de désespoir, qui n'avait aucune vérité; Mendoce lève la tête, voit l'oiseau chéri, et la demoiselle, les bras tendus, semblait dire, de l'air le plus suppliant : Ah! par grâce, daignez me le rendre.

Mendoce se lève; il appelle l'oiseau; il lui présente le doigt, le petit animal vient s'y percher. Mendoce le prend, le couvre de baisers, l'enferme dans son sein, achève son billet, l'attache sous une aile de la tourterelle, la baise, la rebaise, et lui rend la liberté. La tourterelle, déjà fatiguée de l'espèce d'esclavage qu'elle vient de subir, reprend sa volée, et va se percher sur l'épaule de sa maîtresse. Séraphine la prend, la baise à son tour, et Mendoce croit distinguer que ces baisers couvrent les ailes et le bec, qu'il vient de caresser si tendrement. Une seule chose l'afflige, c'est que mademoiselle de Ripal fait rentrer l'oiseau dans sa cage, sans avoir pris le billet. Sans doute, se dit-il, le trouble où elle était ne lui a pas permis de s'apercevoir que j'écrivais, et si quelqu'une de ses femmes, si son père impitoyable joue avec l'oiseau, et trouve une lettre, Séraphine sera compromise, grondée, maltraitée peut-être.......... Étourdi que je suis !

Séraphine voulait qu'il pensât tout cela, et elle s'était remise à lire, en affectant beaucoup d'attention, et ayant constamment un œil sur Mendoce. Elle réfléchissait aux suites d'une indiscrétion, qu'elle commençait à se reprocher. Ce billet, tant désiré était en sa possession ; elle pouvait le lire : elle n'osait, elle ne voulait même pas y toucher en ce moment. Elle se proposait de le remettre à son père, et de le déchirer sans le lire ; de le détacher en présence du beau jeune homme, et de le jeter, tout ployé, dans le fossé. Le premier moyen exposait le jeune chevalier au ressentiment de son père : il fut donc rejeté. Le second ne sauvait pas sa gloire : le jeune homme ne douterait pas qu'elle n'eût lu sa lettre, et peut-être avec plaisir. Le troisième le désespérait, et comment réduire au désespoir un beau garçon, qui passe les jours entiers devant sa croisée, pour le seul plaisir de la voir? Chacun de ces partis présentait des inconvéniens graves, affligeans, terribles; il ne s'en offrait pas d'autre à son imagination, et en effet il fallait opter de lire la lettre ou de ne pas la lire.

Elle fit ce que toute autre aurait fait comme elle; seulement elle usa d'une petite ruse, qu'elle croyait insignifiante, et qui pourtant signifiait tout. Elle tourna précipitamment la tête vers sa porte, comme si quelqu'un entrait chez elle; elle ferma vivement sa jalousie, et Mendoce jugea que son père venait la visiter, et qu'elle craignait qu'il ne l'aperçût dans son parc. Il en conclut qu'il inspirait une sorte d'intérêt; mais, en même temps, il trembla pour le malheureux billet. Il se retira derrière des arbres touffus, et attendit que la jalousie se rouvrît : elle ne devait plus se rouvrir.

Les grands parens, témoins de tout ce manége, riaient, applaudissaient, s'attendrissaient, pleuraient, s'embrassaient : c'était à n'en pas finir. Ils ne voyaient pas Séraphine; mais l'expérimenté Cerdagne tirait des conjectures certaines de l'excursion de la tourterelle; il expliquait tout; ne se trompait que sur des circonstances assez indifférentes, et il n'avait qu'une inquiétude, c'était de savoir si sa fille répondrait. Il désirait, il se flattait que non, et en effet elle en était incapable.

Cerdagne se défiait beaucoup de l'indiscrétion de Trufaldin ; ils s'étaient vus chez d'Aran ; ils se trouveraient probablement ensemble, et l'écuyer pouvait, d'un mot, prouver au jeune homme que les pères sont trop heureux de pardonner. Pédrillo, Inès, Rotrulde, interrogés sur ce qu'il savait et sur ses dispositions, répondirent qu'il s'était engagé au secret par serment, et qu'il était trop dégoûté des voyages, pour être tenté de faire de nouvelles caravanes. Revenons.

La pauvre petite tenait le délicieux billet ; elle le trouvait plein d'expression, d'âme, et surtout de respect, il annonçait les vues les plus droites, et Mendoce n'attendait qu'une réponse favorable, pour faire connaître au seigneur de Ripal sa famille, assez respectable et assez opulente pour ne pas craindre un refus. Elle soupira en se rappelant que son père lui avait quelquefois donné à entendre qu'il avait des vues sur elle, dont il s'expliquerait quand il en serait temps. Comme on croit tout ce qu'on redoute, elle ne douta point qu'il n'eût conclu quelque mariage de convenance, et que sa réserve ne vînt de l'âge, de la laideur ou de quelque difformité du cavalier, dont le nom ne pourrait la surprendre que désagréablement. Son imagination lui créa alors le futur le plus rebutant sous tous les rapports, que la nature, injuste quelquefois, ait jamais pu produire. Elle se retraçait ensuite les agrémens enchanteurs de Mendoce, et des pleurs étaient le résultat de la comparaison. Ah ! si elle avait su ce qu'on projetait pour elle ! mais son père savait que le bonheur durable est celui qu'on achète par des peines, des privations, de la persévérance, et il avait raison, surtout à l'égard de Mendoce.

Cependant, quelque sensible que fût Séraphine, elle sentit que, répondre à un inconnu, c'était outrager son père, blesser la bienséance, et elle aima mieux que le beau jeune homme l'accusât d'indifférence, d'ingratitude, que lui donner lieu de juger défavorablement de sa sagesse. Elle tint sa jalousie constamment fermée, et, à un moment où elle sentit faiblir sa résolution, elle sortit brusquement de sa chambre, et courut, près de son père, rendre de nouvelles forces à sa vertu. Ah! si toutes les filles se conduisaient ainsi !

Mendoce était revenu dix fois, dans la journée ; dix fois il avait trouvé la cruelle jalousie fermée. Tantôt il craignait que le seigneur de

Ripal n'eût vu son billet, et n'eût renfermé sa fille ; tantôt il craignait que sa fille elle-même ne l'eût lu enfin, et ne le punît d'avoir eu la témérité de lui écrire. Son imagination se monte, se volcanise. J'étais heureux, se dit-il ; je la voyais ; cette jouissance me suffisait, et je sens que je ne peux m'en passer. Allons, il faut faire un coup de tête, et il va trouver Trufaldin.

« Mon ami, disait Cerdagne au comte d'A-
» ran, nos affaires vont à merveille, et la
» réserve de ma fille, sa défiance d'elle-même
» qu'annonce son assiduité près de moi, tout
» cela me comble de joie. Mais il faut pren-
» dre garde que des obstacles insurmontables
» ne rebutent enfin notre cher Mendoce. Je
» ne veux pas qu'il aille trop vite ; mais il
» ne faut pas le désespérer. Donnons-lui quel-
» que facilité : il a écrit un billet, et il ne
» s'en tiendra pas là. » Cerdagne ordonna qu'on baissât le pont-levis ; que les gens de la maison allassent et vinssent comme de coutume. Il recommanda seulement à ceux et à celles que Mendoce avait vus, de garder exactement leurs chambres. Il déclama, devant l'âcariatre Théodora, contre les jeunes gens qui cherchent à plaire aux demoiselles, contre le gré de leurs parens. Théodora prit feu, et

apprit à Cerdagne que le jeune téméraire, que ses archers avaient été sur le point de percer de leurs flèches, ne cessait, depuis quelques jours, de rôder dans le parc. Cerdagne fut très-surpris d'apprendre une semblable nouvelle; il protesta qu'il veillerait sur les démarches du jeune audacieux ; Théodora répliqua qu'elle veillerait mieux que personne : c'était ce que demandait Cerdagne. Il voulait laisser les portes ouvertes ; mais il fallait un cerbère qui, sans rendre nulles les petites ruses de l'amour, le tînt en haleine, quelque temps encore, et personne n'était plus propre à remplir ce rôle, avec vérité et exactitude que, Théodora, qui était méchante, et qui ne se doutait pas des arrangemens des deux familles.

Mendoce avait abordé Trufaldin avec sa vivacité ordinaire, qu'augmentaient, qu'irritaient encore les obstacles imaginaires, qu'on lui présentait à chaque pas. Trufaldin, heureux et tranquille, sans inquiétudes sur les suites de ce qu'entreprendrait son maître, était disposé à le seconder de tout son pouvoir. Le moment où Mendoce entrerait chez Cerdagne, par la porte ou par la fenêtre, était celui qui le rapprocherait de sa grosse Inès. Il ne pouvait rien proposer à cet égard ; son maître, qui connaissait sa poltronnerie accoutumée, n'eût pas man-

qué de concevoir des soupçons ; mais il pouvait se rendre aux ordres répétés du jeune amoureux, en affectant, pour la forme, la résistance qu'il avait toujours opposée à ses entreprises. « Mon cher ami, lui dit Mendoce, je suis
» amoureux, très-amoureux, la tête m'en tourne.
» —Amoureux, comme vous l'avez toujours été.
» —Comme il est impossible de l'être. — En
» vérité ! — Et d'une personne accomplie. —
» Cela va sans dire.—Je n'ai pu encore juger de
» son caractère ni de son esprit. — Ah ! jusqu'à
» présent vous ne lui avez parlé que des yeux.
» — Mais elle entend parfaitement ce langage.
» — Et elle y répond d'une manière positive ?
» — Elle y répondait d'abord ; mais je crois que
» je suis un peu brouillé avec elle. — C'est de
» bonne heure, et cette beauté se nomme ? —
» Tout ce que je peux t'en dire, c'est qu'elle est
» probablement la fille du seigneur de ce château.
» — Du seigneur de Ripal ? Prenez garde, mon-
» sieur, prenez garde à ce que vous allez faire. Le
» seigneur Ripal a fait du bruit dans le monde,
» et je doute qu'il entende raillerie sur le cha-
» pitre de l'honneur. — Ce n'est pas cela qui
» m'embarrasse.—En effet, du caractère dont
» vous êtes, je ne vois pas ce qui pourrait vous
» embarrasser.—Je ne le suis que sur les moyens
» d'avoir accès auprès de la demoiselle. — De-

» mandez à voir le papa, donnez-vous pour
» ce que vous êtes; il serait bien difficile s'il
» vous refusait. — Imbécile, est-ce au père que
» je veux faire la cour? Et puis ces pères sont
» quelquefois si bizarres! Si je ne convenais
» pas à celui-ci.... — Ce qui, au fait, n'est
» pas impossible. — Il m'amadouerait, il m'a-
» muserait, il écrirait au comte d'Aran, et une
» belle nuit.... la tour du Nord, tu sais bien.
» —Oui, cela est embarrassant.—Très-embar-
» rassant. D'abord je reprendrai le nom d'Al-
» manzor; je répéterai, à l'aimable objet,
» l'histoire que tu as débitée au seigneur Gon-
» zalve, avec quelques changemens cependant,
» car elle n'était pas trop vraisemblable. —
» Dame, monsieur, quand on improvise......
» —Voyons d'abord à nous introduire.—Par
» où? — Je n'en sais rien; mais il faut entrer,
» voir mademoiselle de Ripal, étudier ses in-
» clinations, ses qualités.—Comment diable! de
» la prudence! — Oh! je ne veux plus faire
» de sottises. — Ah! à la bonne heure. —
» Et si elle est digne du sacrifice de ma jeu-
» nesse....... — Vous l'épouserez? — Avec un
» plaisir inexprimable. Allons, marchons vers
» le château. J'imagine qu'il nous y arrivera
» des choses extraordinaires.—Cela n'est pas de
» première nécessité. — C'est un privilége atta-

» ché aux monumens gothiques. Vois-tu ces
» donjons, qui défient les siècles, ces créneaux
» couverts de mousse, ce pont-levis.... Ah ! il
» est baissé, le pont-levis ! Nous entrons d'auto-
» rité, nous cherchons la chambre de mademoi-
» selle de Ripal ; nous assommons ceux qui
» veulent nous barrer le chemin... — Eh ! par
» grâce, n'assommons personne. — Nous par-
» courons de longs corridors, abandonnés aux
» vents ; nous passons devant des salles déla-
» brées, que ferment des portes de six pouces
» d'épaisseur, criant, avec effort, sur d'énormes
» gonds, que dévore la rouille ; nous nous éga-
» rons, nous trouvons des souterrains, humides
» et infects, des lampes sépulcrales, des urnes
» funéraires, des sortiléges, des prodiges, du
» poison, des poignards.... — Ah ! mon Dieu,
» mon Dieu ! quel plaisir trouvez-vous à vous
» tourmenter ainsi, vous et les autres ?—J'aime
» les grands effets. — Et moi le naturel. Cher-
» chons, monseigneur, cherchons le chemin
» de la chapelle, et engagez votre belle à vous
» y suivre. »

En causant, ils arrivèrent sur le revers du fossé. Plus de nain, d'archers ; tout est calme ; on paraît sans défiance, et Mendoce s'avance le jarret tendu, le nez au vent, et la main sur la garde de son épée. Une femme, assez laide,

passe le pont ; elle voit nos chevaliers erraus, et elle fait une mine qui ajoute à sa laideur : « Quelle est cette guenon ? dit Mendoce. —
» C'est probablement une fille suivante. — On
» l'a donc prise pour relever les appas de sa
» maîtresse ? — Il est certain qu'elle n'a pas l'air
» affectueux. — Tu l'apprivoiseras. — Ma foi,
» j'en doute. — Aborde-la, fais-lui des contes.
» — Eh ! bon Dieu ! que lui dirais-je ? — Ce
» que tu as dit à ta grosse Inès. — Quelle diffé-
» rence ! Inès a quinze ans de moins. — Faites
» votre cour, monsieur, endormez cet argus ;
» noyez-le s'il le faut, et moi je me glisse par-
» tout où je pourrai passer. »

A peine a-t-il fini de parler, qu'il a traversé le pont-levis, la première cour, la salle des gardes. On court après lui ; il va comme le vent, il tourne, il revient, il ouvre dix portes, il entre dans une salle basse, où il trouve Cerdagne entouré des premiers de ses vassaux. La figure noble du comte, ses manières grandes et aisées, le luxe qui brille partout, en imposent, un moment, au jeune homme ; il se remet à la minute. « Je vous avoue, seigneur châtelain,
» que ce n'est pas vous que je cherchais ; mais
» je suis enchanté que le hasard m'ait procuré
» l'honneur de vous voir, et je me ferai un
» plaisir de dissiper les impressions défavora-
» bles, que vous avez pu concevoir de moi. »

Pendant qu'il s'explique avec autant de facilité, que s'il eût pu compter sur un favorable accueil, Trufaldin était fort embarrassé de sa personne, auprès de Théodora, qui était restée immobile près de lui, les poings sur les hanches, et qui le regardait d'un air à le faire trembler. Trufaldin ne doutait pas que celle qui paraissait avoir quelqu'importance, ne fût dans la confidence de Cerdagne, et, persuadé qu'il l'adoucirait, en lui prouvant qu'il était aussi dans le secret, il l'aborda, avec des révérences, aussi gracieuses, qu'on en peut faire quand on n'a pas eu de maître à danser, le maître le plus utile sans doute qu'on puisse donner aux jeunes gens. « Permettez-vous, madame.............
» — Je suis fille. — Souffrez donc, mademoi-
» selle...... — Je m'appelle Théodora. — Vous
» n'aimez pas les politesses. — Ni les longues
» conversations. — Il y a la sympathie entre
» nous. — Qu'appelez-vous de la sympathie?
» — Je parle peu, et je déteste les compli-
» mens. — Finissez donc, que voulez-vous?
» — Quel diable de caractère! Je voudrais....
» — Vous voudriez.... Vous vous taisez? Vous
» êtse embarrassé? — C'est que... — C'est que?
» — Je cherche le commencement de mon
» histoire. — Je vais vous la raconter. Il y a,
» dans ce château, une très-jolie personne;

» que je suis chargée de surveiller ; votre maître
» l'a vue, par hasard ; il en est amoureux, il
» veut l'obtenir ; il ne l'aura pas, voilà ma
» conclusion. — Elle ne sait rien : quelle école
» j'allais faire ! — Que dites-vous, en vous
» tournant de l'autre côté? — Qu'il est inutile
» que j'aie l'honneur de vous entretenir da-
» vantage. » Et Trufaldin fait un demi-tour à
droite, comptant gagner paisiblement la maisonnette, et laisser son maître se débrouiller,
comme bon lui semblerait. Théodora court
après lui ; le prend par une oreille, d'une
main ; lui applique, de l'autre un soufflet; lui
ordonne d'expliquer, dans le plus grand détail,
les vues de son maître; elle lui demande quel
il est, ce qu'il fait, d'où il vient, où il va.
Trufaldin, étourdi de tant de questions, ne
répond pas, et cherche à débarrasser la seule
oreille qui lui reste. Théodora trépigne, tempête, tire plus fort, et Trufaldin, éperdu,
commence l'histoire du siége d'Antioche, d'Argant, d'Abaquaba et d'Ibiquibi; des requins,
du corsaire de Tripoli, et il répète toutes les
niaiseries, qui avaient délicieusement occupé
une soirée du seigneur Gonzalve. Mais Théodora n'était pas simple, comme saint Joseph.
Plus Trufaldin extravaguait, plus elle allongeait
sa pauvre, et innocente oreille. En se déme-

nant, Trufaldin rencontra aussi celle de la dame, et ne lâcha plus. Elle tirait de son côté, il tirait du sien ; tous deux criaient, juraient, faisaient des grimaces à disperser une procession de possédés.

Cerdagne avait écouté, d'un air plein d'aménité, ce qu'il avait plu à Mendoce de lui débiter. Le petit fripon mentait avec grâce ; il parlait avec une chaleur, une pureté qui enchantaient le beau-père. Il se reconnaissait, c'était lui qu'on représentait à vingt ans, et vingt fois il fut tenté de jeter ses bras au cou de Mendoce, et de terminer ce badinage. Un chevalier, armé de pied en cap, la visière baissée, était derrière le fauteuil de Cerdagne. « Rappelez-vous vos résolutions, seigneur, lui » dit-il : il est essentiel d'y tenir. » Ce chevalier était le comte d'Aran. Il avait vu son fils approcher du pont-levis ; il s'était masqué à la hâte, et il était venu, très-vite, pour un goutteux, rassasier ses yeux et son cœur.

Mendoce trouva très-mauvais qu'un tiers s'ingérât de donner des conseils contre lui. « Eh ! de quoi diable vous mêlez-vous ? dit-il » au chevalier ; êtes-vous l'émissaire de quelque » rival favorisé ? êtes-vous ce rival lui-même ? » dans l'un ou l'autre cas, nous romprons une » lance ensemble, et je demande le champ clos » au seigneur de Ripal. »

A ces mots, le seigneur de Ripal et le chevalier éclatèrent de rire. Mendoce, outré qu'on osât l'insulter, tira l'épée, sans s'embarrasser du nombre des vassaux, qui entouraient le châtelain. Cerdagne, plus enchanté de lui que jamais, sentit cependant la nécessité de mûrir une pareille tête, par des épreuves. Il reprit cet air de dignité, qui lui était familier, et qui en imposait à tout le monde; il s'avança vers son gendre futur, prit son épée, la remit dans le fourreau, lui présenta la main, et en lui disant de ces choses, vaguement flatteuses, que les grands ont toujours à leur disposition, il se faisait suivre par Mendoce, étonné de l'ascendant auquel il cédait.

Il avait cru tout gagner en s'introduisant dans le château, et il en sortait sans résistance. Si le seigneur de Ripal prenait de nouvelles précautions, il était probable qu'il n'approcherait jamais celle qu'il aimait au-delà de toute expression, et cependant il se laissait conduire par un père, qu'il croyait contraire à ses projets, et ce père augurait bien de sa docilité. Quand il sera mon gendre, disait en lui-même Cerdagne, je ne veux être que son ami. Jamais de morgue, de déclamation; la jeunesse hait, avec raison, tout ce qui ressemble au pédantisme. J'extravaguerai, je rirai, je jouerai avec lui, et jamais je ne lui présenterai la morale que sous l'enveloppe du plaisir.

En repassant le pont-levis cependant, le petit comte d'Aran opposa quelque résistance. Il faisait la mine, il avançait de mauvaise grâce. « Venez, venez donc, seigneur Almanzor, lui » disait Cerdagne. Votre histoire est tout-à-fait » intéressante; mais chacun a ses habitudes. La » vôtre est de faire l'amour, la mienne est de » respirer le grand air, après dîner. Je vous » entendrai dans mon parc, si vous le trouvez » bon. » Il eut peur, en voyant Théodora; elle pouvait le nommer de son nom ordinaire; elle pouvait parler du comte d'Aran ; mais Cerdagne était trop avancé pour reculer, et la civilité *puérile* le servit bien. La vieille fille avait appris, dans son enfance, qu'il est méséant d'appeler les gens par leur nom, et elle s'en était souvenue.

Il était temps que Cerdagne parût : Théodora et Trufaldin allaient finir par s'arracher chacun une oreille, sans compter les gourmades, qui commençaient à aller. A l'aspect du maître, Trufaldin lâcha prise, Théodora aussi, et ils furent tout deux se ranger près de leur patron respectif.

« Mais, seigneur, reprit Mendoce, il y a de » la cruauté à entraîner hors de chez soi, un

» hôte de cinq minutes ; faire courir un guer-
» rier fatigué, sous prétexte de l'entendre plus
» commodément ! — Vous trouveriez beaucoup
» plus poli que je fusse resté chez moi ; que
» j'eusse fait appeler ma fille? — Oui, j'aime
» beaucoup la société. — Je le crois. — Et nous
» avons autant de loyauté que de courtoisie,
» dit Trufaldin, avec une profonde salutation. »

Ici la conversation s'engagea assez généralement, et Théodora, qui se frottait l'oreille, qui se faisait une fête de se venger et de nuire, Théodora ne laissait pas échapper l'occasion de glisser son mot.

« Quoi! dit-elle, vous croyez ce que vous dit
» ce petit scélérat ! — Oui, ma bonne, je le
» crois. Le seigneur Almanzor n'a pas d'intérêt
» à me tromper. Passionnément amoureux de la
» fille de don Fadrique..... — Allons, dit à
» part Trufaldin, il a fait aussi une histoire.
» — Quoi! reprit Théodora, le père de la belle
» Abaquaba s'appelle don Fadrique ! — Aba-
» quaba ! répète Mendoce étonné. — Eh ! non,
» dit Cerdagne, d'un air de bonhomie, elle se
» nomme Lusiana. — Lusiana, Abaquaba,
» poursuit Trufaldin, ce sont toujours des *a*. »

Le pacifique Trufaldin entrait dans les vues de Cerdagne, qui lui marqua sa satisfaction, d'un coup d'œil, que personne n'intercepta, et l'acrimonieuse Théodora reprit, du ton le plus humoriste : « Vous ne voyez pas, seigneur, » que cet écuyer est un fripon, qui se moque » de vous, avec ses *a*, et je vous réponds que » son maître ne vaut pas mieux. — Oh! que » non! oh! que non, répondit Cerdagne; » demandez plutôt à ce preux chevalier. Un » descendant des Almanzor s'exposerait-il à per- » dre l'estime d'un brave Catalan? couvrirait-il » des projets coupables du voile de l'hospita- » lité? me paierait-il d'ingratitude, moi qui » brûle de payer ma part de la dette qu'a con- » tractée l'Espagne, envers les rejetons d'un » héros si fameux? Allons donc, quelle idée! » Vous êtes toujours défiante, la bonne. — Ah, » ah! reprit Mendoce; je vous soupçonne, sei- » gneur, de ne l'être pas moins.—Quelle injure » vous me faites, mon cher chevalier! — Non, » il n'y a vraiment de différence que dans l'a- » mabilité de vos manières, et cela n'est point » étonnant : un seigneur qui a brillé à la cour, » qui s'est distingué dans les tournois, et dont » mille belles ont brigué la conquête. — Hé, » hé! ce temps-là est un peu passé; mais je me » le rappelle; je lui dois quelqu'expérience, et » je m'en sers. Seigneur Almanzor, vous êtes » un très-joli cavalier. — Oh! point de compli- » mens, s'il vous plaît; rentrons. — Vous avez

» de la finesse, des grâces, de la gaîté, tout
» ce qui séduit les belles. — Trop poli, beau-
» coup trop, en vérité. — Mais si ma fille, très-
» jeune, très-ingénue, vous voyait une fois,
» et qu'elle se rendît à votre mérite éminent,
» jugez donc combien je me reprocherais d'avoir
» ruiné le repos de sa vie, car enfin rien ne
» vous ferait renoncer à la dame de vos pen-
» sées....... — Mais écoutez donc, seigneur, je
» ne sais.... — Non, vous êtes incapable de la
» trahir, et l'inclination, que vous pourriez
» inspirer à ma fille, nuirait singulièrement à
» mes projets. — Ah! vous avez des projets! —
» Je l'ai promise à un jeune homme charmant,
» à ce qu'on dit. — L'avez-vous vu? — Non. —
» C'est quelque magot, je vous en réponds. —
» C'est le fils d'un de mes frères d'armes, qui
» s'est couvert de gloire dans nos guerres contre
» les Maures. — Ce n'est point à votre fille à
» payer les dettes de l'État. — Mais je veux
» payer celles de l'amitié. — Et vous auriez la
» dureté de me renvoyer ainsi! — Ah! vous me
» rendez bien peu de justice. Je vous donnerai
» de l'argent, des domestiques, des chevaux,
» les lettres les plus pressantes pour le père de
» Lusiana, que je connais beaucoup.... — C'est
» trop généreux, en vérité. Je ne souffrirai pas
» que vous vous mettiez en frais. Je resterai

» ici, et..... — Vous partirez, s'il vous plaît.
» Telle est mon intention, seigneur Almanzor,
» et vous voudrez bien vous y conformer. —
» Quoi ! sérieusement ? — Oh ! très-sérieuse-
» ment. Faut-il, pour vous déterminer, m'ex-
» pliquer sans détour, et mettre fin à ces plai-
» santeries ? Don Fadrique, que peut-être vous
» ne connaissez pas, n'a point d'enfant. — Ah!
» diable ! — Et la maison d'Almanzor, dont vous
» vous dites issu, n'existe point en Espagne.
» Ce nom n'est pas même espagnol. — Me
» voilà pris. — Cela vous déconcerte un peu.
» Remettez-vous ; je ne vous ferai pas de re-
» proches. J'ai moi-même été trop jeune, pour
» n'être pas indulgent ; mais l'indulgence a ses
» bornes, et si quelqu'un, qui me paraît d'un
» état distingué, s'oubliait jusqu'à méconnaître
» ce qu'il doit à mes procédés, j'ai des moyens
» sûrs de le ramener, sinon à la raison, du
» moins au repentir. — Seigneur, je ne souffre
» pas la menace. — Ni moi une offense, faite
» avec réflexion. — Tout autre que le père de
» Séraphine ne me tiendrait pas impunément
» ce langage. — Et tout autre que ce père pru-
» dent vous eût déjà réduit au silence. »

Ici Cerdague se retourne, pour ne pas éclater ; ici Théodora le pousse, avec le coude,
d'un air qui voulait dire : Hé ! allez donc. Ici

Trufaldin, prompt à s'effrayer, ne sait ce qu'il doit penser de la feinte colère du comte. Il prend Mendoce dans ses bras, il l'entraîne; il s'écrie : « Hé! venez donc, étourdi que vous
» êtes; vous ne resterez pas ici malgré le sei-
» gneur châtelain, peut-être? — Quoi! tu pré-
» tends.... — Empêcher quelque nouvelle sottise.
» — Mais tu prends un ton !.... — Qui n'est pas
» plus déplacé que les vôtres. » Et il emmène, Mendoce, qui se débat, qui s'échappe, et qui revient crier aux oreilles de Cerdagne : « Non,
» je ne connais ni don Fadrique, ni Lusiana,
» ni Almanzor. J'aime passionnément votre fille;
» Je lui plairai, je l'espère. Vous me pardon-
» nerez un mouvement de vivacité; vous vous
» rendrez à mes vœux, nous enverrons pro-
» mener le fils du frère d'armes, et s'il s'avise
» de prendre de l'humeur, je lui prouverai
» que je sais me battre, comme je sais aimer. » Et il rejoint Trufaldin en deux sauts, enchanté d'avoir fait une espèce de réparation au seigneur de Ripal, et de lui avoir déclaré ses sentimens.

Théodora n'avait jamais imaginé qu'on pût mener l'amour ainsi en Espagne. Elle restait étonnée, stupéfaite; elle regardait Cerdagne, qui riait, qui riait, et qu'elle ne concevait pas plus que l'étourdi qui l'avait mené si lestement. Enfin elle retrouva la parole et s'écria :

« Voilà un arrogant petit fripon.—Il est jeune,
» il est amoureux, voilà tout. — Un insolent
» qui ose vous faire un défi.—Il m'a répondu
» en brave homme. — Et qui, malgré vous,
» prétend à votre fille. — Je ne peux guère le
» blâmer : Séraphine est charmante.—Et vous
» voyez cela de sang-froid! — Et pourquoi
» m'emporterai-je? à son âge j'en aurais fait
» tout autant.—Fort bien. Il ne vous reste plus
» qu'à rompre avec votre ami ; qu'à vous
» allier avec un inconnu. — Ah! madame veut
» me donner des conseils. — Et vous ne feriez
» pas mal de les suivre. — Bornez-vous à ob-
» server ce jeune homme et ma fille, et ne
» vous inquiétez pas d'autre chose. — Observer,
» observer ! c'est bien de cela qu'il s'agit. Dou-
» blez-moi la garde, et si notre amoureux
» approche, qu'on l'enlève, qu'on le mette
» sous les verroux, et que provisoirement le
» pont soit levé, les fenêtres grillées, et Séra-
» phine consignée chez elle, jusqu'à ce que le
» mariage projeté soit fait : voilà seigneur,
» voilà comme on mène les affaires...... — Eh
» bien! qu'est-ce? Vous riez encore, vous
» levez les épaules, vous me tournez les talons!
» Et vous êtes Espagnol? et vous êtes père? »

Cerdagne rentra, et ordonna à ses gens
aussi surpris que Théodora, de laisser toutes

les portes ouvertes. Il monta chez monsieur et madame d'Aran; s'amusa, avec eux, de ce qui venait de se passer; imagina de nouveaux obstacles à opposer à la vivacité du jeune homme; il trouva même un incident de nature à le rendre sage, pour le reste de sa vie, si la beauté, la candeur, l'amabilité de Séraphine, ses soins, à lui, et l'honneur bien connu de Mendoce ne suffisaient pas pour le rendre à la raison. Cet incident viendra à son temps.

Cerdagne voulait éclaircir encore un doute, qui suspendait la félicité des deux familles. Il n'était pas impossible que la tourterelle se fût envolée par hasard; il se pouvait aussi que la jalousie restât fermée, autant par indifférence que par fierté. Il était difficile de penser qu'un homme comme Mendoce ne plût pas à une jeune personne, qui avait le cœur libre; mais le cœur d'une femme est sujet à tant de bizarreries! et puis il est si agréable de s'assurer de ce qu'on désire!...... Cerdagne passa chez sa fille. « Ah! voilà mon papa. — Oui, j'ai
» beaucoup de choses à te dire. — Et j'ai tant
» de plaisir à vous entendre. — Parce que tu
» sais combien je t'aime. — Oh! vous ne se-
» riez pas aimable sans cela. » Cerdagne l'embrasse, s'assied auprès d'elle, et lui prend la main. « Je ne te rappellerai pas ce que j'ai

» fait pour toi. — Vous ne craignez pas que
» je l'oublie? — Ce n'est pas là ce que je
» veux dire. En formant ta raison, en culti-
» vant ton esprit, je me suis ménagé quelques
» fleurs, pour les dernières années de ma vie.
» Je jouis du prix de mes soins, et si je t'en
» parlais jamais, ce serait pour t'assurer de
» toute ma reconnaissance. — Ah! mon papa
» se moque de moi. — Tu ne le crois pas,
» Séraphine. — Je n'en ai pas l'habitude, et je
» m'en étonnerais un peu ; mais laissons cela.
» Jouissez de vos bienfaits, mon digne père ;
» mais laissez-moi le faible mérite d'y être
» sensible et de les reconnaître. — Si, en effet,
» tu penses me devoir quelque chose, tu peux
» t'acquitter en ce moment. — Ah! parlez.
» J'aurais tant de plaisir à faire aussi quelque
» chose pour vous! — Je vais m'expliquer. Je
» t'ai laissé pressentir, assez légèrement, à la
» vérité....... — Quoi! mon père? — Certain
» projet de mariage... — Oh! oui, bien légè-
» rement. Vous ne m'avez pas même nommé
» le prétendu.... — Quoique je fusse, cepen-
» dant, à peu près décidé. — Décidé, dites-vous?
» — Tu soupires, tu es impatiente peut-être
» de voir ton prétendu? il ne saurait tarder,
» et tout ce que j'attends de cette reconnais-
» sance, dont tu parlais à l'instant, c'est que

» tu doubles mon bonheur, en consentant à
» assurer le tien. — Si, en effet, ce mariage est
» décidé....... — Poursuis, mon enfant. — Je
» connais mon devoir, et je le remplirai. —
» Des devoirs! Tu ne dois connaître de chaî-
» nes que celles du plaisir, et je me garderai
» bien de t'en faire porter d'autres. — Il m'est
» donc permis de répondre avec franchise? —
» Permis, ma Séraphine! Eh! n'est-ce pas à
» ton meilleur ami que tu parles? — Qu'est-ce
» que le bonheur, que l'idée qu'on s'en fait?
» Pourquoi, lorsqu'on est bien, se laisser aller à
» l'espoir du mieux, et courir après une ombre
» fugitive, qui échappe presque toujours? Ma
» tendresse paraît vous suffire; je suis heureuse,
» complètement heureuse de votre affection,
» et vous pensez à m'éloigner de vous, et vous
» croyez que je puisse vous quitter? — Il ré-
» sulte de ton petit discours métaphysique,
» que tu n'as pas de goût pour le mariage.
» —Pas le moindre, mon père. — Tu es bien
» sûre de cela? — Oh! je vous le proteste. —
» J'ai besoin de tes protestations pour le croire.
» En effet, comment accorder l'indifférence,
» dont tu te flattes, avec tes seize ans, avec des
» yeux.... Oui, ma foi, sans ces protestations,
» je pourrais penser que ce lien, qui ne te
» promet rien de flatteur, avec celui que je

» te propose, pourrait être aussi bien sédui-
» sant avec quelqu'un..... — Avec quelqu'un...
» — Avec quelqu'un que la demoiselle la plus
» franche ne nomme pas toujours; mais qu'un
» père devine aisément. — Je ne vous entends
» pas, seigneur. — Oh! que si, oh! que si,
» tu m'entends à merveille. Tu sais bien que
» je parle d'un étourdi, qui cherche à s'intro-
» duire dans le château. — Ah! je crois l'avoir
» entrevu. — Oui, l'as-tu entrevu? — Et vous
» avez pu craindre que je m'attachasse à un
» inconnu? — Hé, hé! un cœur de seize ans
» ne calcule pas toujours. Il est fort bien cet
» inconnu-là. — C'est ce que je n'ai pas re-
» marqué. — Figure heureuse. — Oui? — Taille
» bien prise, de l'esprit. — Vous lui avez
» parlé? — Mais ce n'est sans doute qu'un
» aventurier. — Il a pourtant l'air bien distin-
» gué. — Ah! tu as remarqué cela? Il est assez
» difficile, alors, de n'avoir pas vu le reste. —
» Ah, mon père! vous m'embarrassez à un
» point!... — Et je n'en vois pas la raison. Ce
» jeune homme t'est indifférent; je dois être
» tranquille. C'est une affaire terminée. — Et
» vous me dites cela d'un ton d'ironie, qui me
» pique... qui me désole. — Des larmes, mon
» enfant! — Donnez, seigneur, un libre cours
» à vos soupçons; prenez les mesures...... —

» Voilà celles que je veux prendre : les portes
» resteront ouvertes ; ma fille ira partout, sans
» être suivie, sans être observée : c'est à elle
» seule que je confie le soin de son bonheur,
» et le repos du reste de ma vie. »

Ce ton de loyauté et de franchise émut vivement Séraphine. Elle se reprocha d'avoir eu un secret pour son père. Elle lui prit les mains ; les serra dans les siennes, fixa ses yeux sur les siens. Elle voulait parler. Une fausse timidité glaçait sa langue, et peut-être l'amour combattait-il encore le devoir...... Tout à coup elle se lève, et, cachant son charmant visage dans le sein de Cerdagne : « Je la reconnaîtrai
» cette noble confiance, et je vais m'en mon-
» trer digne. L'aveu est pénible sans doute ;
» mais le moyen de rien cacher à un père tel
» que vous ! Oui, seigneur, ce jeune homme
» m'a touchée ; j'ai désiré, en secret, qu'il
» pût me convenir. Vous désapprouvez cette
» inclination naissante....... Eh bien, pour
» vous prouver combien je suis sincère, en ce
» moment, j'éviterai les occasions de voir ce
» dangereux mortel ; je ne passerai plus les
» ponts ; je m'interdirai la partie du château
» qui donne sur le parc ; je vous dévoi-
» lerai mes plus secrètes pensées, mes com-
» bats et mes peines ; votre tendresse me

» consolera, et votre sagesse m'aidera à me
» vaincre. »

On se figure aisément l'effet qu'un tel aveu devait produire sur un père. Cerdagne, plus heureux à chaque moment, mêlait des larmes de joie aux pleurs de sa fille, et, se laissant aller à la bonté de son cœur : « Rassure-toi, » ma chère enfant ; c'est assez t'éprouver. Ce » jeune homme.... ce jeune homme.... — Par » grâce, achevez, mon père. — Ce jeune » homme....— Eh bien ! — Il ne te convient » pas, peut-être ; mais du moins je ne te » donnerai pas à un autre, sans ton consen- » tement. » Et il s'enfuit : il était temps. Diable ! disait-il en lui-même, en traversant ses appartemens, j'allais tout dévoiler, et Séraphine, forte de mon aveu, n'eût pas manqué d'instruire mon espiègle de tout. Non, seigneur Mendoce, vous n'aurez pas un bonheur facile : je veux que vous aimiez long-temps.

Il court chez le comte et la comtesse. « Bonheur » partout, leur cria-t-il ; bonheur particulier, » bonheur général ! » Et il leur raconte l'entretien qu'il vient d'avoir avec sa fille, et on s'applaudit, on se caresse, on se félicite mutuellement.

Séraphine, restée seule, rappelait les dernières paroles de son père ; elle les pesait, les expliquait ; la dernière phrase la frappait surtout : *Je ne te donnerai pas à un autre sans ton consentement.* Elle sentait que, tant qu'elle serait libre, elle pourrait espérer, et c'était assez pour sa consolation.

Le bouillant Mendoce était auprès de Trufaldin, persistant à rentrer dans le château; imaginant cent projets, plus absurdes, ou plus dangereux, les uns que les autres. Son amour allait jusqu'à la frénésie, ou plutôt il aimait véritablement; il aimait pour la première fois, et sa vivacité ne lui permettait pas de se modérer.

Trufaldin, bien sûr qu'il n'avait rien à craindre chez le comte de Cerdagne, rassuré d'ailleurs par la conversation que ce seigneur venait d'avoir avec son maître, Trufaldin s'applaudissant de la dissimulation et de l'adresse qu'il avait mises dans cette scène, Trufaldin comptant sur des récompenses, et disposé à seconder les vues de notre amoureux, qui s'accordaient avec celles du père, Trufaldin trembla à quelques propositions de Mendoce. Ses desseins étaient tellement exagérés, tellement violens, que l'amitié d'aucun beau-père ne devait survivre à leur exécution; et le bonhomme, pour ramener son maître à des sentimens modérés, fut obligé de chercher, lui-même, quelqu'expédient, à la faveur duquel on pourrait

entrer au château, sans passer pour avoir le diable au corps. Il ruminait à cela, lorsque Mendoce lui demanda à quoi il pensait, lui ordonna de le suivre, et se remit en marche. « Où allez-vous? lui dit Trufaldin. — Je suis
» piqué au jeu. — Mais c'est le chemin du
» château que vous prenez-là.—Je le sais bien.—
» Et le danger?—Je le brave.—Et cet honnête
» homme de père? — Je l'honore.—Ah! vous
» ne voulez pas le tuer? — Fi donc! l'horreur!
» —Et s'il vous tue, vous?—C'est le pis-aller.
» On a laissé les portes ouvertes; c'est fort
» bien.... et j'en profite. — Et si cela couvrait
» quelque piége? — C'est le pis-aller.—Enfin,
» vous voulez rentrer là-dedans. — Certaine-
» ment, je le veux.—Et que ferez-vous, quand
» vous y serez?—Je marcherai droit à l'appar-
» tement de Séraphine. — Et vous y arriverez
» comme la première fois, n'est-ce pas? Le
» seigneur de Ripal, outré de votre opiniâ-
» treté, vous fera arrêter; vous emprisonnera;
» vous serez obligé de lui décliner votre nom,
» et, comme vous le disiez tantôt, il écrira au
» comte d'Aran qui vous enverra prendre.....
» —C'est le pis-aller. Je veux approcher Séra-
» phine, lui parler, la juger, et si elle a le
» mérite que je lui suppose, je l'épouse, malgré
» son père, malgré le mien, malgré elle, s'il le

» faut. — C'est un peu fort.—J'aime l'extraordi-
» naire.—Raisonnons un moment, car jamais
» on n'a vu conduire une affaire sérieuse, avec
» autant d'extravagance.—Raisonne, puisque tu
» as la manie du raisonnement ; mais sois bref,
» je n'ai pas de temps à perdre. — Vous sentez
» bien vous-même, qu'il est insensé de rentrer
» là en plein jour. N'est-il pas plus sûr et plus
» commode, puisque décidément vous voulez
» parler à Séraphine, de vous introduire la
» nuit, et.... — Et par où, balourd ?—Com-
» ment, par où ? Avec une imagination, comme
» la vôtre, vous ne trouvez aucun moyen ? —
» Mais ces ponts seront levés, les fenêtres sont
» à vingt pieds. — Eh ! qu'importe ? Cherchez
» seigneur, cherchez, et vous trouverez. »

Trufaldin avait ses petites raisons, particulières, qui lui faisaient préférer la nuit au jour.
Il comptait retrouver sa grosse fille, à la faveur
des ténèbres, de la solitude qui l'accompagne;
il comptait sur l'amour inquiet d'Inès, qui, sans
doute, ne lui permettait pas de dormir, et lui
faisait tenir l'oreille au guet ; il comptait sur les
hasards ; sur quoi ne comptait-il pas ? Mendoce
rêvait, se frottait le front, l'œil tantôt fixé sur
la terre, tantôt sur la place qu'il voulait forcer.
« J'y suis, j'y suis ! s'écria-t-il tout à coup.—
» Ah ! contez-moi cela. — Nous employons le

» reste de la journée à couper des fascines dans
» le bois. — Après ? — Vers minuit, nous les
» chargeons, sur le mulet de notre hôte. — Bon.
» — Nous les jetons dans le fossé. — Bien. — Nous
» les couvrons de pierres, que nous arrachons
» du parapet. — A merveille. — Nous pas-
» sons à pied sec ; nous faisons sauter la
» grille d'un soupirail de cave ; nous descen-
» dons, comme nous pouvons....... — Non,
» non pas, s'il vous plaît ; nous descen-
» dons avec une corde, une lanterne sourde
» d'une main.... — Une pince de fer de l'autre.
» — J'y suis à mon tour. Nous soulevons les
» portes. — Nous montons dans les cours. —
» Nous cherchons.... — Nous trouvons. — Nous
» parlons....... — Nous persuadons, nous enle-
» vons, nous épousons..... — Ta, ta, ta, ta !
» Nous retournons au château d'Aran ; le comte
» sera trop heureux de nous recevoir ; il fera
» la demande dans les règles ; elle sera accueil-
» lie..... — Ta, ta, ta, ta ! j'ai le temps d'at-
» tendre, n'est-ce pas ? — Mais, seigneur........
» — Paix ! — Permettez...... — Paix ! faquin,
» paix ! et à l'exécution. Le mulet, les bourrées,
» la lanterne, la pince, et vivent l'amour et
» les amans déterminés ! »

Mendoce court vers la maison du concierge,
et Trufaldin le suit, d'aussi près que le per-

mettent son gros ventre, et ses jambes courtes. Mendoce retourne tout dans cette maison. Haches, couperets, cordes, ferremens, sont trouvés au grenier, à la cave, et sont rassemblés en un tour de main. « Je ne croyais pas, dit
» le concierge, qu'un philosophe fût si expédi-
» tif; ni que ces instrumens pussent servir à
» l'étude des sciences, ou aider à la méditation.
» — Bah, bah, bah! J'ai renoncé à la philo-
» sophie. Allons, Trufaldin, suis-moi. » Et il court à l'écurie; il bâte la mule lui-même, et Trufaldin conte, en quatre mots, au concierge, la grande entreprise qui se prépare, et il rejoint son maître; et le concierge, aussitôt qu'ils sont partis, va tout redire au sien, et Cerdagne va faire une longue histoire du tout au comte et à la comtesse d'Aran, et la comtesse tremble que son fils ne se casse le cou, et Cerdagne l'assure qu'il est un dieu pour les amans.

La comtesse voulait absolument qu'on mandât son cher fils; qu'on lui déclarât que celle, pour qui il voulait faire ces extravagances, était l'épouse qu'on lui destinait; elle voulait qu'on les mariât pour en finir, et qu'on s'en rapportât, de la conduite future de l'époux, à sa raison qui mûrirait, et aux grâces de Séraphine. C'était le parti le plus court, mais Cerdagne soutenait que ce n'était pas le plus sage. Il prouva, avec tant d'éloquence, et par tant de raisons, que l'inconstance marche avec la facilité ; il se prononça, si nettement, sur la résolution, bien prise, de ne pas compromettre le bonheur de sa fille, que la comtesse se rendit en soupirant.

Mendoce est entré dans le bois, avec son écuyer. Il tombe, à grands coups de hache, sur un jeune taillis du beau-père ; Trufaldin le seconde ; ils font un abatis épouvantable. Le jeune homme sue sang et eau, pour entrer dans un château, où on brûle de le recevoir ; il lie ses bourrées, il en fait de quoi combler un bras du Danube, ou un fossé de Vienne ; il charge le mulet, il le charge à le faire tomber sur la place. Il arrive à la lisière du parc, en soutenant le pauvre animal, d'un côté, pendant que Trufaldin le tenait en équilibre, de l'autre. Il était nuit close. Ils tirent, ils poussent le mulet jusqu'au revers du fossé, en face de l'appartement de Séraphine. Mendoce s'arrête, il écoute, il regarde si la lune, qui commence à paraître, ne les trahit pas. Il n'entend rien, il ne voit personne. Trufaldin l'aide, bravement, à décharger les fascines. Mendoce le félicite de sa résolution, et ne se doute pas des raisons qui lui donnent du courage.

Cerdagne, averti, faisait beau jeu à notre

amant. Sous divers prétextes, il avait retiré tout son monde, de cette partie du château, où était l'appartement de Séraphine, et où devait se diriger l'attaque. Il voyait tout, avec le comte et la comtesse, et les rassurait par sa gaîté et ses saillies.

Séraphine ne se tenait plus chez elle pendant le jour; elle y rentrait le soir, et s'occupait à ces petits ouvrages, qui remplissent les loisirs des femmes. Une de ses suivantes travaillait avec elle, lorsqu'un certain bruit se fit entendre sur le bord du fossé. Séraphine ne pensait qu'à Mendoce; elle ne douta point qu'il ne tentât quelque moyen nouveau de l'approcher; elle frémit des suites de cette imprudence, s'il se rencontrait avec son père, et en effet, dans toute autre circonstance, le fier et délicat Cerdagne eût châtié l'insolent, qui violait son domicile. La pauvre enfant, qui était bien loin de voir, dans Mendoce, le fils du frère d'armes, était dans une inquiétude mortelle. Elle éloigna la femme qui brodait avec elle; elle entr'ouvrit sa jalousie doucement, si doucement que Mendoce ne put l'entendre; mais les grands parens, qui étaient directement au-dessus, ne perdaient rien de ce qui se passait au-dehors, ni chez elle : Cerdagne avait percé un trou au plancher, et lorsqu'on savait Séraphine dans sa chambre, on se hâtait, en riant, de quitter ses brodequins.

L'intéressante demoiselle reconnut d'abord son amant, et pénétra son dessein. La première idée qui lui vint fut de lui ordonner de se retirer; mais s'il n'obéissait pas, si elle était entendue.... Elle avait, d'ailleurs, solennellement promis à son père, non-seulement de ne jamais parler à ce jeune homme, mais d'éviter même les occasions de le voir. Cependant, si elle se taisait, Mendoce poursuivrait son entreprise; il se perdrait, ou son père serait victime du plus juste ressentiment. Il n'y avait qu'un parti à prendre; il était cruel, il lui coûta des larmes; mais elle ne pouvait balancer entre son amant et son père : « Oui, s'écria-t-elle en » sortant, je vais tout dire au comte, je le » dois, je le veux, et je recommanderai cet » insensé à sa clémence. »

Ce père fortuné a entendu ces derniers mots. Plein de son bonheur, il descend, il se trouve au passage de sa fille; elle l'aborde, incertaine, tremblante; elle essaie de parler.... Sa langue lui refuse un mot, qui peut être l'arrêt de mort de son amant. Quel état! Cerdagne en a pitié; mais il faut une forte leçon à son gendre, il le sent, il se possède, il presse sa Séraphine contre son sein; cette nouvelle marque

de tendresse lui arrache le pénible aveu. Cerdagne l'embrasse, avec une joie indicible, remonte avec elle, et regarde à sa croisée. Mendoce et Trufaldin sont disparus. Il était sage de bien souper avant de commencer un siége, qui pouvait tourner en longueur, et ils étaient allés prendre des forces. Les bourrées étaient sur le bord du fossé, et déposaient évidemment contre le téméraire. Cerdagne entra dans une colère, mais dans une colère... qui céda, cependant, aux prières douces et insinuantes de Séraphine. « Puisque tu le veux, mon enfant, il ne
» lui arrivera aucun mal. Tu prendras, pour
» cette nuit, un autre appartement, et nous
» laisserons faire cet audacieux. Il entrera,
» je le ferai saisir, et on le reconduira à ses
» parens, qu'il faudra bien qu'il me nomme :
» voilà, je crois, l'unique moyen de nous
» en débarrasser. — Mais, mon père, si ses
» parens étaient dignes de vous ? — Il n'aurait
» pas pris un nom supposé. — Peut-être des
» raisons particulières, légitimes même....... —
» Chimères que tout cela. »

Cerdagne conduit sa fille dans la salle à manger, et ordonne de servir. Sa fille, triste et pensive, ne mange pas, n'entend rien des choses obligeantes qu'il lui adresse. Elle se retire de très-bonne heure ; Théodora la conduit à la chambre que son père lui a fait préparer ; elle se jette habillée sur un lit d'où l'inquiétude écarte le sommeil.

Cerdagne doit être prêt à tout. Il reste à table, il boit, ou en fait semblant ; il répète toutes ses vieilles romances, et il en sait assez pour chanter jusqu'au jour. Ses domestiques, étonnés, n'entendent rien à une fantaisie, si éloignée de ses habitudes ; mais il faut qu'ils restent, qu'ils servent, qu'ils écoutent.

Pédrillo a le double emploi de fournir aux besoins du seigneur d'Aran et de son épouse, et de venir rendre compte des moindres démarches de Mendoce : confidens et autres, tout le monde est occupé.

Mendoce et Trufaldin reviennent avec une nouvelle ardeur. Ils regardent fièrement un fossé de vingt pieds de largeur, dans lequel trois pieds d'eau fangeuse reposent sur une toise de boue. Les fascines sont saisies, lancées ; elles surnagent ; mais on attaque le mur extérieur du fossé. La pince de fer fait sauter la première pierre ; les autres cèdent au moindre effort ; en peu de temps on fait brèche aux retranchemens du beau-père. Il n'est pas une heure du matin, et un pont étroit, mais solide, est établi sur ce fameux fossé. Mendoce s'avance le premier, l'épée au côté, la hache à la ceinture ; Trufaldin le suit, la pince sur l'épaule, et la lanterne sourde, accrochée à une boutonnière de son pourpoint.

Nos héros passent le fossé ; ils suivent les tours, les murs à créneaux. Trufaldin, baissé, présente sa lanterne ; on arrive à un soupirail ; il y en a d'autres, sans doute ; mais pourvu qu'on entre, il n'importe par où, quand on ne connaît pas l'intérieur de la place. Ce soupirail est fermé par deux barres de fer. Il est aussitôt décidé qu'on en fera sauter une, et qu'on attachera la corde à l'autre. La pince joue ; la barre, à demi-rongée par la rouille, résiste peu ; on examine l'ouverture, elle est plus que suffisante ; la corde est fixée, comme on fait tout quand on ne prend le temps de rien. Le fougueux Mendoce s'accroche, et se laisse couler dans la cave ; Trufaldin, que l'âge a rendu pesant, descend avec précaution, et il est encore à vingt pieds de terre, que son maître a reconnu les lieux en partie, et se récrie sur les charmes de son expédition. « Les » belles voûtes ! comme elles sont humides ! » comme elles sont noires ! comme ces conduits » paraissent prolongés ! Allons donc, un peu » de légèreté. Tu es aussi lent à agir qu'à te » déterminer. — C'est que cette manière de » voyager est un peu nouvelle pour moi ; je pré-

» fère la terre ferme. N'importe, m'y voilà, et
» sans la moindre contusion... Ah! mon Dieu!
» il était temps; le nœud a coulé, la corde se
» détache, elle vient après moi, la voilà tom-
» bée. — Tant mieux, morbleu! me voilà
» précisément dans la position de ce général d'ar-
» mée, qui, en abordant la côte ennemie, brûla
» ses vaisseaux, et se mit dans la nécessité de
» vaincre ou de mourir. — C'était un malavisé
» que ce général-là : il faut toujours se mé-
» nager une porte de derrière. — Tu discourras
» une autre fois. Faisons une reconnaissance
» exacte des lieux. Ah, ah! un grand escalier!
» — Ce n'est pas celui-là qu'il faut prendre.
» Il mène peut-être à la salle à manger; voilà
» l'heure du souper, on ne compte pas sur
» nous. Voyons par ici, s'il vous plaît. Tenez,
» voilà une porte grillée, qui ouvre peut-être
» sur quelqu'escalier dérobé. — Donne-moi ta
» lanterne. »

Mendoce passe sa lanterne à travers les barreaux de la porte, et il trouve un caveau au
vin. Il tourne d'un autre côté, et, vis-à-vis
de la grille, il voit une seconde porte, il en
voit une troisième, une quatrième, une cinquième... « Que de portes! s'écrie Trufaldin!
» et laquelle attaquer, bon Dieu! — Il n'im-
» porte pas. La pince! la pince! Des bras, de
» l'opiniâtreté, et la fortune fera le reste. »

Il s'attache à une porte, qui lui paraît moins solide que les autres ; il insinue sa pince en bas, en haut ; il la glisse dans la serrure, sous les gonds ; il pousse, il tire, il travaille, il se fatigue, il déchire ses gants, il s'écorche les mains ; mais la porte s'ébranle, et il est insensible à la douleur. Trufaldin croit toucher au moment de revoir son Inès, il jouit par anticipation ; mais un certain bruit calme, tout à coup, sa joie et ses transports. Il ne craint rien du comte de Cerdagne ; mais ses gens peuvent l'assommer, sans l'entendre, et puis, il est minuit, c'est l'heure des revenans, et Trufaldin y croit : c'est tout simple. Il se colle à Mendoce ; il le tire par son pourpoint. « Vous » n'entendez pas, seigneur ? on marche. — Tu » rêves. — On parle. — Chansons. — On met » une clef dans une serrure. — C'est vrai. »

Mendoce tourne sa lanterne, il se retire, avec Trufaldin, du côté opposé à celui, d'où vient le bruit ; ils se tapissent tous deux, derrière un gros pilier en pierre, et ils attendent, sans souffler, que l'ennemi paraisse.

Pédrillo était entré, plusieurs fois, dans la salle à manger. Il avait dit quelques mots à l'oreille de Cerdagne ; Cerdagne lui avait répondu de la même manière, et ses domestiques, qui ne l'avaient jamais vu aussi intime avec ses gens, étaient toujours plus étonnés. Il a passé le fossé au sud, avait dit la première fois Pédrillo. Retourne, et ne le perds pas de vue, avait répondu Cerdagne. Il est descendu dans la cave, était revenu dire Pédrillo. Laisse-moi faire maintenant, avait répondu le comte. « Qu'on appelle Théodora, dit-il, tout » haut, à ses gens. »

Théodora, prête à se mettre au lit, descendit avec une dose d'humeur de plus que de coutume. Elle se sentit prête d'éclater quand Cerdagne lui dit qu'il voulait boire, et lui ordonna d'aller chercher du vin au petit caveau. Elle se contint cependant, et se contenta d'observer, d'un ton très-sec, que sa coadjutrice Rotrulde était la plus jeune, et aurait pu, de préférence, descendre à la cave, à cette heure indue. Cerdagne voulait que Mendoce marchât de difficultés en difficultés; il ne voulait pas employer des hommes, parce qu'il savait que Mendoce n'entendait pas raillerie, et qu'il ne voulait pas ensanglanter la scène, qu'il ne voulait pas, non plus, employer Rotrulde, que le jeune homme eût reconnue. Il répliqua plus sèchement encore à Théodora : « Allez où » je vous envoie, et pas de réflexions. »

Il fallait que la duègne obéît. Mais en allumant un flambeau, en cherchant le trousseau de clefs, elle grondait; elle grondait en descendant l'escalier, en ouvrant la porte; elle était au milieu de la cave, et elle grondait encore.

Trufaldin se rassura, en voyant une femme, qui ne ressemblait pas du tout à un esprit; Mendoce sourit, en voyant entre ses mains les clefs, qui, sans doute, ouvraient toutes les portes; il fut enchanté, quand il la vit entrer dans le caveau grillé, et laisser le trousseau à la serrure. Il se lève doucement; il se glisse le long du mur; il arrive au bienheureux caveau, il pousse la porte, tourne la clef, et enlève le trousseau.

Théodora cherchait dans le vin de Chypre, d'Alicante et autres, celui qui assoupirait plus promptement le patron. Le bruit de la serrure, et les éclats de rire de Mendoce lui persuadent que quelqu'un des gens de la maison a l'insolence de se permettre une mauvaise plaisanterie. Elle vient à la grille en trotillant, et les poings sur les hanches : « Quel est le malavisé de là-
» haut qui se joue à une femme comme moi?
» Par saint Dominique! je crois que c'est notre
» étourdi de tantôt.—Pour qui vous n'êtes plus
» à craindre, très-acariâtre dame. — Et par où
» a-t-il pénétré jusqu'ici? — Par le soupirail,
» — Et qu'espérez-vous y faire? — Ma paix
» avec vous, et le bonheur de ma vie. Voulez-

» vous bien m'indiquer, avec vos grâces ordi-
» naires, le chemin qui conduit chez votre ado-
» rable maîtresse? — Oh! le petit scélérat! —
» Je suis le plus fort, et des injures ne vous
» tireront pas de là. — Et il a les clefs! —
» Oui, j'ai les clefs. Quelles sont celles qu'il
» faut prendre? Capitulez, je vous le conseille;
» faites-vous un mérite de la nécessité. — Et
» que lui voulez-vous à cette chère enfant? —
» Lui jurer un amour, un respect, une cons-
» tance à toute épreuve. — Je ne vous aurais
» pas cru capable de tout cela. — C'est que je
» ne me suis pas encore montré de mon beau
» côté. — A la vérité, elle est si jolie, qu'on
» ne peut vous faire un crime d'en être amou-
» reux. — Prenez donc garde, ce ton doucereux
» ne vous est pas naturel. — Ouvrez-moi, et
» j'irai jurer à Séraphine tout ce qu'il vous
» plaira. — Pas si dupe : je vous soupçonne des
» intentions hostiles, et je vous garde en ôtage.
» — Votre insolence vous coûtera cher. Les
» écuyers, les pages, les valets sont encore sur
» pied : je serai vengée, n'en doutez pas. » Ici
Trufaldin s'effraie, et sérieusement; il croit
avoir une armée à ses trousses. Il tire Mendoce
par l'habit, et Mendoce, qui se moque de tout,
tourne les talons à la duègne, et essaie ses clefs
à toutes les serrures.

« Au secours! à moi, à moi donc! criait
» Théodora.... Ah! mon Dieu! ils ne m'en-
» tendront pas. Soixante marches, et deux
» portes là-haut, que j'ai tirées sur moi.—Ah!
» reprit Mendoce, c'est indiscret ce que vous
» dites-là. M'avertir que je n'ai rien à craindre,
» vous si fine et si prévoyante! J'ai donc le
» temps de combiner mes démarches, et de
» terminer, avec réflexion, ce que j'ai com-
» mencé assez étourdiment, je l'avoue. »

Il pense, il combine, il compare. Il était clair que l'escalier, par où Théodora était descendue, conduisait à la salle où le seigneur de Ripal attendait son vin de dessert, et il n'était pas prudent de l'approcher de trop près. Or, comme ledit seigneur ne pouvait pas être en deux endroits à la fois; toute autre porte, qui ouvrirait, était celle qu'il fallait prendre, et Mendoce recommence à essayer toutes les clefs. L'une était trop grande, l'autre trop petite; il était d'une impatience!..... et plus il se hâtait; et moins il trouvait la vraie clef.

Cerdagne jugeait, du retard de Théodora, qu'elle avait rencontré l'ennemi, et qu'ils étaient en présence. Mendoce ne courait aucun risque; Théodora était exposée, au plus, à quelques taloches, si elle s'avisait de se servir de ses ongles. Le comte pensait que Mendoce, déjoué par la présence de la duègne, remonterait au soupirail, sortirait, comme il était entré, et tenterait, le lendemain, quelqu'autre entreprise, dont on serait averti, et qui ne réussirait pas mieux.

Un grand flandrin de valet, de ces valets qui font les entendus, qui croient prévenir les désirs de leurs maîtres, et qui les servent fort mal, parce qu'ils devinent de travers, un de ces valets crut voir de l'impatience dans les yeux du comte. Il ne doute pas qu'elle ne soit occasionée par la lenteur de Théodora; il sort, sans consulter personne; il descend à la cave, et il marche droit au caveau, en grondant à son tour. « Un grand quart d'heure pour une » maudite bouteille de vin ! Le seigneur maître » va s'endormir sur le dernier couplet du com- » bat de Tancrède et de Clorinde. — Quand on » dort, reprend Mendoce, on n'a besoin ni de » vin ni de domestique. » Le valet jette un cri, en entendant une voix étrangère ; il veut s'échapper ; l'expéditif Mendoce le tient par une oreille ; Trufaldin aguerri le tire par l'autre ; on le pousse, on le conduit vers le caveau ; Mendoce en ouvre la porte, jette le valet à côté de Théodora, et les enferme ensemble. Reconnaissance, plaintes, gémissemens, cris des deux prisonniers. « A l'assassin, au feu, au feu, à

» l'assassin ! — Vous oubliez, leur dit Mendoce,
» qu'on ne peut vous entendre de là-haut. Pos-
» sède-toi, mon garçon, et sois plus raison-
» nable que madame. Nous ne sommes ni des
» voleurs, ni des incendiaires. Je suis amou-
» reux, voilà tout. Prends cette bourse, et dis-
» moi par où on arrive chez ta jeune maîtresse. »

Le valet se croyait madré. Il lui paraissait clair qu'un amoureux, qui aurait l'assentiment du père, n'entrerait pas au château par la cave. Il jugea qu'il fallait jouer de finesse. « Eh ! que
» ne vous expliquiez-vous plus tôt ? Vous êtes
» amoureux : il n'y a pas de mal à cela. Vous
» êtes généreux, c'est très-louable, et certai-
» nement je vous aiderai. Prenez la porte.... »
Théodora croit qu'en effet le fripon se laisse séduire, et qu'il va mettre le méchant petit homme dans le droit chemin. Elle lui ferme la bouche avec la main ; le valet fait un saut de côté, et crie : « Prenez la porte en face, le
» corridor à gauche, l'escalier vis-à-vis, et le
» pavillon au nord. »

Si Mendoce avait raisonné, il se serait souvenu que l'appartement de Séraphine était au sud, et il se serait défié de ce que lui disait le grand coquin. Il court à cette porte ; par un hasard, qui ferait croire à la fatalité, la première clef l'ouvre. Mendoce se précipite, et laisse le trousseau à la serrure ; Trufaldin le suit. La porte était battante, elle retombe sur eux ; la serrure était saillante, elle se ferme. Mendoce retourne la lanterne, et cherche le corridor à gauche. Il arrive au fond du caveau, et s'aperçoit, en jurant, qu'il est pris, comme ceux qu'il a enfermés vis-à-vis.

Pour achever de le désoler, Théodora et son compagnon se moquaient de lui. « Il est » pris ! il est pris ! Ah ! ah ! ah ! Tirez-vous de » là, monsieur l'amoureux, tirez-vous de là. » Mendoce était comme un lion ; Trufaldin riait de sa colère, dans sa barbe ; il ne regrettait que l'absence d'Inès, et se consolait, en pensant qu'il la retrouverait le lendemain. « Si du moins, s'écriait Mendoce, si du » moins j'avais ma pince ! Mais je l'ai laissée » derrière ce malheureux pilier, où nous nous » sommes cachés, quand la vieille est descendue. »

Cerdagne ne se doutait pas qu'elle fût prisonnière ; il ne soupçonnait pas davantage que le valet, qui était descendu, sans son ordre, partageât sa captivité. Que diable ! disait-il en lui-même, il n'est pas possible que mon jeune homme fasse l'amour à Théodora ; il n'est pas croyable, si elle l'a rencontré, qu'elle ne vienne pas crier ici, de manière à m'assourdir. Il y a du plus ou moins dans cette affaire. Il faut voir cela par mes yeux.

Il ordonne à ses valets de souper dans la salle même, et de se retirer dans leurs chambres ; il leur défend d'en sortir de la nuit, quelque chose qu'ils entendent, à peine d'être chassés ; il leur défend surtout de le suivre, et il sort un flambeau à la main.

Les valets se jettent sur les restes du souper, discourent sur l'absence de Théodora et de leur camarade, sur la conduite extraordinaire du patron, concluent, de ce qu'ils ont vu et entendu, qu'il y a dérangement au cerveau ; mais comme un maître extravagant peut chasser ses gens, et même les battre, avant de les mettre à la porte, ils exécutent de point en point ce qui leur était prescrit.

Cerdagne se fait accompagner par Pédrillo. Ils descendent ensemble, ils entendent les cris de Théodora et du valet, les juremens de Mendoce ; la scène était comique, et le comte s'en amusa d'abord. Il réfléchit, cependant, que tout cela ne menait à rien ; que Mendoce ne pouvait s'échapper ; qu'il faudrait donc lui rendre la liberté, et cette condescendance, qui le laissait maître des opérations qu'il voulait tenter, devait lui paraître suspecte. Trufaldin, d'ailleurs, qui se fourrait partout, se trouvait pris avec son maître, et la crainte, ou la complaisance pouvait le porter à déclarer à Mendoce que tout cela n'était qu'un jeu. Comment faire ?

Cerdagne ordonne à Pédrillo de prendre les clefs ; d'en détacher, adroitement, celle qui ouvrait le caveau de Mendoce, de rendre la liberté à Théodora, et à son compagnon, et de venir le retrouver, chez monsieur et madame d'Aran.

Pédrillo joua assez bien la comédie. Il feignit d'avoir entendu les ris et les cris de Théodora, en faisant sa ronde de nuit ; il les tira du milieu des vins de liqueurs, et Théodora, avant de remonter, ne put se refuser le petit plaisir d'insulter au malheur du chevalier. Elle lui lâcha une bordée de railleries amères, et courut chercher Cerdagne, pour lui apprendre qu'on tenait le petit scélérat sous la clef.

Pédrillo voulut en vain l'arrêter, en lui représentant que c'était à lui à rendre compte des événemens de la nuit, puisque c'était lui que le maître avait chargé de la surveillance générale. Théodora trottait toujours, n'écoutait rien, et le vieux Pédrillo ne la suivait que de loin. Elle trotta si bien, elle ouvrit tant de portes, qu'elle entra, sans savoir où elle était, dans la chambre où les grands parens tenaient conseil.

Elle fut frappée de la vue du comte et de la comtesse d'Aran, qu'elle croyait bien tranquilles dans leurs terres; elle resta stupéfaite, en les voyant retirés dans une espèce de galetas, eux pour qui tout le château était en l'air lorsqu'ils faisaient, au patron, le plaisir de le visiter; elle entra en fureur, quand Cerdagne lui prit la main, et lui dit, en la serrant avec force : « Vous n'aviez pas besoin ici; vous y
» êtes venue, j'en suis fâché pour vous ; mais
» vous n'en sortirez plus. Bavarde et méchante,
» vous publieriez ce que vous savez, et même
» ce que vous ne savez pas. Restez-là, jusqu'à
» nouvel ordre. Brodez ou dormez. Demain,
» Pédrillo vous apportera à déjeuner. Mais pas
» de bruit, ou je vous fais descendre dans le
» plus profond des souterrains. »

Théodora voulait répliquer; la colère la suffoquait; elle ne put articuler un mot. Cerdagne sortit, avec ses amis; ferma très-exactement la porte, et conduisit d'Aran et son épouse dans la chambre, que Séraphine avait quittée l'après-dîner, et où ils étaient au moins logés convenablement.

C'est là, que Pédrillo les joignit, fatigué d'avoir couru, monté, descendu après Théodora. On s'arrêta sur le danger de laisser plus long-temps Mendoce avec Trufaldin, qui pourrait oublier le serment de discrétion, si solennellement prononcé. On proposa, d'abord, d'envoyer tout simplement Pédrillo leur ouvrir la porte, en affectant, pour eux, un intérêt tel qu'il ne balançait pas à trahir son maître. Pédrillo, plus calme, observa que le jeune homme, avec qui il avait voyagé, le reconnaîtrait infailliblement, et que cette reconnaissance lui donnerait les soupçons les mieux fondés. On arrêta, alors, que Cerdagne mettrait dans sa confidence un autre domestique, et le bon Pédrillo observa que Mendoce avait ses poches pleines d'or; que celui qu'on enverrait, ne serait peut-être pas à l'abri de la séduction; que d'ailleurs Mendoce, piqué d'avoir été la dupe de son propre stratagème, pourrait, avant d'entendre aucune explication, faire un mauvais parti à l'homme, quelconque, qui se présenterait.

Le conseil trouva cette observation judicieuse, et prononça qu'on chargerait une femme de tirer le beau chevalier de la prison. Mais à laquelle confier cette mission délicate ! Mendoce reconnaîtrait Rotrulde; les autres étaient tellement en sous-ordre, qu'elles pourraient aussi se laisser gagner. « Parbleu ! j'ai précisément ce
» qu'il faut, s'écria tout à coup Cerdagne. Mon
» page Guzman m'a amené une très-jolie femme;

» sa vue n'inspirera à Mendoce, ni colère, ni
» défiance. Elle a déjà de la fortune, et je lui
» ai donné un emploi assez avantageux, pour
» qu'elle soit incorruptible. Je ne crois pas,
» non plus, qu'elle manque d'adresse, j'ai
» quelque raison de lui en croire beaucoup.
» Va la chercher, Pédrillo. »

Pédrillo part, et revient un instant après.
« Je n'ai pas trouvé la petite femme. Son mari
» est couché; il l'attend, et ne sait à quoi elle
» est occupée. Je l'ai cherchée à l'office, aux
» différens magasins, et je ne sais où l'aller
» prendre. » Cerdagne sourit, et prévit quelque nouvelle escapade; il ne se trompait que sur le genre. « Allons, Pédrillo, il faut ab-
» solument rassurer Trufaldin, si on ne peut
» le séparer de Mendoce, et il n'y a qu'un
» moyen, c'est de les tirer de ce caveau. Des-
» cends doucement; ouvre brusquement leur
» porte, et sauve-toi derrière les piliers, ou
» gagne le boyau qui conduit au grand sou-
» terrain. Fais pour le mieux; mais va leur
» ouvrir. »

Le bon Pédrillo descend, sans flambeau. Il tâtonne, il retient son haleine, il ne pose le pied qu'avec une extrême précaution; il arrive près de la porte, il s'arrête, il écoute, il n'entend pas le moindre bruit. Ah ! dit-il, en lui-même, nos prisonniers sont endormis. Tant mieux : j'opérerai plus sûrement. Il prend sa clef, il cherche l'entrée de la serrure, il ouvre, pousse la porte aussi loin qu'elle peut aller, et se sauve aussi promptement qu'on peut le faire, quand on n'y voit pas. Quelques secondes après, cette porte retombe avec un bruit, qui fait résonner les voûtes souterraines : Pédrillo s'arrête, il écoute encore : le plus profond silence règne autour de lui. « Parbleu, dit-il, ces gens-là dorment d'un » profond sommeil. » Il revient à la porte ; l'ouvre de nouveau; l'arrête avec une tuile qui se trouve sous ses pieds ; il s'éloigne. Il écoute : personne ne parle, personne ne remue. Il ramasse quelques petits cailloux ; il revient, pour la troisième fois ; il jette ses cailloux, l'un après l'autre. Bien certainement ils attraperont le bras, la jambe, ou même le nez des dormeurs ; il les entend distinctement retomber sur la terre. Il se décide, il entre dans le caveau. Quelque chose de chaud s'embarrasse dans ses jambes ; il y porte la main, c'est une lanterne sourde ; il la tourne, le caveau est éclairé, et Pédrillo voit, très-distinctement, que les prisonniers sont partis. Mais par où ? les murs sont intacts, la porte entière, elle était bien fermée, et lui seul en avait la clef.

Il y avait de quoi se donner au diable. Le bonhomme trouva plus simple d'aller raconter les détails de ce nouvel incident.

Si Cerdagne avait moins connu Pédrillo, il aurait soupçonné sa bonne foi ; mais trente ans de fidélité, un service doux, et de fréquens bienfaits l'assuraient du vieillard. Le tour lui parut très-bien joué; mais quand il fallut l'expliquer, Cerdagne, d'Aran et sa femme restèrent muets comme Pédrillo. On se contenta de s'amuser de cette évasion, comme on s'était amusé de tout jusqu'alors; et, certains de quelqu'événement nouveau et prochain, les papas résolurent de ne pas se coucher; envoyèrent Pédrillo, avec sa lanterne, examiner les dedans et les dehors du château, et madame d'Aran se laissa déshabiller par son mari, en observant qu'on avait assez tourmenté son cher fils. « Oh! que non, oh! que non, dit
» Cerdagne, il faut le guérir radicalement de
» la manie des aventures. Si, après le ma-
» riage, il est tenté de faire..... ce que font
» beaucoup de maris, cette leçon l'engagera
» à mettre de la circonspection dans sa con-
» duite. Il apprendra qu'on ne trouble pas im-
» punément la paix des familles, et que ce
» n'est point par la cave qu'on arrive chez
» une femme respectable. — Eh! monsieur le

» comte, comment pousserez-vous les choses
» plus loin ? — C'est mon secret, madame. »

Revenons à ce cher enfant, pour qui rien ne paraît impossible, et prouvons qu'il n'était rien moins que sorcier.

Séraphine avait promis à son père de ne pas chercher à le voir; mais elle ne s'était pas interdit les moyens détournés, innnocens, d'engager cet intéressant jeune homme à renoncer à une entreprise, qui alarmait sa timidité, et qui lui semblait devoir être funeste à quelqu'un.

Elle ne pouvait douter qu'il fût entré dans le château. Elle comptait assez sur ses charmes, et sur le cœur du jeune homme, pour l'engager à se retirer, sans crainte d'essuyer un refus; mais la bienséance et ce qu'elle avait promis à son père, ne lui permettaient pas de chercher Mendoce elle-même, et à qui se confier ! Théodora l'aborderait avec des reproches, qui l'aigriraient, au lieu de le ramener à des sentimens plus modérés; Rotrulde n'avait nulle relation avec elle : Cerdagne aimait le plaisir, et respectait l'innocence de sa fille. Il ne permettait de l'approcher qu'à des femmes qu'il croyait pures comme elle, et, parmi ces femmes, elle n'en voyait point qui eussent cet esprit liant, qui sait tout concilier;

cette sensibilité, qui seule sait bien rendre les sensations qu'on lui confie. Elle avait entendu parler, dans la journée, d'une petite femme, fort jolie, qui avait épousé Guzman, et à qui son père avait donné une place distinguée. Il lui semblait qu'une jeune et jolie femme, qui épouse un beau garçon, doit avoir le cœur tendre, et femme qui aime compatit toujours aux peines d'un amour malheureux.

Séraphine marqua aux filles qui étaient près d'elle le désir de voir cette petite femme, qui causait tant de jalousie. On s'empresse d'obéir; on cherche, on trouve, on amène la petite, dont la figure inspira d'abord la confiance. On commença, selon l'usage, à parler de choses indifférentes; insensiblement on éloigna des témoins importuns; on la conduisit dans un cabinet, où on avait enfermé la plus jolie tourterelle; on la fit passer, de là, dans un arrière-cabinet, où on voulait lui faire admirer une tapisserie, qui représentait Godefroi de Bouillon, avec une vérité frappante. En marchant, on disait à la petite de ces choses flatteuses, qui coûtent si peu, qui plaisent tant aux inférieurs, et qui les disposent si favorablement ! Ce fut dans cet arrière-cabinet que Séraphine fit à la petite, à voix basse et en rougissant, l'aveu de sa tendresse et de ses craintes. « Vous sentez bien,

» ma chère, que si cet étranger que rien n'in-
» timide, que rien n'arrête, est dans ce châ-
» teau, comme j'ai lieu de le croire, mon père
» et lui se rencontreront infailliblement. Tous
» deux fiers, courageux, violens, à quelles
» extrémités ne se porteront-ils pas ? l'éclat
» serait affreux, et je veux le prévenir.
» Allez, ma chère, faites tout pour approcher
» cet insensé, pour lui parler; dites-lui bien
» que, s'il m'aime, il ne peut me le prouver
» qu'en mettant un terme à mes larmes, et
» en se retirant aussitôt. Dites-lui que je lui
» tiendrai compte de sa docilité; dites-lui.....
» dites-lui ce que votre cœur vous inspirera
» de touchant, tout, tout, excepté l'impression
» qu'il a faite sur moi. »

La petite, accoutumée à l'intrigue, aimait passionnément tout ce qui en avait l'apparence. Fière de la confiance de la jeune dame, flattée de lui être utile, curieuse, sans doute, de voir le petit être charmant, qui tournait une si jolie tête, elle promit tout, et se disposa à faire plus qu'elle n'avait promis.

Elle sortait de la chambre de Séraphine, au moment où Cerdagne sortait de la cave, et allait se concerter avec d'Aran et sa femme. La petite le rencontra; il lui fit une légère inclination, et passa : il était préoccupé. La petite ne connaissait guère que les usages de la campagne ; mais il lui parut extraordinaire qu'un grand seigneur, qui a trente domestiques, descendît à la cave, sans quelque motif particulier. L'air à la fois plaisant et pensif de Cerdagne, lui donna à réfléchir, et Théodora, qui passa devant elle en courant, et Pédrillo, qui courait après Théodora, tout lui persuada que la cave était le lieu de la scène.

Elle passe à la cuisine, personne ; à l'office, personne encore. Elle prend un flambeau, l'allume, cherche l'escalier des souterrains, et descend avec l'intrépidité d'une femme, qui est jolie, qui le sait, et qui croit que la rencontre d'un joli homme ne peut rien avoir de désagréable.

L'obscurité, la solitude du lieu, lui firent cependant éprouver un léger frémissement. La voix de Mendoce, qui continuait de tempêter, la remit à l'instant. Il lui sembla que cette voix ne lui était point inconnue ; les jurons ne lui ôtaient pas, d'ailleurs, ce velouté, cette douceur, qui font toujours supposer une très-jolie figure. Elle marche droit à la porte du caveau, où étaient renfermés Mendoce et Trufaldin ; elle frappe, elle annonce qu'elle vient au nom de Séraphine. A ce mot, Mendoce se calme, et la supplie de lui ouvrir. Comment y parvenir? elle n'a pas la clef. Mendoce, qui ne perd jamais la tête, lui dit que derrière un pilier, qui n'est pas éloigné, elle trouvera sa pince de fer. La petite y va, la trouve en effet; mais ses mains sont aussi faibles que blanches et potelées; elle fait quelques efforts, qui n'aboutissent à rien; elle se décourage, elle se désole. Mendoce lui conseille d'introduire la pince dans la gâche, et de faire rentrer le pêne dans la serrure. Elle essaie ce nouveau moyen, il réussit parfaitement; la porte s'ouvre, les prisonniers sortent, et cette porte retombe.

Mendoce va à la petite, pour lui arracher son flambeau, et courir par le château, au hasard de ce qui en pourrait arriver. Ils se regardent, ils se reconnaissent. « Hé! c'est ma
» petite veuve. — Hé! c'est mon cher Men-
» doce. — Comment donc, ma petite?.... Par
» quel miracle?...... Pourquoi?...... Que si-
» gnifie?.... — Pas de temps à perdre, et rien
» à vous cacher. Séraphine vous adore; elle
» craint que vous ne soyez d'un rang indigne
» d'elle, et avec quelle ivresse elle apprendra
» que vous êtes le fils du meilleur ami de son
» père! — Mais mon père à moi ne m'a ja-
» mais parlé de ce comte de Ripal..... — Hé!
» vous êtes chez Cerdagne. — Chez Cerdagne!
» chez Cerdagne! Ah! tout est éclairci, et je

» suis l'homme du monde le plus heureux.
» Vite, vite, ma petite, conduis-moi aux pieds
» de Séraphine; que j'y tombe, et que je me
» rende digne, à force de respect, de l'amour
» que tu dis qu'elle a pour moi. Elle ne sait
» donc pas qui je suis? — Hé! non, vous dis-
» je. — Ah! laisse-moi le plaisir de le lui ap-
» prendre. Marche, marche donc.... Je meurs
» d'impatience et de plaisir. »

Ils remontent, et avancent rapidement, sans penser qu'ils peuvent être rencontrés à chaque pas, ce qui serait arrivé sans doute, si le trop prévoyant seigneur n'avait consigné ses gens dans leurs chambres. Le beau page Guzman avait aussi reçu l'ordre de garder la sienne. Arrivé de la veille, il n'en soupçonnait pas la raison, et ne s'en inquiétait guère. Il mangeait, en paix, les bons morceaux que Pédrillo lui portait, et s'amusait avec sa femme, quand elle voulait bien venir passer une heure avec lui. Pour la petite, elle n'avait reçu aucune injonction du patron qui fût relative à Mendoce, et la raison en est simple. Cerdagne ne savait rien des aventures du jeune homme; il ignorait donc certaines particularités, très-piquantes, et il s'était contenté d'éloigner, de son chemin, Rotrulde et ceux qui l'avaient accompagnée.

Trufaldin n'oubliait pas ses amours clandestins ; en marchant, il demandait, à la petite, où étaient les basses-cours. La petite, qui connaissait à peine les êtres, les lui indiqua à peu près. Trufaldin enfila le corridor qu'on lui montra, en sortant de la cave; il laissa son maître suivre ses brillantes destinées, et, fort de la solitude qui régnait partout, il jura, assez fort même, de trouver son Inès, dût-il payer une nuit heureuse de l'ennui d'un engagement éternel. « Il faut faire une fin, disait-il, en
» trottant. Inès n'est pas belle de visage, et
» ne tentera personne. Je lui connais des
» beautés, moi, et cela me suffit. »

La petite et Mendoce avaient parcouru une partie du château, sans rencontrer personne. Ils avançaient, dans une parfaite sécurité, et ils ignoraient que le vieux Pédrillo, persuadé que la chambre de Séraphine était le but où tendaient les désirs de l'amoureux, s'était caché dans l'embrâsure d'une porte voisine.

Le bonhomme, qui avait suffi à tout, qui était sur les dents, mais qui s'amusait, autant que son maître, de cette petite guerre, le bonhomme s'assura bien que Mendoce était entré chez Séraphine; que la conversation était engagée, et il fut avertir le patron de ce qu'il avait vu. Il avait à traverser toute une aile, de soixante à quatre-vingts toises de longueur ; un étage à monter ; il fallait qu'il s'expliquât, que Cerdagne prît un parti. Tout cela ne demandait pas beaucoup de temps ; mais il en faut bien peu aux amans pour s'entendre.

Il est impossible de peindre le trouble, l'embarras qu'éprouva Séraphine à la vue inattendue de son amant. Mendoce était à ses pieds, il parlait, il était en délire, il mouillait ses mains de larmes brûlantes, et tout cela n'aidait pas l'aimable jouvencelle à se remettre. Elle répondait à ce qu'on ne lui disait pas ; elle interrogeait, et n'attendait pas la réponse ; elle jurait amour éternel, et ne voyait plus Mendoce : comment aurait-elle pensé à le renvoyer ?

Mendoce se possédait, jusqu'à un certain point. Il entendait, il appréciait tout, son amour était au comble. « C'en est trop, c'en
» est trop, adorable Séraphine ; c'est à moi à
» vous jurer, à vous tenir les promesses que
» m'adresse votre bouche charmante. — Qu'ai-
» je donc dit, grand Dieu ! — Ce qui comble
» mes vœux les plus doux. — Ciel ! je me
» suis trahie. — Ne vous en repentez point ;
» confirmez cet aveu si doux ; permettez que
» je tombe aux pieds de votre père, que je
» me nomme, que je vous obtienne ; daignez

» autoriser cette démarche. — Vous m'avez en-
» tendue; j'ai perdu le droit de vous la dé-
» fendre. — Eh bien! je ne vous quitterai pas,
» sans avoir justifié la prévention, qui vous
» parlait, secrètement, pour moi. Apprenez,
» madame, que mon rang, ma fortune me
» rendent votre égal. — De quel poids je suis
» soulagée! — Mon père... — Eh bien!... votre
» père... son nom?... »

Ici un carillon infernal se fait entendre à la porte. Mendoce se relève, et met la main sur la garde de son épée. Séraphine s'évanouit; la petite se sauve dans un cabinet voisin, et se cache dans une armoire. Cerdagne paraît, suivi d'une douzaine d'archers, qu'il a été prendre au corps-de-garde du pont-levis. Mendoce rit en le voyant, et croit qu'il n'a qu'à se nommer pour arranger l'affaire. Cerdagne lui réplique que le fils de son meilleur ami, qui force son château, et qui veut séduire sa fille, est plus coupable qu'un autre, et ne doit pas compter sur sa clémence. A ces mots, Mendoce, rendu à sa vivacité, tire l'épée, et se rappelant aussitôt ce qu'il doit au père de Séraphine, il la dépose à ses pieds. Les archers entourent, pressent, saisissent, enlèvent le jeune homme. Un d'eux, qui lui soutenait la tête, approchait, fréquemment, son visage du sien,

et le mouillait de larmes. « Porte ailleurs ta
» pituite, lui disait Mendoce. » Il ne savait
pas qu'il parlait à son père, qui s'était mêlé à
la foule, pour embrasser un fils ingrat, qui ne
le reconnaîtrait point.

On porte monsieur l'amoureux dans une tour
à triple porte, à fenêtres si bien grillées, qu'un
enfant n'y passerait pas la main. Du reste, un
bon lit, des alimens sains, et grand feu à la
cheminée gothique. « Au moins, dit Mendoce,
» aux archers qui se retiraient, vous avez
» pensé à tout, et je vous en remercie. Je
» vais me coucher, puisque je n'ai rien de
» mieux à faire. »

Cerdagne était resté près de sa fille, qui
n'avait rien vu, rien entendu, et dont l'état
était alarmant. « Allons, dit-il à Pédrillo, je
» vois qu'il est temps que tout ceci finisse.
» Ma fille souffrirait moins des infidélités de
» son mari, que de la crainte de ne pas l'obte-
» nir. Je les marie après-demain ; mais demain
» encore...... Ah ! va me chercher Théodora ;
» qu'elle délace, qu'elle soigne cet enfant, et
» compte, toi qui m'as si bien servi, sur un
» joli présent de noce. »

Pendant que Pédrillo allait tirer Théodora
de sa prison, Séraphine ouvrit ses grands
yeux, et les referma, en sentant sa main cou-

verte des baisers de son père. « Ah! seigneur,
» quelle indulgence! — Puis-je cesser de t'ai-
» mer? Mais si je cède aux sentimens que tu
» m'inspires, je n'en suis pas moins sensible à
» l'outrage que tu viens de recevoir.—Personne
» ne m'a outragée, mon père. — Quoi! cet
» insolent qu'on a surpris à tes pieds.... — Vous
» m'avez promis de le ménager, et de le ren-
» voyer à ses parens. — Oui, mais dans la
» supposition qu'il se bornerait à te regarder
» de loin, à t'écrire, à s'introduire en plein
» jour, et par la porte, et que je n'aurais à
» me défaire que de ses importunités. Mais
» combler le fossé de mon château; forcer le
» soupirail de ma cave; mettre tout en com-
» bustion chez moi; entrer à minuit dans ton
» appartement, contre ton gré, c'est plus
» qu'aucun mortel n'eût osé, et ce que je
» dois sévèrement punir..... Oh! j'oubliais!...
» Ce qui caractérise des intentions criminelles,
» c'est le nom supposé sous lequel il s'est
» présenté. » Ici Cerdagne s'arrête, et fixe
sa fille. Il ignore si Mendoce lui a déclaré
qu'il est fils du comte d'Aran, et le silence
de Séraphine lui persuade que son espiègle
n'a pas eu le temps de se faire connaître.

« Enfin, mon père, quel parti prendrez-
» vous? — Je veux faire revivre un usage,

» antique et révéré, toujours cher aux che-
» valiers espagnols. J'invoquerai des statuts,
» qui ont toujours été la sauvegarde des
» dames. — Ciel ! vous allez convoquer une
» cour d'amour...... — Que tu présideras. —
» Moi, mon père ? — C'est le droit de la
» beauté plaignante. — Mais je ne me plains
» pas, mon père. — Finissons, ma fille, il
» est des lois.... — Bien absurdes. — Dites bien
» respectables. — Parce qu'elles sont consacrées
» par le temps ? — Il est le père de l'opinion.
» — Et l'opinion.... — Est la reine du monde.
» — Et c'est à cette chimère que vous allez
» sacrifier l'honneur d'un damoisel qui n'est
» coupable.... — Que de t'aimer, n'est-ce pas ?
» — Et cela est bien pardonnable, mon père.
» — Sans doute, tu es si aimable ! — Ce n'est
» pas ce que je veux dire. — C'est ce que tu
» penses, et tu as raison. — De l'ironie à la
» place du sentiment ! — Ah ! tu veux du rai-
» sonnement ? Le mien sera court. Devais-je
» lui laisser passer le reste de la nuit à tes
» pieds, et puis-je revenir sur l'éclat que j'ai
» été forcé de faire ? Mes archers...... — On
» peut leur imposer silence. — Faire taire douze
» ou quinze soldats, toujours enclins à mé-
» dire de leur chef ! impossible, mon enfant.
» — Ainsi ce malheureux va comparaître devant

» un tribunal qui ne pardonne pas un outrage
» fait aux dames ? — Ah ! tu conviens qu'il t'a
» offensée. — Et il faut que je préside, moi....
» — Refuser serait convenir que tu es d'intel-
» ligence avec lui. — J'en suis bien éloignée ;
» mais comment ne pas défendre un jeune
» homme intéressant ?... — Oh ! bien intéres-
» sant, je l'avoue. — Qui paraît être de la
» première distinction. — Je commence à le
» penser comme toi. — Ah ! mon père, si la
» pitié ne vous parle pas en faveur de cet in-
» fortuné, mettez-vous un moment à la place
» d'une tendre mère, dont il est l'amour et
» l'espoir. Faut-il, pour satisfaire à un vain
» point d'honneur, la condamner à des larmes
» éternelles ? — Comment diable, tu parles
» comme un ange ! Jamais cour d'amour n'aura
» eu un semblable président. — Vous insultez à
» ma douleur. Vous serez vengé, puisqu'absolu-
» ment vous le voulez ; mais, je le sens, j'en
» mourrai de chagrin. — Ce serait un peu fort.
» D'ailleurs, il n'est pas condamné encore. Il
» lui sera loisible de se défendre, et comme il
» a de l'esprit.......... — Ah ! je vous entends,
» mon père. Vous satisferez à l'usage, et vous
» lui donnerez les moyens de se sauver, en
» lui faisant de ces questions simples.... Mais,
» mon tendre, mon digne père, s'il répond

» juste ?—S'il répond juste... s'il répond juste...
» —Songez que c'est l'infamie, s'il se trompe.
» — Et qu'il a droit à une indemnité, s'il
» satisfait le tribunal.—Mon père...—Ta main,
» par exemple. — C'est encore un usage, con-
» sacré par le temps. — Il est le père de l'o-
» pinion, n'est-ce pas ? — Et l'opinion est la
» reine du monde. Je crois que je raisonne
» aussi.—Je le vois bien. — Écoute : je n'ai
» pas le talent de prévoir l'avenir ; mais je t'en-
» gage à ne pas mourir, avant l'événement.
» Moi, je vais commander mes hommes d'ar-
» mes, et tout disposer, pour déployer, dans
» cette circonstance, la pompe des premiers
» siècles catalans. »

Il sortit, et laissa sa fille flottant, entre la crainte que Mendoce n'encourût la dégradation, et l'espoir de devoir son bonheur à sa pénétration et à son esprit. La petite sortit aussitôt de son armoire, courut à Séraphine, essuya ses larmes. « Calmez-vous, madame, calmez-
» vous. Je vais achever ce que votre amant
» n'a pas eu le temps de vous dire, et ce que
» la malice, un peu cruelle, de votre père,
» vous a laissé ignorer. Ce beau jeune homme,
» qui vous intéresse tant, et qui vous inspire
» de si vives alarmes, est le fils du comte
» d'Aran.— Du comte d'Aran! du comte d'A-

34.

» ran ! dites-vous ? Ah ! mon cœur, me voilà
» en paix avec toi. Mais, ma chère, d'où
» savez-vous... — Je le tiens de votre amant
» lui-même, que j'ai rencontré dans ses voya-
» ges... — Ah ! que je suis heureuse ! Voilà sans
» doute le fils de ce frère d'armes.... C'est
» lui, c'est lui. La colère de mon père, à
» travers laquelle perçait toujours la gaîté, la
» plaisanterie, la finesse.... Oh ! oui, je pré-
» siderai. Je vous rendrai, seigneur Cerdagne,
» toutes les malices que vous m'avez voulu
» faire. Et mon jeune ami est-il rassuré, sait-il
» de qui il est le prisonnier ? Eh ! madame,
» je lui ai tout dit, en le tirant de son caveau.
» —Ah ! ma petite, ma chère petite, je n'ou-
» blierai jamais les services que tu viens de me
» rendre. »

Dans la situation, où était Séraphine, on ne pense pas au sommeil. Il fallut cependant qu'elle se laissât mettre au lit, par Théodora, qui arriva en grondant, et qui donna ainsi le temps à la petite de regagner son armoire. Mais dès que la vieille fut sortie, la petite vint s'asseoir auprès de la tendre amante ; on passa le reste de la nuit à causer, et vous devinez aisément de quoi on parla. De ce moment, il y eut, dans le château, deux partis bien prononcés, bien opposés, et également disposés à s'amuser l'un de l'autre.

Cerdagne, en quittant sa fille, était allé rejoindre le comte et la comtesse d'Aran, à l'extrémité de sa maison. Il fut frappé, en approchant leur chambre, d'entendre des coups très-forts, des sanglots, des cris étouffés, tout ce qui caractérise un acte de la dernière violence. Étonné, mais toujours prompt à servir ses amis, il tire l'épée, il se hâte, il entre, on s'explique, et il rit.

Nous avons laissé Trufaldin, errant, sans lumière, dans le corridor, que la petite lui avait indiqué, et cherchant sa grosse Inès. Après avoir tâtonné bien des portes, qui toutes se trouvèrent fermées, il parvint à en ouvrir une. Il descend dans une cour; il tourne autour des bâtimens, et ne trouve rien qui annonce que sa belle ait ses occupations et son domicile dans cette partie du château. Il traverse la cour, ouvre une autre porte, se trouve dans un second corridor, entre dans une chambre ouverte, entend ronfler, s'approche d'un lit, il le croit du moins; il avance une main, et recule de quatre pas, en sentant un corps, velu comme celui d'un ours. Avec quelque légèreté qu'il ait touché ce je ne sais quoi, le dormeur se réveille, pousse un long soupir, et saute par terre. Trufaldin veut fuir; le je ne sais quoi vient s'embarrasser dans ses jambes, le renverse, et Trufaldin, en voulant se retenir, accroche une paire de cornes, qui ajoute à son effroi. Comme il ne dépendait pas de lui de se relever aussi promptement, que l'ordonnait sa terreur, et qu'il fallait qu'il se débarrassât provisoirement du je ne sais quoi, qu'il avait entraîné dans sa chute, et qui roulait, avec lui, sur le carreau, il fut obligé de se servir encore de ses mains, et il reconnut, à sa grande satisfaction, que ce qui lui avait fait tant de peur, n'était qu'une chèvre, et le lit, d'où elle était sauté, un tas de paille.

Il tourna par la chambre, et trouva quelques animaux, de la même espèce, qui dormaient d'un plus profond sommeil, et qui ne firent pas le moindre mouvement. Trufaldin conclut, avec beaucoup de sagacité, que cette chambre devait être dépendante des basses-cours, et que les appas de la grosse Inès devaient reposer à quelques pas de là. Il était possible d'entrer chez quelque valet grossier, et brutal; mais Trufaldin se promettait bien, en cas d'*un quiproquo*, de prévenir toutes voies de fait, en criant qu'il avait l'honneur d'appartenir au comte d'Aran. D'ailleurs, il aimait sa grosse; il était sûr d'en être bien reçu, et cela valait bien la peine qu'il hasardât quelque chose.

Il ouvre une chambre voisine, et vingt ou trente agneaux viennent bêler autour de lui, et le confirment dans la persuasion qu'il ne peut être loin d'Inès. D'une troisième, d'une quatrième, d'une cinquième chambre s'échappent des poulets, des pigeons, des lapins, des chiens courans. Les chiens courent après les lapins; les lapins effraient les poules; les poules volent, les pigeons les suivent; le corridor offre, en petit, le tableau de l'arche en désordre. Trufaldin écoute, aucune porte ne s'ouvre. L'écuyer, prompt à tirer des conclusions, pense qu'Inès ni personne ne couche en bas, parce que quelqu'un serait infailliblement sorti au bruit de la chasse générale, que faisait la meute de monseigneur.

Il suit ce corridor, pour trouver un escalier, qui le conduise au but chéri de ses désirs; il est renversé cinq à six fois par les chiens; il écrase deux ou trois agneaux; les poules, qui ont des petits, le relèvent à grands coups de bec; il va toujours, il brave tout; il est amoureux, et il est chez le comte de Cerdagne.

Il arrive enfin à un petit escalier, en forme d'échelle. Il monte, un autre descend. C'est sans doute quelque valet, que le bruit a tiré de sa couchette. Il importe à Trufaldin de passer sans explication; il se cramponne d'une main, il allonge l'autre ; il saisit le bas d'une jambe qui lui paraît tout-à-fait masculine ; il tire de toute sa force ; il envoie, par-dessus sa tête, le valet tomber au pied de l'échelle. Sans s'arrêter aux gémissemens qui frappent son oreille, il monte avec vivacité et poursuit son chemin : l'amour en avait fait un petit crâne.

Il pousse une porte entr'ouverte, la seule qu'il rencontrât ; il entre dans une chambre, il y trouve un lit tout chaud et vide. Ah ! c'est sans doute celui du piqueur que je viens d'envoyer avec la meute. Il sort, il avance ; une porte encore lui barre le chemin ; il tâte, la clef est à la serrure ; il tourne, et la porte ne s'ouvre point ; il pousse fortement avec l'épaule ; les clous qui condamnent cette porte de l'autre côté, ne cèdent point ; mais une planche crie, se détache, Trufaldin la soutient, la pose à terre doucement, et passe par le trou qu'il vient de faire.

Il se trouve dans un corridor, si vaste, qu'il juge devoir réfléchir. Ce corridor devait être un des principaux du château. Cependant, la maison était si grande, qu'on pouvait en avoir abandonné une partie aux filles de basse-cour. La porte, qui ouvrait près de l'escalier en échelle, donnait quelque vraisemblance à cette idée. Il ignorait qu'elle fût condamnée, et, selon lui, elle n'avait résisté que parce que mademoiselle Inès, ou une autre, tirait probablement les verroux, avant de se coucher.

Fort de ce jugement, le pauvre écuyer suit le corridor ; encore une chambre ouverte. Il entre comme il a fait partout. « Est-ce vous, » mon ami ? dit une voix de femme à demi-» éveillée. — Oui, oui, c'est moi. — Ah ! » contez-moi donc ce qui s'est passé depuis » que vous m'avez quittée. » A ces mots Trufaldin ne doute plus qu'il n'ait enfin trouvé sa grosse. Ardent comme un charbon, il ne répond pas ; mais il se déshabille, en un tour de main, et se glisse sous la couverture.

La femme, étonnée de sa pétulance, veut parler ; Trufaldin ne lui en donne pas le temps ; elle soupçonne du micmac ; Trufaldin confirme ses soupçons : c'est Hercule sous l'enveloppe d'un goujat. La femme, convaincue qu'il y a erreur ou attentat, s'agite, se démène, jette l'assaillant de côté, et saute dans la ruelle. Trufaldin l'y suit ; elle se glisse sous la couchette, en poussant les hauts cris ; Trufaldin, à qui tout champ de bataille est bon, poursuit opiniâtrément la dame ; le combat s'engage, sous le lit. La dame pince, mord, égratigne, fait lâcher prise à l'assaillant, et se roule au milieu de la chambre. Dix fois Trufaldin a touché au port, sans pouvoir y entrer. Furieux, et incapable de distinguer la différence des voix et des formes, il redouble d'efforts, et regagne la position avantageuse, qu'il a si souvent perdue, et qu'on lui dispute encore. Les forces de la dame sont épuisées ; elle va céder, involontairement sans doute, et va céder sans pécher, lorsqu'un chevalier paraît inopinément, un flambeau à la main : ce chevalier est le comte d'Aran.

Les cris et la résistance de sa femme lui prouvent évidemment qu'elle n'a pas consenti à son déshonneur. Il ne conçoit pas quel est l'enragé, qui viole une femme de cinquante ans ; mais, quel qu'il soit, il doit être châtié. Le châtiment commence par vingt ou trente coups de flambeau, appuyés sur les reins. La poix, la résine enflammées coulent sur la peau du malheureux Trufaldin, la brûlent, la corrodent. Il se lève, en poussant des cris affreux ; il reconnaît le comte, la comtesse ; il se croit mort, et ne peut prononcer que ces mots : « Je croyais que c'était mademoiselle » Inès. — Inès ou Isaure, coquin, repend le » comte, est-ce ainsi qu'on courtise les dames ? » Tu mérites la mort, et tu vas la recevoir » de ma main. » Trufaldin, à genoux, demandait grâce, et prétendait qu'une méprise n'est pas un crime. Le comte, blessé à l'endroit sensible, avait pris le bâton d'une vieille hallebarde, et répondait aux argumens de l'écuyer, en lui frappant à outrance les fesses, le ventre, l'omoplate, les cuisses, la tête. C'en était fait du pauvre homme, si Cerdagne, qui sortait de chez sa fille, ne fût entré fort à propos.

Il ne sait quel est le drôle qu'il trouve tout nu chez la comtesse ; et qu'on fait périr sous le bâton ; il voit un malheureux, qui ne sait que se plaindre. Il se jette devant son ami ; lui représente que le vainqueur des Maures ne doit point tuer un ennemi sans défense. « Eh !
» reprend d'Aran, cet ennemi est un drôle,
» que je nourris depuis quinze ans, et qui
» m'a fait..... — Non, mon ami, non, répli-
» qua la comtesse, il ne t'a pas fait....... —
» Corbleu ! madame, en êtes-vous bien sûre ?
» — J'en jure par l'amour que j'ai toujours
» eu pour toi.—Vous avouerez du moins qu'il
» s'en est fallu de bien peu de chose. — Ah !
» mon petit, je ne dis pas non. — Seigneur
» Cerdagne, continue Trufaldin, j'honore, je
» respecte madame ; jamais je n'ai levé un œil
» profane sur elle. J'aime mademoiselle Inès ;
» c'est elle que je cherchais, et, je le répète,
» c'est avec elle que je croyais être. — Allons,
» mon cher ami, dit Cerdagne, je ne vois

» pas, puisque tu en es quitte pour la peur,
» qu'il faille assommer ce malheureux. Cepen-
» dant cette aventure est de celles qu'il faut
» ensevelir dans le silence : les rieurs ne se-
» raient pas de ton côté. Voyons, docteur,
» quelle est cette Inès ? mets-nous au courant
» de tout ceci, ou je te fais jeter dans les
» fossés de mon château. »

Trufaldin avait trop d'intérêt à se justifier dans l'esprit de ses maîtres, pour ne pas entrer dans tous les détails, qui pouvaient le disculper. Il raconta comment il s'était lié avec mademoiselle Inès, fille de basse-cour, que Rotrulde avait emmenée pour la servir; comment ils étaient tombés ensemble dans la rivière; comment une oie lui avait fait le tour que vous savez, lorsqu'il cherchait à guérir sa maîtresse de la colique; comment ils avaient été au moment d'être brûlés ensemble; comment il était naturel qu'il la cherchât dans un château, où tout le monde dormait, ou paraissait dormir; comment, en la cherchant, il avait lâché les chèvres, les agneaux, les poules, les pigeons, les lapins et les chiens courans; comment il avait jeté, par-dessus sa tête un valet, qui descendait un escalier en échelle; comment il avait enfoncé une porte; comment, en cherchant une fille de basse-cour, il était entré chez la comtesse, qu'il ne savait pas être au château. « Enfin, mes bons seigneurs, » dit-il, si j'ai cédé à la concupiscence, le » châtiment a été plus loin que la faute, car » enfin je n'ai rien fait, rien du tout, et » mon corps n'est que plaies, que meurtris- » sures. Ah! mon Dieu, mon Dieu, comment » donc faire pour avoir cette fille-là ? »

La narration de Trufaldin avait été assaisonnée de traits, si naïfs et si originaux, que Cerdagne riait aux éclats en l'écoutant, et rit encore lorsque le conteur eut fini. D'Aran prétendait que ces saillies de gaîté étaient très-déplacées. Il ordonna à l'écuyer de prendre ses habits, et d'aller dans le corridor, se mettre dans un état décent. La comtesse avait regagné son lit, et prétendait qu'elle ne reviendrait pas des contusions qu'elle sentait partout, et qui s'étaient multipliées, dans ces combats consécutifs. « Ah ! mon ami, mon » cher ami, vous que j'ai tant aimé, et à qui » j'ai été si fidèle, cette nuit est plus cruelle » que celle où nous essayâmes de donner un » petit frère à Mendoce, et où ce malheureux » ciel de lit tomba sur nous deux. Au moins » c'était vous qui partagiez mes plaisirs et ma » disgrâce ; mais c'est affreux Trufaldin ! quel » gouverneur vous aviez donné à votre fils !

» Il faut pourtant que je convienne qu'il se
» présente joliment.—Bah, bah ! madame, c'est
» bien le moment de penser à ces balivernes. »

« Hélas ! disait Trufaldin, en se rhabillant,
» il faut que je sois né sous une bien triste
» étoile ! Batilde m'a fait cocu vingt fois,
» sans que j'osasse m'en plaindre, et je ne
» puis tenter de m'approcher d'Inès, qu'il ne
» m'arrive quelque chose de funeste. Comment
» diable aussi ai-je été prendre une vieille
» comtesse pour une jeune fille de basse-cour?
» Ah ! dame, le désir, la précipitation...... et
» puis, la nuit, tout cela se ressemble. J'aurai
» mon Inès pourtant, car je l'épouserai pour
» n'en point avoir le démenti, et nous verrons
» si la fatalité, qui me poursuit, empêchera la
» consommation du mariage. »

Qu'eût dit le malheureux écuyer, s'il eût su que le lit, qu'il avait trouvé chaud, était celui de sa maîtresse ; que le prétendu valet, à la jambe masculine, à qui il avait fait faire le saut, était Inès elle-même?

Cependant Cerdagne, en s'efforçant de contenir sa gaîté, en consolant d'Aran et sa femme, en apportant à son ami de l'eau-de-vie camphrée pour bassiner les contusions de madame, Cerdagne pensait à ce valet que Trufaldin avait tué ou à peu près. Il sentit que, pour n'être pas noble, on n'en est pas moins homme, et que tout être qui souffre, a droit au secours de ses semblables. Il prit un flambeau, gagna le diable d'escalier, au bas duquel il vit une grosse fille nue, dont le postérieur avait écrasé un agneau, et qui n'était évanouie que de l'effet de sa frayeur. Cerdagne jugea, qu'à la figure près, Inès méritait les empressemens de Trufaldin et de tout autre, et son premier mouvement fut d'appeler Pédrillo. Il réfléchit, pourtant, que cette aventure était d'un tout autre genre, et pouvait avoir d'autres conséquences que les amours de Séraphine et de Mendoce ; il jugea qu'il fallait laisser ignorer à Inès la cause de sa chute, et mettre Trufaldin dans l'impossibilité de jaser. En conséquence, il appuya contre le mur son flambeau, dont la grosse fille se servirait pour regagner son lit, quand elle aurait repris ses sens. Il entra dans son chenil, où s'étaient retirés ses chiens, fatigués de manger des lampins ; il prit, de ses nobles mains, le baquet où s'abreuvait sa meute ; il le vida sur le corps d'Inès, qui, saisie de cette immersion glaciale, ouvrit les yeux, regarda devant elle, et ne vit pas son seigneur, qui montait l'échelle, derrière elle, aussi lestement qu'un écureuil. Cerdagne retrouva Trufaldin à la même place, assis contre le mur, les mains jointes, tournant ses pouces, et faisant la plus vilaine grimace. Le comte pensa que, puisqu'il avait été discret avec Mendoce, il pourrait l'être encore dans cette conjoncture. Cependant, s'il le laissait libre dans le château, il se ferait panser par quelque valet, à qui il faudrait donner une cause de toutes ces brûlures, et Cerdagne savait que Trufaldin n'était pas d'un esprit inventif. D'ailleurs, en allant et venant, plus tard, il rencontrerait inévitablement le comte et la comtesse, pour qui son aspect n'aurait rien d'amusant : toutes réflexions faites, Cerdagne appela Pédrillo, le chargea d'une terrine d'eau-de-vie camphrée, prit Trufaldin, par l'oreille qui lui restait, le mena à la porte de la tour qu'habitait Mendoce ; Pédrillo ouvrit, poussa dedans l'écuyer et la terrine, referma soigneusement la porte, et fut se coucher, jusqu'à nouvel ordre.

Cerdagne, très-fatigué, jugea à propos de reposer quelques heures ; il engagea d'Aran et sa femme à suivre cet exemple. Ils dormirent tous, comme on dort, lorsqu'on est fortement préoccupé, c'est-à-dire assez mal. Aussi, à la pointe du jour, tout le monde était debout, et même la pauvre Inès, qui était loin de penser que ce fût son amant en personne, cet amant si désiré, si attendu, qui avait failli à la tuer, et qui pourtant ne lui avait fait aucun mal.

Dans l'autre partie du château, on n'était pas levé encore, mais on n'avait pas fermé l'œil, et on n'en était pas moins jolie : pensers de bonheur sont un baume qui rafraîchit le sang. Séraphine et la petite n'avaient pas cessé de jaser. La jolie demoiselle se promettait bien de tourmenter un peu son papa ; mais il était important de prévenir Mendoce de ne s'alarmer de rien, et d'être bien persuadé que sa Séraphine était d'intelligence avec lui. Un billet bien tourné, bien tendre, était écrit depuis deux heures au moins. Il n'y avait qu'une difficulté, c'était de le faire parvenir à son adresse ; et on ne savait dans quel coin du château était enfermé Mendoce.

Le demander était le moyen de ne rien savoir : l'espionnage parut l'unique ressource. Mais comment la petite femme serait-elle partout à la fois ? C'était une autre difficulté. Elle va trouver son mari, qu'elle avait singulièrement négligé, depuis son entrée au château ; elle fit sa paix comme la font des époux, qui s'aiment ou qui en ont l'air ; elle conta au page ce qu'elle savait des aventures de la nuit, et ce qui était résolu pour cette journée. Le page, charmé de pouvoir faire quelqu'espiéglerie, se prêta à tout de la meilleure grâce du monde, et prononça, sans hésiter, que Cerdagne avait trop de confiance en Pédrillo pour qu'il ne fût pas un des meneurs de cette petite guerre.

Cependant il n'était pas prudent que Guzman s'attachât aux pas du vieux domestique : il savait de quoi un page est capable. Il était plus naturel que la petite, qui avait cent prétextes d'aller et de venir, pour les affaires de la maison, se chargeât d'observer le vieillard, pendant que son mari observerait, autant qu'il le pourrait, sans inspirer de défiance, et sans paraître enfreindre l'ordre qui le retenait chez lui. Encore une difficulté, la petite ne connaissait pas Pédrillo.

Mais, quand une femme a adopté un projet, connaît-elle des obstacles qui en empêchent l'exécution ? Celle-ci se mit à trotter par tout le château. Elle avait besoin à la cave, au grenier, à l'office, au garde-meuble. Destinée à seconder Théodora, il fallait qu'elle se mît au courant : ce fut la réponse qu'elle fit à Cerdagne, qui la rencontra, trois ou quatre fois en une heure, et qui eut la bonté de la croire.

Un valet, à cheveux blancs, se trouve nez à nez avec elle ; elle l'aborde de l'air le plus gracieux, et lui dit que, sur le bien qu'elle a entendu dire, elle avait conçu le plus vif désir de faire connaissance avec le respectable Pédrillo. « Hélas ! reprend le valet, je suis vieux

» comme Pédrillo ; mais je n'ai pas, comme
» lui, l'honneur de posséder la confiance du
» maître, et d'éprouver tous les jours sa géné-
» rosité. — Je suis persuadée, mon ami, que
» vous méritez l'une et l'autre, et je me ferai
» un vrai plaisir de vous recommander. —
» Grand merci, petite et charmante dame. —
» Mais faites-moi donc connaître ce trop for-
» tuné Pédrillo. — Oui, trop fortuné, car enfin
» qu'a-t-il fait plus qu'un autre ?...... Tenez,
» tenez, le voilà qui file, en tapinois, au
» bout du corridor. Je vous assure que mon
» zèle.... mes services.... mon..... » La petite
n'avait plus besoin de lui, elle était déjà bien
loin.

Les domestiques, qui servaient dans l'intérieur
du château, étaient toujours consignés dans
leurs chambres ; les palefreniers, les piqueurs,
les valets de chiens, avaient seuls reçu l'ordre
de reprendre des fonctions, qu'ils exerçaient à
l'extérieur, ou dans des parties éloignées du
lieu de la scène, et c'était un de ces messieurs
que la petite avait eu le bonheur de rencontrer.

Elle traversa le corridor que suivait Pédrillo,
en chantant, et en tenant, en évidence, un
plateau, chargé de conserves qu'elle portait,
n'importe où. Elle tourne la tête du côté du
vieillard, et passe rapidement ; elle avait pour-

tant fait ses remarques. Pédrillo tenait un panier, très-probablement garni de vivres, et il marchait vers une porte, qui était au fond du corridor.

Le rusé vieillard avait entendu et vu la petite. Il avait trouvé extraordinaire qu'elle apportât des conserves d'une partie de la maison, où on n'en avait jamais mis. Il ne se doutait pas que la petite eût encore parlé à Séraphine, et cependant il eut des soupçons. Il était essentiel que le jeune homme ne s'évadât point, et les plus faibles moyens sont quelquefois les plus sûrs. Pédrillo ne prévoyait point comment la petite préparerait une évasion; il ne jugeait pas même qu'elle y eût le moindre intérêt; mais les conserves étaient suspectes, et Pédrillo ne se souciait pas de voyager quinze jours, pour ramener le seigneur Mendoce.

Cependant après s'être assuré que les corridors étaient libres, le vieillard ouvrit les deux premières portes, passa un excellent déjeuner, par le guichet de la troisième, referma toutes ses serrures, et fut faire part de ses soupçons à Cerdagne. Le comte crut faire un coup de maître, en consignant aussi la petite : il s'était à peine écoulé un grand quart d'heure, et l'heureux amant de Séraphine tenait déjà le tendre billet.

La petite avait conté, en quatre mots, à son mari, ce qu'elle avait observé; elle avait dépeint, aussi brièvement, les corridors qu'elle avait traversés, et une petite cour carrée, entourée des écussons du maître, et qui donnait sur le corridor que suivait Pédrillo, avait éclairé maître Guzman. « Ma bonne amie, ma
» bonne amie, il est dans la tour qui sert de
» prison aux pages. Trois chambres l'une sur
» l'autre, que je connais pour les avoir habitées
» en trois mois.... Donne-moi ton billet. — Tu
» as donc une clef de cette tour? — Non. — Et
» par où entreras-tu? — Je n'entrerai point. —
» Que feras-tu donc? — Tes jarretières, tes
» lacets, tes rubans; noue-moi vite tout cela
» ensemble, attache le billet à l'un des bouts.
» Je monte dans le grenier, qui est au-dessus
» de nous ; de celui-là, je passe dans un autre ;
» je sors par la lucarne......... — Tu te tueras,
» malheureux ! — Non. Je descends par une
» pente assez douce, sur la terrasse de la tou-
» relle; je descends le billet, le long des croi-
» sées, qui sont l'une sous l'autre, et Mendoce
» le prendra, par la fenêtre de la chambre, où
» il se trouvera. »

Aussitôt dit, aussitôt fait. Mendoce étourdi, gai, mais sensible et bon, plaignait, consolait, pansait son pauvre Trufaldin, lorsque le billet,

suspendu à une attache légère, vint voltiger devant sa fenêtre. Il ne douta point que sa tendre Séraphine ne se fût occupée de lui. Il brûlait de tenir le précieux parchemin ; mais la fenêtre était à dix pieds de terre, et c'est ce qu'avait oublié l'obligeant, et trop pétulant page. « Comment faire, bon Dieu ! Ne pas
» prendre ce billet ! renoncer à une consola-
» tion si nécessaire à un captif ! Allons,
» Trufaldin, un peu de courage, mon ami,
» viens ici, et je sauterai sur tes épaules. —
» Mais, seigneur.... — Hé ! viens donc, bour-
» reau. Si la main bienfaisante qui me présente
» ce vélin allait se retirer !....... Viens, viens
» donc. » Le billet est pris, lu, relu, baisé, baisé encore, et Guzman est heureusement rentré chez lui, quand Pédrillo vient, de la part de monseigneur, ordonner à la petite de garder les arrêts.

Une précaution en amène une autre. Les archers qui avaient conduit Mendoce à la tour, pouvaient jaser avec les domestiques : on interrompit encore toute communication entre le corps-de-garde et le château. Il était temps! Oh ! l'amour fera toujours des dupes.

Cependant tout se disposait pour la tenue de cette cour d'amour, qui devait rappeler ce qu'on avait vu de plus fameux, en ce genre, à Avignon, à Pierre-Feu, à Romanin, sans compter cette fameuse cour d'amour, tenue par la reine Berthe, pour juger le chevalier Robert. C'est ce tribunal qui connaissait de toutes les injures faites aux belles; qui n'offrait qu'un jeu d'esprit, lorsqu'il n'était question que de bagatelles; mais qui punissait par la dégradation et même par la peine de mort, les chevaliers qui s'étaient portés aux derniers outrages. Ces cours étaient ordinairement présidées par les plus grands seigneurs du pays, qui, pendant la session, s'appelaient *princes d'amour*. Les juges, les assesseurs, les hérauts d'armes étaient choisis parmi les femmes les plus qualifiées et les plus jolies du canton. Les formalités, les cérémonies, tout respirait la plus noble galanterie, et, si on convient de l'influence, qu'a toujours eue le sexe, sur les mœurs des hommes, on avouera que ces siècles étaient ceux de l'ignorance, et non pas de la barbarie.

Le but de Cerdagne était de faire à Mendoce une peur, qu'il n'oubliât de sa vie, et qui le rendît sage. Il n'osait se flatter que sa fille seule opérât ce prodige, et, avec un homme comme Mendoce, on ne pouvait rien attendre que de la raison cachée sous la forme des grâces, et embellie par le sentiment.

Déjà sept à huit piqueurs étaient partis pour

avertir une cinquantaine de gentilshommes les plus voisins, qui devaient arriver, dans la journée, armés de pied en cap. Des palefreniers conduisaient des mules aux plus jolies des vassales de monseigneur, qui avait, pour les habiller magnifiquement, la garde-robe tout entière d'une épouse, qu'il avait tant aimée. Pédrillo avait reçu l'ordre d'arranger, avec la plus grande pompe, la salle où s'assemblaient les officiers hauts-justiciers du comte, et le comte, qui avait besoin de Théodora, pour pousser vivement Mendoce, était allé, en personne, lui donner ses instructions. « Bonjour, ma
» chère Théodora. — Eh bien! seigneur, qu'y
» a-t-il de nouveau? Allez-vous mettre ma
» patience à de nouvelles épreuves? — Toujours
» grondeuse Théodora! — Il y a long-temps que
» vous le savez. — Et que je m'en plains. Au
» reste...... — On ne change plus à quarante
» ans ; j'achève votre pensée. — Je vous en
» remercie. — Au fait, seigneur, que me vou-
» lez-vous? — Je viens vous proposer de vous
» charger d'un grand rôle. — Ah! ah! et de
» quel genre est ce rôle? — Un insensé, un
» téméraire a manqué de respect à ma fille, et
» je veux l'en punir. — Ah! vous en revenez
» à mon sentiment. Je le savais bien qu'on
» m'écouterait à la fin. Et de quel genre de

» mort le punirez-vous? — Comment, de quel
» genre de mort? — Allons, n'allez-vous pas
» ménager un paltoquet, qui a l'insolence de
» plaire; qui entre chez vous par un soupirail,
» et qui m'enferme dans un caveau au vin.
» Votre haut-justicier, ses conseillers, ses gens
» de plume sont-ils avertis, sont-ils arrivés?
» l'audience va-t-elle s'ouvrir? — Je n'ai besoin
» d'aucun de ces gens-là. — Ah! vous le ferez
» expédier sans formalités : c'est plus bref.
» Mais quel rôle jouerai-je donc dans tout
» ceci? — Voulez-vous me faire la grâce de
» m'entendre? — Eh! je ne fais que cela. —
» Il me semble, au contraire, que vous m'in-
» terrompez, à chaque mot. — Je suis muette.
» Voyons vite le rôle que vous me destinez.
» — Je convoque une cour d'amour. — C'est
» une misère que cela. — C'est tout pour un
» homme d'honneur. La dégradation de la
» chevalerie..... — Et s'il n'est pas chevalier?
» — Il l'est. — Mais son valet, au moins.....
» — Oh! nous verrons ce qu'on en fera. Je
» convoque donc une cour d'amour, et ma
» fille présidera. — La belle idée! — A la ri-
» gueur, je devrais me nommer prince d'amour;
» mais je suis le seul ici qui sache lire et
» écrire; ainsi je me charge de la partie des
» écritures. — Mais votre fille ne condamnera

» pas un homme, que je la soupçonne fort
» d'aimer. — Elle n'a pas le droit de l'absou-
» dre : d'ailleurs, je lui donne, pour rappor-
» teur, quelqu'un qui n'a jamais plaisanté, et
» que je crois incorruptible. — Et qui, s'il
» vous plaît ? — Théodora. — Rapporteur, moi?
» Je suis rapporteur! Ah ! quel rapport je vais
» vous faire! Je sais par cœur celui qu'on pro-
» nonça, dans la fameuse affaire de Pierre de
» Provence et de la belle Maguelone. Il n'y aura
» que quelques mots à changer. Ah çà, et qui
» proposera les questions à résoudre par le dé-
» linquant ? — Moi. — Il faut ici des questions
» bien entortillées, bien obscures ; des ques-
» tions..... — Insolubles, n'est-ce pas ? — Inso-
» lubles, c'est le mot. — J'en ai trouvé dans les
» procès-verbaux des cours d'amour d'Avignon,
» de Pierre-Feu, de Romanin. — Bon, et dé-
» gradé à la minute, s'il répond de travers. —
» Je vais vous envoyer des habits magnifiques.
» — Bien. — Pédrillo vous servira à dîner dans
» votre chambre ; ainsi rien ne vous empêchera
» d'être prête, quand on viendra vous avertir. »
Cerdagne s'en fut dîner, en petit comité,
avec monsieur et madame d'Aran. Il leur parlait de ses dispositions magnifiques, comme
d'une chose, qui devait lui faire autant d'honneur, qu'elle serait utile à leur fils. « Je veux

» voir cela, disait le comte d'Aran. Vous me
» prêterez encore votre armure bien complète,
» et je me mêlerai parmi vos hommes d'armes.
» — Mais, mon cher Cerdagne, reprit la com-
» tesse, savez-vous que je n'approuve pas trop
» votre projet ? — Et pourquoi cela, madame ?
» — Mon fils a de l'esprit, beaucoup d'esprit,
» infiniment d'esprit, et cela est incontestable.
» Mais si l'aspect imposant de l'assemblée, un
» mouvement de frayeur, une distraction, le
» faisaient répondre de travers, il perdrait la
» noblesse, lui, plus noble, bien plus noble
» que le roi d'Aragon, et l'unique espoir de
» notre postérité. — Il ne perdra rien, madame.
» — Mais les arrêts des cours d'amour sont sans
» appel. — Oui, quand elles sont compétentes.
» Celle-ci est composée de moi, de ma fille, de
» ses femmes, de mes vassaux, et bien certai-
» nement, on ne peut être, à la fois, juge et
» partie. Nos jeunes gens et les autres, qui
» ignorent les plus simples élémens du droit
» naturel, ne s'aviseront pas de récuser le tri-
» bunal ; mais je le casserai, moi, de mon
» autorité privée, si je vois les choses tourner
» mal. — Vous me rassurez, cher comte, et
» bien qu'excessivement fatiguée, je veux être
» présente aussi. Le cher enfant ! je ne l'ai pas
» vu depuis six ans. — Moi, je l'ai embrassé,

» et le coquin a pris mes larmes paternelles pour
» de la pituite. — Mais, madame, reprit Cer-
» dagne, votre fils vous reconnaîtra. — Je pren-
» drai un habit de matrone et un grand voile
» noir. — Théodora a votre affaire. — Je me
» mêlerai parmi les conseillères. — Fort bien.
» — Et j'opinerai contre mon libertin de fils....
» si, pourtant, je peux résister à l'envie de
» l'embrasser à mon tour. — Ah! résistez, ma-
» dame, par grâce, résistez; vous gâteriez tout.
» — Ah çà, cher comte, comment finira la
» séance? — Hé, parbleu! par ce que nous
» désirons tous. La procédure sera suivie d'un
» bal, le bal d'un gala, et, de la table, à l'au-
» tel. Puisse votre fils, rendre ma Séraphine
» heureuse! et, ma foi, je l'espère. Il est
» étourdi, comme je le fus à son âge; mais il
» a le cœur bon comme moi. J'ai dû beaucoup
» à ma femme, de glorieuse mémoire, et j'aime
» à me persuader que la sienne le ramènera.
» — Ainsi soit-il, cher comte. — Hé! mais,
» quel bruit entends-je dans mes cours? »
Cerdagne se lève, sort et revient. « C'est une
» cinquantaine de mes hommes d'armes, cou-
» verts de leurs plus riches armures ; ce sont
» les plus jolies de mes vassales, que des ha-
» bits somptueux vont rendre plus belles encore.
» Pédrillo? — Monseigneur? — Fais mettre

» les chevaux de bataille dans mes écuries ;
» conduis les maîtres à la salle à manger ; sers-
» leur ce que tu trouveras de mieux, et en-
» voie-moi la femme de Guzman. Ah ! va
» prendre un habit de duègne complet chez
» Théodora, et apporte-le à madame la com-
» tesse. Passe à mon arsenal, et prends-y l'ar-
» mure que le comte a endossée, le jour que
» l'espiègle a pénétré jusqu'à moi. Ah ! va dans
» mon cabinet ; ouvre mon grand bureau noir ;
» prends l'écrin de madame de Cerdagne ;
» porte-le à Séraphine, et dis-lui de ma part
» de charger de diamans sa coiffure et ses habits.
» — Ah ! je vous en prie, monseigneur, ne
» m'ordonnez plus rien. — Non, que de faire
» sortir tous mes gens des arrêts ; de conduire
» un détachement de mes hommes d'armes à
» la tour, pour amener l'aimable prisonnier,
» quand il en sera temps. Tu t'iras coucher après,
» si tu veux ; je t'y engage même, car il est au
» moins inutile que Mendoce te reconnaisse. »

Le comte et la comtesse d'Aran, sont tra-
vestis. La bonne dame, exténuée de la façon
de Trufaldin, essaie de marcher par la chambre, appuyée sur une canne en béquille ; la
petite vient prendre, en riant, les ordres de
monseigneur ; monseigneur, qui aime les femmes gaies, la prie, en riant aussi, et sans

savoir pourquoi, de faire rafraîchir ses vassales; de les conduire à la salle haute, entourée d'armoires, où sont les habits de cour de feue madame la comtesse; de les distribuer selon l'âge, la taille, la grosseur; de faire les pinces et les replis nécessaires, et surtout de mettre à cela autant d'ordre, qu'on en a mis depuis au magasin de l'Opéra.

La petite part en sautant; Cerdagne sort, donne un signal à son nain, et aussitôt les cornets à bouquin, les trompettes, la grosse cloche de la chapelle, celle qui appelle les commensaux à dîner, le carillon de la grande horloge, les tambours, tout sonne et joue à la fois. Quel dommage qu'il n'y eût pas alors de canons! Tous ceux qui étaient dans le château fussent devenus sourds pour la vie. Le bruit de ce concert infernal pénétra jusqu'aux bas-fonds de la tour, où gisait Trufaldin. Il sauta, malgré ses douleurs, du lit que son bon maître lui avait abandonné, et il s'écria : « Voilà les in-
» quisiteurs de Pallarols qui viennent prendre
» leur revanche! — Toujours poltron? — Et
» malgré cela toujours battu. Si vous l'aviez
» été comme moi, vous auriez peur de votre
» ombre. — Imbécile! tu ne vois pas que le
» futur beau-père veut s'égayer à nos dépens.
» — Que le diable m'emporte si je ris de ces

» essais-là. — Mais, bélitre, je t'ai lu le billet,
» le doux, le charmant billet de l'adorable Séra-
» phine! — La belle caution! les amans voient
» tout de travers, et j'en ai su quelque chose,
» quand j'ai pris madame votre mère pour
» Inès. — Faquin, s'il t'arrive jamais de dire
» un mot de cette impertinence, à moi, à qui
» que ce soit au monde, à Inès même, je te
» coupe l'oreille qui te reste. — J'entends bien,
» monseigneur, et je ne vous en parle que pour
» vous prouver... — Paix. — Qu'un roturier.... —
» Paix. — Se trompe comme un noble, et un
» noble comme un roturier. — Paix, paix, pour
» la dernière fois, paix! — Ah! mon Dieu! on
» ouvre les portes. — Et sans cela comment
» sortirions-nous? — Vous vous tirerez d'affaire,
» vous, et moi.... — Et toi, qu'as-tu à craindre
» chez le comte de Cerdagne? — Mais j'étais
» chez lui, quand votre père m'a si bien étrillé.
» — Je t'aurais tué, à sa place; ne me romps
» pas la tête davantage. »

Les portes s'ouvrent en effet. Dix à douze hommes d'armes, couverts de fer, la visière basse, et la lance en arrêt, ordonnent à Mendoce de les suivre. « Un moment, messieurs,
» j'ai là un petit miroir d'acier, qu'il faut que
» je consulte. Je ne paraîtrai pas, quoi que vous
» fassiez, dans le désordre où me voilà. — Al-

» lons, presto, dit un homme d'armes en gros-
» sissant sa voix. — Ah! monsieur le bourru,
» reprit Mendoce, en arrangeant les crevasses
» de ses manches et de son haut-de-chausses ;
» en donnant une tournure élégante aux bou-
» cles de ses blonds cheveux, ah! monsieur
» le bourru, je vois bien que vous n'êtes pas
» amoureux. — Presto, seigneur, prestissimo.
» — Si nous étions, tête-à-tête, en rase cam-
» pagne, je vous presserais bien autrement. —
» Vos armes tomberaient devant moi.— Diable!
» — Elles tomberaient, vous dis-je. » En effet,
c'était son père qui lui parlait.

Mendoce sortit de sa tour, en levant les
épaules devant le bourru, en se caressant le
menton, et en arrangeant les plis de sa fraise.
On ne saurait penser à tout, et Cerdagne n'a-
vait pas donné d'ordres au sujet de Trufaldin.
L'écuyer, qui ne se souciait pas de rester seul
dans la tour, se mit à côté de son maître, et
marcha avec lui, entre deux escouades de ces
hommes bardés de fer, qui les conduisirent,
au petit pas, et au son des trompettes, dans
la salle où s'était établi le tribunal.

Sur les côtés, étaient des banquettes, couvertes de draperies écarlates, relevées en bosse
d'or. Sur ces banquettes étaient assises vingt
ou trente femmes, plus jolies les unes que

les autres, et parées de tout ce que l'art peut ajouter à la beauté. Dans le fond était un fauteuil à bois doré, couvert de coussins cramoisis, chargés de galons et de crépines d'argent; ce siége était occupé par Théodora, travestie en rapporteur. Au milieu de l'audience, était le comte de Cerdagne, vêtu d'un tissu d'or, relevé d'une broderie en argent. Il était assis devant une table couverte d'un tapis et chargée de papiers. A côté du fauteuil de Théodora, était un dais surmonté de plumes, à rideaux de velours vert, retroussés avec des glands d'or. Le fond présentait, en grand, les armes de la maison de Cerdagne, brodées à l'aiguille, et du travail le plus parfait. C'est sous ce dais, que paraissait Séraphine, élevée au-dessus des autres femmes, plus encore par ses charmes que par le rang. La soie ondoyante eût laissé deviner ses formes, si les pierres précieuses, qui les couvraient, n'eussent ébloui l'œil le plus téméraire et le plus perçant. Derrière le dais étaient rangés les hommes d'armes, qui s'étendaient circulairement le long des banquettes. En avant de Cerdagne, une balustrade, en cuivre doré, séparait le tribunal de l'auditoire, composé des vassaux roturiers, et des domestiques du comte. C'est parmi eux qu'étaient cachés Pédrillo, Rotrulde, Inès,

Guzman, la petite, et ceux à qui il était défendu de se laisser voir.

Mendoce ne put se défendre, en entrant dans cette salle, d'un mouvement de respect et d'admiration, et dès qu'il parut, il fixa tous les regards. Beau comme l'Apollon du Belvéder, fait comme lui, il portait un habit de satin blanc, à crevasses couleur de rose. Des bottines d'un vert clair, un petit chapeau, de la même étoffe que ses crevasses, surmonté de plusieurs plumes, qui badinaient au gré de l'air........ Ses grâces et son air modeste complétaient sa parure.

Il traverse la salle, frappé du silence profond, qui règne autour de lui. En passant devant Séraphine, il met un genou en terre, et se recueille, un moment, devant la divinité qu'il adore. Fort de ses promesses, et disposé à la seconder, quoi qu'elle fasse, il se tient debout, à la place qu'on lui désigne, et Trufaldin le suit pied à pied : il est devenu l'ombre de son maître.

Cerdagne n'avait pas prévu que monsieur l'écuyer accompagnerait Mendoce. Sa présence ne lui plut pas du tout. En effet, le bavard pouvait répondre, aux interrogations, qu'on lui adresserait, certaines choses, d'un rapport trop direct à certaine aventure, qui ne pouvait pas flatter certain comte. Mais enfin ce diable d'écuyer était là ; Cerdagne ne pouvait le renvoyer sans entrer dans certains détails. Il jugea à propos de laisser là Trufaldin ; mais il se promit bien de ne pas toucher la corde délicate.

Mendoce regarde Séraphine. L'air sérieux de la demoiselle l'avertit de garder celui qu'il avait pris d'abord. Théodora se leva, de l'air le plus important, et se disposa à parler : « Un mo-
» ment ! s'écria Trufaldin. — Silence ! dit un
» héraut d'armes. — Je parlerai, morbleu !
» — Silence, silence ! — Oui, quand j'aurai
» fini...... Vous saurez que je ne mérite pas
» l'honneur d'être jugé par une cour d'amour ;
» que je ne suis pour rien dans cette affaire ;
» que mon maître est un fou, qui n'a pas
» voulu m'écouter ; que vous en ferez ce qu'il
» vous plaira, et que je vais vaquer à mes
» affaires. »

En finissant ce burlesque plaidoyer, Trufaldin traverse la salle, en courant, et les hommes d'armes courent après lui. En dépit de ses brûlures, il sautait la balustrade, et allait se faire jour, à coups de poing, à travers la valetaille, lorsque le comte d'Aran, qui lui en voulait, et très-fort, l'arrêta par le talon, le jeta, le nez par terre, et le reconduisit à sa place, le

fer de sa lance dans les reins. « Encore un
» accident, disait Trufaldin, en se frottant le
» visage. Il n'y a pas de raisons pour que cela
» finisse. »

Malgré le grand sérieux qu'affectait Mendoce,
il était difficile, qu'ennuyé de la lenteur de
Théodora, il ne revînt un peu à son caractère. « Allons donc, dit-il, aimable rapporteur,
» voyons les griefs à ma charge. — Du respect
» pour vos juges, répond Théodora en fron-
» çant le sourcil. — Vous êtes sans doute très-
» respectable. — N'oubliez pas, dit Séraphine,
» avec dignité, que c'est moi qui préside. »
Mendoce ne répond que par une profonde révérence. Diable! disait à part lui Cerdagne,
ma fille a le ton magistral. « La session est
» ouverte, reprend Séraphine. Voyons, ma-
» dame, votre rapport. »

Théodora, toujours debout, attendait, avec
impatience, le moment de faire briller son éloquence. Elle passe la langue sur ses lèvres; elle
baisse les yeux, elle les relève, et commence.

« Quand je me remémore tant de romans
» fameux, qui font les délices de nos soirées
» d'hiver; quand j'y vois des chevaliers brûler,
» trente ans consécutifs, d'un amour respec-
» tueux, et ne baiser la main de leurs prin-
» cesses qu'après les épousailles; quand j'y vois

» arracher le baudrier et les éperons au témé-
» raire, qui exprime, simplement, un désir
» injurieux, que dirai-je de celui qui est l'objet
» d'une procédure qui va fixer l'attention de
» tout le monde chrétien?

» Rappellerai-je au tribunal, des félonies,
» malheureusement trop connues? Un nom sup-
» posé, un père menacé, un asile violé... Non,
» je ne retracerai pas des crimes dont la seule
» idée fait frémir d'indignation tous les hono-
» rables membres. J'applaudirai, je partagerai
» ce sentiment, garant terrible et sûr de la pu-
» dicité du sexe, et je terminerai en quatre
» phrases. »

Ah! bon, dit Trufaldin en lui-même, elle ne conte pas à ces dames que j'ai eu l'honneur de coucher avec la comtesse. Gardons-nous bien d'en dire un mot.

Théodora tousse, crache, se mouche et se résume.

« Il est constant, il est avéré que ce chevalier
» déloyal est coupable, au premier chef, d'après
» les statuts de la chevalerie: il est donc évident
» qu'il a encouru la dégradation. Cependant la
» cour, dans sa clémence, lui accorde la fa-
» culté de se défendre, et son honneur dépendra
» de la manière dont il va répondre aux ques-
» tions qui lui seront proposées. »

Ici, Cerdagne regarde son gendre en dessous, en ayant l'air de feuilleter ses paperasses. Ici, Mendoce prend un air pensif, et même timoré. Ah, ah! se disait le beau-père, le fripon ne rit plus; il commence à avoir peur. Je savais bien que je le corrigerais. Le cher comte ne s'apercevait pas qu'à chaque instant, Mendoce fixait Séraphine, la devinait au coup d'œil, et s'arrangeait un visage selon le vœu de sa charmante maîtresse.

« Quant au valet, complice de ces projets
» audacieux, reprend Theodora, il ne mérite
» pas, ainsi qu'il l'a observé lui-même, l'hon-
» neur d'être jugé par une cour d'amour. — Ah!
» grand merci, bonne dame. — Je conclus
» à ce qu'il soit livré à la justice ordinaire du
» seigneur de Cerdagne, et pendu dans les vingt-
» quatre heures. — Voilà une femme bien en-
» diablée après moi. Ça vous parle de pendre
» un homme, comme un ivrogne de casser une
» bouteille vide. Quoi! parce qu'il m'est arrivé
» cette nuit, de prendre une dame pour une
» grisette.... Aïe, aïe, aïe! finissez donc, mon-
» sieur l'homme d'armes, je peux défendre mon
» cou, peut-être? » C'était encore le comte d'Aran qui, pour faire taire Trufaldin, lui piquait le derrière avec sa lance. « Si tu ajoutes la
» moindre chose sur la grisette ou la dame, dit

» Cerdagne, d'un air courroucé, tu seras pendu
» sans formalité.—Seigneur Mendoce, mon cher
» maître, plaidez ma cause, au moins; tirez-
» moi des mains de ces gens-là. — Mon pauvre
» Trufaldin, je n'ai pas la parole. — Il faut la
» prendre, morbleu ! — Silence ! crie le héraut.
» — Silence, silence ! » Je voudrais vous y voir.
» Vous vous laisseriez pendre sans rien dire,
» n'est-ce pas ? » Puis s'adressant de nouveau à
Mendoce : « Et vous qui perdez la parole, quand
» il n'est question que de vos éperons et de
» votre baudrier, vous aviez bien besoin de
» me fourrer dans ce galimatias. Seigneur Cer-
» dagne, ayez pitié d'un pauvre diable, qui ne
» vaut pas le cordon ; renvoyez-moi ; mariez
» votre fille comme vous l'entendrez, et si
» j'approche seulement de vos frontières.....
» — Il me semble, poursuivit Cerdagne, que,
» sans être justiciable de la cour, le valet
» peut suivre le sort de son maître. — A la
» bonne heure, dit Théodora, et je retire la
» dernière partie de mes conclusions : con-
» damnés ou absous ensemble.

» — Condamné à perdre mes éperons, reprit
» Trufaldin.... Ah ! parbleu, les voilà, et les
» bottines aussi. Je vous salue, et je m'en vais. »
Il jette ses vieilles bottes au milieu de la salle,
et se remet à courir. Il trouve partout la pointe

de la lance du comte d'Aran, redevenu leste, par le désir de se venger, et l'écuyer est encore forcé de se remettre à sa place.

Tous ceux qui étaient dans le secret se pincèrent les lèvres, pour ne pas éclater. Inès seule, Inès, tremblant pour son écuyer, murmurait, se plaignait, et allait adresser au tribunal des remontrances telles quelles, lorsque Pédrillo, qui avait l'œil à tout, qui prévoyait tout, et qui parait à tout, prit la grosse fille par la main, et la mit à la porte.

Cerdagne, bien remis, reprit la parole : « J'ai
» proposé, dit-il, que les deux coupables fus-
» sent condamnés ensemble; mais je n'ai pas
» entendu qu'ils subissent la même peine. Tru-
» faldin, tu es le plus âgé, tu n'es pas sot,
» et tu as sans doute été l'instigateur de tout
» ceci. — Non, par saint Pancrace! Seigneur
» Mendoce, rendez-moi au moins cette justice. »
Théodora, qui ne demande qu'à déployer la sévérité de son emploi, déclare que, d'après la sentence de l'officier de plume, elle persiste à la peine prononcée contre le valet.

« L'enragée n'en démordra pas, s'écrie l'é-
» cuyer. Au moins, seigneur Mendoce, n'allez
» pas répondre de travers. »

Jusqu'alors la belle, la sensible Séraphine avait gardé le silence. Elle crut qu'il était temps

d'exercer ses fonctions, et s'adressant à Mendoce de l'air le plus sérieux. « Vous avez en-
» tendu, dit-elle, ce dont on vous accuse,
» qu'avez-vous à dire pour vous justifier?—Je
» ne puis nier les faits qui me sont imputés.
» —Que diable, on nie toujours, dit Trufal-
» din. —Écrivez qu'il avoue, reprit Théodora.
» —Mais, continue Mendoce, je demanderai
» à tous ceux qui verront Séraphine, s'il est
» possible d'écouter sa raison auprès d'elle, et
» si le délire, qu'elle a fait naître, ne doit
» pas trouver grâce à ses yeux.
» —Voilà, s'écrie, d'une voix aigre, la dame
» rapporteur, voilà un argument bien tourné.
» C'est-à-dire que si elle était votre femme,
» il serait permis de l'aimer à tous ceux qui la
» verraient; il leur serait loisible de faire les
» extravagances qui leur passeraient par la tête,
» sans qu'elle, ni vous puissiez le trouver mau-
» vais, et cela parce qu'elle a de beaux yeux!
» Vous ne vous tirerez pas d'affaire par-là,
» mon cher ami. »

Bien, fort bien, disait tout bas Cerdagne, et il se frottait les mains, et il sautait sur l'humble pliant, qu'il avait pris en qualité de greffier. « Je suis, dit Séraphine, plus sérieuse que ja-
» mais, je suis de l'avis du rapporteur. Cette
» réponse du chevalier, faite avec réflexion,

» est plus offensante, peut-être, que les dé-
» marches qui l'ont précédée. »

Cerdagne ne saute plus, les bras lui tombent, et il ne conçoit pas que sa fille, qui a fait l'aveu de sa tendresse, poursuive aussi son amant. Pendant qu'il s'étonne ; qu'il réfléchit à la bizarrerie des femmes, Théodora, qui ne perd pas son objet de vue, requiert l'homme de plume d'écrire que l'accusé n'a rien à dire pour sa défense, et de passer de suite aux trois questions d'usage.

Ici la crainte, l'inquiétude, les alarmes de Trufaldin redoublent. Il s'approche de l'oreille de son maître : « Tenez-vous bien, au moins ; » ce n'est pas un jeu d'enfant que ceci. »

Cerdagne lève la tête, et propose la question suivante, avec toute la solennité, qu'il peut mettre dans son maintien, et dans sa voix.

« Quel est celui qui produit sans cesse, et » qui sans cesse dévore ses enfans ? »

Mendoce réfléchit ; sa mère, cachée derrière le dais de Séraphine, tremble qu'il ne compromette sa réputation d'homme d'esprit ; son père s'aperçoit, avec plaisir, que le jeune homme ne marque aucun embarras, et, comme il n'est pas de sot qui ne soit plein de confiance en sa pénétration, Trufaldin réfléchit aussi de son côté.

« Quel est celui, reprend Cerdagne, qui
» produit sans cesse, et qui sans cesse dévore
» ses enfans? — C'est un lapin, s'écria Tru-
» faldin. — C'est le temps, répond modeste-
» ment Mendoce. — Parbleu, dit Cerdagne,
» d'un air de satisfaction, voilà précisément
» ce que répondit Lancelot à la cour d'amour
» de Pierre-Feu. »

Il allait motiver la validité de la réponse, lorsque la dame au grand voile noir, enchantée de la sagacité de son fils, quitta sa cachette, et courut à lui les bras ouverts. Cerdagne se leva précipitamment, lui prit respectueusement la main, et la conduisit derrière le président. Quelle est donc, se disaient tous les assistans, d'Aran et Pédrillo exceptés, quelle est cette femme à qui le comte marque tant d'égards?

Ce petit incident avait suspendu la discussion, mais n'avait pas détourné Séraphine de son objet. Elle voulait intriguer son père à son tour, et, rappelant l'attention sur la réponse de Mendoce, elle soutint qu'elle était fausse, et de toute fausseté.

Cerdagne commença à trouver l'opiniâtreté de sa fille plus qu'extraordinaire, et il devint, sans s'en apercevoir, le défenseur de celui qu'il avait poursuivi : « Comment, dit-il, ce
» n'est pas le temps qui produit sans cesse,

» et qui sans cesse détruit ses enfans ? — Non,
» seigneur. Le temps détruit sans doute, mais
» la nature seule a la faculté de produire. —
» Ces dames, reprit Théodora, sont sans doute
» de l'avis du président? » Ici toutes les bachelettes se lèvent *spontanément*.

« Écrivez, poursuivit le rapporteur, que
» l'accusé ne sait ce qu'il dit. — Prenez donc
» garde à ce que vous faites, dit Trufaldin à
» son maître; que diable, vous allez me faire
» pendre. »

Cerdagne écrivait de fort mauvaise grâce,
et de plus mauvaise humeur. Il fixa, alternativement, sa fille et Mendoce, ne remarqua
aucun signe d'intelligence, pas la moindre
marque de gaîté, et passa à la seconde question:

« Quel est le plus parfait des deux sexes? »

« Ah! par exemple, reprit Mendoce, voilà
» une question tout au plus propre à embarrasser des enfans. — Un moment, s'écria Trufaldin, consultez-vous un peu. On n'est pas de
» cette étourderie-là. Je vois bien que vous ne
» risquez que des éperons.

» — Quel est, répète Cerdagne, le plus parfait des deux sexes ? — Le féminin pour un
» homme galant; le masculin pour une femme
» sensible.

» — Ta, ta, ta, ta, dit le rapporteur, c'est

» là tout ce que vous savez, beau chevalier ? Je
» suis une femme sensible, j'espère, et je vous
» soutiens que nous valons mieux que vous.
» Qu'en pense le tribunal ? »

Tous les assesseurs étaient debout, avant qu'on eût demandé leur avis. « Écrivez, pour
» la seconde fois, poursuivit Théodora, que
» l'accusé ne sait ce qu'il dit. — Me voilà perdu,
» s'écria Trufaldin. »

Le comte et la comtesse d'Aran étaient très-mécontens du tribunal. Il leur semblait que leur fils avait répondu comme un ange, et ils commençaient à se repentir de s'être prêtés à l'épreuve de Cerdagne. Pour le père de Séraphine, il était d'une colère, mais d'une colère, qu'il contenait à peine, et qui parut à l'altération de sa voix, lorsqu'il posa la troisième question :

« Quel est l'état le plus heureux pour la
» femme ? »

« C'est celui de l'amour, répondit Mendoce,
» parce qu'alors la femme reprend, sur nous,
» l'empire que nous affectons sur elle, en toute
» autre circonstance.

» — Ah ! dit Cerdagne, avec un long soupir,
» je me flatte que cette fois vous ne contesterez
» pas la justesse de sa réponse. — Elle n'a pas
» le sens commun, interrompit le rapporteur.
» Qu'est-ce que c'est, s'il vous plaît, que l'em-

» pire des hommes dont on nous parle ici? Je
» ne suis pas mariée, et sans doute je ne me
» marierai jamais, je n'estime pas assez ces
» messieurs pour cela ; mais amante ou épouse,
» indifférente ou non, un homme quel qu'il
» soit, s'avisât-il seulement de me regarder de
» travers, jour de Dieu ! je lui ferais voir que
» cet empire ne soumet que des sottes. — Hé !
» madame, répliqua Cerdagne en fureur, vous
» oubliez que le capitaine Diégo.... — Diégo était
» un brigand. — Il ne vous a pas moins sou-
» mise. D'ailleurs, ce sont des raisons qu'il faut
» ici, et non de l'emportement. — J'en donne-
» rai, et d'excellentes, dit froidement Séra-
» phine. — Parbleu, je vous en défie, lui ré-
» pondit son père. — Je ne nierai point, reprit
» la jeune personne, que l'homme, en géné-
» ral, n'abuse de son empire ; mais lorsqu'il y
» renonce volontairement, qu'il soumet, qu'il
» abandonne tout son être, à l'objet qui a su
» le charmer, quelle femme délicate et raison-
» nable pourrait s'en prévaloir ? Ne sentira-t-
» elle pas que l'amour n'est qu'un échange de
» soins et d'égards ; qu'il s'éteint au seul soup-
» çon de la contrainte, et que, pour plaire
» long-temps, l'épouse doit être la plus aimante
» et la plus douce ?

» — Je suis mort ! » s'écrie Trufaldin, et il se

jette la face contre terre. Cerdagne, hors de lui, saute sur son pliant, sur la table, envoie, d'un coup de pied, son écritoire au bout de la salle, menace Théodora, et s'adressant à sa fille, « Quelle fureur avez-vous donc de faire de l'es-
» prit, et même contre vous! Il y a une heure
» vous trembliez pour ce jeune homme, et vous
» le poursuivez avec un acharnement..... — Ce
» n'est point à l'homme de plume que je vais
» répondre, il n'est là que pour écrire ; c'est à
» mon père, qui ne saurait perdre ses droits.
» Seigneur, votre juste ressentiment est entré
» dans mon cœur. Je ne vois plus, dans Men-
» doce, qu'un homme, digne d'une punition
» exemplaire, et je vais la prononcer. — Allons,
» c'est trop fort, et ceci n'est pas naturel. Séra-
» phine, tu me joues.... Ah! tu ris, méchante
» fille! — J'avoue, seigneur, que je me suis un peu
» vengée des inquiétudes que vous m'avez cau-
» sées, et le jeune comte d'Aran, le fils du
» frère d'armes, était d'intelligence avec moi.
» — Comment! vous saviez tous deux... — Oui,
» que nous n'avions rien à craindre. Pardonnez-
» nous cette tricherie, seigneur : je n'ai pas
» prévu l'état où elle vous a mis. — Il faut bien,
» parbleu, que je pardonne, puisque mes ruses
» sont découvertes. D'ailleurs, je comptais tou-
» jours en venir là. — Ce pardon sera le der-

» nier, je vous le jure, lui répliqua Mendoce.
» Mon amour n'est comparable qu'aux charmes
» de Séraphine : qui pourrai-je lui préférer
» jamais ?—Mais il me semble, reprit le comte
» d'Aran, en levant sa visière, qu'on a aussi
» besoin de mon indulgence. — Moi, je com-
» mence par tout oublier, dit la comtesse, en
» levant son voile, et se jetant dans les bras
» de son fils.—Mon père... ma mère...—Cher
» Mendoce ! sois sage.... sois heureux, » et
les embrassemens et les exclamations durèrent
un quart d'heure.

Séraphine était rayonnante. Il est si doux, pour la beauté, d'accorder sa vertu et son cœur ! Le grand sérieux du tribunal avait fait place à la joie la plus vive ; on se mêlait, on souriait, on parlait tous à la fois : c'était charmant. Cerdagne apprit de Mendoce qu'il savait l'arrivée de son père et de sa mère. Il loua la délicatesse qui avait porté le jeune homme à jouer la surprise, pour éviter à la comtesse le désagrément de certaines explications, sur lesquelles pourtant Trufaldin s'était suffisamment étendu dans la tour. Le comte augura bien de la discrétion de son gendre, et regardant sa Séraphine avec attendrissement : « Sois son époux, demeure
» son amant, et, par pitié pour mes vieux ans,
» sois-lui toujours fidèle. Je renonce aux épreu-

» ves, renonce aux aventures. — Je vous le
» jure, mon père, par l'amour et par l'hon-
» neur. »

Théodora était la seule qui n'avait pris aucune part à la satisfaction générale. L'étonnement, où l'avait jetée ce dénouement imprévu, lui avait ôté l'usage de la parole; mais revenant enfin à son caractère, elle mit ses poings sur ses hanches, et sortit en disant à Cerdagne :
« Ce jeune fou épouse Séraphine; il ne le
» devait pas; je ne le voulais pas. Je suis
» outrée, furieuse, désespérée, et je ne sais
» qui je dois blâmer le plus, de l'amoureux ou
» du beau-père. »

Trufaldin, lui, qui se croyait pendu, ou prêt à l'être, était resté étendu sur le plancher. Mendoce, qui lui était vraiment attaché, quitta, pour le secourir, la belle Séraphine, à qui il avait tant de choses à dire. La joie du bonhomme fut extrême, quand il apprit que sa vie était en sûreté, et qu'il pourrait revoir Inès, sans être exposé à de nouveaux accidens. « Seigneur Cerdagne, dit-il, pendant que vous
» êtes en train de faire des mariages, daignez
» consentir au mien. Mademoiselle Inès n'en
» sera pas fâchée. Elle vous servira avec plus
» de zèle, et je ferai mes efforts pour vous être
» agréable. — Ah! tu comptes donc rester avec

» moi ? — Hé ! comment voulez-vous, après
» ce qui s'est passé cette nuit, que la comtesse
» d'Aran..... — Ah ! diable, je ne pensais plus
» à cela. Allons, je te fais mon lecteur. Va an-
» noncer cette nouvelle à ta grosse fille, à qui,
» par considération pour toi, je donnerai une
» place plus relevée, et soyez prêts tous deux
» pour cette nuit. — Quoi ! s'écria Mendoce,
» c'est cette nuit, cette nuit même... — Oui,
» mon ami : ce qu'on perd en bonheur ne se
» retrouve jamais, et accélérer celui de ma
» fille, c'est céder à mon cœur. Mesdames et
» seigneurs, passons dans la salle de bal. Je
» me sens de force à l'ouvrir avec la future
» comtesse d'Aran : c'est le privilége des
» papas. »

On court, on se presse ; la joie commune fait oublier l'étiquette. Les vassaux nobles se mêlent avec les gens titrés. Telle comtesse ne dédaigne pas une sarabande, que lui propose un simple gentilhomme. On ne pouvait admettre les roturiers sans une dérogeance absolue ; mais ils se dédommageaient, dans une salle voisine, avec les principaux domestiques du comte. Rotrulde, la petite, Guzman, donnèrent le signal du plaisir. Inès, enchantée, sautait à enfoncer le plancher, et le bon Trufaldin, oubliant le passé, vivant dans l'avenir, dansait, et dansait bien, car c'était de tout son cœur.

Mendoce prétendait, à la fin de chaque danse, qu'il devait être minuit. La modeste Séraphine n'osait convenir qu'elle trouvait la soirée longue; elle répondait simplement : Oui, je crois qu'il est tard. Cerdagne, qui était le maître d'avancer le moment, sourit d'abord de l'impatience des amans, s'y rendit ensuite, et fit passer ses convives dans la salle du banquet. Le chapelain du château prononça, d'un ton grave et traînant, un bénédicité, qui fut écouté très-dévotement, mais qui ne bannit point la gaîté. Chacun était content, et chacun fut aimable. Ce n'était pas l'amabilité de nos jours, ces jolis riens, ces bagatelles insignifiantes, auxquelles on ne trouve de sens qu'en disséquant les phrases et les mots, c'était la bonne gaîté de la nature, cette gaîté franche, qui s'exprime clairement, se permet un mot gaillard, et ne séduit ni femme, ni fille : c'était la gaîté du douzième siècle.

On la poussa jusqu'à improviser des couplets, à la fin du repas. Mendoce voulut chanter son bonheur; Cerdagne et quelques autres esquissèrent aussi des vers. Vous ne les trouverez pas bien bons, car les couplets ne finissent pas par une pointe; mais les bonnes gens lisaient l'épigramme, et chantaient des chansons. Au reste, les voici. Ils vont assez bien sur l'air de la romance du *Cousin de tout le monde*. Mendoce adressa le premier à sa Séraphine :

> Une belle obtient mon hommage
> D'une autre, l'amabilité
> Me séduit bientôt davantage
> Une troisième a la gaîté.
> Charmes divers subjuguent l'âme ;
> On veut tout avoir aujourd'hui ;
> Mais quand on a tout dans sa femme,
> On laisse en paix celles d'autrui.

Cerdagne, piqué au jeu, riposta par le couplet suivant :

> Le voisin a femme piquante ;
> On a bien mieux que le voisin ;
> Mais la voisine est agaçante,
> Et souvent on lui cède enfin.
> Bravant les attraits de la dame,
> Malgré l'usage d'aujourd'hui,
> Sois toujours l'amant de ta femme,
> Toujours froid pour celles d'autrui.

« Ah ! dit madame d'Aran, je chanterai aussi. » Et elle commence, en chevrottant un peu :

> Vous qui dédaignez de vous rendre
> Au langage de la raison,
> Pardonnez si j'ose entreprendre
> De vous faire ici la leçon.
> Gardez-vous de troubler nos dames :
> Malgré l'usage d'aujourd'hui,
> Donnez le bonsoir à vos femmes,
> Souhaitez-le à celles d'autrui.

Le comte d'Aran ne voulait pas qu'on eût plus mauvaise opinion de son esprit que de celui des autres. Il commença :

> On voit encor plus d'un bon père….
> On voit encor…..

« Ah ! m'y voilà.

> On voit encor plus d'un bon père
> Se mettre parfois…..
> Parfois en courroux…..

» Diable ! diable ! Je ferais cent premiers vers
» si je voulais ; c'est le second qui ne vient pas.
» — Il est minuit, s'écria Cerdagne, qui vou-
» lait ménager l'amour-propre de son ami. —
» Il est minuit, répéta Mendoce. » Il se lève, et il présente la main à Séraphine. Leurs parens, leurs amis se précipitent sur leurs pas ; Inès et Trufaldin se mêlent avec les autres, et on arrive à la chapelle.

Je vous fais grâce de la cérémonie nuptiale, de celle qu'on observa en couchant les mariés. Mendoce et Séraphine sont heureux, voilà tout ce qui vous intéresse, tout ce que vous voulez savoir. Hélas ! Trufaldin et sa grosse femme comptaient bien l'être aussi ; mais l'infortune est un cercle, qu'on parcourt, sans s'arrêter : il n'a pas de fin.

Les garçons et les filles ont couché les pauvres époux; ils se sont retirés en leur souhaitant ce qu'on souhaite en pareil cas; mais, hélas! ces souhaits ne se réalisent pas. Trufaldin s'étonne d'abord de sa nullité, et s'en afflige ensuite. Inès est au désespoir, et ne conçoit pas cet étrange accident. *Tantum mutatus ab illo.* Épouse soumise et complaisante, elle agit, elle se fatigue, elle se repose, elle recommence... Rien. Trufaldin se lève en colère et prétend qu'il y a, dans le château, quelque sorcier qui lui a noué l'aiguillette. Il oubliait que la frayeur, qui l'avait violemment agité, était l'unique sorcière, dont il eût à se plaindre. Plein de son idée, il court trouver le chapelain, et le prie de l'exorciser. Le chapelain, homme très-profond, ne doutait pas de la puissance des noueurs d'aiguillettes, et croyait, plus fermement encore, à celle de l'eau bénite et des prières. Il exorcisa tant, il pria tant, il secoua tant de l'aspersoir, que Trufaldin, qui était nu, se sentit glacé jusqu'à la moelle des os. « Mouillez, révérend, mouillez plus » fort, plus fort encore..... Le maléfice aug- » mente; je me sens prêt à mourir de froid. » Le révérend mouilla si bien, qu'il fut impossible au pauvre mari de se relever du coussin, sur lequel il s'était mis à genoux; il était paralysé des jambes et des cuisses.

Le révérend, plein de charité, chargea le perclus, sur ses épaules, et le reporta dans son lit. Inès, qui n'entendait pas être la femme d'un paralytique, jeta les hauts cris. Le révérend l'exhorta à se soumettre à la volonté de Dieu. « Dieu, répliqua Inès, veut que j'aie
» un homme, parce que je les aime. Que se-
» rai-je de cet animal qui n'est bon à rien ?—
» Mais, ma chère sœur, vous avez promis à
» l'autel de garder votre mari en santé comme
» en maladie. — Mon mari, oui ; mais cet es-
» tropié ne l'est pas. — C'est ce qu'il faudra
» faire vérifier par les matrones. — Et que
» diront-elles, vos matrones ? qu'il me man-
» que quelque chose ? et qu'est-ce que cela
» prouvera ? Croyez-vous, révérend, que j'aie
» vécu trente ans, sans avoir eu des mouve-
» mens de curiosité ? — Fi, ma sœur, fi, quelle
» indignité ! — Indignité tant qu'il vous plaira,
» cela ne laisse pas d'être.... »

Plaintes amères d'Inès, désolations de Trufaldin, consolations pastorales du bon chapelain, employèrent le reste de la nuit, et une partie de la matinée.

Séraphine et Mendoce, au contraire, étaient sortis de la couche nuptiale, brillans comme le soleil, qui s'élevait sur l'horizon. D'Aran et Cerdagne partageaient la félicité de leurs enfans ;

les seigneurs, les dames jouissaient de l'allégresse des heureuses familles ; on était réuni pour le déjeuner, lorsque le chapelain entra, d'un pas grave et d'un air recueilli, qui annonçaient quelque chose d'extraordinaire. Mendoce accablait sa Séraphine des plus tendres caresses ; le comte d'Aran parlait, à sa femme, de la certitude de se voir bientôt renaître dans un petit-fils ; Cerdagne, toujours vif, demanda au chapelain ce qui l'affectait si profondément. « Un mariage qui n'est pas consommé, monsei-
» gneur ; un mari devenu paralytique, par la
» vertu de l'eau bénite ; une femme qui veut
» faire casser son mariage. — Quel galimatias
» me faites-vous là, monsieur l'abbé ? — Il n'y
» a pas de galimatias, monseigneur. On a noué
» l'aiguillette à Trufaldin. Je l'ai exorcisé ; la
» force des exorcismes l'a rendu perclus, et
» Inès, qui s'est levée, dit-elle, comme elle
» s'est couchée, ne veut plus de ce mari-là, et
» défie toutes les matrones, parce que depuis
» long-temps elle a perdu tout ce qu'elle pouvait
» perdre. — Je vais arranger cette affaire-là, sei-
» gneur abbé, » et Cerdagne monte à la chambre nouvelle qu'on avait donnée à madame Trufaldin.

Il trouve les époux, aussi éloignés l'un de l'autre, que le permettent des murs, que la

haine conjugale ne saurait faire reculer. « Ta
» femme se plaint de toi, dit-il à Trufaldin ;
» voyons si ses plaintes sont fondées ; évertue-
» toi, et fais à l'instant le mari. — Je l'ai sou-
» vent fait sans l'être, monseigneur. — Raison
» de plus pour le paraître, quaud la circons-
» tance l'exige. — Vous ne concluez donc pas
» de ma nullité de cette nuit, que je doive être
» nul en ce moment ? — Non, sans doute, de
» plus honnêtes gens que toi ont éprouvé cet
» accident. — Eh bien ! monseigneur, puisque
» vous me passez la nuit, pourquoi ne m'ac-
» corderiez-vous pas un jour, un mois, un an ?
» Ma virilité a disparu au moment où je m'y
» attendais le moins : elle peut revenir de la
» même manière. — L'abbé, ce raisonnement
» me paraît concluant. — Pour vous, monsei-
» gneur, qui n'y perdez rien, dit Inès ; mais je
» vous observe, moi, que si mon mari ne
» m'épouse que dans un an, il peut bien aussi
» ne m'épouser que dans deux, dans six, dans
» quinze, enfin pas du tout, ce qui n'est pas
» plaisant pour une femme, qui entend rem-
» plir ses devoirs, mais qui veut avoir les bé-
» néfices avec les charges. — Autre raisonnement
» concluant, reprit Cerdagne. Je suis vraiment
» embarrassé. Quoique l'histoire offre mille af-
» faires de ce genre, bien ou mal jugées, ma foi,

» je m'en tiendrai à la décision du pape Alexan-
» dre III, qui n'était pas un sot. Une femme
» mariée tombe malade : *Instrumentum ejus*
» *impeditum est*. Nous donnons au mari, dit le
» pape, la permission d'en prendre une autre.
» Je retourne la décrétale, et je dis à Tru-
» faldin : *Instrumentum tuum impeditum est*,
» et je donne à Inès la permission de se pour-
» voir comme bon lui semblera. — Mais,
» monseigneur, observa le chapelain, Hono-
» rius III ordonne qu'une femme qui se plaindra
» de l'impuissance de son mari, demeure huit
» ans avec lui, jusqu'à divorce. — Ah ! le
» pape Honorius a dit cela ? — Je m'en tiens,
» s'écrie Trufaldin, au jugement du pape Ho-
» norius. — Cet Honorius ne sait ce qu'il dit,
» s'écrie à son tour Inès. Apparemment que
» ce pape-là n'était homme que tous les huit
» ans. — Ma foi, je suis très-embarrassé, dit
» Cerdagne. Au reste, voilà ce que j'ordonne
» de mon autorité privée. Je supprime les
» exorcismes et l'eau bénite, parce que je ne
» crois pas aux sorciers. On mettra à l'instant,
» le mari honteux dans un bain de lie de vin,
» cuite avec de la sauge. Il prendra, toute la
» journée, de bons consommés et des viandes
» succulentes ; ce soir une rôtie au vin de la
» Manche, chauffé avec des herbes aroma-
» tiques, et nous verrons demain. »

Le lendemain tout allait à merveille. Le bain avait détendu les nerfs qui commençaient à se roidir ; la rôtie avait dissipé le maléfice. Trufaldin avait le diable au corps, et le lendemain sa femme fut supplier le comte de lui laisser son cher petit mari.

Cependant Cerdagne qui n'avait pas de raison d'être discret, avait amusé ses convives de la mésaventure de Trufaldin. Il fit valoir la restauration du bonhomme, et prétendit en savoir plus que tous les exorcistes du monde. L'abbé n'osait dire non, mais il faisait la grimace. Les convives, désœuvrés comme on l'est toujours à la campagne, renchérirent sur les circonstances de cette histoire ; elle fit du bruit, on en parla partout ; elle se répandit en France, et, comme, dans tous les temps, les Français ont aimé les extrêmes, ils imaginèrent le *congrès*, espèce de combat aussi injurieux pour le mari, obligé de l'accepter, qu'infamant pour l'épouse, qui avait l'impudeur de jeter le gant.

On connaît le dernier procès de ce genre, qui fut jugé à Paris, en 1659. Le marquis de *Langeais*, attaqué par sa femme, demanda lui-même le congrès. Ils entrèrent dans leur lit ordinaire, les rideaux exactement fermés. Les inspecteurs, retirés dans un cabinet voisin, ne devaient paraître qu'après la défaite ou la victoire du mari. Les impertinences rebutantes de madame Langeais firent succomber le marquis. Il présenta un second cartel. Les juges, fatigués des cris des supertitieux, des plaintes des prudes, et des railleries des plaisans, refusèrent la seconde tentative, déclarèrent le mari impuissant, et le mariage nul.

Le marquis se remaria avec *Diane de Navailles*; il lui fit sept enfans.

La grand'chambre, éclairée sur le ridicule scandaleux, et l'inutilité de ces procès, abolit le congrès, comme on a aboli depuis les sorciers, qui n'existaient pas ; la Sorbonne, qui affectait d'y croire; les droits de jambage, de marquette et de prélibation, les servages, les jansénistes, les molinistes, les miracles, les moines, et, comme il faut être extrême en tout, la religion, qui ne faisait point de mal, et qui consolait les faibles, la piété filiale, la fidélité conjugale, la morale et la probité, qui étaient utiles à tous.

N. B. Adieu, mon cher lecteur, adieu, jusqu'au revoir. Vous êtes mécontent peut-être, et vous vous écriez, en jetant le livre : Quelles misères ! quel fatras ! Eh parbleu ! soyez donc d'accord avec vous-même. Je vous ai humblement offert ANGÉLIQUE ET JEANNETON, petit ouvrage d'un genre tout-à-fait opposé : vous n'avez daigné l'acheter ni le lire. Mon libraire s'est plaint amèrement, et je crois qu'il faut écrire pour tout le monde. Je suis certain que tout le monde entendra cet ouvrage-ci, depuis le fournisseur, jusqu'à sa cuisinière.

FIN.

www.ingramcontent.com/pod-product-compliance
Lightning Source LLC
Chambersburg PA
CBHW070359230426
43665CB00012B/1186